突擊精選系列 ❶

# 中國抗日戰爭
# 血肉長城

# 序

中國現代史上稱為「抗日戰爭」係指1937年7月7日-1945年8月16日的「第二次中日戰爭」，若將日本自清代甲午海戰之後對中國領土的履次侵略暫不列計，配合一般史學編年法則以民國26年「蘆溝橋事變」計起，概分為：七七事變 - 淞滬保衛戰 - 太原會戰 - 平型關大捷 - 南京保衛戰 - 徐州會戰 - 台兒莊會戰 - 蘭封會戰 - 武漢會戰 - 修水會戰 - 南昌會戰 - 隨棗會戰 - 第一次長沙會戰 - 桂南會戰 - 棗宜會戰 - 百團大戰 - 豫南會戰 - 上高會戰 - 晉南戰役 - 第二次長沙會戰 - 第三次長沙會戰 - 浙贛戰役 - 鄂西會戰 - 常德會戰 - 豫中會戰 - 長衡會戰 - 衡陽保衛戰 - 桂柳會戰 - 豫西鄂北會戰 - 湘西會戰等各場重要大型戰役。本書刊則先行擷取其中部份具備關鍵戰役以突顯國軍訓練與裝備的轉型階段。

在中日甲午戰爭（又稱「第一次中日戰爭」、日方稱「日清戰爭」）以日本獲勝告終後，日本並未放鬆對中國的侵略。1900年，日本以庚子事變為由，作為八國聯軍的主力佔領天津、北京，並利用《辛丑條約》趁機在京、津一帶駐屯重兵。1904年到1905年，日本在日俄戰爭中獲勝，從俄國手中奪取了在中國東北特權。

1931年9月18日，日本「關東軍」趁東北軍主帥張學良調動東北軍主力入關參加中原大戰留駐華北之機會，由司令本莊繁親自策劃，在瀋陽附近的柳條溝破壞了一小段南滿鐵路，誣蔑此為中國軍隊所為，當夜向瀋陽北大營之中國軍隊發動進攻，標誌著「柳條溝事變」，又稱「九一八事變」的爆發。

1932年1月28日，日本海軍陸戰隊進攻上海閘北，一二八事變爆發。2月28日，英國、法國、美國三國公使介入調停。5月5日，中日雙方簽署《淞滬停戰協定》，規定中國軍隊不得駐紮上海，只能保留保安隊，日本取得在上海駐軍的權利，參與抗戰的主力第十九路軍不得不離開上海。6月，日本軍閥全部

退回日租界。

　　1933年1月，日軍進佔山海關，開始向中國關內進攻。同年5月，日本軍閥向察哈爾進攻，並一度佔領察北重鎮多倫，5月31日，中日簽署《塘沽協定》，中國軍隊退出熱河和冀東，日本打開了通往華北的大門。

　　1937年7月7日夜，盧溝橋事變爆發。日本華北駐屯軍藉口一個兵士失蹤，要求進入北平西南的宛平縣城搜查。中國守軍拒絕了這要求。日本軍閥遂開槍開砲猛轟北平盧溝橋，向城內的中國守軍進攻。另有一說係根據「辛醜合約」駐紮的日本軍閥在宛平附近演習時遭到中國軍隊的槍擊，而向中國守軍進攻。打響全面抗戰第一槍的是第29軍524團的吉星文團長。

　　7月16日、17日，中華民國最高統帥蔣中正在盧山先後發表談話，表示：「臨到最後關頭，便只有拼全民族的生命，以救國家生存。
　　7月31日，蔣中正發表《告全體將士書》：「和平既然絕望，只有抗戰到底」，宣告戰爭已經全面爆發。

　　中華民國國民政府定下了「以空間換時間，積小勝為大勝」的大方針，為了把日本軍閥侵略重點吸引到日本軍閥機械化部隊難以施展的中國東南山川河流眾多的地區，利用東南山川河流眾多的地形抵消日本軍閥裝備訓練優勢，盡量消滅日本軍閥有生力量，避免在利於日本軍閥裝備訓練優勢發揮的地勢平坦的華北平原與日本軍閥作戰，改變日本軍閥戰略進攻方向，使中日戰爭按中方的戰略意圖行進，所以，蔣介石決定先在上海發動松滬保衛戰爭。由配備德式裝備和訓練較為精良的中國軍隊扮作保安隊進入上海市區。日本軍閥則以保衛租界為名，佔領租界外的地區。8月13日，衝突爆發。8月14日，中國空軍力殲日海軍木更津與鹿屋航空隊機隊多架，使日本在是役中受挫。

　　由於華北地區的日本陸軍大勝的刺激，日本海軍躍躍欲試，主動挑起了

上海方面的戰事。上海作戰最初參戰的日本軍閥都是屬於日本海軍系統的。由於海軍部隊作戰不力，才不斷增援陸軍到上海方向。

我國人所慣指的「抗日戰爭」總稱為「中國抗日戰爭」，但世界各地華人在先天認知上，也將各自國家或地區，在二戰時期反抗日本軍國主義野心侵略的戰爭稱為「抗日戰爭」，並將之和中國抗日戰爭視為一體，或作為它們的總稱。

這場戰爭在日本被稱為「日中戰爭」。日本也習慣把「珍珠港事變」爆發以前的中國抗日戰爭稱為所謂的「支那事變」或所謂的「日華事變」，原因是當時日本和中國相互並未正式宣戰，所以在「技術上」並非一場戰爭。待「珍珠港事件」爆發以後的中國抗日戰爭，則被日本視為「大東亞戰爭」（包括第二次世紀大戰中的太平洋戰場、中國戰場和印緬戰場CBI）的一部分。

另有某種史學觀點表示，中國自1937年蘆溝橋事變以降的各場對日抗戰中以2000萬軍民的犧牲，牽制住了日本法西斯的在亞洲和太平洋的進攻，從而使蘇聯避免了東西兩線同時作戰的不利情況，也減少了美國在太平洋戰區的壓力，從而保證了同盟國在西線對納粹的勝利，在第二次世界大戰中起了重要的作用

西方現代史的歷史研究學者們，曾因為1960-80年代的冷戰和意識形態對立的原因，較為忽視中國抗日戰爭對世界戰場的作用，但是隨著冷戰的結束和東西方文化的不斷交流，中國對第二次世界大戰的作用正在被西方學者所重視，相關研究工作也逐漸有所增加。

由於日本軍國主義的入侵，也迫使國民政府暫時放棄對共產黨的圍剿。卻在經歷了八年抗戰後，國共兩黨的軍事實力對比發生了重大變化。因此抗日戰爭對於日後國共內戰的結果有著關鍵性的影響，深刻影響了中國的歷史進程。

# 目　錄

# 長城抗戰之序戰長山峪

☆ New wish

## 前言

　　1931年九一八事變，日本攫取了中國東三省。然而侵略者的欲望總是難以滿足的，還沒等完全鎮壓東三省的抗日義勇軍，貪婪成性的日軍又開始了新的進攻。1933年2月，關東軍出動2個師團以及混成第14旅團、騎兵第8旅團等部，在張海鵬偽滿軍的配合下向熱河省發起了進攻。在日軍的進攻面前，熱河守軍幾乎是不堪一擊，中路日軍第8師團2月22日發起進攻，到25日即攻佔朝陽、北票，之後向西長驅直入，7天突進300公里，至3月4日下午就進入了無人抵抗的熱河省會承德。

　　局勢發展完全出乎雙方預料之外，日軍原計劃是"以一部確保界嶺口、冷口、喜峰口等長城重要關口，掩護軍主力側翼，爾後以主力佔領承德及古北口"，結果是沒等到日軍進抵長城各口，承德就先已淪陷，日軍立即調整部署，先頭部隊不待主力到達，就迅即向長城各口追擊。而中國方面指揮部也沒意料到前線部隊崩潰如此迅速，此時後續部隊大多尚未到位，長城沿線防禦一時處於非常虛弱的境地。

■ 九一八事變後仍堅持頑抗的東北義勇軍。

■ 日軍佔領承德後設立的8師團司令部。

## 中國軍隊態勢

在通往熱河的長城各口中，古北口的地位非常重要，此處自古以來就是連接北平（今北京）與塞外的重要通道，距離北平約150公里，距離承德不到100公里。清朝皇帝自北京去承德避暑山莊或木蘭秋獮，經常取道古北口，因此沿途行宮密佈。因其重要的軍事價值，歷朝都對此地著意經營，早在北齊年間就開始在此處修建長城，明初大將徐達在此修築了關城，後來戚繼光進一步增築，明清兩代均有重兵在此佈防。1925年直奉大戰中，吳佩孚出兵三路抵禦奉軍，其第三路馮玉祥部就是奉命防禦古北口的。

3月4日承德失守，然而準備參加古北口

■ 古北口長城。

作戰的中國軍隊大都還在路上。奉命到古北口構築工事的東北軍第112師先頭團於5日下午才到達古北口。長途趕來的中央軍先頭部隊第25師在北平附近的通縣尚未集結完畢，第2師還在途中，指揮這兩個師的中央軍17軍軍部此刻還遠在安徽。而日軍此時離

**67軍**

1933年2月以第107、第110、第117師及砲兵、工兵等部編成，首任軍長王以哲。第107師在1931年5月前為東北陸軍第1旅，後改為獨立第2旅，王以哲為旅長，駐瀋陽北大營。"九一八"事變時，因執行"絕對不抵抗"命令，該旅損失嚴重，退至關內。1932年王以哲調任軍事委員會北平分會第一處處長，由張政枋接任旅長，1933年2月改為第107師。6月27日張政枋他調，吳克仁接任師長。

第110師，1931年5月前為東北陸軍第4旅，爾後改為獨立第1旅，旅長劉翼飛。1933年2月改為第110師。

第117師係由青年黨人組成的東北義勇軍獨立第8梯隊王慎廬部改編而成，師長為第十九路軍將領青年黨人翁照垣，6月27日翁升任副軍長，劉翰東接任師長，翁於9月返歸第十九路軍。

長城抗戰後67軍駐河北，1934年春被調至陝西圍攻紅軍，編入西北"剿匪"軍第二路軍第六縱隊。時該軍轄第107師（師長劉翰東）、第110師（師長何立中）、第117師（師長吳克仁）、第115師（師長劉啟文）。9月第110師在進攻紅軍時，幾乎被全殲，師長何立中陣亡。10月榆林橋一役，第107師619團被殲。11月國民政府乘機取消了第110師番號。1937年"二二事件"軍長王以哲被東北少壯派打死，由吳克仁繼任軍長。

1937年春該軍調至安徽阜陽整編，第115、117師番號取消，保留第107、108師，分別由金奎璧、張文清任師長，每師下轄2個旅。抗戰開始後，由皖北調至河北，隸屬第六戰區，參加津浦路北段沿線作戰。爾後又調至松江，參加淞滬會戰。在淞滬會戰中67軍傷亡慘重，吳克仁軍長、劉啟文旅長等為國捐軀。11月調至江西婺源整編，隨後被取消番號。

1938年2月重建67軍，下轄第150、161師，許紹宗為軍長。第150師原屬第44軍，師長楊勤安；第161師師長許紹宗兼，9月許辭他職，宮焱森繼任師長。

1940年11月佘念慈接任軍長，時該軍下轄第161、第162師。先後參加隨棗、棗宜、豫南、第二次長沙和鄂西等會戰。1943年1月被裁撤，所轄2個師轉隸第44軍。

1943年9月第三次重建67軍，何文鼎任軍長，下轄新編第26師和騎兵第7師。新編第26師前身是抗戰爆發後陝西在鄉軍人張飛生在漢中招募愛國志士編成的陝西義勇軍第一縱隊，1939年6月改編為新編第26師，何文鼎任師長。騎兵第7師原隸屬騎兵第6軍，1939年2月騎兵第6軍裁撤，該師改隸第八戰區，1943年10月轉隸67軍，張紹成任師長。第三次的67軍於1946年被裁撤。

1948年12月組建第218、219、285師，分別由郭文燦、何世統、余伯泉任師長。這3個師1949年2月隸屬第二編練司令部，5月編入第10軍，10月第10軍改稱67軍（這也是第四次組建的67軍），由劉廉一任軍長。隨後67軍進行了整編，下轄第56師（師長沈莊宇，該師係江西保安團改編）、第67師（師長何世統）、第75師（師長汪光堯）。11月緊急增援登步島（位於舟山群島），使解放軍的登陸作戰失利。

1950年5月從舟山撤退到臺灣，縮編為第67師。1952年11月改稱第84師，因其在登步島的戰績故又稱登步師。

■ 北大營第7旅部被日軍佔領。

**王以哲**

原名蓬嶠，字鼎芳。1896年出生於黑龍江省賓縣(原屬吉林)，於1916年中學畢業後投筆從戎，不久升為上士。1920年考入保定軍官學校第八期步兵科，與陳誠、何應欽等同學。1922年參加奉軍。先任軍士教導隊第一期連副，1923年12月提升為軍士教導隊第三期連長。1925年1月升教導隊第四期少校營長，11月升補充旅團長。1926年任張學良的少校衛隊旅長。東北易幟後任第1旅、第7旅旅長，九一八後先後任107師師長、67軍軍長。西安事變後因堅持和平解決張學良被扣問題而被少壯派殺害。

古北口已不到100公里，若按其之前的進軍速度計算，快則兩天慢則三天就能到達古北口。形勢萬分嚴峻，中國軍隊必須在後續主力部隊到達古北口前把日軍拖住，否則古北口就會被日軍輕鬆佔領。而此時最接近古北口的部隊是67軍的107師。

說起這個107師，很多人並不熟悉，但說起九一八事變，那就是無人不曉了。這個107師的前身就是九一八當晚待在瀋陽北大營，"寧死"不抵抗的第7旅，旅長就是東北軍著名將領王以哲，王此時已出任67軍軍長，現任107師的師長張政枋還正在北平的醫院裏治病。這個旅從北大營逃出來，一路損失慘重，雖經整補，實力尚未完全恢復，日軍情報顯示到1932年底該旅所屬兵員只有4000人左右，步槍也只有2000枝，人槍在東北軍各旅中都是最少的，但是部隊人員素質比較高，士氣也比較旺盛。1933年2月

也就是熱河開戰這個月，第7旅改編成107師，但也只是改了名字，還是原來那些人員裝備，所屬3個團，619團團長趙鎮藩，620團團長王鐵漢，621團團長王志軍。

張學良意識到必須在古北口外儘早佈防，建立前進陣地掩護古北口的主陣地。張學良很自然就把這個責任交給最靠近古北口的107師，立即命令107師以一部出古北口在青石樑、曹路口、巴克什營構築工事，掩護後續部隊集結。107師師長張政枋還沒來得及從醫院趕回指揮部，就下達了師作戰命令，原駐古北口的621團立即出古北口至青石樑（古北口外約25公里）阻擊日軍，620團由石匣鎮（密雲縣東北30公里，離古北口20公里）趕赴古北口，而619團及師直屬隊則從密雲趕去石匣鎮。

先頭部隊621團，前任團長何立中已經出任110師師長，團長由副團長王志軍接任，他是東北講武堂第5期畢業生。大家都知道日軍九一八事變首先進攻的是瀋陽北大營的第7旅，而621團恰恰又是第7旅中第一個挨打的部隊，損失也最重。包括團長王志

軍本人在內，大多數官兵九一八當晚在北大營親歷了這一幕慘劇，卻礙於命令不得抵抗。這一次終於可以放手大打，因此全團上下士氣非常高昂。接到命令後，621團於3月4日凌晨4點從古北口出發，於3月5日下午15點就開始在長山峪西南的黃土梁（嶺）一線佈置阻擊陣地。他們此時並不知道日軍的準確兵力和位置，只能緊張地向承德方向警戒著。

## 日軍態勢

此時佔領承德的日軍是第8師團的先頭部隊——川原挺進隊。第8師團成立於甲午戰爭結束以後，兵員主要來自日本東北地方，實戰經驗較少，在日俄戰爭中也較晚投入戰場，在日軍中並不像同樣來自東北地方的第2師團那麼受重視。其實第8師團給日本人留下最深刻印象的也許還不是戰功，而是著名的八甲山事件，1902年日本人為了準備在寒冷的中國東北與俄軍作戰，特意加強了冬季訓練，結果第8師團的第5聯隊在八甲田山一次雪野行軍中迷失方向，凍死了差不多200人，震動全國，很多年以後還被拍成電影供人唏噓。

第8師團在日軍中並不算起眼，但此次熱河作戰的表現卻令人刮目相看。師團的戰鬥序列主要包括第4旅團（第5、31聯隊）、16旅團（第17、32聯隊）、騎兵第8聯隊、砲兵第8聯隊、工兵第8大隊等部。第8師團從中路沿北票-朝陽-凌源-平泉-承德一線進攻，推進速度驚人。師團於25日攻下朝陽

### 張政枋

1892年生於奉天省海城縣普通農家，1922年3月考入東北陸軍教導隊第1期，4月考入東北講武堂第4期步兵科，1923年9月以第一名畢業。之後分發到軍士教導隊任排、連長。1924年任東北講武堂第6期第2隊分隊長，1927年任團長。東北易幟後任東北邊防軍第24旅第4團團長，後任648團團長。1931年入關討伐石友三，後出任107師師長、北平軍分會高參、鄂豫皖三省剿共總部高參、西北剿共總部糧秣處長、110師師長。抗戰開始，110師已被解散，張赴太原見周恩來，1937年10月以東北軍潰兵為基礎編組八路軍第一游擊縱隊，張任副司令，但1938年遭到川軍襲擊而被打散，張即回到大後方，幾經輾轉後退役，1974年去世。

後，迅速調整了部署，以第16旅團長川原侃少將為指揮官組建了快速挺進隊，包括第17聯隊的1個半大隊、1個特設山砲中隊（欠1個小隊，山砲8門）、工兵2個小隊、1個戰車隊等部，由汽車隊3個中隊輸送（約110輛汽車，其中有近20輛裝運彈藥糧秣），組成先頭部隊，不等師團主力，單獨向前猛插，一路擊破中國軍隊的阻擊。2月28日出發，3月4日午後就抵達承德，行程近300公里。

但此時，川原卻沒有以挺進隊全部兵力立即實施追擊，因為川原挺進隊和後續部隊已經拉開了很大的距離，第8師團主力尚遠在150公里外的凌源地區，最靠近承德的日軍後續部隊是第一先遣隊，此時也尚在平泉-凌源之間的三十家子，離承德也有100公里。更重要的是，川原挺進隊本身沒有多少步兵，而承德是熱河省的省會，必須要有足夠的警備兵力控制當地局勢。因此川原只是派第17聯隊聯隊長長瀨武平帶隊以一部兵力追擊。

從承德去古北口最近的路線是經灤平縣

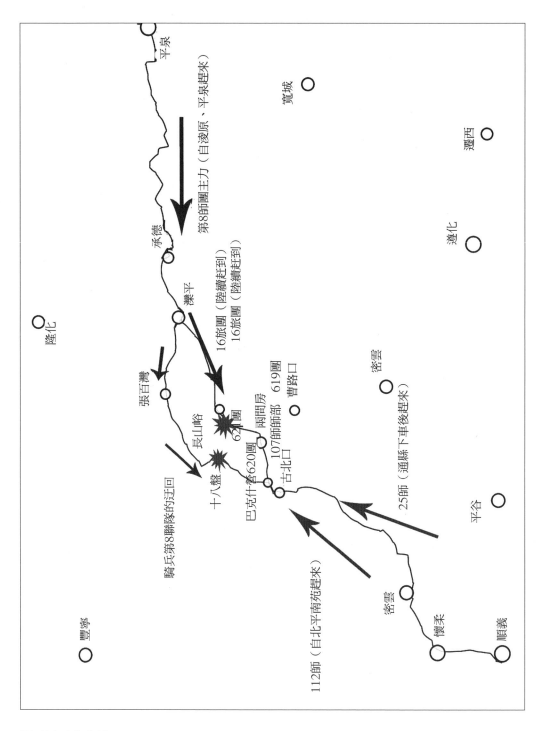

■ 長山峪態勢圖。

城（今灤河鎮）-長山峪-巴克什-古北口，只有100公里左右，長瀨即沿這條路線推進。這部分追擊部隊包括第3大隊（欠1個中隊）加強1個山砲小隊及1輛裝甲汽車。只是這支一直坐著汽車追擊的部隊這回只能徒步追擊了，因為川原把汽車隊調回師團歸建以接運後續部隊，並且從本來就沒幾個的步兵中隊中抽出第9中隊隨車護送。不過日軍徒步行軍速度也不算太慢，到第二天也就是3月5日上午11點40分，追擊部隊走了20公里地，前鋒終於開進了灤平縣城。再往前就是長山峪了。

## 戰鬥過程

這長山峪也不是一個普通的地方，日本人走的這條路線是當年清朝皇帝來往於承德-北京間的老路了。皇帝出巡大隊人馬走在這荒山野嶺的，沒個吃飯打尖的地方可不成，於是從古北口到承德這一路清代就修了不少的行宮。長山峪，還有巴克什都是當年清帝出巡駐蹕之地，只是皇帝沒了，這些行宮就慢慢荒廢，成了尋常百姓家。

承德到古北口的大路經長山峪南下就是馬甸子，兩地之間隔著一道山梁，這道山梁呈西北-東南走向，為東面高山向西北傾斜的餘脈，這就是黃土梁。承德-古北口的大路就從這道山梁的鞍部通過。621團把阻擊陣地設置在這一段大路的兩側高地上，防禦重心置於西側高地。因為當地岩石多、土層薄，621團隨帶的小鐵鍬、十字鎬難以修築工事，又從古北口向前線趕運了一些大鐵

鍬。5日夜，古北口方面還派來工兵12人，在道路上埋設了地雷。

到了6日清晨，107師後續各部紛紛趕到古北口附近，按張學良的命令作了重新部署。620團王鐵漢部以主力置於古北口外的巴克什營修築工事，以1個營推進到包樹溝，以備隨時增援621團。考慮到承德到古北口還有一條路線，從西面經十八盤繞來巴克什營，620團還派出一部到十八盤修築工事。趕到石匣鎮的619團趙鎮藩部沒有出古北口，而是沿著長城向東進發，到司馬台長城附近的新城子、曹路口一帶隘口佈防，防止日軍從該處突破。107師指揮部則出古北口，置於巴克什營和馬甸子之間的兩間房，山砲11團的1個營跟隨107師行動，提供火力支援。

6日拂曉，灤平日軍的前哨就在長山峪方向跟621團略有接觸，但長瀨大佐的主力仍然在灤平縣城。當日下午3點20分，第8師團司令部趕到承德，併入駐避暑山莊。日軍後續部隊的到達使川原得以騰出手來向古北口進擊。當日下午2點，駐灤平的日軍長瀨大佐的追擊部隊奉命開始向古北口進發。

3月7日凌晨，關東軍參謀長小磯國昭中將，這位未來的戰時日本首相，向第8師團通報航空兵偵察發現了6日107師向二間房的開進行動。第8師團立即意識到單以長瀨部隊不能突破107師的防禦，於是趕緊調整了部署，以川原旅團長和第32聯隊聯隊長田中清一大佐指揮第17、32聯隊一部搭載汽車加強野砲第2大隊、1個山砲中隊（欠1個小隊）及1個騎兵小隊趕赴長山峪向107師

**西義一**

明治11年（1878年）出生，明治29年入伍，為士候生。明治30年考入陸軍士官軍校，明治31年畢業（第10期）。明治32年以砲兵少尉軍銜擔任野砲第8聯隊隊副。明治34年晉升砲兵中尉。明治35年進入砲工學校高等科深造。明治37年擔任第7聯團補給大隊隊附，同年晉升砲兵大尉。

明治39年考入陸軍大學，明治42年從陸軍大學畢業（21期），擔任野砲學校教官。明治43年晉升砲兵少佐，擔任野砲第11聯隊隊附，次年升任野砲第11聯隊大隊長。大正5年（1916年）晉升砲兵中佐。大正7年任野砲學校教育部長。大正8年晉升砲兵大佐，擔任天皇的侍從武官。大正12年晉升少將。昭和2年（1927年）任野砲第3旅團長。昭和3年晉升中將。昭和5年任野砲學校校長。昭和6年任第8師團長。昭和9年任東京警備司令，同年晉升大將。昭和10年兼任東部防衛司令官。昭和10年任軍事參議官。昭和11年任教育總監，同年8月轉預備役。

正面進擊，該部於下午4點出發。騎兵第8聯隊（尚未到承德）等部則從右翼沿灤平營房-十八盤-巴克什營包抄107師的後路，同時師團催促後續其他部隊儘快趕到承德，第17聯隊一部則由第1大隊大隊長新井少佐指揮繼續擔任承德警備。

3月7日下午2點，長山峪黃土梁方面的戰鬥正式開始，長瀨大佐的追擊部隊在經過一天的徒步行軍後趕到了長山峪，結果以第3大隊2個中隊為基幹的追擊部隊猛攻了半天，還是拿不下621團的陣地。晚上9點半，川原少將率領援軍趕到，立即調整了部署，以長瀨部隊為右翼，攻擊公路西側山地，而以隨自己趕來的第32聯隊一部（1個半大隊）為左翼攻擊公路東側山地，32聯隊第7中隊主力則居中防守長山峪村。至夜10點半，日軍全線發起進攻，激戰到次日拂曉，由於621團抵抗非常頑強，日軍只在公路東側稍有進展，而西側山地的進攻毫無進展，完全被壓制在山腳下。但621團損失也不

小，107師急令巴克什營的620團經師部所在的二間房向黃土梁馳援，並將山砲1個連配屬給621團以加強火力。

中國軍隊的堅決抵抗完全出乎日軍意料之外，8日上午9點，川原少將派遣吉岡參謀趕回承德匯報，要求增兵。由於此時後續部隊陸續到達，承德日軍已經可以騰出手來了。因此師團下令第17聯隊警備承德的部隊在新井少佐帶領下乘汽車馳援長山峪，該部包括第1大隊的2個中隊及機槍中隊、步兵砲一部及1個山砲小隊。到下午17點半至19點，這支增援部隊以及原先配屬給川原少將的野砲第2大隊、騎兵小隊等部陸續趕到長山峪。日軍再次調整部署，以野砲大隊在長山峪以西建立陣地，以騎兵小隊作為預備隊置於長山峪以北，旅團司令部設置在長山峪南公路東側的小高地，32聯隊部則置於旅團部以東的高地。此次日軍將攻擊重點置於東側山地，至當日夜已經突進到公路東側山地的制高點附近，但中國軍隊抵抗依舊非常頑強，而且還不是單純死守，駐守於曹路口一帶的619團派出1個營，於晚11時從戰線右翼向32聯隊部所在高地發起了一次夜襲。日軍被迫暫時中止攻勢，準備第2天拂曉大舉進攻。

3月9日凌晨，日軍再次發起猛烈進攻，不料又再次撞了牆，4點55分川原少將向師團部報告攻擊進展異常艱難。這下師團部坐不住了，於上午8點下達命令，將剛於8日夜趕到承德的第32聯隊第3大隊也調向長山峪，另外還命野砲第8聯隊主力和工兵第8大隊也趕向長山峪（預定10日晨出發），師團長西義一甚至準備10日晨趕到長山峪親自指

揮。師團參謀長小林角太郎則先行一步，隨第32聯隊第3大隊乘汽車立即趕赴前線督戰，並催促第4旅團長鈴木美通少將儘快率部趕赴長山峪西北1公里的岔路口，然後向巴克什迂迴以切斷中國軍隊後路，師團決心"集中最大限度的兵力"對黃土梁的107師部隊進行"最徹底的打擊"。

　　然而沒等日軍援軍全部到位，惡戰數日的621團開始撐不住了。上午7點，日軍集中全部砲兵猛烈轟擊守軍陣地，日軍飛機也趕來轟炸。經過數個小時的砲火準備，日軍步兵在10點半全面發起衝擊。砲火準備的效果非常明顯，621團的火力明顯減弱，戰鬥到當天下午，日軍在左右兩翼都取得了大的進展。西側山地的日軍第17聯隊延伸戰線展開包圍攻擊，分兩路進襲，621團連續丟失了幾個重要陣地，8連據守的老虎山主陣地一度極為危急，後援的620團趕緊投入了1個營增援才暫時穩定住局面。中國軍隊退守到西側高地制高點附近，再次組織防禦死戰不退。而東側山地情況則完全惡化了，雖經奮戰，東側山地制高點仍被日軍第32聯隊奪取，中國軍隊僅僅依靠在高地反斜面的一些陣地苦苦支撐，部分守軍甚至被壓到山腳下。更糟糕的是，承德-古北口公路是沿東側山地南側繞行的，一旦日軍完全突破東側山地控制公路，就會給西側山地部隊的退卻造成極大的障礙。621團雖然於下午3點在西側山地發起一次反擊，但還是未能挽回局勢。

　　當日晚，67軍軍長王以哲抵達二間房107師師部，鑒於中央軍馬上就要趕到古北口，107師阻擊目的已經達到，遂下令長山峪正面的621團等部撤退。從下午3點半開始，621團等部開始交替掩護逐次退卻，並在馬甸子以南高地設立阻滯陣地。而日軍第二梯隊第32聯隊相田第3大隊乘坐汽車也終於在下午4點趕到了戰場，日軍司令部遂命令該部直接追擊107師。從長山峪到古北口差不多25公里，至第二天，也就是10日早上4點左右，107師師部及620、621團均退入古北口。在如此短的時間裏進行如此長距離的撤退，中國軍隊是徒步退卻，而日軍卻是乘汽車追擊，結果107師又付出了不小的傷亡。

　　而前面提到的日軍擔任大迂迴的騎兵第8聯隊進展並不快，該部7日晚才趕到承德，8日晚趕到張百灣，9日在十八盤擊破620團一部（1個營左右）的抵抗，當夜還在太平莊，未能趕在107師殘部退卻前到達巴克什營，因而沒能封住107師的退路。

　　長山峪戰鬥就此劃上句號。此戰，日軍報告戰死（含戰傷死）6人，戰傷37人。全部43人的傷亡中，第17聯隊20人，第32聯隊22人，工兵1人。中國軍隊的損失難以考證，但由於107師本身並不充實，參戰兵力也是以621團為主，傷亡大約500人，損失雖大但仍堪一戰，所以之後又於4月參加了灤東方面作戰。

## 結語

　　107師經九一八重創，整補尚未完成，人槍都是東北軍各師中最少的，跟此後中央軍參戰各師相比差距就更大了。但若橫向比較，日軍自朝陽一路西進，以川原挺進隊少

■ 古北口東門。

取到了充分的時間。除了川原第16旅團，就是鈴木第4旅團也被吸引過來用於對付107師，直到擊破107師抵抗後該旅團才轉向羅文峪方向，可以說此戰的作用已經超出了古北口一地，意義非常重大。

但是由於很多原因，107師的長山峪之戰很少有人知道，大家瞭解更多的是其後中央軍的古北口戰鬥。從某種意義上說，這是107師的悲哀。古北口之所以為很多人傳頌，其實很大程度上是因為古北口中央軍日後出了許多風雲人物，而107師此後遭遇卻非常的不幸。

東北軍之後被調去參加內戰，1935年12月，107師621團的老團長，時任110師師長的何立中陣亡，不到1個月，107師的619團又被紅軍消滅。但也正是此戰被俘的619團團長高福源為張學良溝通了與紅軍的

數兵力就擊破沿線129、130師等部的抵抗，幾乎沒有遭到多少阻滯。之後的古北口之戰，川原旅團也就是用兩天時間就擊破了112師、25師的既設天險陣地。相比之下107師以一個多團兩千餘人（日軍估計的數字）據守臨時修築的野戰工事，死戰兩日，幾乎是一比一頂住了日軍的進攻，其鬥志之旺盛、戰力之強悍都可謂非同一般。更重要的是，107師迫使日軍一再調整部署，幾乎牽制了承德日軍的全部力量，為後續部隊爭

## 日軍第8師團

第8師團是日本陸軍在甲午戰爭之後擴軍備戰的產物，當時日本新組建了6個師團（第7師團～第12師團），第8師團就在其中。1898年10月1日在弘前組建成軍，下轄第5（青森）、第17（秋田）、第31（弘前）、第32（山形）步兵聯隊。該師團的兵員主要來自青森、岩手、山形和秋田這東北四縣。日本東北地區的兵員和九州地區的兵員一樣都是以強悍而有名，不過和同樣來自東北地區的第2師團（仙台）和第6師團（熊本）有所不同，相比這兩個精銳師團，第8師團就要稍遜一籌。因為第8師團的兵員主要來自東北四縣，其中青森人一般比較閉塞消極，岩手人做事經常不得要領，秋田人遲疑磨蹭難下決斷，山形人則土頭土腦，這些性格特點都給第8師團帶來不少負面影響。但是在日本人最顯著的特點"絕對服從"這一點，第8師團卻顯得尤其突出。

在第8師團歷史上最著名的要算"八甲田山"事件了——1902年1月第8師團在八甲田山進行耐寒訓練時，有200名官兵因遭遇雪崩而遇難。

日俄戰爭爆發後，第8師團於1904年6月開始動員，但參戰卻比較晚，先後參加了奉天會戰的前哨戰、黑溝台戰役。1913年駐屯朝鮮半島。1921年出兵干涉俄國革命，隨後進駐北薩哈林（庫頁島）。

1931年九一八事變爆發後，第8師團以第4混成旅團（由第17步兵聯隊為核心）參戰，師團主力於1932年4月派駐滿洲並參加了熱河作戰。1937年起正式派駐滿洲，後來還參加了著名的關特演（關東軍特種演習）。太平洋戰爭爆發後，繼續在滿洲駐屯。其間步兵第32聯隊（山形）於1939年被編入第24師團。

由於日軍在太平洋戰場節節敗退，1944年7月第8師團被派往菲律賓，師團主力前往呂宋島，而以步兵第5聯隊為核心組成的高階支隊（支隊長高階于莧雄大佐）被派往萊特島。此後高階支隊在萊特島全軍覆沒，師團主力則在呂宋島與美軍對峙，直至投降。

聯繫。西安事變後107師的老師長王以哲被害，東北軍被東調整編。抗戰軍興，東北軍被分拆使用，107師隨67軍如無根之萍輾轉於華北、淞滬，傷亡慘重卻無所倚靠。淞滬一役，67軍於全軍敗退之際拼死阻擊，軍長吳克仁（張政枋後任的107師師長）殉國，軍參謀長陣亡，旅長、團長陣亡多人，107師幾乎拼光。東北軍付出如此慘重代價，結果是67軍番號取消，107師番號取消，殘部被歸入108師。皖南事變爆發，108師素來與新四軍友善卻不敢相救，最後於1948年淮海戰役中在25軍序列內全軍覆沒於碾莊。

十餘年百戰餘生，107師將士作為雜牌軍一直被邊緣化。而參加古北口的第2師、25師則作為中央軍的嫡系憑藉著蔣介石的刻意栽培，卻是名將輩出，先後出了兩位陸軍總司令（黃杰第2師、關麟徵第25師），一位剿總副總司令（杜聿明第25師），軍長師長更是數不勝數。談歷史也是需有話語權的，回憶錄也是看身份的，107師默默無聞的老兵們又如何與一片璀璨的將星們媲美，長山峪的故事自然就無人問津，就連621團的王志軍團長在歷史中亦不知何處尋跡。

■ 古北口南天門及鎮守南天門的鄭洞國騎兵旅長。

## 結語

倒轉時光，再看古北口。日軍追擊部隊第32聯隊相原少佐的第3大隊於10日晨6時趕到了二里寨。再西行數里，就是古北口的關門了。而南面就是蟠龍山，山上蜿蜒的長城清晰可見，將軍樓高聳其間，東北軍第112師和中央軍第25師的部隊正在山上的長城嚴陣以待。

一場新的惡戰馬上就要開始了⋯⋯

### 歷任師團長

| | | |
|---|---|---|
| 1. | 立見尚文 | （1898年10月1日～1906年7月6日） |
| 2. | 渡邊章 | （1906年7月6日～1908年12月21日） |
| 3. | 山根武亮 | （1908年12月21日～1912年1月14日） |
| 4. | 小泉正保 | （1912年1月14日～1914年5月11日） |
| 5. | 大井成元 | （1914年5月11日～1918年7月2日） |
| 6. | 白井二郎 | （1918年7月2日～1921年7月20日） |
| 7. | 小野寺重太郎 | （1921年7月20日～1924年2月4日） |
| 8. | 菱刈隆 | （1924年2月4日～1927年8月26日） |
| 9. | 真崎甚三郎 | （1927年8月26日～1929年7月1日） |
| 10. | 三好一 | （1929年7月1日～1931年8月1日） |
| 11. | 西義一 | （1931年8月1日～1934年3月5日） |
| 12. | 中村孝太郎 | （1934年3月5日～1935年12月2日） |
| 13. | 下元熊彌 | （1935年12月2日～1937年8月2日） |
| 14. | 前田利為 | （1937年8月2日～1938年12月10日） |
| 15. | 塚田攻 | （1938年12月10日～1940年10月28日） |
| 16. | 本多政材 | （1940年10月28日～1942年6月26日-） |
| 17. | 橫山靜雄 | （1942年6月26日～1945年8月15日） |

# 台兒莊會戰導讀

　　1938(民國27)年的「台兒莊大捷」是抗戰時期徐州會戰各場戰役中，中國軍隊取得的一次重大勝利。

　　台兒莊位於徐州東北30公里的大運河北岸，北連津浦鐵路，南接隴海線，扼守運河咽喉，是徐州的門戶。日軍奪取山東要地後，增加兵力，追擊當面中國軍隊。日軍第10師團由北自南展開進攻，第5師團由東北方向從臨沂向嶧縣（今嶧城）進攻配合作戰，意圖奪取蘇北交通樞紐。

　　1938年3月16日，日軍第10師團組編瀨谷支隊（旅團）作為先頭部隊，向台兒莊以北滕縣發動進攻，揭開了台兒莊戰役的序幕。中國軍隊在滕縣與敵進行拼死戰鬥後，18日，滕縣、臨城陷落。20日，東北方向韓莊、嶧縣失守。瀨谷支隊在他部日軍尚未到達的情況下先行逼進台兒莊。

　　中國第5戰區在李宗仁將軍指揮下，為確保台兒莊陣地，以保衛徐州，調整戰略部署，準備聚殲孤軍突入之日軍瀨谷支隊。

　　3月24日，軍事委員會委員長蔣介石親到徐州視察，並組成「中央臨時參謀團」協助李宗仁指揮。瀨谷支隊在航空火力支援下向台兒莊發動猛攻，中國守軍與之展開激戰。日軍一部突入東北角，被守軍擊退。日軍不斷增加兵力，配以坦克、重砲實施攻擊，守軍傷亡甚重，日軍突入台兒莊。

　　28日，中國守軍對突入之敵展開圍攻。為切斷嶧縣之敵增援台兒莊，

中國軍隊一部於30日對嶧縣佯攻，一部協助解決台兒莊附近之敵，極力破壞嶧縣至台兒莊之間的鐵路、公路，遮斷嶧縣與台兒莊的聯絡，竭力阻敵南下。同時，中國軍隊一部向另一方向南洛、三里莊前進，截斷日軍聯絡，阻敵增援。另一部由嶧縣南下圍攻日軍。

　　原來日軍是相當有企圖心的戰略攻擊計劃，但是犯了低估中國軍隊作戰能力的錯誤，在徐州寬廣的地區，投入了25萬的日軍，仍出現兵力不足以構成包圍圈的現象，對於當時的日軍而言，這已是其動員部隊的極限。同時日軍過於自信的判斷，認為國軍只能利用隴海鐵路西退，因此日本將攔截的主力，全都放在裁斷這條鐵路的交通線上，而大部分的國軍卻從日軍的背後，向西南方撤走，使得日軍在徐州企圖圍殲國軍主力的計劃破局。於是日軍又在匆促之中，決定全面深入中國，進行漢口攻略的作戰計劃。

　　由台兒莊大捷所意外引發的徐州會戰，完全的改變了日軍大本營對中國的戰略指導能力，從此日軍失去了在中國戰區的戰略主導方向，一步步的陷入中國廣大的戰略空間。日本最大的問題是，日軍根本沒有全面佔領中國的實力與決心，只能盲目的希冀中國會喪失抵抗意志而屈服，結果中國決心抵抗到底，日本也就失去了戰略的自主性，而最終走上發動太平洋戰爭的絕路。

　　對於日軍而言，徐州會戰是日軍陷入中國戰略泥淖的「不迴歸點」，日軍明知這是一個泥淖，但是卻無力自拔，自投羅網了。

# 台兒莊會戰

## 前言

徐州，據魯豫皖蘇四省要衝，位黃、淮兩河之間，彙津浦、隴海鐵路之樞紐，中原屏障，自古 兵家必爭之地。1937年12月至1938年5月，中國軍隊與侵華日軍在此展開了一場大規模的戰役，史稱「徐州會戰」。

徐州會戰歷經津浦路保衛戰、台兒莊會戰和徐州突圍三個階段，歷時五個多月。中國軍隊浴血奮戰，付出了巨大代價， 下一階段的武漢會戰贏得了時間，實現了以空間換時間的戰略目標，尤其是1938年3、4月間的台兒莊會戰，給予日軍兩個精銳師團以沈重打擊，贏得了「台兒莊大捷」的輝煌勝利，乃為正面戰場第一場重大勝利，極大鼓舞了全國軍民的抗戰，彪炳史冊。

## 津浦路保衛戰

1937年12月，日軍佔領南京後，為溝通華中與華北戰場聯繫，決定打通津浦路，進而為奪取中原創造條件。日軍對津浦路的進攻採取南北對進戰略，南線為主攻，北線為助攻。

南線日軍華中方面軍最初計劃以2個師團的兵力沿津浦路北進，與北線第2軍在濟南的作戰呼應。但日軍大本營認為這樣的進攻準備不充足且分散在長江方向作戰的兵力而未予批准，最後1月26日華中方面軍命令

## 李宗仁

廣西臨桂人，字德鄰。1891年出生，早年就讀於臨桂縣立小學，1908年，考入廣西陸軍小學第三期。1910年10月加入同盟會。1912年考入廣西陸軍速成學堂。1913年秋畢業後，到南寧將校講習所任準尉見習官、少尉、中尉隊附。1916年5月，任滇軍第4師第34團排長。後轉入桂系陸榮廷部，歷任護國軍第2軍第5旅排、連、營長，參加過護國戰爭、護法戰爭和粵桂戰爭。1921年，任營長的李宗仁爭取十多個連隊和他一起退到玉林地區，整軍經武，伺機而動。他先後將所部改稱「粵桂邊防軍第三路軍」、「廣西自治軍第二軍」，並自任司令，防區逐步擴大到七個縣，1923年，與廣州孫中山大元帥府建立聯繫。10月，經李濟深、陳銘樞介紹加入國民黨。1924年，聯合黃紹竑、白崇禧等部，成立「定桂討賊聯軍」，任總指揮。9月，擊敗桂系軍閥陸榮廷部。11月，被孫中山任命廣西綏靖督辦公署督辦兼廣西陸軍第一軍軍長。1925年7月，又擊敗沈鴻英，統一廣西，成 新的桂系軍閥首腦。

李宗仁統一廣西後，任國民黨廣西省黨務特派員和廣西省第一屆省黨部監察委員。1926年1月，在國家黨第二次全國代表大會上，當選為中央監察委員會候補委員。3月，桂系軍隊正式改編為國民革命軍第7軍，李宗仁任軍長，黃紹竑任黨代表。

1926年7月，李宗仁率第7軍參加北伐戰爭，轉戰湘、鄂、贛、皖等省，立下戰功。北伐期間，還兼任過左翼軍指揮官、江右軍總指揮、國民黨湖北省臨時政治會議委員、安徽省政府主席、國民政府委員和國民政府軍事委員會委員等職。

1927年4月，李宗仁支援蔣介石「反共清黨」。5月，被任命為第三路軍總指揮，統轄五個軍又一個獨立師。8月，李宗仁和白崇禧、何應欽等實力派逼迫蔣介石通電下野，並由他們三人擔任國民政府軍事委員會黨務委員。接著，指揮龍潭戰役，消滅北洋軍閥孫傳芳主力部隊。10月，任西征軍總指揮兼第三路軍總指揮，率部西征武漢，擊敗唐生智。

1928年1月，蔣介石重新上臺後，被任命 中央陸軍軍官學校校務委員會委員、國民黨中央政治會議武漢分會主席和第4集團軍總司令，參加第二期北伐。1929年3月，蔣桂戰爭中戰敗，逃回廣西。被以「叛亂黨國」的罪名，開除黨籍，免除本兼各職。

1929年秋，李宗仁返回廣西南寧，組建護黨救國軍，自任總司令，此後，長期盤踞廣西，與蔣介石對抗。1930年4月，參加馮玉祥、閻錫山陣營反蔣，被推為中華民國(北洋政府)陸軍副總司令(總司令閻錫山)兼第一方面軍總司令，由廣西進軍湖南，支援閻錫山、馮玉祥在中原同蔣介石作戰。7月，被蔣軍擊敗，退回廣西。1931年5月，李宗仁又聯合粵系軍閥陳濟棠反蔣，任第4集團軍總司令。在1931年11月召開的國民黨第四次全國代表大會，當選為中央監察委員會委員。1932年4月，任廣西綏靖主任，推行「自治、自衛、自給」的三自政策，維持廣西的半獨立局面。1935年4月，被授予陸軍一級上將軍銜。11月，繼續當選為國民黨五屆中央監察委員會委員。

1937年7月，抗日戰爭爆發。10月，李宗仁被任命為第五戰區司令長官，指揮徐州會戰。1938年2月，李宗仁兼任安徽省政府主席。6月，率部參加武漢會戰。1939年4月至5月，參加隨棗會戰。1941年1月至2月，參加豫南會戰。1943年9月，任國民政府軍事委員會漢中行營主任，負責指揮第一、第五、第十等三個戰區。

抗戰勝利後，任國民政府軍事委員會北平行營主任(後改稱北平行轅主任)。1948年4月，當選為中華民國副總統(總統蔣介石)。1949年1月21日蔣介石下野後就任中華民國代總統。11月20日，李守仁以就醫為名，從南寧乘專機飛往香港。12月，飛往美國。

1965年7月，李宗仁回到大陸。1969年1月，因肺炎在北京逝世。

只以第13師團沿津浦路向蚌埠推進，為增強進攻力量，加強給該師團戰車1個人隊、輕裝甲車1個中隊、150公釐榴彈砲1個聯隊、105公釐加農砲1個大隊、獨立工兵2個聯隊、渡河中隊2個、架橋中隊2個、汽車2個中隊、高砲1個大隊、獨立機槍1個大隊、航空兵1個大隊等。第13師團1月下旬佔領明光、紅山

■我各路大軍齊集魯南準備參加徐州會戰。

集、池河一線，計劃兵分三路北進：東路為步兵4個大隊、砲兵2個大隊由第26旅團長澤田德重少將指揮，沿鐵路線北進；中路為師團主力，由師團長荻洲立兵中將指揮，從岱山鋪經鳳陽向蚌埠攻擊前進；西路為步兵3個大隊、砲兵1個大隊由第65聯隊長兩角業作大佐指揮，由全椒、倉鎮、定遠迂迴蚌埠西南，策應東路與中路。

1938年1月28日，第13師團渡池河北進，東路日軍於2月1日進佔臨淮關，2日佔領蚌埠；中路日軍與中國守軍31軍激戰整日，2日佔領鳳陽，隨即與東路日軍在蚌埠會師；西路日軍2日攻佔定遠，4日到達蚌埠西南的上窯。此線中國守軍31軍、第7軍炸毀淮河鐵橋，退守淮河北岸。第五戰區急調51軍和59軍馳援。2月6日，21集團軍一部反擊定遠。2月8日起，日軍強渡淮河，雙方在淮河一線激戰，以淮河北岸西三十裏鋪一帶戰況最為慘烈，雙方反復爭奪達數十次之多。日軍兩次強渡均被擊退，直至深夜23時才得已登上北岸，攻佔小蚌埠，但51軍隨即

以337旅反擊，激戰至9日淩晨收復小蚌埠。10日，日軍再次強渡，併攻佔小蚌埠，51軍以113師全力反擊，反復爭奪多次，小蚌埠終為日軍所佔。同日，臨淮關日軍也為起強渡，突破晏公廟陣地，51軍340旅浴血苦戰一整日，終因傷亡慘重而撤至沫河口、年家廟一線。13日，李宗仁將剛轉隸第五戰區的59軍調至固鎮接替51軍防線。15日，59軍向淮河以北日軍為起反擊，雖然其間59軍於27日北調臨沂，但中國軍隊依舊攻勢淩厲，31軍克考城，攻上窯，第7軍也積極向池河、定遠一帶出擊，迫使日軍從淮河北岸退回南岸，併將雙方隔淮河對峙的局面一直維持到5月。

中國軍隊在津浦路南線的英勇奮戰，阻止了南線日軍的北進，粉碎了日軍南北對進打通津浦路的戰役企圖，使北線日軍孤軍深入，奠定了台兒莊大捷的第一塊基石。

但在津浦路北線，形勢卻極為嚴峻。1937年12月23日，日軍在青城、濟陽間渡過黃河，守備山東的第五戰區副司令長官兼

# 徐州會戰經過要圖

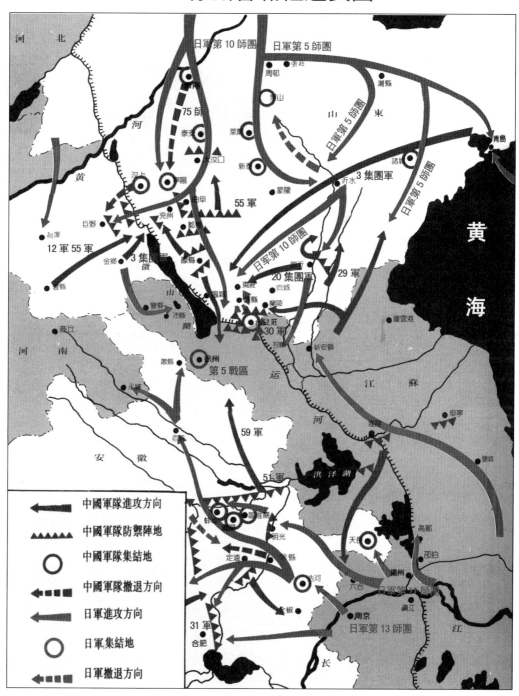

## 台兒莊會戰期間中國軍隊作戰序列
### 1938年4月

**第五戰區**
**司令長官 李宗仁**
**副司令長官**

| 集團軍／軍團 | 軍／師 | 師／旅 |
|---|---|---|
| 第3集團軍 孫桐萱 | 第12軍 孫桐萱（兼） | 第20師 孫桐萱（兼） |
| | | 第22師 谷良民 |
| | | 第81師 展書堂 |
| | | 第28旅 吳化文（兼） |
| | 第55軍 曹福林（兼） | 第29師 曹福林（兼） |
| | | 第74師 李漢章 |
| 第22集團軍 孫震 | 第41軍 孫震（兼） | 第122師 王銘章 |
| | | 第124師 王裕青 |
| | | 第125師 王士俊 |
| | 第45軍 陳鼎勳 | 第127師 陳離 |
| 第24集團軍 韓德勤 | 第57軍 繆澂流 | 第111師 常恩多 |
| | | 第112師 霍守義 |
| | 第89軍 韓德勤（兼） | 第23師 韓德勤（兼） |
| | | 第117師 李守維 |
| 第11集團軍 李品仙 | 第31軍 韋雲淞 | 第131師 賈連芳 |
| | | 第135師 蘇祖馨 |
| | | 第138師 莫德宏 |
| 第3軍團 龐炳勳 | 第40軍 龐炳勳（兼） | 第39師 馬法五 |
| 第27集團軍 楊森 | 第20軍 楊森（兼） | 第133師 楊漢域 |
| | | 第134師 楊漢忠 |
| 第2集團軍 孫連仲 | 第30軍 田鎮南 | 第30師 張金照 |
| | | 第31師 池峰城 |
| | | 第27師 黃樵松 |
| | 第42軍，馮安邦 | 獨立第44旅 吳鵬舉 |
| 第26集團軍 徐源泉 | 第10軍 徐源泉（兼） | 第41師 丁治磐 |
| | | 第48師 徐繼武 |
| | 第199師 羅樹甲 | |
| 第19集團軍 馮治安 | 第77軍 馮治安（兼） | 第37師 柴建瑞 |
| | | 第179師 何基灃 |
| | | 第132師 王長海 |
| 第20軍團 湯恩伯 | 第52軍 關麟徵 | 第2師 鄭洞國 |
| | | 第25師 張耀明 |
| | 第85軍 王仲廉 | 第4師 陳大慶 |
| | | 第89師 張雪中 |
| | | 騎兵團 李之山 |
| | 第13軍 湯恩伯（兼） | 第110師 張軫（配屬第2集團軍） |
| 第27軍團 張自忠 | 第59軍 張自忠（兼） | 第38師 黃維綱 |
| | | 第180師 劉振三 |
| | | 騎兵第9師 張德順 |

## 第5戰區

1937年8月淞滬會戰開始後，國民政府於8月20日發佈大本營第一號訓令，宣佈成立第五戰區，負責指揮魯南、蘇北地區作戰。由蔣介石兼任司令長官，韓複榘任副司令長官，但不久即行撤消，所轄部隊轉歸轉第一戰區。

9月16日，重新組建第五戰區，以李宗仁為司令長官，韓複榘為副司令長官，戰區長官部設在徐州，轄區北起山東黃河兩岸，南至南京浦口長江以東，東到黃海海岸線，西到豫西和皖東，包括山東全省、江蘇、安徽兩省大部和河南省小部，負責指揮津浦路南、蘇北、豫東和省等地作戰，下轄第3集團軍、第11集團軍、第24集團軍、第51軍以及魯南、蘇北、皖北各地的所有軍事單位。

### 戰鬥序列

**第51軍** 於學忠
- 第113師 周光烈
- 第114師 牟中珩

**第2軍** 李延年
- 第3師 李玉堂
- 第9師 李延年 兼

**第22軍** 譚道源
- 第50師 陳光煜

**第46軍** 樊崧甫
- 第28師 董釗
- 第49師 周士冕
- 第92師 黃國樑

**第60軍** 盧漢
- 第182師 安恩溥
- 第183師 高蔭槐
- 第184師 張沖

**第68軍** 劉汝明
- 第119師 李金田
- 第143師 李曾志

**第69軍** 石友三
- 第181師 石友三 兼
- 新編第6師 高樹勳

**第75軍** 周磐
- 第6師 張琪
- 第93師 甘麗初

**第92軍** 李仙洲
- 第13師 吳良琛
- 第21師 李仙洲 兼

- 第95師 羅奇
- 第140師 王文彥
- 砲兵第4團 孔慶桂
- 砲兵第7團 張廣厚
- 砲兵第10團 彭孟緝
- 砲兵第52團（戰防砲）馮爾駿

李品仙
參謀長 徐祖詒
參謀處長 黎行恕

第3集團軍司令韓複榘為保存實力，竟置國家民族利益不顧，率部不戰而退，使日軍輕易地於27日進佔濟南。濟南失守後，軍事委員會（簡稱「軍委會」，下同）委員長蔣介石、第五戰區司令長官李宗仁分別致電韓複榘，告之攻佔濟南日軍併非主力，且日軍機械化部隊在魯中山區機動困難，應將主力分佈泰安至臨沂一線抗擊，「萬勿使倭寇垂手而定全魯。」但韓複□藉口沒有預備隊，無法阻止日軍，繼續望風而退，此後數日內接連放棄大汶口、肥城、萊蕪、泰安，軍委會令其死守，而李宗仁的電文幾近於懇求：「兄治魯七載，對魯省錦繡河山、馴良人民，戀戀之情，較弟為深，務請兄于運河線竭力支援，固守汶（口）濟（寧）。」但韓複榘仍置若罔聞，一路退到曹縣、單縣，使濟寗、鄒縣等地相繼陷落，津浦路北線門戶洞開，徐州已處在日軍兵鋒直接威脅之下。

2月上旬，淮河兩岸激戰正酣，李宗仁為確保徐州，於2月6日決定在北線以攻為守，以第3集團軍向濟寧、第22集團軍向鄒縣、第3軍團向蒙陰同時反擊。第3集團軍奉命攻佔濟寧、汶上，威脅沿津浦路南下日軍側背，以第12軍襲取濟寧、汶上。該軍於12日晚渡運河東進，所部81師一部當晚攻入汶上，但日軍援軍隨即趕到，在城南展開激戰，81師死傷甚重，被迫撤回運河西岸。12軍22師14日攻入濟寧，與日軍展開激烈巷戰，血戰竟日，傷亡慘重，衝進城的9個連全部犧牲，被迫於17日晚撤過運河。19日，日軍穩住陣腳後以4個半步兵大隊和1個山砲中隊組成長瀨支隊乘勢猛攻，22日突破55軍陣地，25日突破12軍主陣地，26日攻佔

■蔣介石到徐州巡視，李宗仁、白崇禧、李品仙在長官部門口迎接。

嘉祥，中國軍隊被迫退守相里集、羊山集、巨野一線，第五戰區急調第22集團軍側擊日軍，才穩住了陣腳。

遵照戰區計劃，第22集團軍也於2月14日以737旅進攻兩下店，以575團插入敵後進行襲擾。737旅在兩下店一線與日軍反復爭奪直至18日，才退至香城、普陽山一線。第3軍團則未能如期為起反擊，只向蒙陰、諸城警戒。

為了整頓思想，迎接即將到來的徐州會戰，軍委會於1月11日在開封召開第一、第五戰區部分團以上軍官會議，強調目前保持津浦路中段與河南黃河以北道清鐵路對於屏障武漢的重要意義，會上蔣介石作題為《抗戰檢討與必勝要訣》的講話，訓示幾個月來的失敗，指出存在的12個缺點，主要原因是高級將領軍紀蕩然為第一大罪惡，缺乏犧牲精神，缺乏敵愾與進取之心，步步後撤。特別提到日軍不足一個師團，由濟南下泰安，守軍聞風而逃，致使津浦路正面門戶大開，整個第五戰區全局動搖。不知好歹的韓複榘居然回曰：「山東失守是我的責任，那麼南

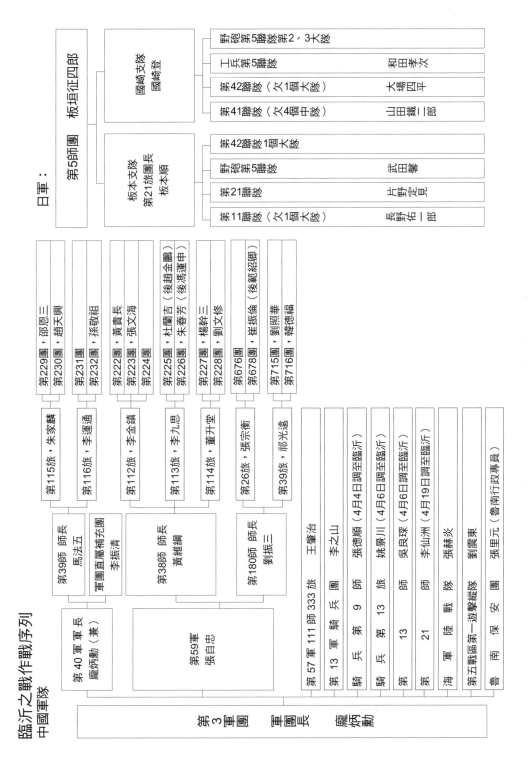

日軍：

第5師團　板垣征四郎

國崎支隊　國崎登
- 野砲第5聯隊第2、3大隊
- 工兵第5聯隊　和田孝次
- 第42聯隊（欠個大隊）　大場四平
- 第41聯隊（欠4個中隊）　山田鐵三郎

板本支隊　第21旅團長　板本順
- 第42聯隊1個大隊
- 野砲第5聯隊　武田馨
- 第21聯隊　片野定見
- 第11聯隊（欠1個大隊）　長野佑一郎

臨沂之戰作戰序列
中國軍隊

第3軍團　軍團長　龐炳勳

第40軍　軍長　龐炳勳（兼）
- 第39師　師長　馬法五
  - 第115旅　朱家麟
    - 第229團　邵恩三
    - 第230團　趙天興
  - 第116旅　李運通
    - 第231團
    - 第232團　孫敬珇
- 軍團直屬補充團　李振清

第59軍　張自忠
- 第38師　師長　黃維綱
  - 第112旅　李金鎮
    - 第222團　黃貴長
    - 第223團　張文海
    - 第224團
  - 第113旅　李九思
    - 第225團　杜蘭吉（後趙金鵬）
    - 第226團　朱春芳（後馮運申）
  - 第114旅　董升堂
    - 第227團　楊幹三
    - 第228團　劉文修
- 第180師　師長　劉振三
  - 第26旅　張宗衡
    - 第676團
    - 第678團　崔振倫（後範紹卿）
  - 第39旅　祁光遠
    - 第715團　劉照華
    - 第716團　韓德福

第57軍 111師 333旅　王肇治
第13軍　李之山
騎兵第9師　張德順（4月4日調至臨沂）
騎兵第13旅　姚景川（4月6日調至臨沂）
第13師　吳良琛（4月6日調至臨沂）
第21師　李仙洲（4月19日調至臨沂）
海軍陸戰隊　張赫炎
第五戰區第一遊擊縱隊　劉震東
魯南保安團　張里元（魯南行政專員）

京失守又是誰的責任？」蔣介石勃然大怒，厲聲到：「我說的是山東而不是南京！」會場上眾將領人人凜然，心想韓複榘這下可糟了，果然會議一結束韓複榘就被免職逮捕旋押赴漢口，經軍事法庭審判，於1月24日被槍決，併通電全國「今後如再有不奉命令，無故放棄守土，不盡職抗日者，法無二例，決不寬貸。」開封會議上同時明令嘉獎第9軍軍長郝夢齡、第29軍副軍長佟麟閣、88師524團團附謝晉元等6人，懲處43人，其中第61軍軍長李服膺等8人被處極刑。副參謀總長白崇禧曾說：「韓既正法，綱紀樹立，各戰區官兵為之振奮，全國輿論一致支援，韓之舊部第3集團軍在孫桐萱指揮下亦奮勇與敵作戰。此前，黃河以北部隊輕於進退，軍委會之命令，各部隊陰奉陽違，經此整肅，無不遵行。」開封會議對於嚴明軍紀，鼓舞士氣的意義自然無庸置疑，也為參加即將開始的徐州會戰的將領不無警醒之意。

3月1日，日軍參謀本部任命主張急進的稻田正純中佐取代主張謹慎持重的河邊虎四郎大佐出任作戰課長，稻田一上任立即批准華北方面軍「因面前大量敵軍進逼，行動活躍，請准予將其驅逐」的請求，第2軍據此決心以第10師團沿津浦路南下，第5師團由青島向臨沂推進，會師台兒莊，進而攻取徐州。3月13日，第2軍下達正式命令：第10師團消滅運河以北中國軍隊，第5師團以一部佔領臨沂後進入嶧縣協同第10師團作戰。

台兒莊之戰由此拉開了帷幕。

## 序幕戰之一：臨沂大捷

鑒於日軍臨沂方向有與津浦路方向夾擊徐州之勢，第五戰區於2月中旬調駐紮海州、連雲港的第3軍團進駐臨沂拒敵。第3軍團龐炳勳部為西北軍舊部，雖是軍團名號，實際只有1個軍（40軍）1個師（39師），39師為調整師，轄兩旅四團，外加1個補充團，全軍團共5個團，以及特務營、砲兵營、工兵營、輜重營、通信營、騎兵連、手槍連等直屬部隊，總兵力1.3萬餘人，裝備步槍8000支、手槍900支、輕機槍600挺、重機槍60挺、擲彈筒200具、迫擊砲60門、山砲4門，在雜牌軍裏算是中上裝備，且龐炳勳年逾花甲，久歷戰陣，帶兵素以與士兵同甘共苦而著稱，內戰期間，所部士卒在戰火中失散、收編或被俘，只要一有機會都潛返歸隊，因此所部兵力雖不多，但卻是一支生死與共的子弟兵。第3軍團劃歸第五戰區後，李宗仁深知該部在內戰中以避重就輕保存實力見長，龐炳勳年高資深，不易駕馭，因此對其破格優禮。言談中龐炳勳提到中央要將其補充團併歸，全軍團縮減為4個團，而39師各團全都是兵員足額，補充團無法歸併，只有遣散一途。但現在正是抗戰用兵之時，希望收回成命。李宗仁隨即向軍政部交涉，收回這一成命。龐部抵海州後，李宗仁又調撥新槍500支和大批彈藥補給。因此龐氏感激涕零，表示為國效力，萬死不辭，此戰決不保存實力，一定與敵力拼到底。

根據第2軍「第5師團應以1個支隊配合友軍第10師團在津浦路方向的作戰，併向臨沂攻擊前進」的命令，第5師團以第21旅團

# 徐州會戰・臨沂地區戰鬥經過要圖
## （1938年3月16日—19日）

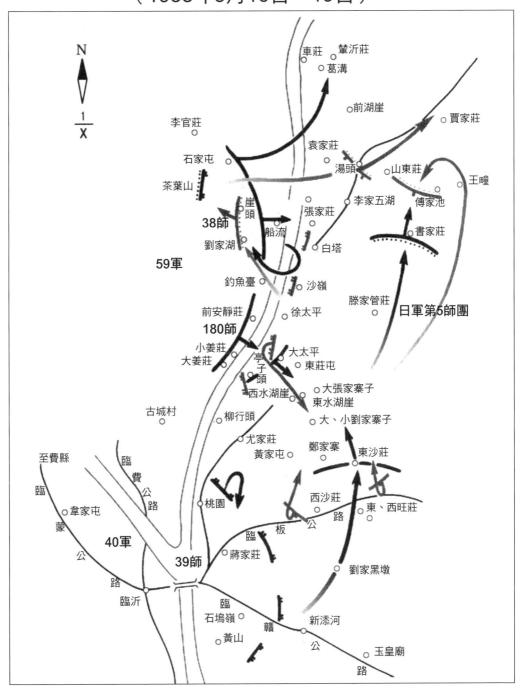

21聯隊附砲兵1個中隊,由第21聯隊長片野定見大佐指揮,組成片野支隊於2月開始南進,此時莒縣地區僅有海軍陸戰隊和地方武裝,難以抵擋日軍,2月23日莒縣失守,第五戰區第一遊擊司令劉震東殉國。

獲悉日軍進攻莒縣後,李宗仁即令龐炳勳派隊增援,龐認為以已部實力確保臨沂已是勉強,再要增援莒縣恐怕是力不能及。但李宗仁表示將有友軍前來增援臨沂防禦,且通報進攻莒縣的只是劉桂棠部偽軍。龐炳勳這才命115旅配屬山砲2門赴援。26日115旅進抵莒縣,為現城內併無敵軍,已是空城,就以副旅長黃書勳率229團進駐城內,旅長朱家麟率230團駐城外。次日拂曉日軍片野支隊1000餘人大舉反擊,由城西、城北兩路攻擊,戰況激烈,副旅長黃書勳、團長邵恩分別指揮城西、城北作戰,均親臨一線督戰,日軍一部曾偷上城西北角,黃書勳、邵恩三親自登城指揮,將其全部消滅。激戰至晚,終將日軍擊退。其間城外230團數次試圖打通與城內聯

繫,均被日軍所阻。28日拂曉日軍衝入城內,城外的230團受到日軍牽製無法策應,黃書勳認為229團傷亡近半,巷戰不過是徒逞意氣於事無補,乃撤出莒縣,配屬2門山砲因日軍火力嚴密無法帶出,只得破壞後遺棄。黃昏229團撤至夏莊與230團會合。3月1日,日軍進至夏莊,115旅且戰且退,撤

## 日軍第5師團

1888年5月由原來的六個鎮台(明治時期的戰略單位)之一的廣島鎮台改編而來,師團成立之時下轄步兵第11、12、21、22聯隊。 日軍在日清戰爭(即甲午戰爭)之前建立的7個老牌師團之一,在日本陸軍中這7個老牌師團被視 是第一等部隊,裝備及保障均有優先權。第5師團後來建制基本確定下轄步兵第11(廣島)、21(濱田)、41(福山)、42(山口)聯隊,其士兵都來自日本本州西部廣島、島根、山口。

甲午戰爭爆發後,從第5師團抽調了2個步兵聯隊組成大島混成旅團(旅團長大島義昌少將)開赴朝鮮。1894年7月27日,大島旅團在漢城以南成歡與清軍遭遇,激戰整整一天,清軍潰敗退入牙山。這是日本現代陸軍創立以來首次與外國軍隊以現代化戰術對陣,因此在日本深受重視。此後大島混成旅團攻陷平壤,參加了鴨綠江渡河戰役和牛莊戰役。

日俄戰爭中,第5師團參加了遼陽、沙河、奉天會戰。停戰後在滿洲駐屯,直到1911年。1919年到1920年出兵西伯利亞。

1937年,七七事變爆發後,第5師團立即調入中國華北地區,是日軍在中國關內惟一的機械化師團,有「鋼軍」之稱,沿長城展開攻勢,參加了察哈爾作戰、太原會戰。1938年,參加了徐州會戰。此後被調入華南,參與攻佔廣州。1939年參與昆侖關戰役後不久又被調回華北。1940年9月轉調法屬印度支那(現在的越南)。

1941年太平洋戰爭爆發後配屬給山下奉文中將的第25軍,參加進攻馬來西亞、新加坡的戰鬥。1941年12月師團主力在泰國辛格拉登陸,而由步兵第42聯隊為基幹組成的安藤支隊在帕塔尼登陸。這兩支部隊沿著馬來半島的西海岸南下,合圍並攻陷了吉隆坡。1942年2月25日,接受新加坡的英軍投降。

此後以第41步兵聯隊為基幹組成東支隊,在菲律賓各島執行掃蕩任務,隨即編入第17軍序列,參加莫爾茲比港攻堅戰,遭到慘敗,補充兵員之後被編入重建的第30師團。

師團主力則轉戰於巴布亞新幾內亞,最後在印尼塞蘭島迎來了投降的那一天。

■ 日軍第5師團阪坦征四郎師團長。

## 日軍第10師團

1898年10月1日在兵庫縣姬路市組建，成立之時下轄步兵第10、39、40、63聯隊，是日軍戰前的17個常備師團之一，在日本陸軍中被認為是僅次於7個老牌師團的第二等部隊，其兵員來自兵庫、岡山、鳥取三縣。

日俄戰爭中，在第4軍建制內轉戰遼陽、沙河和奉天。

九一八事變後，第10師團立即編成混成第8旅團入滿，參加了松花江流域以及吉林省的討伐作戰，1934年3月回國整編。1937年抗戰爆發後，第10師團立即被動員起來，投入到中國華北。1938年3月參加徐州會戰，在台兒莊遭到慘敗。此後直到1939年，第10師團一直在華北擔負討伐作戰。

1939年10月回國，1940年駐屯滿洲，步兵第40聯隊被配屬給第25師團。直到1944年2月才開赴太平洋，一部被派往中太平洋，師團主力則派往菲律賓呂宋島。

1945年1月起第10師團在呂宋島與登陸美軍展開了長達半年的拼死苦戰，在絕對優勢美軍面前，第10師團遭受了毀滅性的打擊，幾乎是全軍覆沒，但是仍苦苦支撐，甚至在天皇宣佈無條件投降後還在戰鬥，直到9月2日才最後放下武器。

■日軍第10師團磯谷廉介師團長。

守備，115旅（欠229團）為右翼，以229團、補充團、特務營和工兵營為總預備隊，以39師師長馬法五為前敵總指揮，統一指揮。同時龐炳勳急電李宗仁速派援軍，李複電：「臨沂為台、徐屏障，必須堅決保衛，拒敵前進。」李宗仁一面催促59軍馳援，一面派戰區參謀長徐祖詒前往臨沂指導作戰。——李宗仁派徐祖詒去臨沂名為指導，實為監軍，因為龐

至相公莊。此戰115旅傷亡500餘人，損失山砲2門。

3月2日，日軍由夏莊向湯頭逼近，從3日起與守軍116旅232團接戰，戰況漸趨激烈，日軍每日以飛機、重砲轟擊，繼以戰車掩護衝擊，232團苦戰至5日，因傷亡過重，被迫放棄湯頭。第3軍團放棄湯頭後，併未消極退守，而是一面調231團堅守太平、白塔，一面調補充團從葛溝迂迴敵右側背，229團沿沭河東岸襲擊敵左側背。其中229團在銅佛寺與日軍遭遇，3營長汪大章身先士卒率部衝殺，不幸犧牲。日軍見左右兩翼有遭合圍之險，不敢深入，退回湯頭。

日軍撤回湯頭後，片野急電求援，隨即得到第11聯隊（欠1個大隊）的增援。第3軍團也預料到隨後的作戰將極為艱巨，遂調整部署，以116旅附山砲2門擔負臨沂正面

炳勳與59軍軍長張自忠有舊怨，張自忠部也是西北軍舊部，張氏曾任29軍38師師長，盧溝橋事變之前由29軍軍長宋哲元保薦出任北平（今北京）市長，與日軍周旋，外界不明真相多以此指張為漢奸。盧溝橋事變後，張仍在北平與日軍交涉，更是一片「國人皆曰可殺」之聲。華北戰事爆為後，我軍失利南撤，張自忠所部隨29軍主力南撤，但張被困城內無法脫身，直到1937年11月才乘日軍監視鬆懈縋城而出，返回南京請罪。京滬輿論多有指摘其擅離職守，不事抵抗，籲請嚴懲。其情之沟，令張百口難辯。是李宗仁、何應欽為其陳情，才得以出任59軍軍長（59軍正是以張舊部38師擴編而成）。張氏乃以李為恩同再造，就任辭行之時，曾至誠表示將以熱血生命以報國家以報知遇。1938年2月，59軍由第一戰區調入第五戰區

■我國軍隊在臨沂地區抗擊敵人。

論誰是誰非，皆是不名譽的私怨私仇。龐炳勳現在前方浴血奮戰，乃是雪國恥，報國仇。我希望你以國家為重，受點委屈，捐棄個人前嫌。我命你即率所部開赴臨沂作戰。務要絕對服從龐軍團長指揮，切勿遲疑，致誤戎機！」張聞言，不假思索答曰：「絕對服從命令，請李長官放心！」但是李宗仁還是不放心，派徐祖詒前往臨沂協調兩軍作戰。

序列，張自忠更是大喜過望，一心要報再造厚恩，但私下曾與徐祖詒談及，願在任何戰場效力，惟獨不願與龐炳勳一處，因為龐張當年都是西北軍馮玉祥部屬，中原大戰時，龐倒戈反馮，襲擊張自忠部，使張險些喪命，從此結下過節。因此張部初到第五戰區就被派往南線淮河戰場拒敵，但此時淮河戰局緩和，而臨沂之危顯見，除59軍外，就近又再無兵可調。李宗仁特將張自忠召來，誠懇談到：「你和龐炳勳有宿怨，我甚為瞭解，頗不欲強人所難。不過以前內戰，不

## 張自忠

　　山東臨清人，字藎忱，1891年出生，入北洋陸軍第20師隨軍學校當學兵，畢業後任司務長、師部參謀等職，1916年進入第16混成旅，歷任營長、團長，後改任第15混成旅旅長，1927年5月任第2集團軍總部副官長、第2集團軍軍官學校校長，1928年起任第25師師長、第6師師長、38師師長，1933年在著名的喜峰口抗戰中任29路軍前敵總指揮，後兼任察哈爾省代主席、天津市市長、北平市市長，因在盧溝橋事變中與日方周旋，被指為漢奸。回到南京後因漢奸嫌疑而掛名軍政部部附，後在何應欽、李宗仁、馮玉祥等保薦下出任59軍軍長，台兒莊會戰中因戰功升任27軍團軍團長，後又升任第33集團軍司令，1940年5月16日，在湖北宜城南瓜店與日軍作戰中殉國，國民政府追贈陸軍上將軍銜。

　　張治軍非常嚴格，故士兵均稱之為「張扒皮」，但練兵之餘對部下仁厚體恤，所以部隊中流傳「不見師長想師長，見了師長怕師長」之語。所部訓練有素，裝備精良，尤以戰鬥作風頑強見長。張自忠雖有早年長城抗戰，但因七七事變前後與日軍虛與周旋，故有所謂漢奸之嫌，當張出任59軍軍長後，每戰必報決死之心，決意以死明志，南瓜店殉國後，舉國景仰。時至今日，大陸如北京、上海等大城市都有以張氏名字命名的道路，以示永久紀念。

■日軍列車上的累累彈痕，可以想見當時戰鬥的激烈。

日軍第5師團給片野支隊在增兵第11聯隊2個大隊的基礎上再增加第21旅團42聯隊第2大隊、野砲第5聯隊，由第21旅團長坂本順少將統一指揮，稱坂本支隊，企圖進佔臨沂，與第10師團在台兒莊會師。3月9日，坂本支隊在飛機重砲戰車支援下，大舉進犯，接連突破第3軍團白塔、太平、沙嶺等地陣地，第3軍團在日軍巨大壓力下，只得退守臨沂近郊。

3月11日，徐祖詒到達臨沂，徐見第3軍團部設在臨沂南關山東省立第三師範學校，距離前線甚近，不時有砲彈呼嘯而過，乃建議軍團部撤至臨沂以南20里的傅家莊，但龐炳勳堅決地說：「如果我龐某臨危後退，前方士氣動搖，臨沂就難保了！」因此軍團部未曾南撤。同日日軍繼續猛攻諸葛城

至郁九曲一線陣地，守軍陣地大部為敵火力所毀，官兵傷亡甚重，但仍拼死抗擊。

12日下午，張自忠親率38師（欠1個團）以一晝夜急行軍180里的速度到達臨沂城北。59軍由張自忠舊部38師擴編而成，下轄38師（三旅六團）和180師（兩旅四團），全軍共10個團，加上直屬部隊，總兵力約3萬人，清一色捷克步槍，在雜牌軍中算得上是裝備精良，加之該部訓練有素，絕對是一支勁旅。張抵達臨沂後，徐祖詒急召龐、張兩部主要高級軍官商議軍機，龐建議以59軍接替第3軍團防務，但張自忠認為與其消極防禦，不如以59軍主動向日軍側背出擊，徹底解臨沂之圍，經過研究，最後決定對當前之敵反守為攻，以正面堅守兩翼迂迴戰法，一舉殲滅之。徐祖詒代表第五戰區下達正式作戰命令：以第3軍團116旅堅守諸葛城至郁九曲一線，吸引牽制敵軍主力；以59軍38師自諸葛城向敵右後方出擊，奏效後向湯頭攻擊前進；以第3軍團補充團及騎兵連自郁九曲向敵左後方出擊，在湯頭與59軍會合；以第3軍團特務營、工兵營為機動部隊，策應各部。計劃於13日晚完成一切作戰準備，14日4時開始總攻。龐炳勳見張自忠捐棄前嫌及時來援，深知若非張部及時來援，第3軍團勢必全軍覆沒，其感激之心自不必言，據說兩人相見，握手良久，盡棄前嫌，複為莫逆，成為一段佳話。

13日16時，59軍以38師為左翼，先行出動，以1個營佔領茶葉山，掩護師主力展開，以112旅、113旅為一線攻擊部隊，114旅為預備隊；以趕到戰場不久的180師為右翼，於16時30分出動，以26旅為一線攻擊

■張自忠在臨沂阻擊戰前視察部隊。

部隊，39旅為預備隊。第3軍團也積極出動，以115旅也向尤家莊為起攻擊，以116旅攻擊東、西旺莊，配合59軍行動。

14日4時，59軍各部開始強渡沂河，113旅攻楊坊涯，112旅攻沙嶺，該兩旅與當面日軍激戰兩晝夜未取得進展。16日拂曉，日軍反擊，第11聯隊從38師2個旅結合部突入，直取劉家湖、苗家莊，威脅38師後方。38師師長黃維綱意識到一旦日軍攻擊得手，38師就將陷入險地，立即命令預備隊114旅投入戰鬥，該旅冒日軍熾烈火力渡河，傷亡之眾，河水為赤，但最終將日軍11聯隊阻止在崖頭、苗家莊一線。

180師於14日16時攻佔亭子頭，追敵後退，26旅乘勝追擊，至15日已連下徐太平、郭太平、大太平等村，16日張自忠鑒於日軍突入38師後方，遂命180師迅速回援。

張自忠在獲悉日軍突入38師後方之後，立即調整部署，命38師以1個團確實控制茶葉山，作為59軍主支撐點；所有沂河以東部隊立即撤回河西，全力阻擊河西日軍；軍騎兵營從石家屯渡沂河，向葛溝、湯頭出擊，襲擾日軍後方。

114旅228團在茶葉山與日軍展開激戰，2營傷亡過半，營長冉德明壯烈犧牲，但該團終於守住了茶葉山。劉家湖也是雙方爭奪的焦點，此地戰鬥堪稱戰役開始以來最為激烈，日軍佔村東，我軍佔村西，隔村中方圓數畝的水塘互相對射，相持不下。夜間雙方互有攻守，陣地幾易其手，水塘邊雙方積屍達數百具之多。113旅225團、226團在茶葉山左翼奮勇苦戰，最終佔領茶葉山左翼山地，保障茶葉山側翼安全。59軍戰報稱「劉家湖失而復得4次，崖頭失而復得3次，茶葉山一度被敵佔領，但旋即奪回。」——戰至16日，59軍傷亡已逾6000人（38師傷亡4000，180師傷亡2000），營長傷亡近半，

■我軍乘勝追擊敵人。

連排長幾乎換了一遍。戰鬥緊張慘烈，張自忠經常親到一線督戰，對作戰不力者嚴加懲處，224團3營連長賀某因擅自後退而被就地正法，112旅旅長李金鎮作戰不力、222團團長黃賁長借輕傷擅退，225團團長杜金吉督率無方而均被撤職。徐祖詒見59軍傷亡太重，擬電請戰區長官部，將59軍撤下戰場休整。但張自忠聞訊後主動要求再打一天一夜，經請示李宗仁同意後，張自忠立即組織力量再戰，召黃維綱、劉振三師長到軍部，指出「我軍傷亡很大，敵軍傷亡也大，大家都在苦撐，戰爭的勝負就取決於誰能堅持最後五分鐘！我已請求李長官允許我們再打一天一夜，如果再不能擊退敵軍，即組織有計劃撤退，兩位回到一線給官兵們講清楚。」隨後下令38師全力攻劉家湖一線，180師39旅攻苗家莊一線，26旅居中策應。營團長全部到一線，旅師長全部到團部，張自忠則輪流至兩個師部督戰，副軍長李文田坐鎮軍部。全軍所有火砲均到一線，限令17日黃昏前發射完全部砲彈。入夜後，59軍利用夜間日軍得不到空中支援且不善夜戰之機，為起全線總攻，猛攻鳳儀官莊、劉家湖、苗家莊等地，頓時槍砲聲大起，殺聲震野。同時第3軍團也展開攻勢，115旅攻佔日軍後勤補給兵戰所在地尤家莊，繳獲糧食彈藥物資無算。我軍傷亡是大，但當面日軍同樣也是傷亡慘重，終於再

也無力抵抗59軍的決死攻擊，激戰至18日凌晨，渡河日軍被殲大半，兼之補給兵站失守，全線動搖，遺屍千具，倉皇向莒縣、湯頭敗退。

59軍在肅清河西日軍後，以114旅尾敵追擊，最後停止於湯頭以南李家五湖，而第3軍團115旅也進至書家莊，與湯頭之敵形成對峙。此戰我軍傷亡約8000，斃傷日軍約2000（擊斃11聯隊第3大隊大隊長牟田中佐，擊傷11聯隊長長野大佐），為臨沂之戰的第一階段，史稱「臨沂大捷」。59軍與第3軍團均受到軍委會及第五戰區的通令嘉獎，併獲得10萬大洋獎金。

20日，鑒於臨沂方面日軍暫無力組織攻勢，而滕縣方面戰局緊急，李宗仁遂調59軍西援。張自忠知道第3軍團實力折損甚大，便留下114旅暫歸第3軍團指揮，自率主力經費縣西援滕縣。

21日，日軍坂本支隊經過短暫休整，又獲悉臨沂我軍分兵，乘機再興攻勢。第3軍團獨力難支，節節敗退，22日39師退守桃

■堅守陣地的國軍。

■當時《新華日報》和《申報》對臨沂戰況的報導。

園、蔣家山、黃山一線，114旅退守石埠頭、古城、小官莊一線。第3軍團幾乎到了山窮水盡的地步，連剛剛組建的學生隊都投入了一線，見戰局危急，龐炳勳越過第五戰區直接電告軍委會「職軍苦戰月餘，傷亡甚眾，官兵疲勞，臨沂危急，請為援兵！」軍委會隨即於23日電令59軍不必開赴滕縣，以全軍之力協同龐部擊滅臨沂方向死灰復燃之敵。59軍接令後乃於24日折返臨沂。

25日，在日軍強大壓力下，第3軍團桃園、三官廟陣地接連失守，被迫退守九曲店。龐炳勳電告第五戰區：「敵自攻擊以來陸續增加，現至4000餘人，砲火晝夜不停，往復突擊肉搏多次，我部師、旅長均在陣地督察指揮，戰鬥之烈空前，斃敵無算，我傷亡甚重，現剩有戰鬥兵計115旅全旅5、600人，117旅800人，補充團亦僅700人，其餘尚在調查中。本日已將軍屬特務營、學生隊等均加入陣線，現軍、師部，即一連之預備隊亦無。再，所有輕重火器被敵砲毀及損壞者已逾半數，現正在激戰中。職軍前擊破坂垣部隊，已苦戰月餘。今當敵新銳之眾，縱傷亡十之七八，然為國家、為主義而奮鬥，

全體官兵抗戰精神始終貫注，死而無怨，益自北伐十餘年以來革命素志如願以償。惟當此緊要關頭，遭此摧殘，殺敵有心恨乏實力，揆之現勢。59軍先頭部隊180師26旅已進至臨沂城北毛家莊，由旅長張宗衡親自指揮殺向日軍側背，殲敵200餘人，迫敵後退，26旅乘勝追擊，接連收復南北道、紅埠寺、盛莊、古城等地。59軍後續部隊38師則於當晚渡過沂河，夜襲桃園、三官廟，奪佔桃園。

26日，日軍全力反攻，38師苦戰一日最終未能守住桃園，古城也告不支，38師收縮防線退守十里鋪、前後崗頭一線。龐、張兩軍迭經血戰，實力折損嚴重，以殘破之部

## 龐炳勳

河北新河人，字更陳，1879年出生，早年參加北洋軍，後入隨營學堂學習，後在孫岳部下歷任營長、旅參謀長、補充團團長、暫編第2混成旅旅長，投歸國民政府後歷任暫編第5軍軍長、20軍軍長，北伐戰爭後所部縮編為暫編第14師，任師長，後投靠馮玉祥任第3路軍總指揮，中原大戰後被東北軍收編，改編為第1師，後改稱第39師，任師長。後所部擴充為第40軍，任軍長兼39師師長。1933年任第10軍團總指揮，率部參加長城抗戰。1937年1月任預備第4軍司令，抗戰爆發後任第3軍團軍團、第2集團軍副司令、第24集團軍司令、冀察戰區副總司令兼河北省主席，1943年在與日軍作戰時受傷被俘，隨後接受偽職，此乃龐氏一生中難以抹去的污點！出任汪偽政府軍事委員會委員、第5方面軍總司令、第24集團軍司令、開封綏靖公署主任。抗戰勝利後所部改編為新編第1路軍，任總司令。1946年所部並入40軍，龐遂脫離軍界，挂名國防部咨議，後到臺灣與西北軍老友孫連仲合開餐館，1963年在臺灣病逝。

龐氏領軍獨有一功，與部下同甘共苦，情同手足，因此部隊凝聚力極強，部屬即使失散或是被俘，只有尋機逃出必定歸隊，因此堪稱是子弟兵。

難以久支，臨沂再次告急，龐炳勳再度直接電告軍委會：「職軍傷亡殆盡，總計能戰之戰鬥兵不滿千人。」在臨沂前線的徐祖詒深感情況緊急，也電告戰區：「龐軍兵力損失過巨，已失戰鬥力，張軍實力雖剩半數，而士氣較前甚差，非有生力援軍，臨沂難守，祈早決定。」李宗仁雖然清楚地知道臨沂的危急局勢，但是手上部隊都已用於台兒莊方向，實在無兵可抽。再三計算，才抽出剛剛抵達戰場的57軍111師333旅和駐向城的13軍騎兵團赴援。

27日，日軍猛攻59軍古城、南沙埠、小嶺、北道陣地，59軍拼死力拒。28日，日軍又增兵添砲，更以飛機往復轟炸，村中房屋盡毀於砲火，陣地幾乎盡為硝煙所籠罩，我軍將士前赴後繼，英勇抗擊，予敵重創，戰事之慘烈，為開戰以來所罕見。入夜，戰況更為激烈，180師多處陣地守軍犧牲殆盡，僅25至28日，59軍傷亡就達2000之眾，張自忠電告李宗仁：「職軍兩日來傷亡兩千餘人，連前傷亡已達萬餘。職一息尚存，決與敵奮戰到底。」為出這份電報時，臨沂一線三面遭敵合圍已是危急萬分，龐炳勳將臨沂城防交由保安團，所有正規軍全部投入一線作戰。

29日，援軍333旅和13軍騎兵團陸續到達臨沂，但這點兵力實在是杯水車薪，難以從根本扭轉臨沂戰局。就在此緊急之際，日軍卻於當晚突然開始後退。非常令人遺憾的是，面對日軍並未戰敗而突然後撤，龐炳勳、張自忠甚至連督戰的徐祖詒既不認真分析，也不派得力部隊進行偵察搜索以明敵情，而是僅僅滿足於臨沂之危得解，還致電

第五戰區：「臨沂之敵自昨晚攻擊受挫，確已向沂河東岸湯頭鎮退卻，現以新到之王旅及湯部騎兵相機追擊，與敵保持接觸。」晚22時，中國軍隊乘機實施反擊，333旅收復角沂莊，59軍收復二十里鋪。30日，徐祖詒、龐炳勳以新到生力軍333旅和騎兵團向艾山、義堂集追擊。其實日軍後撤的真正原因是第10師團瀨谷支隊在台兒莊遭到合圍，危如累卵，因此第2軍急令坂本支隊停攻臨沂，以部分兵力牽製臨沂中國軍隊，主力繞道徑往台兒莊，於是坂本支隊全線收縮，留2個大隊牽制當面中國軍隊，主力4個步兵大隊2個砲兵大隊繞過臨沂經向城直撲台兒莊。4月1日，日軍坂本支隊主力突然出現在向城附近，而59軍還在報告「敵之交戰部隊系坂垣第5師團之大場42聯隊及鈴木第6聯隊等，兵力約七八千人……」原在向城的守軍13軍騎兵團剛剛奉命馳援臨沂，此時的向城已是空城一座，軍委會急令張自忠：「臨沂之敵得已自由轉用於向城、蘭陵方向，實為該軍之恥。著該軍迅速回援，將日軍阻止于向城至蘭陵一線。」但59軍為臨沂方向日軍所牽制，且機動性差無法截擊日軍，張自忠只得命13軍騎兵團先行回援，還是晚了一步，坂本支隊攻佔向城後迅速趕到台兒莊，與瀨谷支隊會合，使台兒莊方向的第2集團軍處境更為不利，好在第20軍團不久投入戰鬥，使瀨谷支隊與坂本支隊均遭重創。事後，徐祖詒總結說：「軍以下各部隊長均未能明瞭自身戰鬥間的責任，成機械式之行動，惟上級之命是從，故致誤戰機。」——筆者以為臨沂之戰第3軍團與59軍浴血奮戰予敵在中國關內戰場惟一的機械化師團號稱

■向日軍陣地迅猛出擊的59軍部隊。

「鋼軍」的第5師團重挫，但是在輝煌勝利的背後，卻使坂本支隊主力乘隙脫身增援台兒莊，從全局來確有致誤戰機之失。無論是龐炳勳、張自忠還是作為戰區派往前敵督戰的參謀長徐祖詒都是難辭其咎。

儘管坂本支隊最後繞過臨沂趕到台兒莊，但是第3軍團與59軍在臨沂英勇奮戰，大大遲滯了第5師團向台兒莊的推進，有力支援了台兒莊方向的作戰，其功績堪稱奠定台兒莊大捷的第二塊基石。李宗仁曾說：「臨沂之戰的最大收穫，就是將坂垣、磯谷兩師團擬在台兒莊會師的計劃徹底粉碎，造成台兒莊血戰時，磯谷師團孤軍深入為我圍殲的契機。」

3月21日至4月1日，是臨沂之戰的第二階段，第3軍團和59軍作為台兒莊會戰的側翼戰場，以極大的犧牲為代價守住了臨沂，遲滯了日軍號稱「鋼軍」的精銳部隊第5師團，對戰役勝利貢獻巨大，當時新聞報道說：「敵窮數日夜反復衝殺，傷亡枕籍竟不能越雷池一步。……當時隨軍觀戰的中外記者與友邦武官數十人，都想不到一支最優秀

的『皇軍』，竟受挫於名不見經傳的支那『雜牌部隊』，一時中外哄傳，彩聲四起……」以日軍一等主力的第5師團竟敗於中國『雜牌部隊』手下，令第5師團長坂垣羞愧難當，幾乎自殺。

台兒莊之戰結束後，臨沂方向日軍第5師團組成國崎支隊在坂本支隊2個大隊的配合下於4月16日第三次為起對臨沂的攻勢，龐、張兩軍以殘破之軍奮力迎戰，終告不支，19日龐炳勳以231團和臨沂保安團據城巷戰，主力撤往臨沂以南黃山。231團和臨沂保安團與日軍巷戰一天後，突出重圍與主力會合，至此臨沂陷落。是為臨沂之戰的第三階段。

臨沂之役是由2月下旬至4月下旬，歷時50餘天，第3軍團僅存800人，幾乎拼光，這對於以保存實力而著稱的龐炳勳部來說，殊為不易！59軍傷亡總數幾近2萬，也是元氣大傷，其嫡系骨幹38師從戰前的1.5萬人銳減到不足3000人，縮編為1個旅，由軍直轄，180師也從萬人減至6000，勉強維持建制。臨沂雖然最後失守，但第3軍團與59軍在戰鬥中所表現出來的英勇頑強精神，仍堪稱楷模。故此軍委會非但沒有治罪，反而致電慰問：「兩軍苦戰逾月，迭奏『虎外裏胄』之功，以戰機切迫，未能調回休養補充，至未軫念，仰即轉諭慰勞，併體念時艱以最後之努力，完成兩軍光榮之戰績為要。」59軍軍長張自忠因功升任第27軍團軍團長，仍兼59軍軍長。

■59軍官兵在臨沂前線頑強抗擊日軍。

## 序幕戰之二：死守滕縣

說到守滕縣就不能不先說「川軍」，抗戰爆為後，川軍誓師出川抗戰，鄧錫侯部第22集團軍轄兩軍四師八旅，共4萬餘人首先開赴山西。由於鄧部長期在經濟落後的川西一隅，又受其他川軍的封鎖，武器裝備水平非常低劣，主要武器為土造步槍和少量土造機槍、迫擊砲。重武器、通訊、衛生等裝備更是鮮有一二。出川前曾要求軍委會給予換裝，但軍委會回復時機迫切，先行出動，至西安換裝。到達西安後，又因山西戰局吃緊，而未作停留，直接東進入晉，劃入第二戰區序列。鄧部要求第二戰區給予換裝，但精於算計的第二戰區司令長官閻錫山藉口換裝是中央統一調度，理應由中央解決而搪塞過去。於是22集團軍沒有得到任何補給的情

況下就投入了晉東戰場，作戰40餘天，傷亡過半，經過整編，每旅原有2個團縮編為1個團，所以名義上是四師八旅，實際僅8個團2萬餘人。而且川軍遠道跋涉，傷亡過半之後，沿途又無兵站補給，全仗就地購買糧草，軍紀自然難以嚴明。後撤途中川軍每遇晉軍的軍械庫，便破門而入，擅自補給，這使閻錫山大為惱火，一狀告到軍委會，稱川軍是「抗戰不足擾民有餘的土匪軍」，要求將川軍調出第二戰區。軍委會只得打算將川軍調往第一戰區，但第一戰區司令長官程潛也對川軍早有所聞，一口拒絕。據說蔣介石知道後，本來就因南京失守而心緒不佳，當時就說：「既然如此，就把他們調回去，讓他們在四川稱王稱霸吧！」在一旁的副參謀總長白崇禧建議，要不問問第五戰區要不要？電話打到李宗仁處，正愁兵力捉襟見肘

■川軍將士誓師抗日。

的李宗仁立即表示要：「好得很啊，我現在正需要兵，請趕快把他們調來徐州。」於是有了一段精彩的對話：

白：「他們的戰鬥力可差一點啊。」

李：「昔日諸葛亮紮草人為疑兵，川軍再不濟總比草人好些吧？請你趕快把他們調來吧。」

就這樣22集團軍轉到第五戰區，22集團軍上下對自己損失慘重，別說補充，連正常的補給都沒有的不公正待遇而滿心憤恨，又聽說第一、第二戰區把自己當是皮球，踢來去，一時真是感覺天下之大竟無容身之處的苦悶，聽到為第五戰區收納，自然是感恩戴德。第22集團軍司令鄧錫侯、副司令孫震親赴徐州面謁李宗仁，兩人表示一定絕對服從指揮。李宗仁瞭解到22集團軍裝備低劣，又撥新槍500支和大批子彈，更使22集團軍上下感激涕零，莫不決心以死效命。

正因為有此一段前因，才有了川軍死守滕縣的悲壯一幕。

1月6日，22集團軍抵達山東，11日以45軍為一線部隊，41軍為二線部隊，進駐費縣、滕縣一線。1月底，川康綏靖公署主任劉湘病逝，22集團軍司令鄧錫侯回川繼任，原22集團軍副司令孫震升任司令，鄧原兼任的45軍軍長由125師師長陳鼎勳升任，孫所兼任的41軍軍長則由122師師長王銘章代理。

3月初，日軍向鄒縣、兗州大舉增兵，併不斷派出小股部隊向我軍陣地實施威力偵察，綜合各方面情報，判斷日軍即將對22集團軍為起全面進攻。3月10日，孫震從臨城趕到滕縣視察部隊，並召集各軍、師、旅長研究作戰計劃。最後確定堅守滕縣的作戰方針，以王銘章擔任前敵總指揮兼二線指揮，統一指揮122師和124師主力守備滕縣；以127師師長

■為阻止日軍推進，王銘章下令炸毀北沙河鐵路大橋。

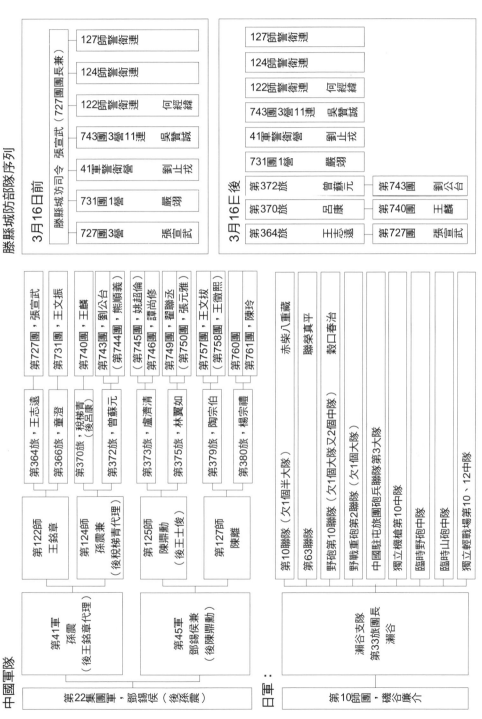

陳離為一線指揮，統一指揮127師和124師372旅在滕縣以北界河、香城一線防禦；122師、124師、127師師部和122師364旅旅部進駐滕縣。王銘章隨即調整部署，將原在滕縣以南南沙河的727團北移至滕縣以北的北沙河，形成二線防禦；將原在韓莊的731團移至滕縣東北的平邑、城前，掩護一線陣地的側背。

3月14日，日軍第10師團以第33旅團為基幹組成的瀨谷支隊集中步騎兵約萬人，火砲20餘門，戰車20餘輛，在20架飛機掩護下，向125師、127師一線陣地為動猛攻，川軍憑藉40多天來精心構築的防禦工事，以劣勢裝備奮勇迎戰，激戰整日，除下看埠、白山、黃山等前沿陣地失守外，界河主陣地巋然不動。得知日軍大舉進犯的消息，孫震立即從臨城趕到滕縣，親臨前線視察激勵士氣，特別指出人人要抱有敵無我，有我無敵的決心與敵死拼！

15日，日軍繼續猛攻界河陣地，仍未能突破，遂採取兩翼迂迴戰術，以3000人向界河以東龍山、普陽山迂迴，另以3000人向界河以西深井迂迴。45軍126師、127師在界河、龍山一線浴血奮戰，日軍終不能得逞。但守備深井的124師370旅在晉東作戰中消耗甚大，且佈防不久，工事也尚未完備，面對日軍的猛攻，頗為吃緊，旅長呂康一面督率所部拼死力拒，一面向王銘章求援。王銘章隨即將守備滕縣的124師372旅急調深井，372旅趕到後與370旅併肩苦

戰，終將日軍阻止於池頭集、大小塢村一線。戰至黃昏，日軍無論界河正面還是東西兩翼的迂迴均無法突破川軍防線，只得從龍山方向再抽兵作二次迂迴，經馮家河徑撲滕縣。

此時，王銘章已將滕縣守軍372旅調往池頭集，滕縣只剩下3個師部和1旅部所轄的警衛連、通訊連和衛生隊各1個，幾乎是空城了！而22集團軍各部均在一線與日軍鏖戰之中，根本無法抽兵，惟一可調的只有在平邑警戒臨沂方向日軍的122師366旅，但平邑距離滕縣足有百里，已是緩不救急。王銘章無奈之下，只有向臨城的孫震求援，孫震手裏的部隊也只有41軍警衛營（轄3個步兵連和1個手槍連）。不過20軍團85軍第4師剛剛到達臨城，只是20軍團部還在行軍之中，第4師沒有命令不能擅自增援滕縣（孫震雖為集團軍司令卻根本指揮不動中央軍嫡系的第4師），第4師雖然無法馳援，但守備臨城還是足夠了，孫震只好留下手槍連，命警衛營3個步兵連星夜乘火車增援滕縣。

儘管366旅和41軍警衛營都已在赴援途中，但日軍距滕縣已不過十餘里，局勢千鈞

■狼狽撤下戰場的日軍傷兵。

一髮！王銘章於17時30分命令在北沙河的727團留1個營守備，以1個營守備洪瞳、高廟，團長張宣武率其餘部隊立即跑步趕回滕縣，同時炸毀北沙河鐵路橋，以免為日軍所用。

19時30分，張宣武率727團3營趕到滕縣，隨即被王銘章委任為滕縣城防司令。22時許，41軍警衛營也到達滕縣。同時臨城還開來一列軍列，送來糧食、彈藥，彈藥中尤多手榴彈，守軍每人都分到一箱足足50枚！這時陸續到達滕縣的部隊計有：727團3營、41軍警衛營和366旅731團1營，連同原在滕縣的各師部、旅部警衛連，再加上來滕縣領取彈藥的124師372旅743團11連，共有15個步兵連和1個土造迫擊砲連，連同師部旅部勤雜人員共約2500人，算上滕縣保安團、警察等地方部隊，總計約3000人，但戰鬥兵不足2000。張宣武將城防司令部設在東門路北一家山貨店，並與守城的各營均架通電話。122師師部在西門外電燈廠，124師、127師師部都在鹽店街張錦湖宅第內，364旅旅部則在西門裏路南一家鹽店。至此，滕縣防禦準備總算是勉力完成了。王銘章召集在滕縣的團以上軍官商討作戰計劃，王銘章認為川軍裝備低劣，面對兵力火力均佔優勢的日軍，堅守城垣是下策，應將部隊部署於城外，以遊擊戰遲滯日軍。但

張宣武極力主張守城。王銘章請示孫震，孫下令死守，並說只要守4小時，臨城的85軍就能趕來增援。王轉而問張，是否能守4小時，張立即回答：「我們再不濟，4小時內日軍是無論如何也攻不下滕縣的！」得到張團長如此堅決的回答，王銘章遂決意死守滕縣，下令城外的師部及直屬部隊全部撤入城內，堵死南北兩城門，只留東西兩城門開放交通，但同時準備好物料以便必要時封死城門。全體官兵沒有王銘章受令，任何人不得出城，違者就地正法！

日軍瀨谷支隊以主力猛攻滕縣的同時，另以第63聯隊繞過滕縣向臨城急進。

16日凌晨，日軍開始大舉猛攻，東翼日軍接連攻佔龍山、普陽山，馮家河迂迴日軍也直撲滕縣，8時許日軍已逼近滕縣東關，在東沙河設立砲兵陣地，以12門山砲向滕縣猛轟。天色大亮後，日軍飛機也飛臨滕縣轟炸掃射。悲壯的滕縣保衛戰終於打響了！日軍砲擊、轟炸持續兩小時，滕縣落彈達3000餘發，10時許砲聲突然沈寂

■滕縣城防司令部舊址。

# 徐州會戰・滕縣地區戰鬥經過要圖
## （1938年3月14日—18日）

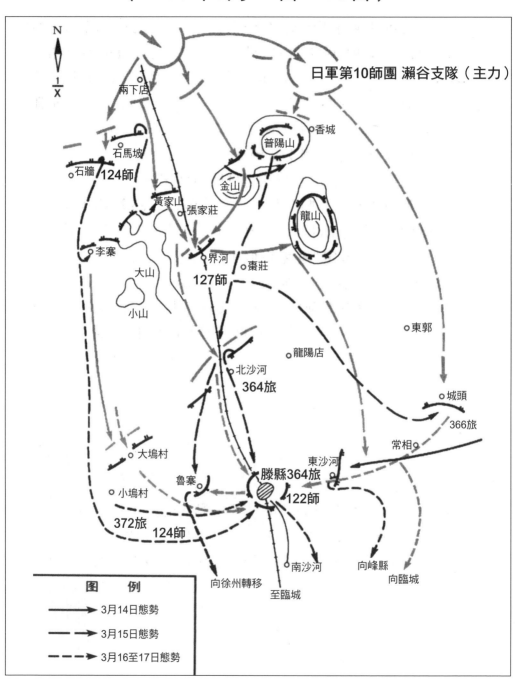

■727團團長張宣武。

下來，惡戰前的平靜更使人窒息。10時30分，日軍集中火力猛轟東關南側城牆突出部，很快就轟出一個大缺口，隨即日軍以數十挺輕重機槍向缺口兩側掃射，掩護步兵向缺口衝擊——我軍官兵隱蔽在缺口兩側城牆內，避開日軍火力，當第一批60餘日軍衝到缺口外城壕時，2個排的守軍突然躍起，每人在轉瞬之間投出4、5枚手榴彈，日軍頓時死傷50餘，倉皇敗退。日軍隨即以更猛烈火力壓制缺口兩側守軍，再次組織60餘人衝鋒。守軍如法泡製，又是在日軍衝近缺口時，以手榴彈將其擊退。隨後日軍第三次衝鋒也被守軍以同樣戰術擊退。連續三次衝擊遭到迎頭痛擊，日軍攻勢頓挫，其進攻也被迫停止了兩小時。

在這短暫的兩小時間隙中，守軍急忙調整兵力，東關守軍731團1營營長嚴翊以2連替下傷亡殆盡的1連，張宣武也將總預備隊727團3營12連調到東關，作為731團1營的後援。同時守軍抓緊時間，緊急徵用城內鹽店、糧行的1000多包食鹽糧食填補城牆缺口。

14時，日軍再興攻勢，此次主攻目標改到東關東北角城牆，也是先以砲火轟開缺口，再以機槍火力掩護步兵衝擊，同樣在守軍手榴彈的迎頭痛擊下敗退。日軍攻了三次，徒有傷亡而毫無進展，只得收兵暫退。不過東北角戰鬥更為激烈，不僅生力軍2連死傷殆盡，連預備隊12連都傷亡過半。這樣一來，張宣武手裏就再無任何預備隊了，王銘章只好將最後的力量——來滕縣領取彈藥的743團3營11連和師部警衛連（留下1個排）全部調歸張指揮，張將11連派往東關，將警衛連作為總預備隊。

17時，日軍開始了第三輪總攻，不僅有10餘架飛機助戰，火砲也增至30餘門，這次日軍主攻東關城門，由於日軍火砲數量有所增加，不僅轟擊城門的砲火更為兇猛，還能以部分砲火轟擊城內縱深，以阻隔守軍增援。而且步兵衝擊也改為波浪式攻擊，每隊60人，三隊一批，每隊之間間隔百公尺，毫無停歇連續攻擊。日軍第一隊在守軍手榴彈雨中死傷殆盡，但第二隊又接踵而至，這時731團1營幾乎已經拼光了，營長嚴翊將743

■當時城內唯一倖存的大型建築——滕縣教堂。

團11連投入戰鬥，就在這一當口，由於城牆上的守軍犧牲殆盡，使第二隊日軍得已從缺口衝入，11連趕到時已來不及投擲手榴彈，便全連上刺刀，在缺口處展開了慘烈的白刃肉搏，終將這股日軍全殲，但11連也只剩下20餘人且幾乎人人帶傷。剛將第二隊日軍解決，日軍第三隊又殺到，嚴翊手上已再無建制部隊，只好將東關所有能戰之兵全部組織起來迎擊，但因兵力不足無力將日軍肅清，有40餘日軍佔據了城門一隅，好在天色已暗，日軍不善夜戰未再增派後續部隊，城門日軍便據險固守等待次日再戰。此時張宣武已將總預備隊警衛連派到東關，嚴翊立即以警衛連發起反擊，在城門附近展開激戰，警衛連傷亡三分之二，而日軍還剩20餘人仍守在城門。張宣武深知如果不在夜中將這股日軍消滅，那麼天明一旦日軍再行攻擊，東關勢將不保！他立即從守備城東北的部隊中抽出727團3營11連增援東關，臨行前張宣武親自向11連全體官兵訓話：「完成任務，全連重賞！消滅不了這幾十個鬼子，那麼你們也不要回來了！」11連到達東關後，嚴翊親自率隊衝鋒，終在20時許將日軍全部肅清，但嚴翊身負重傷，11連也傷亡70人。

22時後，深井方向的370旅、372旅殘部以及727團在洪瞳、高廟、北沙河的2個營都陸續退入滕縣，但在平邑的戰力最完整的366旅卻遭日軍阻截無法退回滕縣，只得繞道退往臨城。其餘在滕縣以北各部則分路撤向微山湖、嶧縣、臨城等地。當週邊部隊陸續入城後，王銘章立即整頓部隊重新調整部署，以124師370旅740團（欠1個營）接替731團1營守備東關；以122師363旅727

團和731團1營殘部守備東南至西北城角的東、北兩面城防，並以一部守備北關；以124師370旅740團1營和41軍警衛營守備西北至東南城角；124師372旅743團　總預備隊，並以一部守備西關、南關和火車站。命令既定，各部立即進入陣地，不顧連日轉戰疲勞抓緊時間構築工事。此外還特別命令每班必須綁捆雲梯一架，因為滕縣城牆高而陡，每座城門卻只有一條坡道，部隊為避免日軍砲火殺傷，一般只在城牆上留少量觀察哨，主力都在城牆下的工事內隱蔽，等日軍步兵衝鋒時再登上城牆作戰，若只靠坡道惟恐不及，所以要求準備雲梯，以備迅速登城之用。守軍雖然兵力不多，建制殘破，好在滕縣有臨城開來的火車，糧食彈藥相當充分，還堪一戰。

當天，湯恩伯軍團部到達臨城，隨即派先頭部隊第4師北上馳援滕縣，但第4師在南沙河以東的龍山、虎山一線　日軍63聯隊所阻無法進抵滕縣。

17日6時起，日軍以飛機重砲向滕縣猛烈轟擊，滕縣全城除教堂外，幾乎盡為殘瓦碎礫，建築街道皆成焦土。8時許日軍向東關及東南城角發起猛攻，東關的740團頑強奮戰，多次與日軍展開白刃肉搏，雖然傷亡奇

■龍山（滕縣城北）是當年與日軍激戰地之一。

# 第二十二集團軍滕縣地區戰鬥示意圖

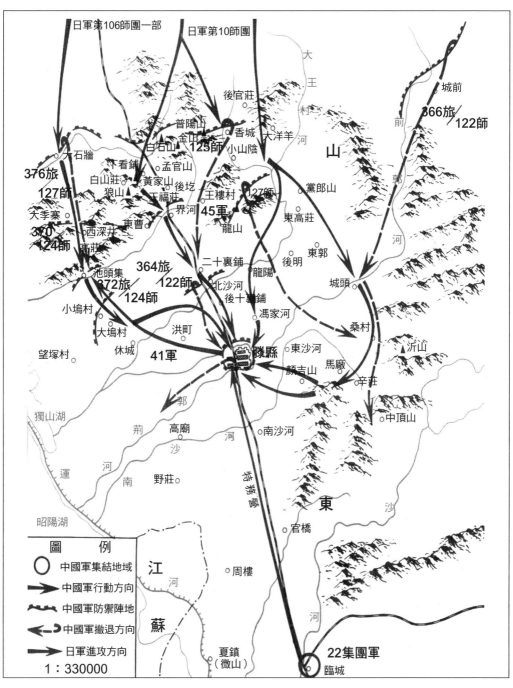

重，但終於守住了東關。在東南城角的日軍先以砲火轟開一個缺口，再以裝甲車掩護約百餘步兵衝擊，守備此地的727團1營2連拼死苦戰，以手榴彈力拒，擊毀2輛裝甲車，斃傷敵約50餘，但全連官兵全部壯烈犧牲，剩餘日軍這才佔領東南城角。727團1營營長王承裕立即派出1連反擊，1連衝上城角，以大刀與敵白刃拼殺，將剛攻入城角的50餘日軍全部消滅，但1連除14人生還外，連長張全馨、副連長賀吉倉以下140餘人全部殉國。

14時日軍集中砲火猛轟南城牆，同時以飛機轟炸南關，步兵隨即在砲火掩護下猛攻南關，南關守軍743團2個連在敵熾烈砲火下傷亡過半，餘部無法立足，被迫撤至西關車站。而南城牆也被日軍砲火轟開多個缺口，370旅旅長呂康、副旅長汪潮濂親上城牆督率740團1營堅守，1營苦戰不退，傷亡殆盡，呂康、汪潮濂也都身負重傷，戰況之

### 王銘章

四川新都人，字之鍾，1893年出生，入四川陸軍軍官學校第3期步兵科，畢業後在川軍中任職，歷任排長、連長、營長、團長，1927年任西北屯殖軍第1路副司令兼第3混成旅旅長，1928年任第29軍第3路司令，1930年改任29軍第4師師長，1935年川軍整編後任第122師師長，抗戰爆發後率部出川抗戰，1938年3月任代理第41軍軍長兼122師師長，在滕縣之戰中任第22集團軍前敵總指揮，率部英勇作戰，在滕縣殉國，國民政府追贈陸軍上將軍銜。

烈可見一斑。15時30分，因南城牆守軍死傷殆盡，日軍才得已佔領南城牆。王銘章電告孫震：「獨立山友軍本日仍無槍聲，想系為敵所阻。目前敵用野砲飛機，從晨至午，不斷猛轟，城牆缺口數處，敵步兵屢登城垣，屢被擊退，斃敵甚多，職憶委座成仁之訓，及開封面諭嘉慰之彰，決心死拼，以報國家，以報知遇。」

此時在東關的戰鬥已進入白熱化，兩天來東關一直都是日軍的主攻方向，城牆在日軍砲火多日猛轟下，已是多處坍塌，守軍工事也盡數被毀，戰至黃昏，守軍彈藥告罄，最有效的手榴彈也全部用光，2個營的守軍官兵傷亡也非常慘重，740團團長王麟也在東關戰死，在此情況下，東關方告失守。

日軍佔領南城牆和東關後，即向沿城牆兩側擴張戰果，至17時許，西門及其以南城牆相繼失守，日軍控制南、西幾乎半城城牆後，即據城牆向內城猛烈射擊，王銘章派出最後的預備隊師警衛連的1個排反擊西門，但是力量實在過於單薄，又無火力支援，全部犧牲在城牆下。鑒於內城已在日軍火力直接威脅之下，王銘章隨即率師部退出內城向西關外轉移，準備到火車站繼續指揮372旅作戰，因西門已被日軍佔領，只得縋城而出，但出城之後隨即

■蔣介石為王銘章題詞。

被日軍發現，在日軍密集機槍掃射下，王銘章、122師參謀長趙渭濱、124師參謀長鄒慕陶、122師副官長羅甲辛及隨從十數人除兩人外全部犧牲。

佔領南城牆和東關的日軍隨即兩面夾擊東城牆，此處守軍在364旅旅長王志遠和272團張宣武指揮下，頑強抵抗，戰況殊為慘烈，日落時分，王志遠和張宣武先後力戰殉國，力阻日軍數波攻勢，但在日軍的持續增援之火力部署前，272團官兵戰損漸增，直至最後的守軍僅300餘重傷員集體以手榴彈自炸殉國，更是驚天地泣鬼神的悲壯之舉。

入夜後，124師副師長稅梯青率少部官兵利用夜色掩護，從北門突圍而出，後與普陽山守軍會合後一起撤回徐州。滕縣四面城牆只有北城牆還在守軍控制下，此處守軍為727團3營的1個連和收容的一些零散官兵，不過300餘人。日軍不習夜戰，所以在天黑後沒有繼續攻擊北城牆。21時許，北城牆守軍認為繼續堅守也無意義，決定突圍。在副營長侯子平、連長胡紹章指揮下，扒開封死的北門突圍出城。日軍畏懼夜戰，不敢出城追擊，只是以機槍火力進行追擊，這300餘人乃得已安全撤至臨城。北城牆守軍突圍後，城牆上的戰鬥完全平靜，但內城各處總計還有約5、600人仍在斷垣殘壁中繼續戰鬥，槍聲徹夜不息，最後的巷戰直到18日午後才完全停止。正如《掃蕩報》文曰：「在短短幾天的滕縣血戰中，有很多驚天地動鬼神的故事，值得我們正視，值得我們泣訴！如122師師長王銘章、參謀長趙渭濱、副官長羅甲辛、124師參謀長鄒慕陶均已盡忠職守，為國捐軀。城破之時，所有受傷官兵、

未出城者，約千人左右，均以步槍或手榴彈與敵拼命或自殺，無一生還。抗戰之烈，死亡之勇，前所未聞，實開守土殉城之先例。」

18日，中國空軍第5大隊首次出動10架戰鬥機在滕縣上空擊落日軍2架轟炸機，擊傷1架偵察機。

滕縣之戰，從3月14日晨起，至18日中午止，兩萬川軍以窳劣裝備抗擊兵力裝備均佔優勢之敵，整整108小時（其中滕縣城防作戰52小時），其中界河、龍山一線傷亡近5000人，滕縣城防傷亡也逾5000，總計傷亡近萬，斃敵2000餘。滕縣雖然最後還是淪落敵手，但守軍浴血鏖戰，挫敵凶鋒，奪敵銳氣，最重要的是　第五戰區集結兵力贏得了寶貴的時間，奠定了台兒莊大捷的第三塊基石。其意義就如李宗仁所說：「若無滕縣之死守，焉有台兒莊之大捷？台兒莊之戰果，實滕縣先烈所造成也。」在戰後第五戰區戰報中這樣評價滕縣之戰：「該集團軍以劣勢之裝備與兵力，對絕對優勢之頑敵，獨能奮勇抗戰，官兵浴血苦戰達三日半以上，挫敵凶鋒，阻敵銳進，使我援軍得以適時趕到，戰役中心徐州得以轉危為安，此為國家犧牲之精神，不可泯也。」

戰後，川軍聲望大振，為表彰王銘章將軍，國民政府追授其為陸軍上將，在徐州舉行了隆重追悼儀式，在武漢舉行了國葬，並為122師樹立記功碑。軍委會致電孫震：「貴軍捍衛魯南，浴血奮鬥，殊堪嘉尚！」全國各界人士均表示哀悼及敬意。

## 喋血鏖戰

3月18日滕縣失守後，台兒莊就成為徐州的最後屏障。台兒莊位於徐州東北約50公里的運河北岸，舊為山東嶧縣所轄，今為山東棗莊市台兒莊區。由於津浦鐵路台棗（莊）支線和台濰（坊）公路都從此經過，北連津浦路，南接隴海線，又有運河水路便利，自然便成為魯南的交通重鎮。台兒莊鎮區南北長約1公里，東西寬約2公里，面積約1平方公里，因交通便捷，商賈雲集，鎮內有上千個商鋪，3000多戶人家，建築多為磚石結構，鎮中有9個大碉樓和75個小碉樓，鎮西南的文昌閣為全城製高點，鎮四周有長達約4公里的磚砌寨牆。

日軍第10師團在攻佔滕縣後，不顧其左翼第5師團在臨沂被阻，也不待南線蚌埠方面部隊北進呼應，便孤注一擲向南撲來，以期一舉而下徐州，奪取打通津浦線的首功。20日，日軍第10師團的右路部隊攻佔韓莊，在渡運河時遭到中國守軍第20軍團52軍的頑強阻擊，只得隔運河對峙。左路攻佔嶧縣。這時在第10師團面前的進攻方向有兩個選擇，一是沿津浦線南下，直撲徐州；二是向東南展開，奪取台兒莊，突破運河防線，再西取徐州。考慮到津浦路韓莊以南，都是連綿山地，不利於機械化部隊

展開進攻作戰，且僅沿鐵路一線長驅直下，側翼暴露極易遭到攻擊。而津浦路以東的棗莊、嶧縣至台兒莊一帶，地勢平坦，利於機械化部隊行動。特別是在臨沂方向第5師團受挫的情況下，佔據台兒莊既可掩護臨沂方向日軍的側翼，可也為下一步進攻徐州創造條件。因此日軍第2軍令第10師團由嶧縣向台兒莊攻擊，突破運河西取徐州，同時分出部分兵力向臨沂方面增援。據此，日軍第10師團長磯谷廉介命令瀨谷支隊長瀨谷啟：「必須確保韓莊，台兒莊運河一線，併警備臨城、嶧縣，同時應以盡可能多的兵力向沂州(即臨沂)方向突進，協助第5師團戰鬥。」瀨穀啟即對部隊行動方向作如下調整：

一、停止韓莊方面的推進，以第10聯隊一部，配屬砲兵等，作為韓莊守備隊，守備

■川軍抗日陣亡將士紀念碑。

韓莊附近運河一線。

二、以第10聯隊第2大隊為基礎組成沂州支隊，從臨城出發，向沂州方向前進，策應為本支隊作戰，第10聯隊主力集結於臨城。

三、第63聯隊配屬砲兵等，以主力集結於嶧縣，確保台兒莊附近運河之線。

四、支隊司令部及直屬部隊集結於棗莊、嶧縣附近。

就這樣，瀨谷支隊主力在臨城掉頭向東，向棗莊、嶧縣展開。

面對瀨谷支隊向台兒莊進逼，並分兵策應臨沂的新動向，第五戰區決定利用日軍連下濟南、泰安、滕縣後的驕狂心理，以20軍團在津浦路沿線作間斷微弱的抗擊，讓開正面，誘敵深入。以第2集團軍在運河一線採取攻勢防禦，消耗鉗制正面之敵，再以20軍團潛行南下，拊敵後背，在台兒莊一帶予以圍殲。而第20軍團和第2集團軍原來均隸屬第一戰區，都是在滕縣保衛戰打響後才新近劃歸第五戰區。這兩支部隊趕赴第五戰區的寶貴時間就是川軍死守滕縣以巨大犧牲換來的。

3月18日，正在河南許昌休整的第2集團軍接到命令星夜開赴徐州，其先頭部隊30軍31師於21日抵達台兒莊，李宗仁命該師「沿韓莊至台兒莊運河佈防後向嶧縣之敵

攻擊前進，如敵出而迎戰，應盡力堵擊，迨湯恩伯軍團進擊敵側背後，全力壓迫敵於微山湖聚而殲之。敵如固守待援，應盡力牽制監視敵人，掩護湯軍團攻擊殲滅棗莊之敵後，再回師合擊嶧縣日軍。」並為協同方便，將31師暫劃歸第20軍團指揮。

31師抵達台兒莊後，師長池峰城以93旅186團守備台兒莊，以185團進駐台兒莊以北的北洛，91旅181團控制臺兒莊北站，182團則在運河南岸警戒。

22日，20軍團軍團長湯恩伯、52軍軍長關麟徵率部北上邳城、蘭陵時途經台兒莊與池峰城會面，湯勉勵31師務必努力堵擊日軍南下，並承諾一旦開戰，軍團一日之內定可回援，31師只要堅守三天就算完成任務，20軍團將不顧一切抄襲日軍側背，協力夾擊。

上午日軍第63聯隊由臨城到達嶧縣，瀨谷啟隨即下達進攻台兒莊的命令。下午，瀨谷啟接到偵察飛機報告微山湖上大批船隻運載中國軍隊向湖東的夏鎮進發，根據這一情

■沿津浦線南下的日軍機械化部隊。

■沿津浦線推進的日軍輜重部隊。

里處與日軍台兒莊派遣隊不期而遇！日軍台兒莊派遣隊是以步兵63聯隊第2大隊和野砲第10聯隊第1大隊併加強戰車、裝甲車和騎兵共約1000人所組成的一支混成部隊。31師騎兵連與日軍接觸後立即按原計劃向潘家庵且戰且退，但日軍並未追擊而是徑取獐山，185團迅速在獐山、亂溝一線展開阻擊，登峰隊全系慣戰老兵，立即佔據有利地形沈著應戰，但日軍在戰車掩護下正面佯攻，主力繞至側後，登峰隊仍力戰不屈，幾乎全部犧牲。日軍進佔獐山後繼攻泥溝，突破我軍阻擊，進佔北洛，185團退守南落。李宗仁獲悉31師與敵遭遇後，立即意識到台兒莊之戰已經正式拉開了帷幕，隨即命令31

報，瀨谷啟立即決定第10聯隊停止進攻臨沂，旅團主力暫不向嶧縣移動而留臨城視情況發展再決定行止，但向台兒莊進攻部隊計劃不變。

23日一早，31師便以師騎兵連為前鋒，185團登峰隊為一梯隊，團主力隨後跟進，出臺兒莊向北搜索前進。9時在嶧縣以南8公

■1938年4月，國軍渡過運河進入台兒莊。

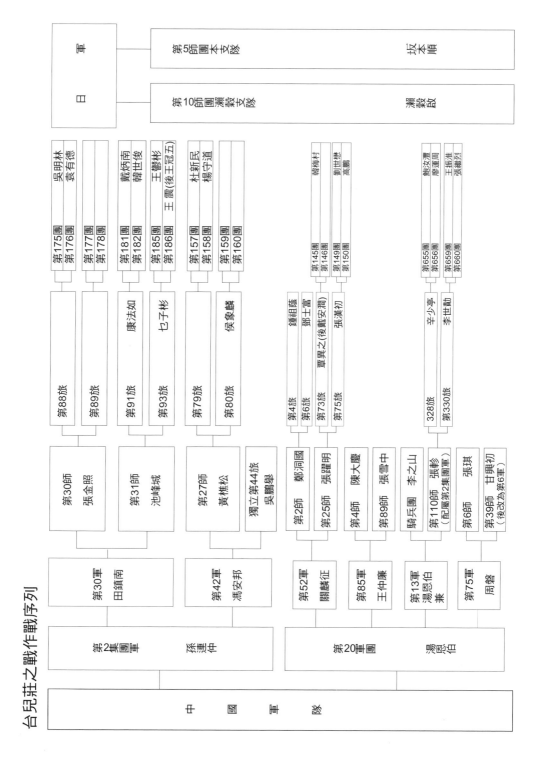

台兒莊之戰作戰序列

突擊 叢書

師歸還第2集團軍制，催促第2集團軍司令孫連仲儘快趕赴前敵指揮，已抵達賈汪的42軍27師迅速向台兒莊靠攏。此時孫連仲已經到達台兒莊，在鎮南5公

■3月24日，蔣介石到徐州視察。

里車輞山車站開設集團軍指揮部（遠遠低於集團軍司令部距離前線20公里的規定，孫連仲此舉是因為深知此戰關係徐州得失，故抱以置之死地而後生的決心），第2集團軍後續部隊也陸續到達賈汪東北和台兒莊以南地區，以30師防禦台兒莊左翼，27師防禦台兒莊右翼，44旅以1個團控制運河浮橋，另1個團為集團軍預備隊。

根據戰局發展，瀨谷啟決定旅團主力集結臨城、嶧縣，以應付嶧縣附近20軍團，向臨沂方向只派出1個大隊，而進攻台兒莊的

## 孫連仲

河北雄縣人，字仿魯，1893年出生，1912年起在北洋軍第2鎮服役，1916年起在第16混成旅歷任排長、連長、營長、團長，為西北軍「十三太保」之一，1924年任馮玉祥衛隊旅旅長、第12師師長，1927年任第9方面軍總指揮兼第14軍軍長，並兼任過青海、甘肅省主席，中原大戰時任第8路軍總指揮兼第9軍軍長，1930年任第26路軍總指揮。抗戰爆發後任第1軍團軍團長，後任第2集團軍司令。1939年1月升任第一戰區副司令長官，11月改任第六戰區副司令長官，1945年6月出任第十一戰區司令長官，9月兼任河北省主席。10月作為第十一戰區受降主官在北京接受華北日軍投降。內戰中任保定綏靖公署主任兼河北保安司令、北平行轅副主任，1948年10月任首都衛戌司令、總統府參軍長，1949年1月蔣介石下野後辭職，3月去臺灣，後任總統府戰略顧問，總統府國策顧問、國民黨中央評議委員、紀律委員等職，1990年8月在臺北病逝。

## 第2集團軍

前身為西北軍舊部，1930年中原大戰結束後，孫連仲收容高樹勳的12師、董振堂的11師、李松昆的25師、季振同的手槍旅和張華棠、祝常德兩個騎兵旅，接受蔣介石的改編，所部改稱第26路軍，下轄第25、27師。1937年12月，乘孫連仲、高樹勳不在部隊，由26路軍參謀長趙博生領導，除1個團外，26路軍2個師部、6個旅部、11個整團共1.7萬人全部投向紅軍，兵變部隊改編為紅軍第5軍團，史稱寧都事變。26路軍實力大損，孫連仲收容餘部重新整編，仍轄2個師，但僅有五旅十團。1932年與紅軍作戰在宜黃戰敗，所部縮編為1個軍，僅7個團。後孫走了CC派陳立夫與政學系張群的門路，於1933年將西北軍舊部吉鴻昌30軍並入26軍。1935年調至蘇北整訓，整編之後下轄第30軍、42軍，共3個師7個旅，27師為孫連仲嫡系，取得調整師的待遇，裝備編制均佳。其餘各師則為整理師，編制裝備均差。抗戰爆發後北上參加保定、涿州、娘子關諸戰，傷亡幾達五分之四，隨即調河南許昌整補，很快恢復實力，並於1937年10月改稱第2集團軍，台兒莊會戰前夕第2集團軍下轄2個軍3個師共7個旅，總兵力約2.4萬人，裝備步槍以漢陽造為主，每連配輕機槍3-4挺，每營配重機槍3-4挺，每團配迫擊砲3-4門，其裝備在雜牌軍中算是中上水平，但因抗戰初期傷亡較大，雖經補充，士兵訓練及實戰經驗均有所下降。

■31師師長池峰城。

任務和兵力不變。

24日，軍委會委員長蔣介石前往徐州視察，返程時將副參謀總長白崇禧和軍令部次長林蔚組成參謀團留徐州協助第五戰區指揮作戰。

當日，日軍開始大舉進攻台兒莊，上午其部繞過南洛，襲取台兒莊以北4公里的劉家湖、園上，直接威脅台兒莊。31師師長池峰城立即命南洛的185團反擊，185團奮勇出擊，當下即將日軍剛剛佔領的劉家湖奪回。午後日軍再次攻擊劉家湖，被185團擊退。但園上日軍利用村中的碉樓頑強抵抗，185團數次攻擊均未得手。

台兒莊鎮的激戰也打響了，日軍向北車站、北寨牆猛攻，日軍猛烈砲火將寨牆轟開數個缺口，步兵隨即從缺口蜂擁而入，眼見戰局危急，186團團長王震親率預備隊增援，王團長集中輕重機槍以密集火力封鎖缺口，湧入的日軍遭到機槍火力迎頭痛擊，死傷甚重。王團長隨即指揮部隊對衝入的日軍進行反衝擊，雙方在缺口處連續爭奪數次，最終將日軍徹底逐出，封住缺口，而王團長也在激戰中身負重傷，池峰城隨即命師副王冠五接任團長，並要求將城防重點放在台兒莊西半部城區。王冠五考慮到口軍砲火猛烈，在鎮內部署部隊太多，反而白白消耗在砲火下，所以將186團3個營，在鎮內部署2個營，1營在城區東半部，2營在城區西半部，3營則在西門外。

當天深夜，孫連仲、白崇禧來到台兒莊南站大樓樓頂，放眼眺望，四外村落火光衝天，槍聲不絕，殺聲不斷。親臨戰地的白崇禧更加深刻體會到台兒莊在整個會戰中的重要作用，隨即決定增調砲兵和鐵甲列車第3中隊加強台兒莊防禦力量。

日軍台兒莊派遣隊因兩天激戰傷亡頗大，於當晚致電瀨谷啟求援，由於棗莊、郭里集方向受到20軍團52軍的攻擊，瀨谷啟

## 湯恩伯

浙江武義人，原名克勤，後為表示對恩師陳儀的敬意而改名恩伯，1899年出生，1920年入廣東閩浙軍講武堂學習，畢業後在浙軍中任排長，1922年赴日本明治大學深造，後入日本陸軍士官學校18期砲兵科學習。回國後任國民革命軍總部參謀、黃埔軍校教官、教育處副處長、軍官團副團長。1930年任教導第2師旅長、第4師副師長、第2師師長、89師師長、13軍長。

抗戰爆發後，率部在南口激戰因功升任第20軍團軍團長，1938年任第31集團軍司令。1940年任魯蘇豫皖邊區總司令，1942年升任第一戰區副司令長官，1944年任黔桂湘邊區總司令，1945年任第3方面軍總司令。內戰中任第一綏靖區司令、徐州綏靖公署副主任、第1兵團司令、首都衛戌司令、陸軍副總司令。1948年任衢州綏靖公署主任，1949年任京滬杭警備總司令、福建省主席、東南軍政副長官，到臺灣後任總統府戰略顧問、駐日軍事代表團團長。1954年6月在日本名古屋病逝。

## 第20軍團

　　為央軍嫡系部隊，1937年10月在河南新鄉成立，軍團長由13軍軍長湯恩伯兼任。成立之初，下轄第13、52軍，共4個師，其中13軍第4師原為導第2師，是黃埔軍校教導示範部隊；13軍89師則是由黃埔軍校武漢分校教導隊和武漢北區要塞部隊合編。52軍第2師是由北伐勝利後以第3、14、54師整編而來，52軍25師則是從第4師中抽調軍官和骨幹擴編而成。比較而言，第4、89師均是有軍校教導示範部隊的老底，兵員素質高裝備也好，第2師則是秉承北伐勝利之師的血脈，也是精銳之師。25師雖然成軍較晚，但訓練裝備均不遜色，只是實戰經驗欠缺些。

　　20軍團成立後隨即北上參加南口、漳河戰役，予敵重創，但自身也有不小損失，便於1938年2月調至河南歸德整補，整補期間，不僅獲得第85軍的番號，還收編了第110師，該師來源比較複雜，是1938年1月由西北軍舊部的獨立第46旅、東北軍騎兵旅和豫北師管區新兵營合併組成，旋即劃歸20軍團建制。湯恩伯隨即調整部隊序列，將13軍所轄第4、89師轉隸85軍，而將110師和軍團直屬之騎兵團調入13軍。全軍團共3個軍5個師，各師均為兩旅四團，總共21個團，7.2萬人，除110師外，都是裝備精良訓練有素的精銳，是當時中國軍隊中一支勁旅。

只抽出2個中隊附重砲2門南下增援，而集中支隊主力準備與20軍團決戰。

　　根據第五戰區的請求，空軍出動14架飛機轟炸韓莊、臨城，配合20軍團的進攻。

　　25日凌晨2時，31師向台兒莊週邊全線出擊，186團雖攻入園上，但日軍據守碉樓負隅頑抗，一時陷入膠著。而185團一部為切斷園上日軍後路，攻擊裴莊，同樣難有進展。182團從北站攻擊滄浪廟，攻勢犀利，致使日軍全線動搖，185團乘機奪取裴莊。就在此時，池峰城接到情報，日軍援兵昨晚已到亂溝、紅瓦屋一帶。看來今天台兒莊的惡戰勢必難免，池峰城立即下令停止反擊，181團、185團就地佔領陣地，準備側擊進犯台兒莊之敵；186團出擊部隊撤回台兒莊加強防務；182團撤回北站作為預備隊。自己則登上剛剛到達的鐵甲列車，沿鐵路線直開南洛，鐵甲列車的出現使日軍分外震驚，半天回不過神，許久才想到以砲火還擊，鐵甲列車對日軍陣地一通猛轟，安全退回南站。

　　10時，日軍在得到增援後，向台兒莊發起總攻。31師以攻對攻，185團從日軍側翼發起攻擊，其先頭部隊3營殺至劉家湖，不意發現日軍砲兵陣地，3營營長高鴻立去上衣，揮舞大刀身先士卒發起衝鋒，所部官兵數百人紛紛去上衣，赤裸上身喊殺敵，一時刀光閃耀殺聲震野，日軍砲兵　我軍氣勢所懾，不敢接戰，拉著砲車向東敗退。——此戰便是日後廣為傳誦的「活張飛大戰劉家湖」。正殺向台兒莊的日軍發現側後遭襲，立即抽出1000餘人和20餘輛戰車掉頭殺來，185團後續部隊2營、3營也陸續趕到，與日軍展開了血戰，由於我軍沒有反戰車武器，在平原地帶面對日軍戰車協同的步兵，頓處下風，傷亡慘重，被迫向三里莊後撤。幸好

■池峰城、孫連仲、田鎮南將軍合影（從左至右）。

■1938年4月9日，向徐州開進的日軍瀨穀支隊。

91旅旅長康法如率181團趕來接應，鐵甲列車也出動支援，這才將185團接應出來，該團傷亡慘重，團長王郁彬、營長高鴻立都負了重傷，劉家湖、邵莊全部落入敵手。

下午，我軍第一批增援砲兵部隊砲兵第7團1營（10門瀋陽兵工廠仿製克虜伯公司75公釐野砲）和砲兵第10團1個連（2門德製萊茵金屬公司150公釐榴彈砲）抵達台兒莊，立即在台兒莊以南水晶溝放列向日軍開砲，這些火砲射程遠威力大，立即給予日軍沈重打擊，日軍砲兵立即還擊，雙方展開兩小時之久的砲戰，台兒莊火車站化為一片廢墟，砲7團損失1門野砲，砲10團損失砲車1輛。

16時，日軍以猛烈砲火轟塌台兒莊北門及附近寨牆，邵莊、園上日軍約600猛撲而來，181團3營從鐵路以東向日軍側擊，但畢竟實力單薄，傷亡甚重卻仍無力阻止日軍向台兒莊的攻擊。17時，約200日軍從缺口衝入鎮內，擔負城防的186團拼死力拒，激戰至晚，終將大部日軍消滅，迫其殘部退回園上。

孫連仲見台兒莊戰事漸趨白熱，一面督令31師加緊構築工事，繼續堅守台兒莊，一面催促27師儘快馳援。

在嶧縣方面，20軍團85軍、52軍發起攻擊，包圍了郭里集的日軍第10聯隊第2大隊，瀨谷啟被迫取消該大隊向臨沂推進的計劃，而以支隊主力向郭里集集結，準備集中力量與20軍團決戰。

26日凌晨，27師80旅到達裴莊、前後彭村一線，隨即派出小部隊向日軍後方活動。6時許，由180團團附鄭雲奇率領的2個連在劉村附近遭遇一支數百人並有5輛戰車掩護的日軍，鄭雲奇毫不示弱，立即發起攻擊，迫使日軍退入劉村，雙方在劉村周圍往覆廝殺，一直相持到中午，鄭雲奇在戰鬥中殉國，所部傷亡過半只得退回後彭村。在獲

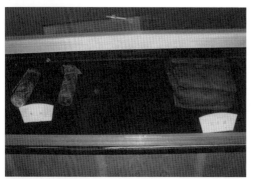

■當年中國軍隊使用過的電池和背包,電池主要用於戰場無線電通訊。

■台兒莊戰役期間中國軍隊使用的美制卡賓槍和日軍的四四式步槍。

悉27師出擊後,台兒莊正面的186團也向圍上發起反擊,但為日軍所阻,退回鎮內。

日軍台兒莊派遣隊雖然得到2個中隊的增援,但作戰中傷亡相當嚴重,尤其是在戰線縱深遭到27師攻擊,更是感到兵力單薄,難以完成攻佔台兒莊的任務,遂向瀨谷啟第二次求援:「敵兵力 3個師(城內1個,城東1個,城西及包圍我的1個),城內及火車站附近有鐵甲列車;派遣隊等待增援,27日開始攻擊;派遣隊至目前戰死20,戰傷112,突入城內生死不明者15。」瀨谷啟慮到據偵察中國軍隊中央軍嫡系精銳部隊20軍團正在支隊本部附近,如果貿然分兵增援台兒莊,一旦20軍團來攻,支隊本部就會陷入被動。正在猶豫,師團長磯谷廉介來電,命令其「對台兒莊採取果敢之攻勢」,瀨谷啟這才

決心加強台兒莊方向力量,命第63聯隊長福榮真平大佐率63聯隊第3大隊增援台兒莊,第3大隊於17時30分到達劉家湖。

當晚,我軍第二批增援的砲兵部隊砲兵第52團8連(4門德製萊茵金屬公司37公釐戰防砲)到達台兒莊。

27日5時30分,日軍開始砲擊,經過一小時砲火準備後,北寨牆多處被轟塌,北門、小北門全部被毀,日軍大舉猛攻,北寨牆的181團3營犧牲殆盡,日軍才得已衝入鎮內,186團2營扼守北街盡頭的大廟(即清真寺)據險阻擊,雙方鏖戰甚烈,多次發生白刃肉搏,戰至午後,2營傷亡大半,王冠五只好將3營調入鎮內。而日軍雖然攻下大廟也是死傷累累,再也物力繼續攻擊只得據守大廟待援。

台兒莊內激戰正酣,池峰城同時組織部隊向週邊反擊,以斷來敵後退,181團、185團分別抽調部隊向三里莊、劉家湖反擊,日軍不防我軍居然會在這時反手出擊,因兵力大都投入台兒莊方向,週邊力量反而薄弱,至11時,墩上、劉家湖均 我軍收復,我軍繼續向三里莊逼近,日軍抽調7輛戰車配合500餘步兵圍攻墩上,185團2營與之血戰,全營

■在台兒莊指揮作戰之第二集團軍總司令孫連仲。

# 徐州會戰・台兒莊地區戰鬥經過要圖
## （1938年3月24日—4月7日）

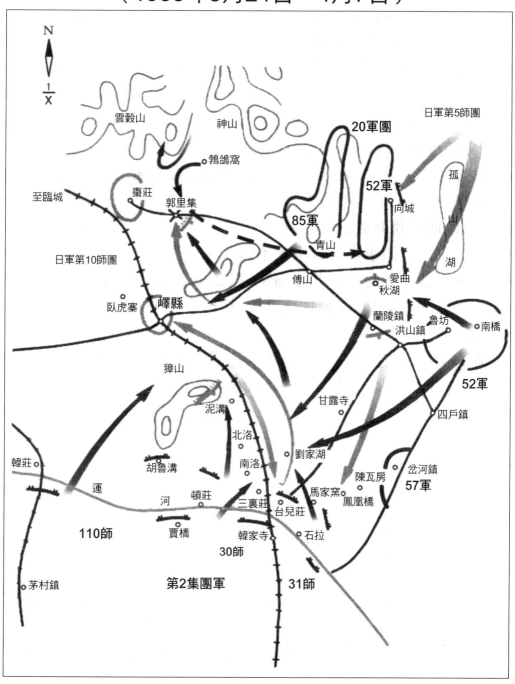

■我軍重機槍陣地。

幾乎拼光，墩上遂於12時許失守。墩上一失，劉家湖方向的出擊部隊後路頓時危險，只得終止出擊後撤。在解除了側後威脅後，日軍集結兵力以11輛戰車掩護步兵由劉家湖從西直趨台兒莊西門和運河浮橋，正撞上砲52團8連戰防砲部隊的陣地，戰防砲部隊沈著應戰，直到戰車開到200公尺距離，才突然開火，轉瞬之間就擊毀6輛，餘下5輛大為驚恐，倉皇鼠竄。開戰以來一直苦於沒有反

戰車武器而以血肉之軀與戰車拼殺的31師官兵第一次見識到戰防砲的威力，士氣大振，喊著衝出陣地，用手榴彈將6輛戰車徹底炸毀。經過數日血戰，31師傷亡已經達到2800人，為利於以後作戰，池峰城將全師整編7個營。

此時，後續部隊42軍獨立44旅也在亂溝一線與日軍援兵接戰，池峰城意識到如果不儘快肅清台兒莊鎮內日軍，一旦日軍後援趕到，戰局就將難以收拾，便命令王冠五務必督促所部迅速肅清鎮內日軍餘部。王團長以3營、師工兵營分別攻擊日軍據守的兩個要點大廟和東南碉樓，其餘部隊則加緊整頓穩固城防。15時40分，3營和工兵營同時開始攻擊，3營8連不顧傷亡前赴後繼衝進大廟，但日軍以火力將8連與營主力隔斷，然後全力對戰，8連全連殉國。工兵營對東南碉樓的攻擊也是徒有傷亡毫無進展。雖然日

■中國炮兵陣地。

# 第三十一師台兒莊戰鬥示意圖
## （1938年3月24日—4月7日）

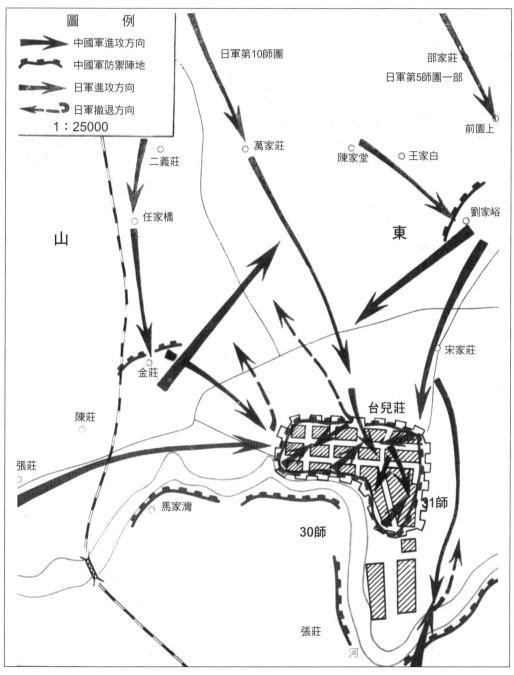

■我52軍軍長關麟征。

軍守住這兩處據點，但也付出不小傷亡，加之守軍在四周依託地形以火力封鎖，只有固守待援而根本無力擴展。

在31師浴血苦戰的同時，27師也向週邊日軍發起攻擊，經一日激戰，先後奪佔裴莊、劉村、楊家廟等地，威脅日軍側翼，有力配合台兒莊正面的防禦。

第五戰區鑒於台兒莊方向軍情如火，而20軍團主力仍在棗莊東北山區，並未向日軍發起進攻，就向兩軍指揮官分別下令：

給孫連仲的電令是：「查台兒莊為徐州前方要地，又為湯軍團後方聯絡要道，關係重要。據報該處敵軍為一混成聯隊，我軍兵力數倍於敵，早當解決，乃經幾日戰鬥，台兒莊圍子反被敵衝入一部，殊感詫異。著貴司令負責嚴督所部，限於29日前將該敵肅清，勿得延緩致誤戎機為要。」

給湯恩伯的電令是：「該軍團放棄攻擊嶧縣、棗莊計劃，速以一部監視當面之敵，主力向南轉進，先殲滅台兒莊之敵。」

孫連仲聽說湯恩伯曾向池峰城承諾一日之內定可回援和守住三天就算完成任務，遂直接向湯發電求援：「連日遭敵猛攻，31師傷亡慘重，盼以全力攻擊敵之側背，支援台兒莊戰鬥。」湯恩伯接到這些電報後立即下令：「52軍應於本晚星夜由博山、青山一帶向南下之敵夾擊，併與孫集團軍切取聯繫；

■中國軍隊通過浮橋。

■戰鬥即將打響，部隊迅速進入陣地。

85軍應以一部佔領雲谷山、黃山、馬山一帶，牽製齊村、棗莊、郭裏集一帶之敵，主力本晚集結神山、向水泉一帶待命。」

28日凌晨，31師改變戰術，組織小分隊步步為營蠶食日軍陣地，日軍苦於兵力不足，無力反擊，只能以機槍、擲彈筒火力阻滯，186團隨即調集迫擊砲消滅日軍暴露火力，但進展依然非常緩慢。但官兵奮勇作戰舉不勝舉，如186團3營7連長徐運太率部守備北街，當重機槍手犧牲後，親自操作重機槍射擊，給予進攻日軍以沈重打擊，後為日軍發現，以擲彈筒轟擊，徐連長身中數彈仍堅持戰鬥，最終傷重而亡。9連特務長任主動帶領炊事員數人，撿拾戰場遺留槍支，主動向日軍衝鋒，直至全部犧牲。

天亮後，27師、獨立44旅從兩翼出擊，158團于7時30分奪佔邵莊，160團則在劉家湖周圍與日軍一直戰鬥到14時許才撤回。

7時，以昨晚抵達的日軍第63聯隊第3大隊為主，在全部火砲掩護下，日軍再次向台兒莊北站及西北寨牆猛攻，配屬63聯隊的支援部隊有：獨立重機槍第10大隊、野砲第10聯隊第1大隊、野戰重砲兵第2聯隊第1、3大隊、中國駐屯旅團砲兵聯隊的1個中隊（2門155公釐榴彈砲）、輕裝甲車第10中隊、中國駐屯旅團戰車隊臨時中隊（12輛戰車）等，其砲兵比例甚至超過了步兵，火力相當雄厚。8時40分，日軍從西北寨牆坍塌缺口處湧入，182團組織密集火力齊射將其擊退。隨後日軍改以波浪式隊形連續攻擊，182團頑強抗擊，死傷頗重，但還是守住了陣地。入夜後日軍攻勢不停，槍砲聲甚至比白天更為密集，百餘日軍從西北角攻入，此處守軍182團2營自營長王獻珍以下幾乎全部犧牲，池峰城一面將全師所有能夠持槍戰鬥的勤雜人員全部組織起來投入作戰，一面急調剛剛進入台兒莊的30師176團3營實施反擊，日軍頂不住這支生力軍的反擊，退據

■日軍騎兵。

■靜待發射命令的我軍排炮陣地。

西北角。

鑒於台兒莊戰事已至最關鍵時刻，軍委會下達死命令：「台兒莊屏障徐海，關係第二期作戰至巨，故以第2集團軍全力保守，即有一兵一卒，亦須本著犧牲精神努力死拼，如果失守，不特該軍全體官兵重懲，即李長官、白副長、林次長亦有處分！」——言辭之堅，非常罕見。孫連仲也清楚目前局勢，接此嚴令後立即命令31師全力肅清台兒莊鎮內日軍，懸賞兩萬大洋挑選800奮勇之士爬城夜襲。27師於次日拂曉攻擊園上之敵，30師、獨立44旅側擊劉家湖，截斷日軍增援。馮安邦軍長、田鎮南軍長均須親赴前線督戰，對退縮不前與作戰奮勇將士，確實依法懲獎。反擊前為整飭軍紀，激勵士氣，孫連仲將指揮不力的旅長侯象麟撤職，並槍決擅自後退的張姓營長。27師師長黃樵松也在陣

前將一作戰退縮之營長就地正法。

在此嚴令下，第2集團軍29日拂曉開始全線反攻，鎮內31師組織力量向大廟、西北角日軍發起攻擊，與敵逐屋爭奪，巷戰甚烈。鎮外27師79旅攻佔裴莊，30師利用麥田掩護潛行接近南洛，直到200公尺外才突然發起衝擊，一舉奪下南洛。天亮後，日軍一面組織反擊，以期壓制中國軍隊的攻勢，在日軍的戰場火力調度之前，30師不得不回師確保運河要點。這天是我軍砲兵損失巨大之日，砲52團2門戰防砲在邵莊暴露位置遭敵砲火擊毀，砲7團在轉移陣地時遭到日軍重砲射擊，損失4門75公釐野砲。

29日，日本第2軍見台兒莊戰事陷入膠著，中國軍隊20軍團又正南下，台兒莊方面部隊有被圍殲的危險，便命令第5師團的本支隊停止進攻臨沂，而以主力急援台兒莊；同時令第10師團瀨穀支隊迅速以主力增援到台兒莊方面。

第五戰區也於當夜對20軍團下達正式命

■國民黨軍炮兵陣地。

■正對空射擊的中國軍隊重機槍。

22枚。

令，令其以85軍對嶧縣之敵佯攻，52軍速向泥溝、北洛前進，協助孫集團軍解決台兒莊附近之敵。

第3集團軍積極遵照戰區命令不斷以有力部隊滲透至兗州以北進行遊擊襲擾，以配合台兒莊方面作戰。當晚12軍81師夜襲大汶口機場，炸毀敵機8架。

30日，我軍空軍第一次出現在戰場上空，第3大隊第7、8中隊共9架I-15戰鬥機在第3大隊大隊長吳汝鎏率領下從歸德機場起飛飛臨台兒莊天空時，因為中國空軍從未出現過，空中從來都是日本飛機，所以日軍還以為是己方飛機，紛紛走出陣地搖動太陽旗，不料飛機盤旋數周後隨即俯衝掃射投彈，日軍猝不及防，四下亂竄躲避，我軍飛機掃射完後，即編隊飛向台兒莊，緩緩搖動機翼向地面部隊致意，頓時地面部隊官兵湧出工事，揮旗舞槍，大聲歡呼，士氣極其振奮，當天擊毀日軍戰車就達11輛之多。當天中國空軍還出動3架轟炸機空襲嶧縣，投彈

日軍佔據台兒莊西北，對西門運河浮橋威脅甚巨，因此31師副師長康法如決心將其肅清，先以迫擊砲轟擊，再以步兵衝擊，激戰之中，日軍12架飛機臨空投彈，我軍300多官兵傷亡，康法如也負重傷，攻勢頓挫。日軍乘勢反擊，幾乎奪佔了台兒莊東南半個城區。幸虧30師176團1營、2營跑步入鎮增援，迅速佔領南北大街，才穩定住戰局。

雖然台兒莊鎮內的戰局暫時穩定下來，但西北角日軍猶如打入鎮內的楔子威脅太大，入夜後，增援鎮內的27師158團3營7連挑選57名精壯官兵組成敢死隊，由連長王范堂率領，分為六組，喬裝日軍發起夜襲，敢死隊雖奮力衝殺，但終因地形複雜院落重重，戰至天明未竟全功，只攻下了日軍若干陣地，而57人中僅13人生還，其中幹部僅餘連長和下士班長楊長炳，池峰城接見13位勇士，並將事跡介紹給正在戰地採訪的記者，57人敢死隊奮勇殺敵的故事見報後，敢死隊有我無敵視死如歸的精神極大鼓舞了我軍士氣。

當日21時，瀨谷啟親率第10聯隊主力及1個砲兵大隊抵達台兒莊戰場。第五戰區發現瀨谷支隊主力南下，而第2集團軍與20軍團又失去聯絡，緊急再令20軍團：「敵主

力似南下……著貴軍團長以一部監視嶧縣，親率主力前進，協同孫集團軍肅清台兒莊方面之敵，限31日拂曉前到達，勿得延誤為要。」

31日晨，27師對劉家湖再度發起攻擊，官兵浴血奮戰，有進無退，戰至12時許，日軍突然以戰車協同步兵向159團岔路口陣地反擊，配屬該團的戰防砲迅速開火，擊毀敵戰車3輛，但也暴露了砲位，隨即遭到日軍重砲轟擊，2門戰防砲俱毀於砲火。戰鬥持續到17時，日軍全力反撲，以8輛戰車掩護步兵攻擊岔路口，另以11輛戰車協同步兵截斷園上與孟莊之間，27師面對日軍戰車，毫無懼色，不少官兵迎著戰車衝上前投擲集束手榴彈，終於粉碎了日軍反撲，日軍退守園上，把戰車作為固定火力點，負隅頑抗。22時許，27師159團、160團各選派1個連組成突擊隊，分成小組向劉家湖東南滲透，日軍防線多處被突擊隊突破，眼見後路不保，園上、孟莊之敵被迫退至劉家湖。

外圍我軍在進攻，台兒莊正面則是日軍在攻，日軍猛烈砲火將北門附近寨牆轟塌30多公尺，出現一個巨大缺口，而鎮內的爭奪，簡直就像是個血肉磨盤，將整營整團迅速化為血海屍山。為爭一間屋子，常要反覆爭奪兩三日，傷亡官兵二三十人；為奪一條小巷，犧牲動輒整連整營，真可謂爭城以戰，殺人盈城。池峰城已經沒有兵

力能填補北門缺口，孫連仲只能就近將守備頓莊閘的30師175團調往台兒莊，令該團以營為單位跑步增援，限一小時內到達。20時，日軍開始總攻，500餘日軍從北門缺口處衝進鎮內，與鎮西北角的日軍遙相呼應，大有夾擊守軍一舉奪佔全鎮之勢。好在175團及時趕到，予以迎頭痛擊，雙方先以手榴彈對擲，繼以白刃肉搏，175團以奇重傷亡將日軍擊退。該團黃昏後進入台兒莊鎮內，戰至次日天明撤出，全團僅餘團長吳明林以下十數人，傷亡之巨可見一斑。

同時雙方都在向台兒莊調集力量，第五戰區見臨沂局勢趨向緩和，便命59軍139師轉至台兒莊方面為預備隊。日軍第10師團長磯谷廉介見台兒莊方向仍無進展，便將駐濟寧的第39聯隊第1大隊轉隸第10聯隊，以加強瀨谷支隊的實力。

20軍團也於當天起向獐山以東日軍發起進攻，佔領蘭城店、三佛樓等地。中午前後，在向城擔負軍團側翼警戒的騎兵團與日軍由臨沂西進的本支隊先頭部隊接戰，85軍89師立即前往應援，但為日軍擊退。湯恩伯

■與我軍對峙中的日軍，正向我軍射擊。

只得再調第4師至向城、愛曲進行阻擊。鑒於日軍本支隊的西進，湯恩伯認為20軍團有被日軍夾擊的危險，為擺脫兩面受敵的不利局面，決心轉移兵力，由內線轉為外線，放棄對獐山以東日軍的攻擊，撤至洪山以東的魯坊、南橋。

## 血肉長城

4月1日，台兒莊戰場上出現了開戰以來少有的沈寂，雙方都在調整力量，準備再戰。池峰城認為鎮內雙方戰線犬牙交錯，很多地方都是隔牆相接，連彼此的咳嗽之聲都可聞，僅從鎮內反擊，勢必逐屋逐牆爭奪，進展必慢，建議由鎮外我軍向鎮內反擊，從外向內攻擊，在鎮內我軍配合下必能一舉奏效。孫連仲覺得這一建議可收出其不意之功，立即照准，並於16時下達作戰命令。

但在蘭陵，西進的日軍坂本支隊與52軍展開激戰，當晚坂本順留1個中隊步兵和1個小隊騎兵掩護後方，主力則脫離接觸，向台兒莊以東的岔河鎮急進。第五戰區急調139師至岔河佔領陣地，並暫歸20軍團指揮。

由棗莊礦工和學生組成的一支千餘人的抗日義勇軍在會戰期間積極活動於敵後，他們熟悉地形，又有百姓掩護，相當活躍，牽制日軍大量兵力。當晚這支義勇軍襲擊日軍棗莊汽油庫，使其儲存大量汽油被焚毀，正是由於這次襲擊，使日軍飛機此後幾天的出動都大受影響，有力配合正面作戰。

4月2日凌晨2時，27師79旅157團2營在營長孫迂賢率領下從鎮外借助夜色掩護悄然摸至鎮東北角，2營官兵牢記出發前師長黃樵松的訓示：「與敵共拼　死，以雪百年國恥！」士氣異常高昂，衝入鎮內後全營奮勇衝殺，殺敵之聲驚天動地，其攻擊之兇悍令日軍為之膽寒，紛紛倉皇而退，2營一舉奪

■戰鬥間歇，國民黨軍機槍手倚靠著殘存的城牆享受著難得的平靜。

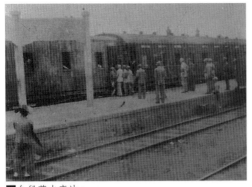
■台兒莊火車站。

下東北角和東門，迫使殘敵向西北角敗退。同時鎮內31師也發起攻擊，先以師團所屬迫擊砲進行了長達一小時的砲火準備，將日軍賴以頑抗的幾個碉樓盡數擊毀，然後175團3營全線出擊，壓迫日軍越城而逃，多日為敵所佔的兩處主要據點東北、西北角皆被肅清，但是鎮內日軍仍舊依託院落拼死頑抗，因此由外向內攻擊的157團始終無法與鎮內守軍打通聯繫。

由於20軍團放棄了對獐山以東日軍的攻擊，第10聯隊得已乘機南下，並於當天上午到達台兒莊以東地區，加之第5師團本支隊也進至瓦房、耿莊，與第10聯隊取得了聯繫（但擔任後方掩護的2個中隊被52軍包圍，其中位於劉莊的1個中隊幾乎被25師145團全殲），這使台兒莊方向的日軍力量得到了加強，瀨谷啟得已集中起支隊主力向台兒莊以東週邊陣地放手攻擊，因此27師據守的彭村、孟莊、裴莊一線首當其衝，雙方展開了激烈爭奪，很多陣地都是幾經反覆多次易手。尤其是彭村的王景山營長，戰至性起，裸臂揮刀親與日軍肉搏，連殺12人後壯烈殉國，日軍對其恨之入骨，竟然將其遺體亂刃分屍！雖然27師終因傷亡慘重而退守邊莊、

趙村、紀莊一線，但該師的英勇作戰使日軍深為敬佩，第10聯隊就在其戰鬥詳報中這麼說：「對中國軍隊27師80旅昨日以來的戰鬥加以檢討，無愧於蔣介石對他們的極大信任。他們據守散兵壕，全部頑強抵抗直至最後。他們在狹窄的散兵壕內，重疊相枕，力戰而死之狀，雖為敵人，觀其壯烈之態，亦為之感歎。戰鬥中曾使翻譯勸其投降，但無一應者。戰至屍山血海的精神，並非獨為我軍所特有。無視他人，自我陶醉，為我軍計，對此應有所慎戒……」

鑒於日軍瀨谷支隊、坂本支隊主力都已到達台兒莊以東，第五戰區急忙將剛剛抵達碾莊、曹八集的75軍及第6師、第13師調往岔河，將從臨沂趕來的57軍111師333旅調至魯坊，均歸20軍團指揮，決心圍殲台兒莊地區日軍，20時向各部下達了作戰命令。

4月3日是台兒莊之戰中戰鬥最激烈的一天。27師台兒莊東郊的陣地一日之內落彈就達兩三千發，在日軍砲火的猛烈轟擊下，工事房屋俱為焦土，但該師官兵冒著熾烈砲火與敵拼殺，其戰況之慘，犧牲之烈，筆墨難書。整營整連殉國的悲壯戰事，接二連三，全師能戰之兵已不過千人，因此其堅守的運河防線已經再難支撐，幸獨立44旅一部及時趕到，加之20軍團又在日軍側背出現，才使日軍攻勢逐漸停頓，戰局漸趨穩定。不過第2集團軍3個師全天均在日軍猛攻之下，窮於應戰，根本無力按照戰區昨晚命令轉入進攻。只有配屬該部的110師以武術隊潛渡運河，襲擊韓莊車站。該師328旅則對鄒縣進行了襲擾。20軍團75軍與日軍坂本支隊開始接戰，52軍則基本消滅坂本支隊的掩護分隊，

■中國軍隊對空射擊。

正向底閣、楊樓前進，準備側擊瀨谷支隊。

軍委會電令第五戰區所有參戰部隊：「限令4月10日前擊退台兒莊當面之敵，首先擊退敵軍者，賞大洋十萬，出力將士從優敘獎，如限期內不能擊退該敵，師長以上指揮官一律以軍法從事！」

第五戰區轉達此電令時強調：「委座嚴令諒已奉悉，本長官對首先立功部隊加賞十萬元，望各努力，勿干法紀。」

第一戰區司令長官程潛也來電指示：「會戰參加部隊，多屬本戰區序列部隊，望各服從李長官如本長官，凜於國軍一體，休戚相關之精神，鼓勵所屬奮發圖強，為國立功，本長官亦刻日前往徐州，協助德公（李宗仁字德鄰）指揮，委座及李長官懸賞首先擊退敵之部隊，賞大洋十萬元，本長官亦加賞十萬元。」

當日孫連仲指令30軍軍長田鎮南到31師督戰，並積極調配砲兵，加強火力，為步兵打開道路。

而台兒莊鎮內，由於坂本支隊到來，日軍能投入雄厚兵力發動攻擊，西北門、北門、東門、東南門接踵失守，大半個城區皆為日軍所佔，守軍退據南關一隅咬牙拼死堅持，每一處殘垣，每一塊斷壁，都是守軍的工事。慘重的傷亡令池峰城感到如此死守下去，勢必全軍覆沒，不得不向孫連仲請求撤出台兒莊。孫連仲先電話請示第五戰區參謀長徐祖詒，但徐考慮20軍團即將開始攻擊，此時後撤無異於功虧一簣，因此嚴令死守，決不允許後撤。孫連仲只得再與李宗仁通話，他深知池峰城不到最後關頭是不會開這樣的口，而且部隊的慘重傷亡也令這位身經百戰的捍將為之動容。他在電話裏幾近哀求，報告第2集團軍傷亡已達十之六七，但

■1938年4月，在戰火中變成一片廢墟的台兒莊火車站。

■日本炮兵部隊。

日軍火力太強，攻勢太猛，懇求李宗仁看在為第2集團軍留點種子的面子上，同意第2集團軍暫時撤出台兒莊到運河南岸稍作喘息。但是李宗仁知道會戰已到了最後關頭，勝負就取決於最後五分鐘，20軍團已經開始攻擊日軍側背，戰局即將逆轉，因此嚴令第2集團軍務必堅守至明日拂曉，要求凡是還能拿槍的都得組織起來投入戰鬥，同時以重金懸賞，組織敢死隊實施夜襲，並言「援軍明日中午可到，我本人也將於明晨來台兒莊督戰，比務必堅守至明日拂曉，這是命令，如若違抗，當軍法從事！」孫連仲見李態度非常堅決，乃表態：「長官，我絕對服從命令，整個集團軍打完為止！」，據李回憶，之所以命令孫組織敢死隊實施夜襲，是因第2集團軍雖然傷亡不小，但因受火力封鎖而沒有撤出的傷員也一定不少，再加上抬運

傷員的官兵，其中還能持槍作戰的人數肯定有，所謂重賞之下必有勇夫，現在就是要利用這點最後的力量，作孤注一擲的努力。孫將此命令下達給池峰城，最後屬聲說：「士兵打光了軍官填上去，你填過去了，我就來填！有敢退過運河者，殺無赦！」放下電話，便親自趕到台兒莊內督戰。池峰城接到命令，知道軍令難違，撤退是根本不要奢望的了，只有以必死之心奮戰到底。

4月4日21時，31師以最後的家底組織數支敢死隊，在迫擊砲火掩護下，分路出擊。連日苦戰日軍同樣也是筋疲力盡，根本想不到中國軍隊還有力量組織這樣的決死夜襲，在敢死隊的大刀下頓時為之氣奪，整個戰局徹底翻轉，一夜激戰之後我軍竟然一舉奪回台兒莊城區四分之三！

瀨谷啟也發現中國軍隊正有包圍其側翼

■守衛在台兒莊城牆上的國軍士兵。

的跡象，急令第10聯隊向支隊部靠攏，然後連夜北撤，只在黃林莊留下1個中隊，以策應台兒莊的63聯隊第2大隊。而此時坂本支隊已經陷入75軍、85軍的包圍之中。

第五戰區發現臨城、棗莊一帶日軍正向嶧縣以南開進，即令第3集團軍速向臨城、棗莊推進，切斷南北日軍聯繫，20軍團將13師部署在魯坊、南橋，以阻止臨沂方向日軍的增援。75軍、85軍則開始圍殲坂本支隊。

當天中國空軍也大舉出動，以27架轟炸機的大編隊轟炸了泥溝、台兒莊東北日軍陣地。

5日，第一戰區司令長官程潛也來到徐州，因為目前在台兒莊一線奮戰的部隊，如第2集團軍、20軍團等原先都是第一戰區麾下的，所以軍委會特意將老長官程潛派來督戰，程潛限令各部於8日前務必將台兒莊之敵殲滅，建立頭功者由第一戰區另外加賞十萬大洋！如到時完不成任務，凡師長以下俱受重懲！此時雖然全線反擊還未開始，但孫連仲已經意識到最後的勝利即將到來，滿懷必勝信心電告軍委會：「連日激戰，結果27師僅餘戰鬥兵千餘人，31師千餘人，30師兩千人，獨立44旅兩千人。負傷官兵未退出戰鬥者，誓與陣地偕亡，殺聲震天，足寒敵膽。現我全軍士氣愈是振奮，誓矢忠貞，以報黨國，使台兒莊留歷史上之光榮，藉以喚起全民抗戰精神，博取最大代價，即餘一兵一卒，絕不輕離寸地……」

接到程潛的電報，孫連仲立即嚴令各部務必於限期內將當面之敵肅清，免受軍令制裁。入夜後110師利用夜色掩護從得勝口悄然渡過運河北進，準備次日攻擊獐山地區日軍。

鑒於20軍團迄今為止還未對台兒莊方面日軍側背實施有力攻擊，軍委會委員長蔣介石於12時致電湯恩伯：「台兒莊附近會戰，我以10師之眾對師半之敵，歷時旬餘，未獲戰果，該軍團居敵側背，態勢尤為有利，攻擊竟不奏效，其將何以自解？應急嚴督所部於6、7兩日奮勉圖功，殲滅此敵，毋負厚望。究竟有無把握，仰即具報為要。中正手啟」接到此令，湯恩伯隨即抓緊部署，令75軍一部鞏固岔河東南、西南高地，主力向台兒莊攻擊前進；85軍向低石橋、燕子井、劉

■1938年4月，經過激烈鏖戰，日軍依舊未能佔領台兒莊。

■在台兒莊與日軍展開激烈街壘巷戰的國民黨軍士兵。

## 絕地反攻

6日，瀨谷啟接到報告，中國軍隊110師已進至泥溝、獐山以西，20軍團52軍已到達支隊部所在地楊廟東北7公里的張樓地，而坂本支隊則已陷入中國軍隊的三面包圍，並計劃當晚撤退。因此要靠瀨谷支隊獨立維持台兒莊戰局顯然已不可能，便於15時30分報告第10師團

家湖攻擊前進；52軍以有力一部鞏固洪山、蘭陵、向城，主力即刻向泥溝、北洛攻擊前進。同時急電31師：「明日（6日）決將台兒莊之敵擊潰，與貴部會合。如不成功，甘當軍令。」

當晚，52軍抵達底閣、楊樓，89師在向大顧珊進攻中，139師在向蕭汪攻擊中，75軍第6師在向辛莊攻擊中。

當天日軍坂本支隊已經為20軍團所合圍，其與上級臨沂第5師團聯繫已全部中斷，彈藥糧秣等補給全部得由瀨谷啟支隊接濟，已經陷於非常危急之中。因此坂本順於19時37分下令準備撤回臨沂，並於20時30分致電瀨谷啟：「支隊為攻佔沂州，奉命返回，預定明日（6日）日沒後開始行動，7日拂曉前在三佛樓集結。」

「暫撤離台兒莊地區，部隊向後方集結。」同時下令全支隊日沒後向北轉進，第10聯隊第1大隊和第39聯隊第1大隊日沒前佔領白山西村及獐山，63聯隊主力佔領朱莊，以掩護支隊主力撤退。第10聯隊主力、台兒莊內的第63聯隊第2大隊以及其餘部隊於20時撤出戰鬥，向泥溝集結。第10師團長磯谷廉介接到瀨谷啟的電報，立即命令參謀長通知瀨谷取消撤退命令。但是身在前線的瀨谷啟自

■我軍在台兒莊與日軍展開巷戰。

■我軍繳獲的日軍坦克。

然清楚地知道戰局之險惡，稍有耽誤便有全軍覆沒之危，不顧磯谷廉介的反對，還是果斷下令撤退，台兒莊外圍部隊倉皇後撤，為台兒莊作戰而囤積的大量彈藥、糧秣、被服來不及運走就放火焚毀，就連2門155公釐榴彈砲、4輛履帶牽引車和8輛戰車也都被遺棄（這些重裝備後全被中國軍隊第一個機械化部隊第200師運回湖南湘潭），甚至連陣亡官兵都來不及火化後帶走。美國記者愛波斯坦這樣描述日軍敗退的狼狽：「台兒莊裡餘燼未滅，整個街道已經徹底成為一片斷牆殘垣，死屍、砲彈和手榴彈扔得到處皆是。在一些地方，美麗如畫的小溪邊的柳蔭道，現在差不多全被死屍和被砲火擊斷的柳樹枝塞滿了。滿街上都是31師衣著襤褸破爛、形容憔悴的戰士，他們拖著戰利品向司令部走去——成打的日軍機槍、數以百計的步槍、

東洋刀、防毒面具以及日軍軍旗、文件和罐頭食品。在彈痕累累和被硝煙熏黑的寨牆上，我們看到一些宣傳畫——如粗獷的畫筆在白紙上塗鴉的標語和圖畫『把敵人趕出去！』、『打回老家去！』、『打倒日本帝國主義！』……在城北2公里的西王莊，我們看到20輛載重汽車、一些履帶車輛和300多戰馬屍體，這些都是被中國砲兵擊毀擊斃的。事實證明，日軍是倉促撤退的。成百具的屍體，光著身子就草草埋在村邊的大墳堼裏，旁邊還有四五十塊寫著官職姓名的靈牌，看來日軍沒有時間去完成他們對戰死者通常所要做的火葬程式，只是火化了部分屍體。沒打過的砲彈和數以千計的已被砲彈殼扔得滿地都是，日本是個金屬資源匱乏的國度，使用過的砲彈殼要妥善保存以備再用，可是現在他們已經顧不上這些了，這說明他們急於逃跑時是何等慌亂啊！」而台兒莊內的日軍由於與我軍戰線交錯，根本無法脫離戰鬥，而且退路全被截斷，至7日凌晨4時許大部被殲，小部乘隙逃出。此時的台兒莊內，已是遍地廢墟瓦礫，戰鬥最激烈的地方，地上的手榴彈碎片就有兩三吋厚！

■我軍繳獲的戰利品。

20軍團終於向台兒莊日軍側背發起攻勢,李宗仁親自來到台兒莊指揮各部反攻。在正面第2集團軍與側後20軍團的夾擊下,日軍終於再也支撐不住而潰敗。

7日,瀨谷支隊主力撤至官莊,掩護部隊也撤至獐山,總算逃脫了被殲的厄運。坂本支隊在得悉瀨谷支隊後撤後也加快了撤退速度,本來是計劃向東北撤回臨沂,但退回臨沂的後路已被20軍團完全切斷,自身又無力突破20軍團的截擊,只能轉道西北向第10師團靠攏。日軍第2軍根據這一實際情況乃令坂本支隊改由第10師團指揮,與瀨谷支隊一起在現地附近大力整頓,搜集敵情,作好下一步作戰準備。

13時,李宗仁下達總追擊令,第2集團軍將31師和獨立44旅留台兒莊整頓,30師經南、北洛向北,27師經劉家湖、彭家樓向北追擊。20軍團主力向嶧縣追擊。第22集團軍由新閘子渡過運河,向韓莊追擊,92軍21師經向城向東,掃蕩臨沂以西,到達臨沂後轉歸59軍指揮。

8日,瀨谷支隊繼續後退,以主力集結嶧縣,以一部佔領獐山、白山西;坂本支隊則集結在棗莊以南郭里集。

9日,我軍追至獐山,30師89旅178團奉命於當日午夜開始攻擊,因日軍佔據地利之優,仰攻非常困難,遂稍作接戰就退回出發地。11日凌晨1時,30師以88旅177團2個營攻擊北山、草山子,血戰三小時終於殲敵大半,拿下這兩處山頭。隨後178團以第1營、第2營同時攻擊獐山、天柱山,2營經過幾次衝擊,終於奪下天柱山。但1營對獐山的攻擊卻未能得手,雖然一度曾攻至山頭,但因傷亡奇重後繼乏力,最終未能鞏固住。

■中國軍隊搜索殘敵。

由於制高點獐山未能克服，北山、草山子、天柱山全在獐山日軍火力威脅之下，雖然拿下這些山頭，卻因獐山日軍的火力威脅，傷亡大增。鑒於30師已經消耗殆盡，孫連仲只得將攻擊轉由第6師接替，而將30師撤下，整頓建制縮編為4個營，守備東西邵里至北山以下。

中國空軍也接連出動，9日、10日分別以9架和18架飛機轟炸嶧縣、棗莊之敵。第五戰區命令20軍團由東向西，第2集團軍由南向北，夾擊嶧縣。嶧縣制高點九頂山易守難攻，52軍第2師挑選精壯官兵乘夜偷襲，一舉攻佔。同時25師也迭經惡戰，佔領九頂山以北多處村莊。但日軍不但加強防禦，還不斷組織力量實施反擊，此後進展就非常遲緩，逐漸形成對峙。

雖然台兒莊日軍倉皇敗退，但是我軍挾勝利餘威追擊至嶧縣卻遭日軍頑強抗擊，日軍一面憑藉地形工事頑強組織防禦，一面不斷以攻擊行動破壞遲滯我軍攻擊，因此我軍連日猛攻卻進展蝸行，且損失頗大。

12日求勝心切的蔣介石急令各部「台莊之捷已逾五日，嶧（縣）、棗（莊）、韓（莊）、臨（城）尚未攻下。躊躇審顧，焦慮至深。以乘勝之軍更加主力部隊追援絕潰憊之寇，不急限期殲滅，一旦敵援趕至，死灰復燃，是無異于已成之功而自貽將來之患。萬望激勵將士努力進攻，一面分途堵擊，務必於一、二日將殘寇全數殲除。」在一線指揮的李宗仁、白崇禧瞭解實際情況，明白目前日軍依託嶧縣山地有利地形節節抗擊，要想在短時間裏予以殲滅，是不現實的。便向軍委會明確說明情況，同時指出抗戰應避免陣地戰，以運動戰消耗日軍力量，收「積小勝為大勝」之功，建議採用機動攻勢，將主力轉用於日軍陣地之外尋求戰機，這樣無論日軍從哪個方向來犯，均能靈活應對。15日，軍委會同意這一方案，台兒莊之戰遂告結束。徐州會戰隨即進入第三階段——徐州突圍。

說起台兒莊會戰最後的反擊，20軍團的行止一直是戰史界爭論不已的話題，焦點就在於20軍團是否如李宗仁回憶裡所說猶豫不前，是在三令五申下才向日軍側背出擊的。

■台兒莊我軍陣地大炮怒吼，每秒發1次炮，配合步兵向日軍進攻。

■在我軍猛攻下，日軍潰逃。

那麼就讓我們來看看20軍團在台兒莊之戰中的經過，用事實來說話吧。

3月14日，正在河南歸德休整的20軍團奉命調歸第五戰區，參加徐州會戰。

16日，20軍團先頭部隊85軍第4師到達臨城，立即北進馳援滕縣，隨即在龍山、虎山一線與日軍展開激戰。

17日至20日，20軍團各部陸續到達，隨即在官橋、臨城、韓莊、嶧縣與日軍交戰。

21日，戰區命20軍團集中主力於嶧縣以東，與24日拂曉全線開始攻擊，先擊破嶧縣、棗莊之敵，再向臨城、沙溝側擊。湯恩伯軍團遂根據這一命令調整部署。但是由於23日魯南地區暴雨滂沱，山路泥濘難行，20軍團未能按時到達攻擊出發地。

25日，20軍團52軍25師73旅全殲郭里集日軍第10聯隊第2大隊第5中隊。隨後發現日軍正兼程來援，52軍僅留下2個連，主力撤至郭里集東北山區。同日，85軍猛攻棗莊。

26日，日軍援兵趕至，圍攻郭里集的52軍2個連，該部激戰後突圍。

27日，日軍集中約3000人反攻棗莊，85軍被迫退出棗莊。鑒於日軍有集中兵力突破台兒莊方向的跡象，湯恩伯於當晚21時決定停止嶧縣棗莊一線攻擊，準備南下增援台兒莊，並命52軍先行南下。

正是20軍團在郭里集、棗莊的戰鬥，使

■日軍騎兵敗退。

得日軍瀨谷支隊主力為應付20軍團的攻擊而不敢輕動，未向台兒莊方面增援，減輕了台兒莊正面守軍的壓力。直到30日，瀨谷支隊才南下台兒莊，足足在嶧縣浪費了三天！

29日夜，52軍抵達甘露寺，並於次日開始攻擊，以第2師攻擊官莊、北大窯，25師繞至獐山從後夾擊，迫使日軍退往蘭陵、小集。同時85軍佯攻嶧縣，掩護52軍側翼。同

■在台兒莊被俘的部分日軍。

時在日軍第2軍的指揮調度下，日軍坂本支隊主力繞過臨沂南下台兒莊。

31日，25師攻佔蘭城店、三佛樓、水湖、王莊，已與第2集團軍形成夾擊日軍之有利態勢。但是隨即發現日軍坂本支隊正向向城急進，由於日軍部署的改變以及戰局的變化，使湯恩伯改變了第五戰區的原定計

■轉往後方醫院途中的國民黨軍傷患。

劃，這一變，就引發了戰史界20軍團是否猶豫不前的爭論。——湯恩伯認為如果向城不保，20軍團就有遭到腹背受敵之險，因此於15時下令52軍以一部監視台兒莊，主力經洪山向向城、愛曲卷擊；85軍掃蕩魯坊、南橋，掩護62軍側背。這樣一來，20軍團是擺脫了可能遭到的危險，但卻讓山大路，使日軍坂本支隊得以順利到達台兒莊，使台兒莊方向的戰局陷入危急。

4月1日，20軍團各部完成了部署調整後向蘭陵以北的日軍坂本支隊21聯隊發起攻擊，下午52軍主力迂迴至作字溝，向日軍側背猛擊。為阻擊坂本支隊，第五戰區

■孫向外國記者介紹台兒莊會戰。

將岔河的32軍139師轉隸20軍團,立即實施阻擊。

2日,20軍團向坂本支隊發起圍攻,劉莊、愛曲、蘭陵一線日軍遭到重創。

3日8時,20軍團發起全線總攻,激戰兩小時,21聯隊頂不住20軍團的凌屬攻勢而敗退,愛曲、蘭陵及向城至秋湖一線日軍全被肅清。同時85軍也向鸞墩、大顧珊日軍發起猛攻,次日日軍投入第42聯隊向大顧珊反擊,雙方激戰至5日,85軍終於牢牢控制住大顧珊,切斷坂本支隊向臨沂的退路,迫

使坂本支隊轉向東北敗退。

5日,雖然20軍團已重創坂本支隊,但台兒莊已是危如累卵,軍委會嚴令20軍團於6日、7日側擊台兒莊之敵,湯恩伯接令後以75軍向台兒莊、85軍向劉家湖、52軍向北洛並肩攻擊,當晚各部均突破當面日軍陣地。

6日日軍瀨谷支隊、坂本支隊均開始潰退,20軍團對倉皇而退的坂本支隊進行了追擊、側擊、截擊,給予其沈重打擊。

——由此可見,從3月25日至4月6日,20軍團幾乎全部都在與日軍作戰中,何來猶豫不前之說?惟一值得商榷的地方就是在3月31日擅自改變了原定計劃,但是其目的是為了避免軍團陷入腹背受敵的險境,而且在調整了部署之後就立即開始了攻擊。要說不足之處就是過於保重自己部隊,而缺乏大局眼光,使坂本支隊得已到達台兒莊。這畢竟與猶豫不前延誤戰機是不可同日而語的,何況湯恩伯認為既然20軍團已經位於進犯台兒莊之日軍側背,當然應該有選擇出擊時間和地點的自由,以判斷敵主力之行動為根據,以保存自身力量前提,只要能達成打擊日軍的目的就可以了。

即使存在這樣那樣的爭論,但20軍團在台兒莊大捷中的作用是功不可沒,也正為如此,戰後20軍團上至軍團長、軍長,下至

■群眾慰勞抗日官兵。

■外國記者在我軍繳獲的坦克上留影紀念。

美結合，特別是吸取了淞滬、南京諸戰單純消極防禦的慘痛教訓，即使是擔負正面防禦的第2集團軍，也不是一味的死守，不僅有積極的建制部隊反擊和敢死隊夜襲，還有創造性的由外向內反向攻擊。兵力上也是主要以31師守城，而以27師和30師兩翼攻擊，使敵無法全力攻城。擔負掩敵側翼的20軍團，在棗莊、嶧縣失守後，也不是死板地爭奪一城一地，而是靈活機動，改內線為外線，變被動為主動，充分發揮機動殲擊的優勢，最終側後一擊便是一錘定音。在以往的戰史中，第3集團軍常常是被忽略的，這支部隊在台兒莊之戰中絕對是一支偏師，但是其在日軍後方積極活動，破壞日軍交通，牽制日軍兵力，有利支援正面作戰，其作用也不可不提。當然，也有不足之處，如協同不夠，有些將領缺乏全局眼光等，比較典型的是臨沂方向的張自忠、龐炳勳部未能牽制住坂本支隊使其脫身南下就是失誤之一；而20軍團擔心腹背受敵而開放通道使坂本支隊得已順利進至台兒莊地區也是不顧全局的典型表現。

師長均受到了軍委會嘉獎，其中20軍團軍團長湯恩伯、52軍軍長關麟征、85軍軍長王仲廉獲得了青天白日勳章。

## 作用與影響

台兒莊大戰，包括臨沂、滕縣等地作戰，中國軍隊取得了殲敵11984人，繳獲步槍萬余支、輕重機槍931停、步兵砲77門、火砲50餘門，擊毀繳獲戰車30余輛的輝煌勝利，自身也付出了傷亡近3萬人的巨大代價。台兒莊之戰是正面戰場自抗戰爆發以來的第一次重大勝利，因華北、上海、南京相繼淪陷的悲雲愁緒為之一掃，極大鼓舞了全國軍民的抗戰意志，增強了抗戰必勝的信心，在整個抗戰戰爭中有著里程碑式的重要地位。

台兒莊大捷的勝利，戰術上是因為採取了攻勢防禦、運動殲擊和敵後襲擾三者的完

台兒莊之戰中，更是突出體現了中華民族在民族危亡關頭團結抗戰的不屈精神，素以保存實力而著稱的第3軍團長龐炳勳居然

能率部血戰到底，從1.3萬人打到800人，幾乎拼光老本！59軍軍長張自忠坂卻與龐炳勳的宿怨舊仇，以民族大義為重，星夜赴援。122師師長王銘章更是在兵力、裝備均處絕對劣勢的不利情況下，決死力拒，不惜以全軍犧牲來為戰區贏得調整佈防的寶貴時間。第2集團軍孫連仲在整個集團軍傷亡十之六七的情況下，仍絕對服從死守命令，不惜打光整個集團軍的決心死戰到底，甚至喊出了你填進去我就來填的豪言。高級將領中李宗仁的戰區總部距離前線不足50公里，龐炳勳、孫連仲的軍團級指揮部都在距離火線僅4、5公里處，團、營、連長都是身先士卒，很多部隊連、排幹部幾乎都換過一遍，普通士兵中輕傷員不下火線裹傷再戰的比比皆是，即便是有死無生的敢死隊也是人人爭先，戰鬥中所表現出來的視死如歸的不屈意志，連日軍都為之感歎。

特別要指出的是，台兒莊之戰中的英雄部隊，除20軍團外，其他如第3軍團、第22集團軍、59軍、第2集團軍等都是所謂的雜牌，或是西北軍舊部，或是川軍，裝備劣訓練差，更多時是以保存實力為上，但在此戰中都是死戰不退，力拼到底。這自然有李宗仁寬以待人以德服人的駕馭之術，另外李也是雜牌出身，深知雜牌疾苦，能將心比心，對雜牌將領沒有歧視，能以誠相對，也是原因之一。

魯南百姓的支援以往也很少提及，但是很多參加過台兒莊之戰的老兵卻都印象深刻。大戰之時，正是荒春青黃不接之季，但當地百姓無不盡其所有踴躍輸將，慰勞部隊不僅有大米、白麵，甚至不乏豬鴨、魚肉、雞蛋。當時戰況殊　慘烈，每日傷亡都在千人以上，正是民眾的大力支援，不僅沒有丟下一個傷員，就連陣亡官兵的遺體也都得到妥

■1938年5月，武漢民眾慶祝台兒莊大捷的場景。

善安葬，甚至在我軍退出徐州之後，很多流落當地的傷員都在民眾掩護救助下得已返回部隊。因此可以說，台兒莊大捷不僅僅是中國軍隊的勝利，更是中國軍民的勝利。

中國政府為了宣傳中國的抗戰，在4月初組織了有多個國家十餘記者組成戰地記者團，由《大公報》著名戰地記者范長江帶隊，前往前線採訪。美國輿論稱台兒莊大捷是「日本建立現代化軍隊來遭受的第一次引人注目的慘敗。」英國路透社報道：「英國軍事當局對中國津浦路之戰局極為注意，最初中國軍隊獲勝消息傳來，各方面尚不十分確信，但現已證明日軍潰敗確為事實。……英人心理，漸漸轉變，都認為最後勝利當屬於中國。」蘇聯《紅星報》文章說：「中國的力量足以肅清國土內的日寇。」著名的荷蘭攝影師尤里斯・伊文思（Joris Ivens）來到台兒莊以實戰為背景拍攝著名戰地記錄片《四萬萬人民》（The 400 Millioner），著名的戰地攝影記者羅伯特・卡帕（Robert Capa）也在會戰期間來到前線，拍攝了大量照片。這些文章、記錄片、照片向世界宣傳了台兒莊會戰的輝煌勝利，台兒莊大捷提高中國的國際地位和宣傳中國抗戰提供了最佳的素材。

但是台兒莊之後，悲觀的投降論是消散了，但隨之而來的速勝論，也對持久抗戰生了消極影響。最直接的就是軍委會為勝利有些沖昏了頭腦，急於求勝，竟在短期內向徐州調集了60萬大軍，結果險些被日軍合圍，最終雖然戰區主力得已突圍，但是徐州及津浦路卻淪於敵手，不能不說是結局不夠完美。

儘管整個徐州會戰最後是失利了，但是台兒莊之戰卻仍然以抗戰史上輝煌壯麗的篇章而彪炳史冊。

## 參考書目：

《抗日戰爭國民黨枕眠戰場重要戰役介紹》，四川人民出版社，1985年

《抗日戰爭時期的侵華日軍》，春秋出版社，1987年

《台兒莊大戰親歷記》，山東人民出版社，1988年

《原國民黨將領抗日戰爭親歷記：徐州會戰》，中國文史出版社，1990年

《日軍侵華戰爭》，遼寧人民出版社，1990年

《380萬軍人之死》，民族出版社，1993年

《台兒莊戰役》，山東人民出版社，1995年

《台兒莊大戰河中國抗戰》，山東大學出版社，1997年

《中國抗日戰爭正面戰場作戰記》，江蘇人民出版社，2002年

《國民黨軍簡史》，解放軍出版社，2004年

《抗戰時期的國民黨軍隊》，華文出版社，2005年

《原國民黨將領口述抗戰回憶錄：我所親歷的台兒莊會戰》，中國文史出版社，2005年

國際展望雜誌

世界軍事雜誌

# 德式師導讀

　　民國元年至民國三十(1912至1941) 年間，中華民國和普魯士王國之間的合作在20世紀中／前期的歷史上有著重要的意義。在一定程度上，中德兩國的合作使兩國結成某種聯盟關係，緊密的合作關係使中國的工業建設和軍備迅速實現現代化的理想。中華民國的創立雖然使中國從衰敗的清王朝重新整頓振興起來，但從南到北在各派系軍閥的割據與列強環繞的環境下艱難地生存著。民國十七(1928) 年，中國國民黨完成北伐，雖然在名義上統一了軍閥動盪之中的中國，不過於同時期，日本帝國卻對外擴張，主張對中國發動戰爭的鷹派勢力卻在該國政壇抬頭。

　　有鑒於此，中國迫切需要實現軍備和國防工業現代化以獲得自衛生存的能力，而德國方面則需要原材料的穩定供應。這種關係在1920年代至1930年代全期，將中德兩國緊緊地維繫在一起。雖然合作的蜜月期自1933年納粹當政開始到1937年中日戰爭爆發而結束，只持續了不到4年時間；但中德合作仍對中國的現代化進程產生了著深遠的影響。同樣，中德合作也大大提高了中國抵禦日本的侵略的能力。

　　1933年5月間，漢斯‧馮‧塞克特將軍到達上海，並擔任國民政府的資深顧問，為經濟和軍事發展提供建議。同年6月，他在給蔣介石的《給元帥的備忘錄》中描繪了他對中國工業化和軍事化規劃的大綱。他摒棄中國傳統的大型低素質武裝力量，強調規模較小但是機動能力強、裝備精良的武裝力量。此外，他還提出這支軍隊是「統治的基礎」，以及軍隊的戰鬥力在於素質的優越，素質的優越來源於優秀的軍官團。

　　為了實現他所提出的框架，馮‧塞克特首先建議中國的武裝力量必須統一訓練，聽從於蔣介石的號令，整個軍事系統必須成為中央集權金字塔的基石。為了達到這個目標，馮‧塞克特提議仿照德國精英團隊的架構成立「教導大隊」，這些被嚴格挑選且直屬於中央管轄的精英部隊成員的使命是接受專業的訓練，再將這種訓練和職業軍人的素質帶到其

它團隊。

武器彈藥不可能永遠依賴於進口，在德國的幫助下，中國也建立了自己的國防工業。在這期間，中德兩國的工業產業被有效的組織起來，在中央集權管理下，工業化的效率大大提高。

亞歷山大‧馮‧法肯豪森將軍為蔣介石的總顧問後，負責絕大部分軍事訓練計劃。馮‧塞克特的原本計劃是將整個軍隊大幅縮減為60個師，全部為基於德國條例進行良好訓練和良好裝備的師。但實際執行起來存在許多問題，例如哪些派別的哪些師會被裁減等等。

1935年至1936年，中國從德國訂購了31.5萬頂M35鋼盔（即知名的納粹盔），大量的M88、M98型步槍，和C96型毛瑟自動手槍(盒子砲)。其他從德國進口的軍事裝備包括少量的斯圖卡俯衝轟炸機，容克、亨克爾式轟炸機，以及梅塞施密特式戰鬥機（部分飛機在中國組裝）；萊茵金屬公司和克魯伯公司的榴彈砲、反戰車砲和山砲，例如37公釐反戰車砲；在裝甲車輛上，例如一號戰車；此外還有大量的軍用通訊器材、探照燈和發電機。

中國海軍在抗戰爆發前向德國訂購了5艘潛艇、1艘潛艇供應艦、11艘魚雷艇和1艘魚雷艇供應艦，以及大批魚雷。

不過，在中德軍事合作上，中方對德國的一些做法頗有微詞，主要問題表現在兩個方面：第一，德國提供的武器中方無法使用；第二，德方供貨的價格高於國際市場價格。

馮‧法肯豪森則對宋美齡表示，這兩個問題的原因，前者有可能是德方發錯了貨，至於價格偏高，則是因為中方在驗貨時出了問題。

總體來說，在抗戰爆發後的初期階段，這些軍事現代化建設的成果得到了檢驗。儘管日本最終佔領了國民政府的首都南京，但是由於中國的軍事力量已經得到加強，因此這場戰役持續了幾個月的時間，並給日本造成了很大的損失。除此以外，中國軍隊能在不斷推進的日軍面前進行有效抵抗的事實鼓舞了中國的民心和士氣。除此之外，中國軍隊的有效抵抗也給向內地的四川等省份拆運工廠和機械設備爭取到了寶貴的時間。

# 鐵血虎賁德式師

☆ 光亭

## 引言

很久以前，還是剛開始關心軍事歷史時，發現一張抗戰時期的照片，上面是頭戴著著名的德國M 35式鋼盔的國軍官兵戰鬥的場景，令筆者疑惑了很長時間，怎麼國軍會裝備德式鋼盔？隨著時間的推移，對抗戰研究的深入，終於知道，原來在20世紀30年代，中國和德國曾有過一段密切的軍事合作，德國不僅向中國出售了大量武器裝備，還向中國派出了軍事顧問，協助中國建成了一支裝備精良訓練有素的精銳之師，通常被稱為「德式師」、「德裝師」或「德械師」（本文一律稱為「德式師」，下同），這支部隊可以稱為中國近現代史上無論裝備、訓練還

是編制、戰術諸方面現代化程度最高的部隊，在抗戰初期發揮了中流砥柱般的巨大作用，可惜有關這支部隊的介紹似乎已經湮沒在浩瀚的歷史之中，留給後人的只有一些似是而非的傳聞。

筆者希望能將德式師的情況盡量做一份真實全面的介紹，由於種種原因，有關資料的搜集相當之難，因此疏漏錯誤在所難免，敬請讀者指正。

## 中德軍事合作

作為歐洲陸軍強國的德國，歷來就是一些在軍事上相對比較落後的國家學習效仿的物件，如日本明治維新時所建立的陸軍幾乎

就是照搬普魯士陸軍全套軍事思想、建設制度和制式操典。而中國很早就開始學習德國軍事——1876年，清廷政府向德國派出的第一批公費留學生就是7名學習軍事的軍官。而清廷後期組建的新軍，袁世凱在天津小站編練的「北洋軍」，張之洞在江寧編練的江南「自強軍」，一南一北，兩支新軍不約而同都聘請了德國軍人擔任顧問，而且所有的教範、操典都仿效德國軍隊。即使是海軍，北洋水師的總教習便是德國人。完全可以說，清廷後期所開始的近代軍事改革，就有著深深的德國軍事影響的烙印。以19世紀末清廷政府編練「新軍」聘請德國顧問為起點，德國在中國的軍事影響從未間斷，直至20世紀30年代德國軍事顧問團在中國的影響達到最高峰。

1927年，第一次「國共合作」全面破裂後，蔣介石的國民政府便迅速驅逐了蘇聯軍事顧問，開始轉向德國尋求軍事援助。德國適逢一戰戰敗，根據「凡爾賽和約」的規定，只能擁有一支十萬人的軍隊，大量職業軍人被迫離開軍隊，這些除了軍事知識以外對於其他領域知識、技術一無所知的高素質職業軍人，便成為各國（尤其是軍事領域較為落後的國家）爭相聘用的名師。但是，凡爾賽和約有明確規定不允許德國公民在外國軍隊擔任軍事顧問，而德國軍方則希望他們去外國擔任軍事顧問，以使這些退役人員能利用在國外軍隊服務的機會，獲取最新發展的軍事知識和技術，使德國軍隊不致於在軍事學術方面出現斷層，同時更含有希望這些人員在完成顧問工作歸國後能繼續在德國軍隊中服務的深意，所以德國軍方對這些人員遠赴國外擔任軍事顧問是暗中鼓勵與支援的。

而蔣介石的國民政府早在1927年四·一二事變之前就開始與德國軍方接觸，德國原則同意向中國派遣軍事顧問，最初中國提出的顧問名單上是一批如馮·馬肯森、魯登道夫等在一戰中聲名顯赫的人士，但是德國軍方認為這些人名頭太響亮，容易被發現，所以婉言拒絕，第一批來華的德國軍事顧問是馬克斯·鮑爾上校（Max Bauer，馬克斯·鮑爾雖然名不見經傳，卻曾在德國總參謀部供職，以其出色的軍事才幹深得總參謀長魯登道夫的賞識）、斯圖茲納中尉和霍姆爾少尉三人，由此揭開了中德軍事合作的蜜月之旅。——無獨有偶，1927年11月，另一名德國軍事顧問海因茨·諾伊曼，受共產國際派遣來到中國協助指導中國共產黨軍事行動。7年後，1934年國共兩黨之間的戰爭進入白熱化階段，蔣介石的軍事顧問自不用說，由共產國際派遣擔任紅軍軍事顧問的也是一個德國人，他就是奧托·布朗，中文名叫李德。也許這兩個史實都只是歷史瞬間的某種巧合，但是偶然之中存在必然，再清楚不過地顯示了德國在軍事上對中國的巨大影響。

1933年，希特勒在德國大選中獲勝，出任德國總理。在中德軍事合作領域，希特勒見蔣介石政府驅逐蘇聯顧問、與蘇聯交惡、發動四·一二事變、圍剿共產黨領導的工農紅軍等行動與納粹堅決反共的立場非常合拍，同時中國蘊藏的豐富自然資源（特別是如鎢、銻等戰略資源）和廣闊的工業品市場，也正是德國復興的重要便利條件，而且

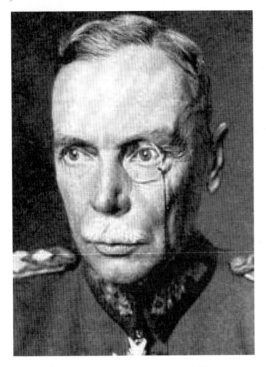

■第四任德國軍事總顧問漢斯‧馮‧塞克特。

■第五任德國軍事總顧問亞力山大‧馮‧法肯豪森。

作為蘇聯的鄰國，完全可以作為有效的牽制力量和共同反蘇的政治盟友，加之他上臺之後廢除了凡爾賽和約的種種限制，因此來華德國軍事顧問的級別與規模逐漸提高，原先帶有遮掩耳目的私人性質逐漸轉為公開的官方援助。

中德軍事合作因此漸入高潮，不僅雙方簽署了《五年軍事工業發展計劃》，德國開始幫助中國建立軍事工業，並在中國軍事工業尚未建成前向中國提供軍事裝備，而且第四任德國軍事總顧問前德國國防軍總司令漢斯‧馮‧塞克特上將（Hans von Seeckt，他是歷任德國軍事總顧問中最受蔣介石器重，待遇最高、地位最高的，甚至可以以「委員長委託人」的身份，代表蔣介石向國民黨政府各部門首腦下達指令！）在協助中國整軍建軍方面，提交《陸軍改革建議書》，提出了以有限的物力財力，首先建立一支裝備精良訓練有素的小型核心示範武裝，再分批分期完成全國60個師的整編，他認為中國有這樣60個師的精銳常備軍就足以應付各種狀況了，這就是國民黨軍30年代60個整編師方案的來源。

1938年2月，納粹德國宣佈承認「偽滿洲國」，同時宣佈並不再接受中國留學生赴德學習軍事、禁止向中國繼續銷售武器。同年6月，在德國政府一再嚴令德國顧問歸國，甚至宣佈不歸國者以叛國罪論處。7月8日，德國顧問在廣州揮淚登船返國。中德軍事合作遂告中斷。1941年7月1日，德國宣佈承認南京汪精衛偽政權，中國與德國斷交。1941年12月，美英蘇中對德意日軸心

## 德國駐華顧問團成員一覽表（1938年）

摘自《抗日戰爭》第四卷 外交（上）原文引自《德國外交文件》，第4輯，第1卷，第854-855頁

本表所列服務於中國政府的德國顧問的人數和姓名，來源於國務秘書的一份題為「中日衝突」的檔案。據推測，這份資料最初來源於國防軍司令部的某個機構。

1935年10月總人數 43名軍官和若干文職官員

1937年8月總人數 30名軍官和若干文職官員

1938年4月總人數 24名軍官和9名文職官員

1938年4月26日在華德國顧問團一覽表（顧問是由中國政府與私人訂立合同的方式聘用的，普通德國軍事顧問月薪1000德國金馬克，後為1800美元）

退役陸軍上將 馮‧法肯豪森 1934-？
退役中將 施特雷齊烏斯 1934-1940
退役少將 施塔克 1933-1939
退役上校 諾爾特 1931-1939
退役上校 維爾克 1932-1940
退役中校 福格特-魯舍魏 1933-1939
退役中校 內維格爾 1935-1939
退役中校 阿德霍爾特 1936-1940
退役少校 鮑姆巴赫 1933-？
退役少校 布呂德爾 1933-1938
退役少校 海因里希斯 1934-1939
退役少校 林德曼 1934-？

退役上尉 克魯馬赫爾 1929-1939
退役上尉 邁爾 1929-1939
退役上尉 巴龍‧馮‧施泰因 1931-1941
退役上尉 施騰內斯 1933-1939
退役上尉 阿爾納德 1936-1939
退役騎兵上尉 馮‧博迪恩 1931-1938
退役中尉 鮑爾 1930-1939
退役中尉 伯格爾 1932-1938
退役少尉 胡梅爾 1928-1939
退役少尉 施托爾茨納 1928-1939
退役少尉馮‧施梅林-迪林斯霍勞 1934-1939
退役少尉 博爾夏特 1935-1939

非軍官成員：

退役軍械師、技術員 鮑茨 1939
退役釘馬掌師 伯恩哈特 1939
退役軍需中士 海因里希 1939
退休車間主管 庫比克
預備役中尉、工程師 洛曼 1939
退役軍械師、技術員 馬丁
退役中士 波勒
退役政府監察長 森澤克 1939
退役食堂管理軍士 舒爾茨 1939

國聯合宣戰，中德成為敵對國家，直至二戰結束。

## 整軍方案

在整軍過程中，對各種不同編制的部隊有著不同的名稱，主要有整編師、調整師、整理師、新編師等四種稱謂。

根據塞克特的《陸軍改革建議書》之方案，全國60個常備師稱之為整編師。1935年下半年開始進行第一批10個師的整編計劃，由於此時這10個師的德械裝備尚未運抵中國，只得在編制體系和武器裝備方面進行一些內部調整，故稱調整師。在這10個師中只有一個例外，那就是中央軍校教導總隊，這支部隊全部按照當時德國陸軍步兵師的編制編成，與其他師級部隊完全不同。

整理師的概念最早提出，所謂整理師是根據1934年12月整軍計劃分批進行編組，未輪到編組部隊根據1932年6月軍委會頒佈的《陸軍師暫行編制表》的四團制師為標準進行整理，故名整理師。這種師編制為兩旅四團，師直屬騎兵1個連、砲兵1個團、工兵、通信、輜重各1個營、衛生隊1個、特務連1個。

1936年，軍事委員會對整軍方案作了進一步的規劃，確立了減少大單位、充實小單位特別是充實團以下部隊的戰鬥力以及人事、經費等方面的整軍原則，根據這一規劃整編的部隊稱為二十五年調整師（1936年即民國二十五年），初步計劃年內完成20個師的整編。

整編先從中央系和東北軍中開始，中央系37個師共186個團，除正在圍剿紅軍的一

■萊希瑙將軍於訪華期間和國軍將領合影，從左至右分別是克蘭、陳誠、熊式輝、錢大鈞、徐培根。

## 1927年至1938年，五任軍事顧問團團長

第一任馬克斯‧鮑爾（Max Bauer）
上校　1928年11月-1929年4月
第二任赫爾曼‧克里貝爾（Hermann Kriebel）上校　1929年4月-1930年5月
第三任喬治‧魏澤爾（Georg Wetzell）中將　1930年5月-1934年4月
第四任漢斯‧馮‧塞克特（Hans von Seeckt）上將　1934年5月-1935年3月
第五任亞力山大‧馮‧法肯豪森（Alexander von Falkenhausen）上將　1935年3月-1938年7月

### 馬克斯‧鮑爾（Max Bauer）

　　鮑爾是德國總參謀部軍官，砲兵專家。雖然他名不見經傳，但是一戰中著名的興登堡計劃和總體戰的戰略構想都是出自他手，因此深得時任總參謀長的魯登道夫器重。甚至有人比喻為魯登道夫是敲響德國戰鼓的大槌，而鮑爾是大槌手。

　　蔣介石與鮑爾關係融洽，鮑爾任職期間創立了顧問團的工作模式，規劃了工作方向，為未來十年的中德合作奠定了基礎。在「蔣桂戰爭」中，他軍事籌劃周密得體出力很大。1929年5月因病在上海去世。

### 赫爾曼‧克里貝爾（Hermann Kriebel）

　　克里貝爾是老牌納粹黨人，蔣介石對他素無好感，克里貝爾無論是對國民黨官方，還是在顧問團內部關係都非常緊張，雖然在顧問軍事方面兢兢業業，如「中原大戰」中親赴前線，但最終被換馬。

### 喬治‧魏澤爾（Georg Wetzell）

　　魏澤爾曾任德國國防軍總參謀部作戰處處長，其參謀業務非常出色，在「中原大戰」、圍剿紅軍、「一二八」抗戰中都積極出謀劃策，蔣對其頗為嘉許，稱之為「功不可沒」。

　　魏澤爾先後協助國民黨軍創建步兵、砲兵、工兵、輜重兵、通信兵等學校，培養了大量的人才，為特種兵的建設奠定了基礎。由於他對國民黨軍經常很不客氣地直接批評，終與蔣交惡，於1934年4月離職。

### 漢斯‧馮‧塞克特（Hans von Seeckt，也譯作西克特）

　　塞克特在歷任顧問團長中是地位最高的，曾任德國國防軍總司令。因其在一戰後嘔心瀝血重建了德國陸軍而被譽為「國防軍之父」、「國防軍的傑出締造者」。

　　塞克特在中國深得蔣介石信任，竟然成為「委員長委託人」即蔣介石的代理人。他將德國的軍國主義建軍方針和思想極大影響了蔣介石。最後因勞累過度而患病，不得不回國休養。臨行時走馬薦人，推薦法肯豪森為繼任者。

### 亞力山大‧馮‧法肯豪森（Alexander von Falkenhausen）

　　法肯豪森對中國的軍事訓練，改革及部隊裝備、海空軍、防空設施等方面盡心盡責地做了大量工作，特別是為中國擬訂了抗日的戰略總藍圖。1935年7月，他擬訂的「關於應付時局對策之建議書」對二年後爆發的抗戰有相當準確的判斷，對日後中國的抗戰具有非常重要的指導作用。

# 國軍陸軍調整師編制表

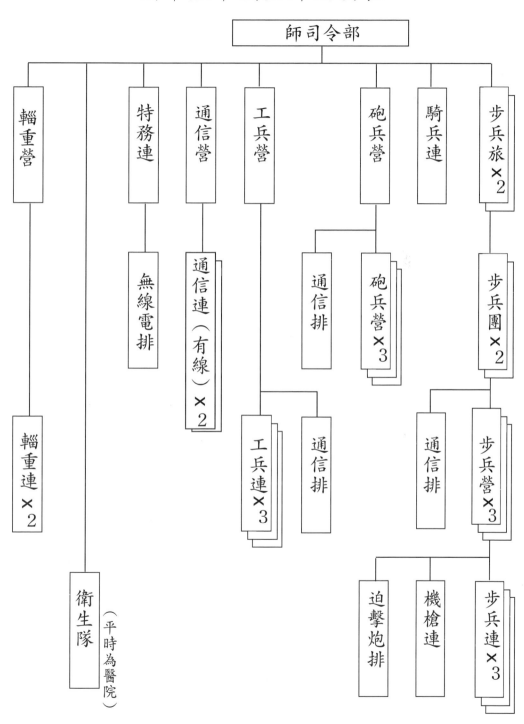

# 抗戰時期國軍軍銜標志一覽表

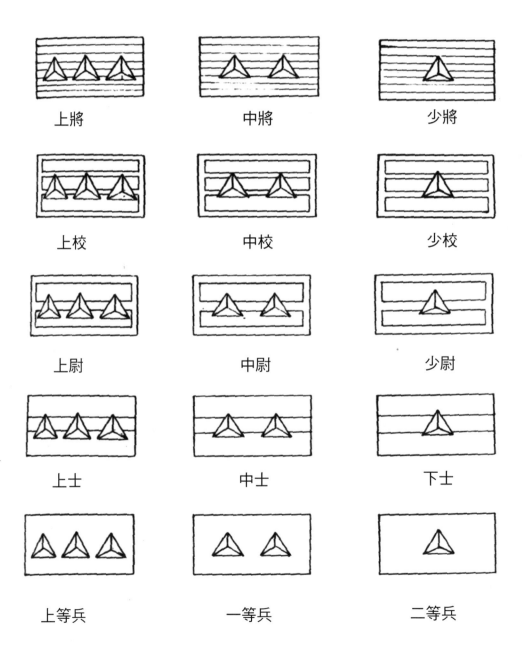

上將　　　　　　中將　　　　　　少將

上校　　　　　　中校　　　　　　少校

上尉　　　　　　中尉　　　　　　少尉

上士　　　　　　中士　　　　　　下士

上等兵　　　　　一等兵　　　　　二等兵

線部隊外，其餘部隊一律改為四團制的整理師。各軍師直屬的騎兵、砲兵、工兵等兵種，則集中進行整訓。預定中央系參與整軍的135個團中先以比較充實的72個團，組成18個四團制的整理師，再將其餘的63個團原則上以2個團合併為1個團，合編為32個團，在此基礎上組建8個新編師。

東北軍18個師54個團計劃整編為10個整理師（由原來40個團組成）和2個新編師（由原來8個團組成）。

整理師與新編師的差別在於，整理師的各級軍官基本還是以原來的各級軍官為基礎，而新編師則完全打破原來的人事，由來自不同部隊的各級軍官進行混合編組，以徹底清除軍隊內部派系林立的現象，建立一支完全新型的國家軍隊。

整軍過程中，當時擔任第五任德國軍事顧問團團長的亞力山大·馮·法肯豪森（Alexander von Falkenhausen）對該計劃提出了建議：各師應以中央軍校教導總隊的編制和裝備為標準，如果暫時沒有條件組建工兵營和通訊營的，可以先組建工兵連和通訊連；加強砲兵建設，各師應盡量配屬1個轄3個砲兵營的砲兵團（山砲營、野砲營和105公釐榴彈砲營各1個）；輕武器方面應統一武器制式，並在師建制裏組建一個修械所負責武器的保養維護和修理。

至1937年7月抗戰爆發前，整軍計劃一共進行了兩期，計20個師，第三期10個師正在進行之中。在已完成整軍的20個師中，其接受德式裝備和德國顧問的訓練程度也各有不同，實際接受過德國顧問系統訓練與指導的部隊只有下述各師：第3師、第6師、第9師、第14師、第36師、第87師、第88師和教導總隊，以及不屬於正規軍系統的稅警總團。

至1937年7月，中央系共完成35個調整師、24個整理師。東北軍完成10個調整師，開始調整而未完成的有5個師，另有粵軍10個師、川軍26個師、9個獨立旅被整編為整理師。在中央系的35個師裏，基本上都接受了一些德式裝備，其中還有一些全部實

■德式師裝備的駁殼槍。

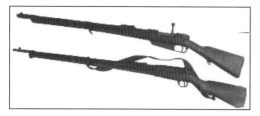

■（上）漢陽造步槍。

■ 德式師裝備的國造仿製捷克ZB26輕機槍。

現了德式裝備，並接受德國顧問的系統訓練。經過這樣的整軍而面貌一新的部隊，堪稱為中國近代史上「最現代化的陸軍」。在抗戰初期，就是以這些經過整軍的德式師擔當起中流砥柱的作用，發揮了巨大的作用，當然也付出了巨大的犧牲。不少軍事歷史學家認為，如果抗戰再晚一兩年爆發，將會有更多的中國軍隊接受先進的德式裝備和德式戰術思想訓練，抗戰局面至少說可以樂觀很多。

## 武器裝備

輕武器方面，德式師主要單兵武器是國造7.92公釐中正式或德製1924年式標準型毛瑟系列步槍，也就是K98k的前身。當然由於種種原因，在德式師裏還混有其他型號的步槍，如漢陽兵工廠造步槍等。

德式師裝備的輕機槍多是國造仿製捷克ZB26，也有少量的比利時和法國的輕機槍。但是德國陸軍在二戰中最為出名的MG-34輕機槍卻沒有採購裝備，中國也沒有仿製生產。在德式師裏，輕機槍裝備數量基本能達到每班一挺的標準。

重機槍多採用仿製馬克沁的二四式水冷式重機槍，該槍是根據1934年由德國兵工署向中國免費提供的馬克沁重機槍全套製造圖紙生為的，二四式馬克沁重機槍與德國陸軍裝備的1908式重機槍稍有不同，確切地說應是1909式外銷型號，採用250發帆布彈帶供彈。一般情況下，重機槍的裝備數量是每個步兵營建制裏設有1個重機槍連，共3個排6挺。這一配置標準在當時中國軍隊中已經算是高標準，但只相當於德國陸軍標準步兵營的一半！

德式師裝備的手槍自然是名聞遐邇的駁殼槍，也叫盒子砲、快慢機或二十響，在很多電影和小說中經常可以見到的。其真正的名稱應是7.62公釐毛瑟M1932型半自動手槍，歐洲多稱為C96手砲。這種手槍在中國得到了廣泛應用和極高的評價，很多軍人莫不以得到一把駁殼槍為榮！當然，德式師裝備的毛瑟手槍可不同其他部隊裏由中國兵工廠、修械所甚至私人製槍作坊仿製的，全都是正宗從德國進口的原裝貨。

火砲是現代化軍隊所必不可缺的武器裝備，可惜中國由於技術和財力所限，連號稱最現代化的德式師在此方面與當時現代化軍隊的差距都非常懸殊。德式部隊中，除了教導總隊擁有自己獨立的直屬重砲部隊，其他各德式師都沒有師屬重砲部隊，就以裝備最好的第36、第87、第88師為例，也只有1個

■國造7.92毫米中正式步槍。

師屬砲兵營而已（在最初的計劃中應是每師各有1個轄3個營的砲兵團）外加戰防砲連和高射砲連各1個。砲兵營下轄3個榴彈砲連，每連裝備4門德製75公釐克魯伯山砲（或75公釐柏福斯山砲），全營共12門，戰防砲連裝備4門德製37公釐Pak35戰防砲，高射砲連裝備6門20公釐高射砲（高射砲型號較多，主要有瑞士的厄利孔(Oerlikon，舊譯奧立崗)、丹麥的麥迪森(Madsen)、德國萊茵公司瑞士子公司的索羅通(Solothurn)等）。除了師屬砲兵營外，每個步兵團還轄有迫擊砲連和小砲連各1個，迫擊砲連裝備6門仿製法國81公釐白朗代(Brandt)20年式82公釐迫擊砲，小砲連裝備6門20公釐索羅通機關砲。

為彌補砲火不足的缺陷，德國顧問建議將少量先進火砲集中編成獨立砲兵旅或砲兵團，統一使用。由火力的集中調配，來實現有效支援作戰的目的。為此組建了一些裝備重砲的獨立砲兵旅或砲兵團，如裝備75公釐瑞典制L/14柏孚斯（Bofors）山砲的砲兵第2旅、裝備75公釐德製L/29克魯伯(Krupp)野砲的砲兵第6旅。火砲性能最好當屬裝備24門150公釐德製L/32 sFH 18萊茵金屬公司(Rheinmetall)重榴彈砲的砲兵第10團（1934年採購）和裝備24門150公釐德製

L/30 sFH 18 克魯伯重榴彈砲的砲兵第14團（1936年採購）。在法肯豪森將軍的強烈要求下，德式師在師通信營的建制內設立1個無線電通信排，配備15瓦無線電臺，並在各步兵團團部建立1個配備5瓦無線電臺的無線電通信班，構成了師團兩級的無線電通信系統。

## 個人裝具

中央系德式師的軍裝分三種，春秋為黃綠色駝絨夾衣常服，夏季為草綠色卡其布衫（又分長褲短褲兩種），冬季為棉布。軍官配尼軍裝和尼大衣，質地也就是被稱作"甲種呢"的呈斜橫紋走向的尼質橫織布，軍服式樣基本就是中山裝。

頭戴圓筒軍常帽，也叫軍小帽，據說其款式是根據歐洲滑雪小帽改進而來的，也有說是從土耳其的圓筒帽變化而來。軍帽整體採用適合東方人頭形的正圓筒形，而不是歐洲的橢圓形。在帽圍上有折圍式護面布，平時折疊起來用兩顆銅扣連接在正面，必要時可以放下，遮住面部和後頸部，可以起到防寒、放風、防塵、隔音等作用。在護面布上緣到上帽沿之間鑲有一顆直徑2.8公分的青天白日國徽。作戰時，則戴德製M 35型鋼盔，這也是德式師最明顯的服裝特徵，鋼盔上同樣也鑲有一顆青天白日國徽。據說中國德式師所佩帶的M 35鋼盔還是德國工廠裏最早生產出來的一批，根據目前的資料，截止到1936年，中國總共從德國進口了31.5

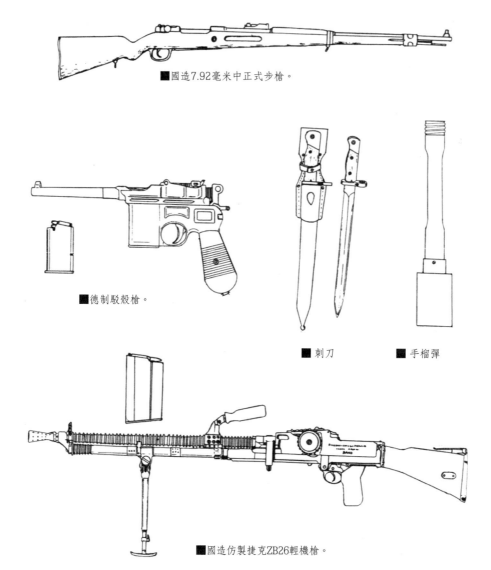

■國造7.92毫米中正式步槍。

■德制駁殼槍。

■ 刺刀　　　　■ 手榴彈

■國造仿製捷克ZB26輕機槍。

■ 馬克沁二四式水冷式重機槍。

■ 德制駁殼槍。

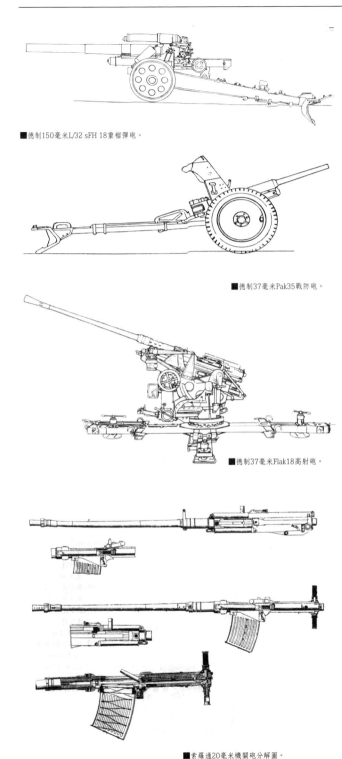

■德制150毫米L/32 sFH 18重榴彈砲。

■德制37毫米Pak35戰防砲。

■德制37毫米Flak18高射砲。

■索羅通20毫米機關砲分解圖。

萬頂M 35鋼盔。

因為中國軍隊的機動方式主要還是步行，綁腿可以有限減輕長途步行的疲勞，因此綁腿成為中國軍隊不可或缺的個人傳統裝具，德式師也不例外，打綁腿，士兵配發黑色膠底布鞋，軍官配發皮鞋，高級軍官配發高統皮靴。

每個士兵標準個人裝具包括彈帶、水壺、乾糧袋和防毒面具，彈帶為帆布長條形，不同於德軍的皮製彈包，通常是一條長彈帶由肩上斜繞一周至腰間再繞一圈，最後以布條打結紮緊，可以攜帶20個子彈夾。也有少量採用兩條短彈帶或在胸前如X型交叉，或在兩肩下如V型分叉，或在肩上腰上各一條。很遺憾，德式師沒有配發二戰中德軍標誌性的個人裝具Y形背帶。水壺一部分是從德國採購，一部分是由國內仿製，橢圓形木塞蓋，肩背帶。這與德軍所採用的系在腰帶上的金屬蓋水壺略有不同。乾糧袋為方形，背帶跨肩，也與德軍系在腰帶上不同。防毒面具是採購德國的1930式面具，也有部分仿製的，但與德軍不同的是裝在帆布袋中，而非裝在圓筒中。但是不少照片資料上可以看到德式師士兵攜帶的防毒面具是裝在圓筒中，其實那是仿製法國的防毒面具圓筒容具，兩者區別在於德

軍圓筒容具上是直向形增強條紋，而仿製法國的則是橫向形增強條紋。

## 軍中翹楚

即便是在接受德國顧問指導與訓練的部隊中，德國顧問的參與程度也有深淺輕重之分，有的師全師上下只有一名德國顧問！在所有部隊中，接受德國顧問指導最多，德式裝備最齊全，訓練最充足的莫過於教導總隊、第36師、第87師和第88師這四支部隊了。

教導總隊，全稱是中央陸軍軍官學校教導總隊，顧名思義就是隸屬於中央軍官學校的教導部隊，在國民黨軍中屬於示範部隊性質。中央軍官學校前身就是名聞遐邇的黃埔軍校，教導總隊最早的前身可以追溯到曾在大革命時期東征和北伐中赫赫有名的黃埔學生軍，黃埔軍校是蔣介石走上事業頂峰的開始，所以蔣介石對黃埔軍校歷來是青睞有加，最先進的裝備、最先進的戰術訓練、最先進的部隊編制往往都是先由中央軍校來進行實驗，而中央軍校也一直秉承建校以來的傳統，維持著一支具有相當戰鬥力的團級步兵教導部隊與若干連營級特種兵教導部隊。1930年5月，中央軍校正式組建了一支編制為2個旅6個團的教導第2師，這是早期中央軍校教導部隊的鼎盛時期。這個教導第2師幾乎將中央軍校的所有新銳武器都收入帳下，其所屬特種兵包括2個砲兵團，也就是中央軍校的2個教導砲兵團，再加上騎兵連、工兵連、輜重連、學兵營與戰車隊，可

■德式師個人裝具，從軍服臂章上的部隊標誌看是88師的。

以稱得上是虎賁滿堂，在整個中央軍之中，教導第2師的戰鬥力僅次於馮軼裴的教導第1師，而日後在抗戰戰場上威名遠揚的第4師就是在教導第2師的基礎上組建的。

1931年1月在德國軍事顧問的計劃下，中央軍校正式開始編組教導總隊，最初編制為2個步兵營以及砲兵連、工兵連、騎兵連、迫擊砲連、特務連和通信連。官兵主要從原教導第2師砲兵團、特務營、工兵連、騎兵連和軍校警衛部隊中抽調的精兵強將。這個團級教導部隊主要進行德式步兵團的編制試驗以及德式新武器的應用研究，是為了全面開展德式師建設而先行一步的試驗性部隊。總隊長唐光霽少將，出身於西北軍，畢業於著名的保定軍校。之所以選擇唐光霽，完全是因為他科班出身，尤擅部隊訓練，而且北伐之後一直在中央軍校任職。副總隊長朱宗海，曾任教導第2師參謀處處長，原是中央軍校的砲兵教官，他負責主持總隊的參謀業務。所屬2個步兵營主要用於編制試驗，砲兵連裝備德式75公釐柏孚斯山砲，主要摸索德式裝備的具體應用，工兵連配備了德式新型工兵器械，騎兵連則鳥槍換砲，改裝摩托車。

1932年3月朱宗海升任總隊長，1932年9月保定軍校6期畢業的高級教官章履和接任總隊長。在此期間教導總隊都只是純示範性的實驗部隊。直到1933年6月桂永清出任總隊長，情況才得以徹底改觀。教導總隊成為一支野戰部隊，副總隊長周振強和張坤生，都是黃埔軍校第1期，與桂永清是同學。總隊司令部下設參謀處（主任溫祖詮），副官處（主任張炳東），經理處（主

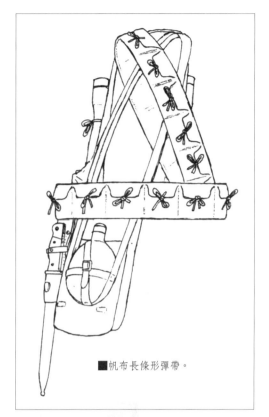

■帆布長條形彈帶。

■子彈帶

■防毒面具

■乾糧待（雜物袋）

■德式師官兵的水壺。

任王漢英）。部隊擴編為第1團，下轄步兵3個營，團直屬砲兵連和通信連，團長由周振強兼任。總隊直轄軍士營、特務連、騎兵連、工兵連、通信軍士連、軍官教育隊、衛生隊、軍樂排和汽車隊。總隊擴編後調防南京孝陵衛（現南京理工大學所在地），位於

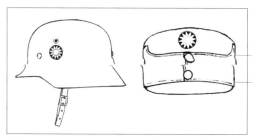

■德制Ｍ35型鋼盔。　　■圓筒軍常帽。

鍾山南麓，國民政府強令搬遷了6個自然村，圈出一大片土地建成教導總隊的大本營。

1935年1月25日，中央陸軍軍官學校教導總隊舉行授旗典禮，蔣介石親自到場，並對全體官兵發表講話。標誌著中央軍校教導總隊成為正式的戰鬥部隊。

1936年教導總隊再次擴編，成為三團制的師級部隊，並增設參謀長一職，由符昭騫擔任。下轄第1團（周振強）、第2團（胡啟儒）、第3團（張坤生），總隊直屬軍士營、砲兵營、騎兵營、工兵連、通訊連、特務連、高砲連、自動車隊、衛生隊、軍官教育總隊、軍樂排、修械所，並被列為1935年第一期整訓部隊。

1937年9月，教導總隊一部參加淞滬會戰。同年11月奉軍政部命令擴為3個旅6個團制的甲種師。所屬6個團中，3個團（第1、第3、第5團）已完全實現德式裝備與編制。南京保衛戰中教導總隊損失慘重，殘部退到漢口後進行整編，與戴嗣夏第46師合編重建為3個旅6個團制的第46師。

鐵衛禁軍

第36師、87師和88師是一脈相承的兄弟部隊。在中央軍裏，既不是胡宗南第1軍系統，也不是湯恩伯第13軍系統，更不是陳誠的土木系，而是出自于蔣介石的警衛部

## 1936年中國代表團訪德期間訂購軍火訂單

陸軍訂貨

| 訂單號 | 貨物名稱 | 訂購數量 | 1938年報10月止交貨情況 |
|---|---|---|---|
| 1001 | 鋼盔 | 220000 | 已到 |
| | 花樣（鋼盔） | 241000 | … |
| 1002 | 37mm練習砲彈 | 3000 | … |
| 1003 | 7.9mm鋼心彈 | 30000000 | … |
| 1004a | ss子彈 | 10000000 | … |
| 1004b | 子彈盒 | 6000000 | … |
| 1005 | 燃料車 | 1 | … |
| 1006a | 37mm戰防砲 | 124 | … |
| 1006b | 上項124門砲中20門為摩托化 | | … |
| 1006c | 上項124門砲中104門為馬牽 | | … |
| 1006d | 37mm戰防砲瞄準鏡 | 124 | … |
| 1007 | 37mm戰防砲附車 | 20 | … |
| 1008 | 37mm戰防砲砲架牽引架 | 104 | … |
| 1009 | 37mm戰防砲彈 | 124000 | … |
| 10020 | 6噸戰車 | 15 | … |
| 10030 | 偵察鋼甲車 | 1（連） | … |
| 10040a | 105mm砲 | 60 | 4門已到，36門途中，20門訂貨中 |
| 10040b | 上項105mm砲彈 | 60000 | 已到8016發 |

海軍定貨

| | | | |
|---|---|---|---|
| 1100 | 150mm砲 | 8 | 已到 |
| 11003a | 魚雷快艇 | 3 | … |
| 11003b | 上項快艇用魚雷 | 24 | … |
| 1004 | 快艇維護艦 | 1 | 製造中 |
| 11006 | 江道封鎖線及指揮儀器 | | … |
| 11010a | 88mmskl45砲 | 20 | 已到 |
| 11010b | 88mm砲連探照燈 | 8 | 製造中 |
| 11020 | 摩托快艇 | 5 | … |
| 11021 | 佈雷艇 | | … |

空軍訂貨

| | | | |
|---|---|---|---|
| 12001 | 20mm高砲 | 120 | 已到 |
| 12002 | 20mm高砲砲彈 | 3000 | … |
| 12011 | 37mm高砲 | 60 | … |
| 12012 | 37mm高砲砲彈 | 180000 | … |
| 12021 | 砲兵探照燈連全部裝備 | 1（連） | … |

註：1936年4月中德簽署協定，德國開始大規模向中國提供武器，中國則向德國輸出礦砂。同時德國向中國提供了一億馬克的貸款。1937年德國外銷的軍火中37%供給了中國。截止到1937年8月，中德雙方簽訂的軍火協議金額高達2.23億馬克，不久後又追加5900萬馬克。

隊，標準的嫡系中的嫡系。

1924年黃埔軍校成立後，組建了軍校衛兵隊負責蔣介石校長的安全警衛與侍從。後來衛兵隊擴編為特務營，北伐戰爭時期又在特務營的基礎上擴編為國民革命軍總司令部警衛團，作為蔣介石總司令的侍衛扈從部隊。

1927年民國政府定都南京，警衛團再次升格，擴編為首都警備師（所轄部隊多達6個團）。就這樣緊隨著蔣介石的地位攀升，他的警衛部隊也完成了從衛兵隊、特務營、警衛團到警備師的四級躍升。此後，警衛部隊編制又多有改動。1930年12月，警備師與軍校教導第1師（師長馮軼裴，該師

被公認為中央軍中戰鬥力最強的部隊）合併為警衛師，原警備師所屬第1、第2、第5團改編為警衛第2旅，原教導第1師所屬第1、第2、第3團

■ 第五軍軍長張治中。

改編為警衛第1旅，原警備師第3、第4團改編為警衛師特務第1、第2團，原警備師所屬第6團被裁撤，人員分散編入各部。此時的警衛師，下轄兩個旅6個團，師直屬2個特務團、1個砲兵團和其他一些特種部隊，總兵力幾乎相當於其他部隊的2個師！師長馮軼裴，副師長俞濟時。

1931年3月，在整軍中，這支編制龐大的警衛師被一分為二，拆分成2個兩旅四團制的整編師，番號分別為警衛第1師和警衛第2師。

1931年12月，蔣介石在內外壓力下宣佈下野，他的警衛部隊自然也就失去了警衛師的榮耀頭銜，警衛第1師和第2師分別改稱第87師和第88師。

第87師師長張治中，副師長王敬久，

■ 德式師正在進行搭乘機動車的機械化行軍訓練。

參謀長徐培根。

第88師師長俞濟時，副師長李延年，參謀長宣鐵吾。

而第36師與上述兩師有著極深厚的淵源，1933年9月，正是在第87師和第88師2個師的補充旅共4個團基礎上，組建了第36師，師長宋希濂，副師長鍾彬，參謀長向賢矩。

■ 德式師開赴上海前線。

由此可見，這3個師的前身都是蔣介石的警衛部隊，一直是由蔣介石直接控制，部署在京畿重地，是最受蔣介石器重與信賴的部隊，就如同是古時的禁衛親軍，因此最早接受德式裝備和德式訓練的美事，自然就無可爭議地落到了這3個師的頭上。

這3個師接受德國顧問訓練，最早可以追溯到1927年中央軍校教導師時代，首任德國軍事總顧問馬克斯‧鮑爾就對中央軍校的兩個教導師進行過系統的指導性訓練，當教導第1師與警備師合編成警衛師後，德國軍事顧問也就跟隨教導第1師來到了警衛師。

依照德國顧問的意見，這3個師和教導總隊，都是作為國民黨軍新式整編的示範單位，不應輕易將其調上戰場。但是，一‧二八淞滬事變、福建事變和對中央蘇區的第五次圍剿，這3個師都有參加，並擔負重任。因此引起了德國顧問的強烈不滿，當時的第三任顧問團團長喬治‧魏澤爾（Georg Wetzell）就此向蔣介石表示了強烈抗議，並與蔣介石發生了爭執與衝突，這3個師在德國顧問心目中的地位，從中也可見一斑。

## 參加一二八淞滬保衛戰

1932年1月28日，淞滬事變爆發，當時駐紮在上海的第十九路軍奮起抗戰。次日，國民政府外交部發表《對淞滬事變宣言》，表示「為執行中國主權應有之權利，不得不採取自己的手段，並對日本武裝軍隊之攻擊，當繼續嚴予抵抗。」1月30日，蔣介石在南京主持召開緊急會議，決定遷都洛陽，改組軍事委員會，並命令第十九路軍全力防守上海，而德式師的第87師和第88師負責南京防務。2月1日，再次調整京滬地區部隊部署，第61師將江陰防務移交給第87師，開赴上海大場；第88師主力集結蘇州，作為第十九路軍預備隊，另以1個團加強江陰要塞防禦力量。

2月中旬，日軍第24混成旅團、第9師團等增援部隊陸續抵達上海，鑒於日軍增兵上海，十九路軍勢單力孤恐難持久，時任87師師長張治中向蔣介石主動請纓，得到蔣介石的批准。2月14日國民政府軍政部長何應欽根據蔣介石的指示，將分駐京滬、京杭地區的第87、第88師組建成為第5軍，由第87師師長張治中兼任軍長，統一指揮第87師、第88師、中央陸軍軍官學校教導總隊（此時總隊長為唐光霽）和獨立砲兵第1團山砲營等部開赴上海，加入第十九路軍序列。此時的第5軍彙集了第87師、第88師和教導總隊，全部是德式部隊，是中央軍系統內的絕對王牌精銳！這樣的嫡系精銳盡數投入，國民政府抗日之心可見一斑。

第87師261旅在旅長宋希濂率領下首先從南京出發，並於14日當天正式接防上海蘊藻濱北岸胡家宅至吳淞西端曹家橋之線，第87師259旅也在旅長孫元良（臺灣著名影星秦漢之父）率領下於15日進抵南翔。與此同時，第88師也經滬杭線開到南翔附近集結待命。

2月16日上午張治中率第5軍軍部從南京和平門登上火車出發，於當天到達南翔，開始部署所屬部隊接替十九路軍防務。第5軍在江灣北端經廟行鎮沿蘊藻濱至吳淞西端之線展開，並以一部在獅子林砲臺南北閘洞、

■張治中在劉行司令部掩體內指揮作戰,第5軍長張治中(左)身旁是參謀長祝紹周(中)、參謀處長張鐸(右)。

■88師副師長李延年。

營長陳振新親率部隊反擊,但在日軍猛烈砲火攔阻下未能擊退日軍。陳振新戰死於陣地,88師副師長李延年親自督率264旅迅即投入全部預備隊封堵缺口,戰況殊為激烈,88師直屬工兵營營長唐遁陣亡、264旅旅長錢倫體、副旅長黃梅興都負了傷,仍未恢復戰線。由於廟行陣地被突破,整個第5軍戰線都受到嚴重威脅,軍長張治中親率預備隊教導總隊主力(欠1個營)馳援,並令87師259旅孫元良旅長率部增援廟行;防守蘊藻濱北岸的87師261旅宋希濂旅長率該旅主力,由紀家橋渡河抄敵側背;第88師也抽調部隊對日軍突

川沙口、瀏河口、楊林口、七丫口擔任沿江警戒。其中第88師防禦由江灣北端經廟行鎮、周巷至蘊藻濱南岸之線,第87師擔負胡家莊沿蘊藻濱北岸經曹家橋至吳淞西端之線,教導總隊之一部警戒獅子林南北閘洞、川沙口、瀏河口、楊林口、七丫口沿江一帶,以上部署於18日接管完畢。張治中同時擔任左翼軍指揮官(第十九路軍總指揮蔡廷鍇任右翼軍指揮官),第5軍軍部也由南翔前推至劉行鎮。

日軍第24混成旅團從2月20日晨7時30分起,即在重砲和飛機支援下,向廟行猛攻,堅守廟行的第88師頑強抵抗,給予日軍重大殺傷,陣地屹立不動。入晚之後,日軍繼續猛攻,戰鬥更加激烈,槍砲聲竟夜不絕於耳。88師陣地工事在日軍猛烈砲火轟擊下大都被毀,但是官兵隱蔽於破損戰壕內,沈著不動,直等日軍步兵接近,才用手榴彈、步槍迎頭痛擊,繼而以肉搏拼殺。就這樣血戰兩晝夜,日軍累次攻擊均因死傷累累不支而退。

22日晨,日軍乘大霧瀰漫突入廟行鎮東面大小麥家宅88師264旅527團3營陣地,

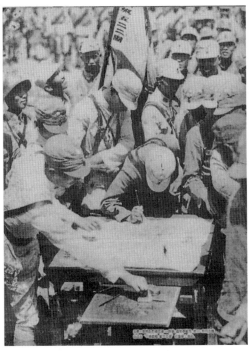

■參戰前,87師261旅的全體官兵在「不滅倭寇,誓不生還」的誓辭上簽名。

■2月22日廟行之戰中我軍由竹園墩河岸攻敵。

■大場第5軍陣地上的重機槍。

■廟行前線向敵人衝擊的第5軍。

破地區實施反衝擊。右翼軍十九路軍得知廟行危急，也於9時許下令在江灣至蘊藻濱全線發起反擊，第61師張炎副師長率第4、第5團由江灣西北的竹園墩出擊，策應廟行守軍。就這樣，教導總隊和87師259旅在廟行正面，261旅在左，61師2個團在右，對突入之敵形成三面夾擊，經激戰後日軍除一小部殘留在金家宅、大小麥家宅一帶，繼續負隅頑抗，主力倉皇敗退。日軍殘部直至晚8時30分，才被完全肅清。這一天的廟行戰

鬥，戰況之慘烈為一二八事變開戰以來所未見，僅88師就有正副旅長負傷，營長傷亡9人，連排長傷亡20餘人，士兵傷亡逾兩千。中外報紙一致認為這是淞滬抗戰中我軍最輝煌的戰績。26日，國民政府發電嘉勉：「自經22日廟行鎮一役，我國我軍聲譽在國際上頓增十倍。連日各國輿論莫不稱頌我軍精勇無敵，而倭寇軍譽則一落千丈也。望鼓勵官兵，奮鬥努力！」

從25日起，日軍改變戰術，集中第9師團主力猛攻87師麥家宅陣地一點，至26日8時，日軍經過100分鐘的砲火準備後，向麥家宅陣地發起總攻，此時87師防禦工事已全部被毀，守軍傷亡慘重，因此陣地于11時失守。第十九路軍立即調集61師和78師增援，以有力的反衝擊將剛攻入陣地的日軍逐退。

2月29日，日軍第二批援軍第11師團抵達上海，日軍兵力增加後即於3月1日在淞滬全線發起攻擊，特別是第11師團一部於晨6時在我軍戰線側後的瀏河七丫口登陸。儘管統帥部早就指示應對瀏河一線嚴加關注，並至少應部署3個團的部隊。但是連日激戰，前線各部傷亡均很慘重，在兵力部署上實在是捉襟見肘，因此在瀏河綿延數十里一線，此時兵力只有教導總隊的1個營和馮庸義勇軍的1個連！日軍登陸後，連陷浮橋、瀏河

■今日廟行。

鎮等地,並向茜涇要隘猛撲,守軍教導總隊的1個連拼死力戰,傷亡殆盡。張治中一面急調261旅2個團馳援,企圖乘日軍立足未穩時一鼓殲之,一面報告蔣光鼐總指揮派兵增援。

261旅接到馳援命令後立即以521團、522團於9時許從顧家宅汽車站出發向瀏河增援,但是只徵集到汽車11輛,每次只能運送1個營。宋希濂旅長只好率先頭部隊521團第1營乘汽車出發,於正午12時到達瀏河後,即令521團第1營唐德營長率部迅速向茜涇營前進,盡快佔領茜涇營,掩護後續部隊展開。第1營剛走到茜涇營南門附近,就遭到已佔領茜涇營日軍的射擊,雙方尖兵隨即發生遭遇,由於距離極近,前哨部隊之間展開的全是白刃肉搏。

直到下午3時許,521團團長劉安祺才率第2營到達瀏河。日軍飛機對瀏河車站進行狂轟濫炸,汽車和車站附近的民房全被炸毀,後續部隊不得不徒步前進,增援速度大受影響。而此時茜涇營附近的戰鬥愈演愈烈,日軍出動20餘架飛機低空飛行,對國軍陣地實施密集轟炸,一時間落彈如雨,而瀏河水域的日軍軍艦也以艦砲開火助戰。4時許,日軍主力向521團左翼迂迴,而右翼教導總隊的1個營已死傷殆盡。這樣在茜涇營苦戰的521團1營,就處於前、左、右三面受敵圍攻的局面,加上日軍海空火力轟擊,傷亡過半。但全營官兵奮勇應戰,甚至以殘破之師幾次衝入茜涇營鎮內,與日軍肉搏,終因日軍火力灼烈,兵力又是眾寡懸殊,未能得手。

下午6時,521團第3營才趕到。宋希濂旅長命令第1營堅守現有陣地,阻敵前進,第2、第3營迅速沿瀏河南岸佈防,等待522團到達後,再乘夜反擊。一直到深夜11時,

■1932年,一二八事變中,陷入戰火的閘北屍首遍地,成為一片廢墟。

■裝備精良的教導總隊在淞滬抗戰中也付出了巨大代價。

522團因路程過遠，又是徒步行軍還沒有到達。我軍僅以一營之眾，在茜涇營抵抗數倍之敵，自中午至深夜，使敵人未再進寸步！此戰中我軍將士視死如歸，前仆後繼，以兩營之兵使敵一個師團之眾止步於茜涇營，而不得越瀏河半步。教導總隊之1個營孤軍死戰，521團之倉卒應援，都抱必死的決心，以解全線被圍之危。同時，正面我軍各部均遭到優勢之敵全面壓迫，我軍官兵奮勇迎戰，傷亡甚大。下午3時，第78師陣地被日軍突破，第5軍右翼暴露，而預備隊早已用盡，戰線之空隙也無法補充，但是各部均竭力支援到天黑，才退守楊煥橋、水車頭、談家宅、孟家角一線。

鑒於瀏河一線局勢危急，又再無部隊增援，面對整個戰線側後的這一無法彌補的缺口，蔣光鼐總指揮不得已於當晚21時下令全線撤退。

就在部隊總撤退中，德式師也打出了威名：根據蔣光鼐總指揮的命令，第5軍以一部在胡家莊、楊家行佔領收容陣地，主力於本日午後11時向嘉定、太倉之線撤退，利用嘉定城、太倉城為據點，派出一部向羅店及瀏河方面警戒。

晚9時30分，張治中下達左翼軍變換陣地的命令，命令第88師由馬橋宅向嘉定城撤退，第87師259旅由唐橋向婁塘鎮撤退，261旅及教導總隊由瀏河向太倉撤退，獨立旅第1團向蓬閬鎮撤退，第2團則在錢門塘集結，第78師156旅也向嘉定集結。各部隊接令後，都按時分路撤退，陸續到達指定地點，第5軍軍部及直屬部隊也到達錢門塘鎮。

就在各部奉命向新陣地嘉定、太倉轉

進時，第87師259旅517團在葛隆鎮附近的婁塘、朱家橋一帶與日軍開展了一二八淞滬保衛戰最慘烈的戰鬥。

3月3日子夜1時許，517團由廟行行抵婁塘附近宿營，此地距離瀏河僅15華里，全團官兵已經多日苦戰，積疲未蘇，征衣猶濕。忽然千餘日軍，自瀏河猛撲而來，517團佈置在婁塘鎮、朱家橋、四竹橋的3個前哨連奮起抵抗。戰鬥打響後，日軍兵力越來越多，其火砲也開始向我軍陣地轟擊。這3個前哨連所擔負的警戒線達3000公尺之寬，且傷亡已超過三分之一，因此力量相當薄弱，三處前哨陣地均遭重圍，但各部均死戰不退，將來襲日軍抑留在婁塘附近。激戰一直持續到3日8時，日軍主力約4000人趕到，開始向517團陣地發起全線攻擊，並向我軍右翼迂迴。此時我軍正在加緊構築工事，匆促應戰，兼之兵力終寡懸殊，日軍竟突破前線陣地衝到朱家橋北岸517團團部門前，全團戰線岌岌可危，就在此萬分緊急關頭，第1營第3連奮勇衝殺，將突入陣地之日軍擊退。

10時許，第259旅旅長孫元良急赴517團團部指揮作戰，督令所部必須頑強抵抗。張治中聞訊後一面急令駐蓬閬鎮的獨立旅第1團迅速增援，一面令位於太倉的261旅前出掩護259旅左翼，並令嘉定的88師固守嘉定城，屏障259旅的右翼。

此時婁塘一線日軍已增至七八千人，攻勢一浪接一浪，而517團孤軍力戰，彈藥已將告罄，中午過後，各陣地相繼被日軍突破，日軍越婁塘鎮連占附近各村落，兵鋒直陷賀家村。在葛隆鎮指揮作戰的孫元良旅長，於15時，親筆書信一封，命人急送張治中軍長：517團現受日軍包圍，團長失蹤。職擬在葛隆鎮殉職。錢門塘將有危險，請軍長火速轉移。

張治中接報後，馬上打電話給孫元良，告訴他獨立旅第1團馬上就可到達，517團堅持到日落後即向葛隆鎮撤退，在河川岸線

■ 1932年5月在蘇州舉行的「淞滬陣亡將士追悼大會」。

■ 88師陳地。

■ 廟行戰場上的我軍傷員。

佔領陣地。16時，援軍獨立旅第1團終於到達葛隆，迅即佔領最後抵抗線。這時517團已到了最後時刻，朱家橋左翼也被日軍突破，張世希團長率所部官兵抱必死之心向蔣家村拼死衝擊，在日軍機槍火力下，我軍戰士前仆後繼，有進無退，殺聲震野，勢不可當。日軍竟然擋不住這一支部隊的決死衝擊，向後退去，婁塘鎮之危遂解。517團殘部一直殺到外岡與88師會合，後經昆山轉赴新陣地。

婁塘一役，日軍集中主力企圖突破嘉定、太倉中間地區，直下鐵路，截斷我軍退路。若不是517團奮勇死戰，一旦日軍趨葛隆，陷錢門，直下鐵路，第5軍和第十九路軍的退路就全斷了，那後果是不堪想像了。

此役，517團第1營營長朱耀章身中7彈，壯烈殉國，還有陣亡軍官包括2個連長、6個排長，士兵傷亡近千。

3月3日下午，就在517團血戰婁塘之時，第5軍又接到蔣光鼐總指揮電令，後撤到陸家橋、石牌、白茆新市一線。第5軍奉命撤退，第88師撤至常熟，87師261旅撤至白茆新市，259旅撤至石牌，軍部進駐東塘墅，獨立旅第2團及教導總隊撤至東塘墅。3月5日各部先後到達指定地點，整頓部隊，構築工事準備再戰。

5月5日，上海休戰協定簽字，一二八淞滬抗日戰役至此結束。5月7日國民政府命令第88師開駐武漢，第87師駐常熟，後調南京。

第5軍在淞滬抗戰中，軍官陣亡83人，傷242名，失蹤26人；士兵陣亡1533人，傷2897人，失蹤599人，合計陣亡1616人，傷3139人，失蹤625人，傷亡總數高達5380人！——德國軍事顧問為此痛心不已！

## 福建事變

1933年9月，剛組建還不到一個月的第36師即到江西撫州，作為北路軍的預備隊，參加對紅軍的第五次圍剿。11月11日，紅軍紅七軍團向滸灣進攻時，在八角亭附近遭到由金溪縣城、琅琚和滸灣出擊之國民黨軍的夾擊。紅軍紅三軍團馳援，36師也奉命增援，與紅三軍團在八角亭東南發生激戰，紅三軍團遭受重大傷亡後被迫撤出戰鬥。

剛剛結束與紅軍的作戰，1933年11月李濟深、蔡廷鍇在福建組織「人民政府」，發表反蔣宣言，並派人與紅軍接洽，談判停戰和合作，史稱福建事變。

蔣介石分析形勢後，決定立即從抽調嫡系部隊入閩，討伐福建「人民政府」和其武裝力量第十九路軍。

德式師的第87師和88師，由南京、杭州地區經浙贛鐵路開赴衢州，組成第四路軍，在張治中的統一指揮下，由閩北向南攻擊。而第36師則歸衛立煌指揮的第五路軍，在閩西的邵武、順昌一帶集結。

第36師穿越閩西北蘇區，在崇山峻嶺的羊腸小道中連續行軍20天，於1934年1月10日到達邵武，休整兩天後經洋口向延平進軍。

延平城位於閩江上游，是建溪、富屯溪、沙溪三江的會合點，江面水深流急，又多險灘暗礁。延平城東、南、北三方為三條河流環抱，西面則是高山峻嶺，西的九峰山

■36師師長宋希濂。

尤為險要。而且劉和鼎的第56師在此經營多年，在西面群山上修築有大量堅固工事，天險加上堅固工事使延平成為易守難攻之地。因此蔣介石只要求36師相機攻擊，以牽制敵軍兵力，待正面攻擊奏效後，再共同殲滅延平之敵。第36師師長宋希濂親率各旅團營長對九峰山的地形及敵軍陣地進行了詳細的偵察，發現在九峰山的第四、第五峰之間，樹木茂密，工事亦不堅固，便決定先以211團對第八、第九峰進行佯攻，而以全師老兵最多的第215團於夜間先隱蔽運動到九峰山麓，再利用樹林逐步接近第四、第五峰，發起突然攻擊。

1月20日第36師先集中砲火猛轟延平西北高地，第211團在飛機掩護下發起攻擊，攻下了敵軍陣地的幾個支撐點。午後，211團以2個營的兵力猛攻第八、九兩峰，守軍以為36師全力猛攻，便從右翼部隊抽調兵力增援。正當第八、九峰戰況正酣時，215團選擇敵軍防禦薄弱之處突然發起攻擊，僅遭微弱抵抗，不到10分鐘就佔領了第四、第五峰。這一戰果徹底動搖了守軍的決心，其在九峰山一線的有組織抵抗很快瓦解。九峰山一失，延平守軍自知屏障已失，難以固守，遂於次日向中央軍接洽投降。蔣介石知道36師的戰績後，親筆寫下嘉獎令，用飛機空投給36師，並於當晚通令全軍嘉獎。

36師在克復延平後即揮師向閩北重鎮古田前進，與張治中指揮的第四路軍會合，就這樣3個精銳德

■接受檢閱的德式師。

式師在福建前線會師。張治中見古田城防堅固，為避免傷亡派人入城勸降，守軍見援兵無望，中央軍兵力卻在不斷增加，而堅城延平失守對於守軍打擊甚重，於是同意投降，中央軍因此兵不血刃而下古田。幾乎同時，閩北另一重鎮水口也被中央軍攻佔，福州門戶洞開。而集結在閩南的中央軍也正向仙遊推進。福建人民政府和十九路軍陷入了中央軍四面包圍。其首腦人物李濟深、陳銘樞、蔣光鼐、黃琪翔、陳友仁等人，在大軍壓境的危急情況下倉皇由海路乘船逃往香港，僅由蔡廷鍇率十九路軍主力向泉州方面撤退。36師在追擊中曾與十九路軍後衛發生激戰，216團團長王作霖陣亡。第36師師長宋希濂通過審問俘虜知道對陣的是十九路軍第49師，其師長張炎在一二八淞滬保衛戰時是61師的副師長，曾與36師一起並肩作戰，交情頗深，便寫信勸降。張炎隨即回信，並附有致蔣介石南昌行營秘書長楊永泰的一份密碼電報，原來張與中央早有聯繫。

中央軍佔領福州後，蔣介石任命蔣鼎文為東路軍總司令，節制所有在福建的部隊，第87師擔任了福州及閩東地區的警備任務，而第88師返回南京。

而在泉州的十九路軍殘部已被團團包圍，蔡廷鍇見大勢已去，隻身離開部隊。中央軍每天派出飛機在泉州上空散發傳單，告之中央軍所在位置，說明十九路軍已完全陷於重圍之中，勸其派出代表接洽投降。同時中央軍派83師參謀處長符昭騫前往泉州勸降（符是廣東人，與十九路軍的一些中高級軍官熟識），在軍事和政治雙重壓力之下，再加上與中央早有聯繫的毛維壽、張炎等力主

和平解決，最後，十九路軍餘部接受了中央提出的條件，各軍照原番號縮編為師，所有師長團長均由中央另派人接任，原十九路軍的軍、師、團長由中央資遣出洋或依其志願送入陸軍大學或高級教育班學習。協定簽署後，十九路軍餘部開出泉州到仙遊、莆田一帶整編。因十九路軍中反蔣意識很強，蔣介石恐有不測，便密令嫡系部隊36師採取突然行動收繳十九路軍餘部武器。隨後，這些隊伍便被陸續送到河南等地整訓，營長以上的軍官全部換成了中央軍校出身的，這幾個師也就逐漸中央化。在一二八淞滬抗戰中英勇奮戰的十九路軍就此消亡。而曾與之並肩戰鬥在抗日第一線的德式師，竟然成為平定福建事變的急先鋒，雙方從昔日生死與共的袍澤變成干戈相向的對手，更是令人唏噓不已。

第36師在此期間還參與了一件重大歷史事件：槍決中共領袖瞿秋白。

## 十日圍攻

1937年七七事變後，上海的局勢已是山雨欲來黑雲壓城。這時，原先駐紮京滬地區的德式師部隊第5軍中第87師在常熟、蘇州，第88師在無錫、江陰，第36師則因西安事變已調往陝西，上海近郊周邊地區只有江蘇省保安團。因此7月13日，由何應欽主持的最高軍事會議上，決定增兵上海，將在蘇州的第2師補充旅（旅長鍾松）調往上海。鑒於《淞滬停戰協定》規定中國軍隊不能進入上海市區及周邊地區的限製，該旅隨後改稱獨立第20旅，其第1團改稱為憲兵第

13團開赴松江，第2團則化裝為保安團秘密進駐虹橋機場。又調江蘇保安第2團接替瀏河方面江防警戒，命保安第4團集結太倉。參加過一二八淞滬事變，1936年起就擔任京滬軍事指揮官的第5軍軍長張治中，早已對南京、上海地區抗戰部署和作戰計劃進行過初步研究，並草擬了《上海圍攻計劃》，也於同日被任命為京滬警備軍司令，全權負責指揮京滬地區抗戰軍事行動。

8月9日虹橋機場事件發生後，中日在上海已是劍拔弩張一觸即發。當晚，日本海軍第三艦隊司令長谷川清即命令日本本土的第八戰隊、第一水雷戰隊、第一航空隊、佐世保鎮守府第一特別陸戰隊、吳港鎮守府第二特別陸戰隊等部進入戒備狀態，隨時待命出發。次日上述部隊登船前往上海，並於8月11日晚到達上海，使日軍在上海的海軍陸戰隊總兵力達到5000人，在黃浦江上的軍艦達31艘，還有9艘軍艦停泊在吳淞口外海。

8月11日21時，軍事委員會委員長蔣介石命令張治中率第87師、第88師於當晚向預定攻擊出發陣地推進，準備對淞滬地區的日軍展開圍攻。根據這一命令，張治中立即向各部下達進軍上海的命令：

一、 第87師一部進至吳淞，主力進至市中心區；

二、 第88師進至北站與江灣之間；

三、 砲兵第10團第1營及砲兵第8團進至真如、大場；

四、 獨立第20旅在松江的一個團進至南翔；

五、 砲兵第3團第2營及第56師由南京、嘉興向上海兼程前進；

六、 第56師師長劉和鼎為江防指揮官，率領第56師及江蘇保安第2、第4團擔任東起寶山西至劉海沙的江防，主力控製於太倉附近。

各部接到命令後立即開始行動，87師在江陰、蘇州、常熟等地徵集300多輛汽車，連夜開赴上海。87師在新式中央軍整建計劃中，曾作為機動作戰摩托化運輸的戰術試驗

■ 1937年8月，中日在上海已是劍拔弩張一觸即發，圖為日軍部隊調防。

■ 德式師以機械化行軍開赴上海。

單位，多次進行過運用摩托化車輛實施遠距離機動的訓練，所以此次進軍上海，87師能夠迅速利用就地徵集的車輛實施運輸，組織有序行動迅捷，這也是中國軍事史上首次進行的師級單位摩托化運輸，88師則在無錫、蘇州地區登上緊急徵用的火車，直接開往上海。

8月12日，87師進入上海吳淞、江灣一帶，88師到達真如、大場，裝備德製150公釐重砲的砲兵第10團第1營在大場佈設陣地，張治中的指揮部也從蘇州到達南翔。至此，京滬警備軍所屬部隊已全部進入預定攻擊出發陣地（上海市民見到這支部隊的精良裝備，即使是不諳軍事的普通百姓都知道這肯定不是保安部隊而是正規軍，意味著中國已經徹底拋棄了當年的淞滬停戰協定，已經準備一戰了！不少團體、單位與個人紛紛前往勞軍，極大激勵了官兵士氣）。

同日，京滬警備司令部撤消，所屬部隊改稱第9集團軍，下轄第87師、第88師、第56師、獨立第20旅、上海保安總團、砲兵第3、第8、第10團，仍由張治中任司令。張治中報告蔣介石，各部已展開完畢，準備於次日先發制敵開始攻擊。蔣介石卻由於駐滬各國領事團提出的24小時內不要發生戰端的要求，指示張治中暫時取消13日攻擊計劃。張治中對此深為惋惜，在其回憶錄中認為這是錯過了一舉擊潰日軍在滬主力的良機。——但筆者以為如果真如張治中的計劃於13日拂曉開始進攻，未必能收到出敵不意的效果。因為12日19時，駐滬日軍陸戰隊司令大川內傳七已下令部隊全部進入陣地並進行戰鬥準備。

■87師迅速利用就地徵集的車輛開赴上海，這也是中國軍事史上首次進行的師級單位摩托化運輸。

■1937年8月13日，蔣介石親臨淞滬戰場前線督戰。

8月13日9時15分，天通庵車站附近的中日兩軍已經在對峙的前線開始了小規模的直接衝突，88師262旅523團第1營在八字橋打響了第一槍，八一三淞滬事變由此爆發了！整個13日，雙方交火頻發，但都只是小部隊之間的零星對射，充其量只是前哨戰，真正的戰鬥還未開始。當晚，國民政府下令第9集團軍于次日開始向虹口及楊樹浦之日軍開始全面攻擊。

8月14日，激奮人心的總攻終於開始了，上午中國空軍大舉出動支援，但是當時國軍尚缺乏空地協同作戰的經驗，地面部隊攻擊準備尚未就緒，未能利用空軍轟炸的有利時機發起攻擊。15時，張治中下達總攻命令，18時砲兵開始火力準備，隨後第88師對虹口日本海軍陸戰隊司令部發起主攻，第87師則攻擊滬江大學作為策應。激戰在八字橋、持志大學、愛國女校沿線展開，戰況殊為慘烈，88師264旅旅長黃梅興在持志大學前沿被日軍砲彈擊中腹部當場陣亡，全旅傷亡近千，但是進展甚微。日軍傷亡也相當慘重，僅在88師正面的第1、第3大隊就陣亡中隊長貴志金吾大尉以下106人，傷337人。當晚張治中下令暫停攻擊。

15和16日，我軍為準備第二次總攻，暫時停止了全線進攻。只有87師為取得總攻的出發陣地而于16日凌晨1時向油漆公司、愛國女校等地日軍發起攻擊，多處突破日軍防線，日軍調來坦克以及預備隊，才阻止了87師的凌厲攻勢。但87師還是攻佔了五州公墓、愛國女校等地。

德國顧問根據幾天來的戰鬥，認為我軍傷亡大戰果小的原因是攻擊敵軍最堅強的

■8月13日88師262旅523團第1營在八字橋打響了第一槍。

據點，以硬對硬，所以難以取得進展。因此必須改變戰術，從敵人脆弱之處突破，割裂敵軍戰線之後再予以各個擊破。遵循這一原則，88師指揮參謀人員和德國顧問一起研究制訂了「鐵拳計劃」，挑選較有作戰經驗的精銳官兵組成突擊隊，配屬各種近戰武器，並有強大砲火掩護，力爭一舉突破日軍防線，然後不顧一切持續深入突進，其目的不在於奪取敵據點和殺傷敵人，而是以持續不斷的推進來破壞敵軍陣地的穩定，造成不利於日軍的態勢，為主力部隊大量殲敵創造條件。——這一戰術思想正是日後德國在二戰中大顯神威的「閃擊戰」的精髓！因此後來日軍將淞滬會戰稱為「德國式的戰爭」。

8月17日清晨5時30分第二次總攻全面展開，88師的攻擊目標，是日租界虯江路一線，88師先對目標區進行猛烈的砲擊，接著步兵以機關砲和輕重機槍繼續對突破點進行密集射擊，虯江路沿線頓時成為一片火海，幾乎所有建築物均遭摧毀，突擊隊隨即在火力掩護下，開始突擊。同時師主力部隊則對虹口日本海軍司令部周邊展開攻擊，以策應突擊隊的攻擊。87師則是猛攻日軍海軍俱樂部和海軍操場，87師由於61師到達吳淞接替該師261旅的防務，使其能抽調生力軍261旅521團作為突擊的骨幹力量，521團以2個輕裝步兵營、1個37公釐戰防砲連、1個工兵爆破隊和通信班組成突擊隊（從突擊隊編成看，還是具有了多兵種合成的意味，而且是整個淞滬會戰中惟一的一次使用工兵爆破隊）。87師師部還特別要求突擊隊將攻擊到達的街道門牌號碼拆下，以為憑據。由於採取了新戰術，我軍攻勢凌厲，進展十分順

■ 中國空軍大舉出動支援地面部隊。

■ 8月14日中國軍隊開始總攻。

利，連續消滅日軍十餘個地堡，壓迫殘敵集中在較大之據點，當日87師進展最遠的一支隊伍，已打到了黃浦江邊！

在88師對日本墳山、八字橋、法學院、虹口公園等地進攻中，雙方反復爭奪，傷亡甚重，僅在法學院一處，我軍就付出犧牲一營之多的巨大代價。87師259旅第7、第8連接連攻佔日軍海軍俱樂部、日海軍操場，但對滬江大學、公大紗廠、引翔港鎮的攻擊，苦戰終日也未得手。我軍砲兵射擊，命中率頗高，但因沒有燃燒彈，無法徹底摧毀堅固目標。日軍用堅固障礙物阻塞每一通道，並用裝甲車作為活動碉堡，防禦部署幾乎無懈可擊，導致突貫攻擊最後還是不得不演變成

對各點目標施行強攻，原先的意圖沒能得到徹底貫徹，因此雖然獲得了不小戰果，但還是失敗了。這一仗極其慘烈，雙方死傷至為慘重，虹口地區終日槍砲聲不絕，濃煙蔽日！

18日，中國政府接受英美法三國提出的上海作為中立區，中日雙方軍隊撤出上海的建議，因此蔣介石命令張治中暫停攻擊。但是日本拒絕了該建議，於是蔣介石於下午又下令恢復攻擊。

同日，36師已從西安星夜趕來，到達上海北郊的吳家宅地區。日軍也在調兵遣將，從旅順和日本本土緊急調來2400名海軍陸戰隊，使其在上海的總兵力增至7000人。

19日，87師261旅522團因61師接替原防，得以全團抽身而出投入對市區的攻擊，該團作為87師的先鋒，由北向南攻擊日軍楊樹浦陣地，一舉突入日軍楊樹浦防線，激戰至下午17時許攻佔唐山路、公平路交叉路口，前鋒已攻入岳州路，並繼續向百老匯路挺進。36師集中兩個團從楊樹浦北側南下，從522團攻佔的地區出發

■8月14日殉國的88師264旅旅長黃梅興。

向保定路推進。日軍當晚以戰車支援步兵對87師和36師進行多次反擊,均被擊退。

20日凌晨1時,36師106旅繼續向南攻擊,於天明時分進至沙涇港、岳州路、昆明路一線,其左翼已與87師打通聯繫。張治中親臨江灣87師師部指揮作戰,決心利用87師和36師突入楊樹浦租界進至岳州路的有利態勢,以主力向匯山碼頭突擊,實現中央突破,切斷日軍左右兩翼的聯繫,然後向兩翼卷擊。為此將剛從南京起來的裝甲團戰車營的戰車第1、第2連的6輛英製維克斯6噸輕型戰車配屬生力軍36師,以裝備德製37公釐戰防砲的教導營配屬給87師,進一步加強其突擊力。

■中國軍隊的陣地。

■87師組織突擊隊向日軍司令部猛攻。

■我軍攻擊的最重要目標虹口日軍海軍防戰隊司令部內景。

下午,張治中下令87師協同36師向當面之敵猛攻,力求直突匯山碼頭。同時令88師佯攻虹口,98師警戒沙涇港以西。

36師師長宋希濂在新港開設師部,親自指揮211團攻擊沙涇港西岸之敵,215團和216團在戰車第1連的配合下沿鄧脫路和兆豐路向南猛攻,212團則沿舟山路攻擊前進,掩護主攻方向側翼。當夜24時36師開始主攻,作為前導的戰車第1連奮勇衝殺,連破日軍數道防線,但是步兵被日軍密集火力所阻,未能及時跟進,結果戰車因失去步兵支援被日軍擊毀!後續步兵雖然失去戰車支援但依舊毫無躊躇猛攻不止。日軍盤踞在道路兩側的高樓上,居高臨下組成交叉密集火網,並以戰車、裝甲車掩護步兵分隊實施反撲。212團在舟山路華德路口遭到密集火

力攔截，傷亡慘重，106旅長陳瑞河也在戰鬥中身負重傷。215團的攻擊也同樣難以前進，第2營營長李增陣亡。部隊見正面攻擊無法奏效，便迂回側後的小巷，準備從高樓後面攀窗而上，結果日軍戰車突然殺出，以砲火封鎖了巷口，再以燃燒彈猛轟，300多官兵葬身火海！216團前赴後繼衝過百老匯路，一直攻到匯山碼頭大門前，但是沒有隨伴砲火摧毀堅固的碼頭大鐵門，而四周日軍彈如雨下，稍有遲誤便有大量傷亡，團長胡家驥身先士卒攀爬鐵門，官兵相繼跟進，但是攻入碼頭的部隊立即遭到日軍猛烈側射火力壓制，死傷枕籍，胡家驥左右隨從死傷殆盡，胡家驥也身中五彈！眼見無法鞏固戰果，死傷又重（216團傷亡高達570人），216團只好退回引翔港，日軍乘勢反擊，宋希濂緊急投入師預備隊工兵營才穩定住戰線。

■ 德式師裝備的德制37毫米戰防砲。

■ 日軍在楊樹浦地區的防禦工事。

　　21日就在第36師發動猛攻後，87師也開始攻擊，戰至午後先後攻佔了精版印刷廠和康泰麵粉廠，但是對日軍在滬東最重要的據點公大紗廠卻屢攻不下。

　　同日，另一支德式部隊中央軍校教導總隊也從南京抵達上海江灣地區。

　　22日，雙方依舊激戰不止，但戰線呈現膠著狀態。23日3時，36師經過短暫調整

■ 日軍在裝甲的掩護下向我軍進攻。

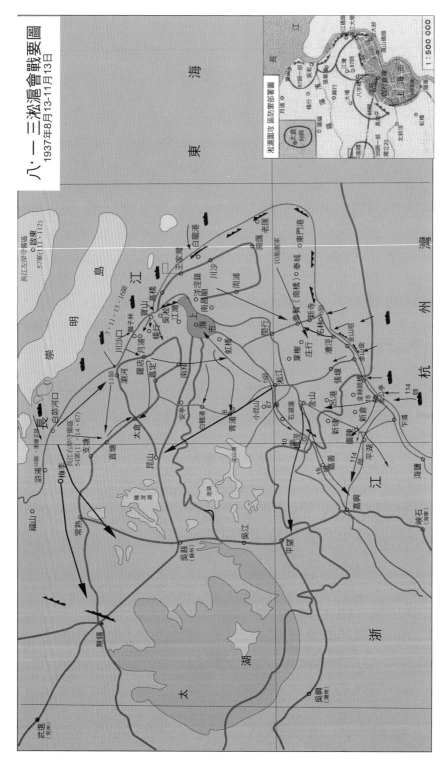

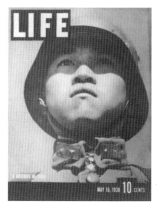

■美國生活週刊封面上的德式師年青戰士。

以3輛戰車和3個步兵營再次向匯山碼頭發起攻擊，此次步坦協同比昨日大有進步，戰車接連摧毀日軍多處陣地，步兵以血肉之軀吸引縱深日軍重機槍火力，掩護戰車突入敵陣將其摧毀。戰至5時，再次衝入匯山碼頭，並肅清碼頭日軍。但日軍停泊在黃浦江上的軍艦立即以艦砲猛轟，接著百老匯路兩端日軍在飛機支援下從兩面反撲，國軍戰車全部被毀，衝入碼頭的官兵死傷累累，一營之眾僅數十人生還！被迫退回唐山路，此次突擊功敗垂成！

但是幾天來，我軍各部的猛攻，已切斷日軍兩翼，壓迫其主力收縮至陸戰隊司令部和公大紗廠等幾個孤立據點。楊樹浦日軍面對我軍勇猛突擊，驚恐之下竟縱火為障，百老匯路、公平路等地的大火整整燒了三天三夜！更有三批共約四五百日軍慌不擇路逃至外白渡橋，向守衛租界的英軍投降！繳械後被關押在外灘公園。

8月23日，日軍後續部隊第3師團在川沙登陸，直接威脅到中國軍隊的側後安全。因此八一三淞滬會戰期間進攻日租界的戰鬥就此告一段落，從此後日軍從守勢轉為攻勢，戰役態勢也隨之逆轉。進攻日租界的戰鬥，中國軍隊投入以德式師為代表的精銳主力，鏖戰整整十日，史稱十日圍攻。付出了巨大代價，最後卻功敗垂成，其中原因，除了日軍擁有絕對優勢的海空火力支援外，我軍在作戰初期未能集中優勢兵力（前五日實際只有第87師和第88師2個師），也是重要因素。可以設想，要是在8月14日就一舉投入4個師，結局必然大不一樣。此外，德式師在戰鬥中所採取的閃擊戰術，比較適用於寬正面大縱深的野戰戰場，而不是高大堅固建築物林立的狹窄市區。而且德式師在攻擊堅固建築為依託的市區時，火力薄弱的致命缺陷暴露無遺（雖有裝備150公釐的重榴彈

■繁華的大上海陷入一片戰火。

■ 閘北三義巷廢墟中與德式師作戰的日軍。

■ 全部德式裝備的中國士兵。

■ 中國不屈抗戰的精神象徵四行倉庫。

■ 抗戰名將時任稅警總團第4團團長的孫立人。

砲,但是因為市區裏缺乏有利的放列陣地只能部署在市郊的大場,因距離較遠命中精度太差,又沒有使用燃燒彈,效果可想而知!),更令人不解的是,德式師居然沒有想到使用爆破戰術(國共戰爭期間,解放軍攻克堅固設防的城市主要就是依靠爆破戰術!),實在令人難以相信!

淞滬會戰是中國軍事史上在近代勵精圖治,進行現代化建設以迎頭趕上世界潮流的過程中,運用現代化程度最高的德式師精銳部隊所進行的第一次三軍立體協同作戰,德式師在戰役中所展現給世人的風采,令戰場上的對手日軍也讚歎不已,在日軍戰史上甚至將淞滬會戰稱為「德國式的戰爭」。

十日市區圍攻也是中國軍隊德式師戰史上最為壯懷激烈的篇章,然而其最後功虧一簣的結局實在令人扼腕長歎!

■ 德式師所裝備的Sdkfz。

## 淞滬苦戰

8月23日後的淞滬第二階段作戰中，36師、87師、88師雖屢經苦戰，傷亡慘重，但是依然堅持戰鬥在第一線，除以主力繼續攻擊市區的日軍，還不時抽調部隊對週邊日軍進行反擊，以鞏固防線。

8月24日和25日夜，張治中從第36師和第87師各抽調2個團組成突擊集團由第36師師長宋希濂統一指揮，向泗塘河一線日軍出擊。該2師在市區的4個團則退至租界交界地區固守。出擊部隊利用夜間連續組織攻擊，以血肉之軀與日軍艦砲與飛機的猛烈轟擊相搏，傷亡甚重卻無法殲滅當面之敵，與敵在泗塘河一線形成對峙（教導總隊中非德式裝備的第2團於23日下午趕到泗塘河，但是在馳援途中就遭日軍猛烈砲火攔截，還沒參戰就已蒙受了很大損失，實力大損，因此只打了一天全團傷亡就已過半，難以再戰而退出戰場休整）。

8月27日，在市區的國軍部隊調整部署，第88師和獨立第20旅一部為右翼退守閘北，第36師和獨立第20旅另一部居中，退守引翔港與滬江大學以北，第87師和新到達的第61師為左翼，堅守吳淞。

9月6日，日軍為保證其在公大紗廠所建立的臨時機場安全，以戰車1個小隊、砲兵

■日軍進入復旦大學。

1個中隊、步兵1個大隊的兵力猛攻公大紗廠以北36師陣地，36師頑強抗擊，擊斃日軍大隊長飯田七郎。

9月11日，月浦、楊行相繼失守，德式師所堅守的江灣、廟行一線成為整個戰線的突出部，態勢極為不利，因此命令第9集團軍主力撤至蘊藻濱、廟行、江灣、北站一線。

9月21日，張治中調任大本營管理部部長，第9集團軍司令由朱紹良擔任，87師師長王敬久升任71軍軍長、88師師長孫元良升任72軍軍長，36師師長宋希濂升任78軍軍長，但是這3個軍部隊均無增加，都只編有1個師。

9月26日又一支德式部隊稅警總團投入淞滬戰場。該團甫到戰地便接替第87師在蘊藻濱以南陳家行地區防務。10月2日日軍第9師團、第3師團開始強渡蘊藻濱，激戰兩日之後，日軍從側翼突過蘊藻濱，稅警總團陣地陷入三面受敵的險況，但仍抱必死之決心奮戰不止。嚴家橋、曹家宅兩地守軍死傷殆盡後陣地始為日軍所佔，稅警總團立即在友軍配合下進行強力反衝擊，乘日軍立足未穩重又奪回兩地。日軍旋以砲火猛轟，繼而投入步兵，稅警總團與敵苦戰不已，多次展開慘烈的白刃肉搏，嚴家橋的守軍第二次全部犧牲後陣地才告易手。10月15日稅警總團終因傷亡太重而被調至後方休整。

10月24日至25日，第87師堅守的馮宅、廟行、李家樓一線，正是日軍主攻焦點所在，87師官兵浴血苦戰，頂住了日軍連續猛攻。26日黃昏，戰線重要支撐點大場失守，致使廟行的87師、閘北的88師和江灣的36師側後暴露，不得不向蘇州河以南撤退。

德式師退到蘇州河以南時，因連日激戰的巨大損耗，其戰鬥力已降至最低點，時任砲兵總指揮的鄒作華少將就曾回憶到：「在江灣、閘北方面的部隊經過三個月的浴血苦戰，元氣大損，36師、87師和88師都是筋疲力盡，差不多沒有戰鬥力量了。」但是，德式師各部士氣依舊高昂，當大場失守的消息傳來，閘北的88師官兵無不悲憤敵愾，一接到死守閘北的命令，全師上下均為得到迎

## 稅警總團

在國軍德式部隊中還有一支比較鮮為人知而又特殊的部隊，那就是不屬於軍隊系統而屬於財政部的稅警總團。1932年組建共有6個團的編制，總兵力約2.5萬人，也是德式裝備（和德式師一樣，步槍主要是德制1924年式標準型毛瑟系列槍，輕機槍多是從進口的捷克ZB26，重機槍則多為馬克沁二四式水冷式重機槍，手槍自然是名聞遐邇的7.63毫米毛瑟M1932，甚至還配備有「卡登．羅伊德」超輕型坦克，所需資金均由財政部支出）。淞滬會戰中，稅警總團參加了蘊藻濱、蘇州河以南防禦等戰鬥，幾乎傷亡殆盡而遭裁撤，餘部被編為第40師隸屬於第三戰區。

原稅警總團第4團團長孫立人從香港治傷回國後，以稅警總團在淞滬會戰中的5000傷癒傷員為基礎組建財政部緝私總隊，孫立人任隊長，齊學啟任參謀長。1939年緝私總隊恢復稅警總團番號，並在貴州都勻和四川五通橋等地重新進行整訓，這一稅警總團的名聲要遠比老稅警總團響亮得多，人們印象中的稅警總團就是指這支部隊。總團長孫立人，副總團長齊學賢，參謀長何鈞衡，下轄5個團及5個獨立營以及直屬特務團、學兵團等單位。

1941年，稅警總團第2、第3、第4團和直屬隊改編為陸軍新編第38師（第1、第5團則被軍統兼併，擔負各地要害機關和部門的守衛部隊），孫立人任師長，齊學啟任副師長兼政治部主任隸屬於第66軍建制。新38師成立後參加軍政部校閱，其綜合戰鬥力名列第一，立刻丙種師提升為加強師，編入緬甸遠征軍。在印緬作戰中最負盛譽的仁安羌解救被圍英軍就是新38師。後遠征軍失利後新38師撤入印度，接受美械裝備與訓練，並與新22師合編為新編第1軍，也就是國民黨軍著名的五大王牌主力之一。抗戰勝利後又脫離新1軍建制成為新編第7軍的骨幹，最後在1948年10月長春投誠。

■ 德式師的防禦陣地。

擊日軍效命疆場的機會而歡聲雷動！

　　我軍沿蘇州河以南倉促建立防線，36師、87師、88師和稅警總團等德式部隊均在其列。

　　為掩護全軍後撤，88師仍堅守閘北市區陣地，死守不退，給予日軍重大殺傷，被日軍稱作「可恨之師」！目睹閘北之戰的英國駐上海部隊司令斯摩蘭準將感歎到：「從來沒有看見過比中國軍隊最後保衛閘北更壯烈的事了！」——88師自8月13日開戰以來，一直就在閘北作戰，最初是十日圍攻，隨著日軍在寶山登陸後戰役重心北移，88師對當面日軍採取守勢，形成對峙，直至10月27日撤離，足足堅守了兩個半月，未失寸土。

　　我軍全線後撤時蔣介石曾打算讓88師留守蘇州河北岸，徵求88師師長孫元良意見時，孫認為孤軍死守毫無價值，最後只決定派1個團留守，實際上孫只命令524團團副謝晉元率該團第1營450餘人，號稱八百壯士，孤軍死守蘇州河北的四行倉庫，從10月27日至31日夜血戰四晝夜，抗擊日軍數十次攻擊，斃敵兩百餘，最後奉命殺出重圍退入公共租界，這一壯舉更是大振軍威國威，寫下淞滬會戰中最為激動人心的篇章！

　　10月30日，日軍向蘇州河以南發動攻勢，以稅警總團所在的周家橋地區戰鬥最為激烈，稅警總團接連擊退日軍七次強渡。但日軍最終還是在猛烈砲火的彈幕射擊掩護下渡過蘇州河，稅警總團總團長黃傑親赴第一線指揮，雙方在劉家宅反復爭奪，陣地幾度易手，每樓每屋都是經過激戰。周家橋地區也成為整個淞滬會戰中日軍死傷最重的戰場之一，最終劉家宅和周家橋兩村因守軍死傷

■ 捷克ZB 26輕機槍。

慘重而失守，時任第4團團長的孫立人也身負重傷，身上共中13塊彈片！次日36師趕來增援，與稅警總團聯手反擊，鏖戰終日，仍未能奪回劉家宅。

11月3日，日軍繼續猛攻稅警總團陣地，第5團團長丘之紀陣亡，全團官兵死傷過半。第4團隨即投入戰鬥，以凌厲的反突擊攻入劉家宅，但只奪回了南側一半的民宅，日軍據北側民宅頑抗，雙方在村內逐屋逐室爭奪，戰況極其慘烈。戰至18時，稅警總團終因傷亡太大而由36師接替周家橋一帶的防務。

11月5日，日軍第10軍（下轄第6、第18、第114師團及由第5師團第9旅團編成的國崎支隊）在杭州灣登陸，淞滬地區的我軍有陷入包圍的危險，第三戰區隨即按照蔣介石的指示下令總撤退。由於命令傳達手段落後，撤退命令到達部隊時已經錯過了最佳時機，各級指揮部已很難掌握部隊，撤退命令所規定的逐次掩護根本無法得到落實，形成了各自潰退的混亂局面。

德式師主力憑藉平素嚴格的訓練和嚴明的軍紀，儘管部隊已經進行四五次補充，原先訓練有素的中下級軍官和士兵幾乎損失大半，所餘不及十之二三，但是其部隊的軍魂依舊，在此大混亂的局面下沒有潰散，36師和88師於11月15日建制基本完整地撤至南京，87師於12月上旬從鎮江撤回南京。

## 保衛南京

由於從淞滬戰場撤退時，組織混亂，原先依託吳福線、澄錫線等預設國防工事進行

逐次防禦的計劃全部落空，加之各部隊在淞滬會戰中損失慘重，撤退中又建制零落，戰鬥力大不如前，因此國民政府最初計劃只使用不超過13個團的兵力在南京地區作象徵性抵抗，主力繼續後撤以保存有生力量。但是訓練總監唐生智卻力主死守，最後國民政府統帥部決定固守南京一至兩個月，以唐生智為首都衛戍司令長官，指揮南京防禦。

11月20日，唐生智頒佈戒嚴令，南京保衛戰拉開序幕。此時保衛南京的部隊骨幹只有36師、88師和教導總隊，而且各部都是剛從淞滬戰場撤下，未及補充整頓，兵力嚴重不足，只得放棄堅守南京東南既設國防陣地的打算，在複廓陣地展開防禦，因此防禦縱深相當狹小。具體部署為：88師守備雨花臺及南京城南，36師守備江山、幕府山及南京城北，教導總隊守備紫金山及南京城東，憲兵部隊守備清涼山。

12月初，國民政府從第三戰區和第七戰區先後調集11個師，加強南京防禦力量。此時，南京衛戍區的總兵力才勉強達到15個師，約10萬人。其中德式師的精銳——第36師、第87師、第88師和教導總隊都在其列，但是這些部隊經過淞滬會戰的損耗，有的進行過四五次兵員補充，接受過德式訓練的精兵所剩無幾，平均只占部隊員額的20%至30%，總體戰鬥力與開戰之初已不可同日而語，最多只及開戰時的四五成而已。蔣介石還寄希望德國能從中斡旋，特意改變將惟一的裝甲部隊——裝甲兵團撤往湖南的計劃，將裝備17輛德製pzkpfw1-a型輕型戰車（即I式a型）的戰車第3連留在南京。

12月3日，日軍開始全線向南京推進，

■正在進行對空觀察的德式師。

南京保衛戰正式開始，戰至6日已陸續突破我軍各部的警戒陣地，逼近南京週邊。

6日下午，日軍第16師團先頭部隊已突入南京近郊的湯山鎮，衛戍司令部即令36師抽出1個團前去阻截。

7日，日軍在猛烈砲火掩護下向南京週邊第一線主陣地開始攻擊。剛從鎮江撤至南京的88師被迅即調往74軍與66軍結合部高橋門地區，36師以預備第2團配屬戰車連協同第66軍、第41師向突入湯山鎮的日軍進行反擊，但是日軍後續部隊已經到達，並搶先向66軍、41師陣地猛攻，因此反擊企圖無法達成，預備第2團只得在東流以西搶佔有利地形轉入防禦。

8日，局勢更為緊張，日軍先後攻佔湯山鎮、淳化鎮、靖江、鎮江、宣城等週邊要

點。我軍只得收縮兵力退守複廓陣地。由於撤退倉促，日軍又銜尾緊追，一些複廓陣地尚未穩固即被日軍突破。

9日上午，突入光華門的日軍第9師團開始攻擊87師260旅在工兵學校的陣地，最終憑藉灼烈火力支援於10時攻佔工兵學校，進而日軍戰車部隊開始以戰車砲火力直接轟擊城垣，甚至還有小股日軍先頭部隊已突入城垣。衛戍司令部一面調預備隊憲兵第2團增援，一面嚴令87師組織反擊。87師副師長陳頤鼎指揮261旅和269旅各一部從通濟門、天堂村向日軍側後反擊，經過反復激戰，終將光華門一線日軍擊退，重新奪回工兵學校，但仍有少數日軍潛伏在光華門城門洞內。

10日戰況更為激烈，特別是在南京城東南，日軍已掃清複廓陣地直扼城垣。衛戍司令部急調156師馳援，87師在得到援軍後終於頂住日軍猛攻。入夜後，156師選派精幹人員墜城垣而下，以白刃近戰將潛伏在光華門城門洞內日軍殘部肅清。

而雨花臺地區的88師正當日軍進攻鋒芒，遭到日軍2個師團主力和戰車、飛機的協同猛攻，第一線工事全部毀於砲火，守軍死傷甚重，被迫退守二線陣地。

11日，日軍第16師團猛攻紫金山地區，教導總隊拼死堅守，血戰終日未失寸土！日軍見正面強攻不成，乃調第13師團山田支隊從其右翼加入戰鬥，迂迴攻擊紫金山。

雨花臺一帶激戰猶酣，二線陣地工事也

被日軍砲火摧毀，守軍且戰且退，據守核心陣地繼續戰鬥。日軍第114師團直逼中華門，城垣及城樓均被日軍砲火摧毀，少數日軍乘勢沖入城內，88師立即抽調部隊迎擊，幾經苦戰終將其逐出。

日軍第10軍直屬的國崎支隊在攻佔當塗後於11日渡過長江，沿江西進直撲浦口。見日軍已突破長江，南京局勢日趨危急，為避免守軍盡沒，保存有生力量，蔣介石令顧祝同轉告唐生智當晚撤退，但唐生智考慮此前自己力主堅守，現在又要突然撤退，怕背上罪名，要求最高統帥直接下達書面命令後方才撤退，當晚蔣介石電令唐生智可相機撤退，唐生智這才開始製訂撤退計劃。

12日，日軍攻勢更盛，雨花臺核心陣地於10時許失守，守軍88師264旅殘部因後路中華門已被堵死，無法退入城內，只得在敵火力下沿護城河北進，結果死傷累累，殘部於17時到達下關江邊，乘坐88師控制的木船北渡長江撤至浦口。

日軍攻佔雨花臺後，佔據中華門外的制高點，對中華門一帶城垣威脅極大，88師262旅冒著彈雨死據城垣，力戰不退。88師師長孫元良竟在此危急關頭率師部直屬隊擅自撤向下關，企圖步264旅殘部後塵渡江，在挹江門被36師師長宋希濂所阻，乃重回中華門。中午時分，日軍集中砲火猛轟中華門城垣，中華門西側城垣轟然而倒，日軍隨即蜂擁而入，88師抵敵不住，

開始退入城內，中華門附近居民也為逃避戰火向城內奔逃，難民、潰軍擁擠道路，市內秩序由此大亂！

36師於14時接到衛戍司令部命令，在挹江門至下關一帶戒嚴，嚴禁各部擅自渡江。而此時，日軍第6師團已攻入中華門，第3師團等部也逼近中山門，守軍在日軍壓迫紛紛後撤至烏龍山、紫金山一線，74軍還曾準備在三汊河架設浮橋準備渡江，但被36師所阻。此時南京守軍軍心已經開始動搖。

蔣介石雖在11日晚電令唐生智可相機撤退，但出於政治考慮還希望能多堅守一段時間，因此於12日又致電唐生智「如南京能

■對空射擊的德式師高砲部隊。

■在重機槍掩護下衝鋒的德式師。

多守一日，則民眾多加一份光榮；如能再守半月以上，則內外形勢必一大變。」但是此令發出時，唐生智的撤退命令已經下達，朝令夕改只能增加指揮系統的混亂。

　　17時，唐生智召開師以上將領會議，部署撤退行動，下發撤退命令及計劃。其計劃基本設想是各部均從正面突圍，只有少部隨衛戍司令部從下關渡江。但是書面命令下達後，唐生智又以口頭形式命令第87師、第88師、第74軍和教導總隊如不能全部突圍，可用輪渡過江，向滁州集結。唐生智這一口頭命令本意是為了能更多地保存戰鬥力最強的中央軍嫡系精銳部隊，也是為了給蔣介石一個交代。但是這樣一來卻使本來就已混亂的撤退更為混亂，上述各部自然不會向正面突圍而選擇從相對比較安全的下關渡江，而其友鄰則不明就理，也跟著撤退。還有一些部隊根本不按照規定時間開始撤退，有的會議剛一結束便開始撤退，有的甚至還未接到

命令就已經自行開始撤退。在此之中，一些高級將領只是向所屬部隊打電話通知撤退，便不顧部隊自己先行渡江，其中不乏德式師的指揮官，如原87師師長現任71軍軍長王敬久、87師現任師長沈發藻會議結束後就沒有回指揮部直接奔下關，教導總隊隊長桂永清回到指揮部將撤退事宜告之參謀長邱清泉後就脫離部隊先行趕往下關，而教導總隊第2旅旅長胡啟儒不等會議結束就以先去下關與36師聯繫為由只用電話通知第3團團長代行旅長職責，自己先去了下關。

　　在撤退命令下達前，已有不少潰兵擁至挹江門，而駐守該地的36師因沒接到撤退命令，仍執行原先戒嚴的命令，嚴阻潰兵渡江，甚至多次開槍示警，更是加劇了撤退的混亂程度。撤退命令一下，失去指揮的部隊紛紛沿尚還安全的中山路向下關撤退，挹江門左右兩個城門洞已被堵死，只有中間一門可以通行，大隊人馬蜂擁爭過，不少人被踐

■佔領南京的日軍舉行入城式，第一個騎馬的正是臭名昭著的岡村寧次。

■南京保衛戰後重新整頓的德式師。

踏而亡,其中甚至有在光華門指揮部隊勇拒日軍的教導總隊第1旅第2團團長謝承瑞!下關碼頭的局面更是混亂不堪,各部隊爭相搶奪船隻,不少船隻因超載而下沈,更有一些人見無船可渡,便利用門板等漂浮器材自製簡易泅渡工具渡江,結果多葬身江心。

衛戍司令長官唐生智率司令部人員於12日晚從下關乘坐小火輪渡過長江,36師利用駐守挹江門控制小火輪的便利,在司令部過江後也乘坐小火輪渡江,因此損失不大。

87師、88師和教導總隊則沒有36師那為幸運,大部沒能渡過長江(留在城裏的多成為南京大屠殺的冤魂),只有少數官兵歷經輾轉渡江歸隊。

裝備德制輕型戰車的戰車第3連除3輛在戰鬥中損毀,其餘全部在撤退中丟棄損失。

## 最後終結

教導總隊從南京撤退之後,在武漢收容零散官兵,補充新兵,以儲存在後方倉庫的武器進行重新武裝。1938年1月,軍政部將在淞滬會戰中損失慘重的湘軍系統第46師進

行重新整編,將該師部分官兵並入第11師與第61師,以師部及所剩下的官兵與教導總隊的殘部合編成新的第46師。至此,「中央軍校教導總隊」番號不復存在。

合編之後的新第46師師長為原教導總隊總隊長桂永清,副師長李良榮(原航校特務團團長)和周振強(原教導總隊副總隊長)。第46師下轄第136旅、137旅和138旅,其中教導總隊殘部編成第138旅,由馬威龍(原教導總隊第3旅旅長)任旅長。2月桂永清升任第27軍軍長,師長遺缺由李良榮接任。

1938年5月下旬第46師在27軍建制內參加豫東作戰,日軍第14師團集中全力猛攻27

■吹響抗戰的號角,德式師無疑是抗戰初期中國軍隊的中流砥柱。

軍在楊固集、雙塔集一帶的防線，27軍此時既無士氣也無戰力，陣地很快被日軍突破，桂永清竟不思反擊反而率部退向開封，只是命令配屬作戰的88師接替106師防守蘭封，88師師長龍慕韓竟步桂永清後塵於5月23日擅自放棄蘭封，使日軍不費吹灰之力進佔戰略重地蘭封。德式模範師竟如此表現，實在令人痛心疾首！蔣介石聞訊後嚴令48小時內必須收復蘭封。我軍71軍、74軍、64軍和27軍全力反擊，血戰兩天後於27日收復蘭封，激戰中46師再無昔日的赫赫虎威，三個旅長一死兩傷（教導總隊改編而成的138旅旅長馬威龍陣亡），團長傷亡各2名，營長陣亡9名，全師傷亡達5000餘人，卻毫無戰績可言，收復蘭封及周圍要地的功勞均歸於71軍和74軍。戰後88師長龍慕韓被處決，成為抗戰中第一個被處決的嫡系將領，桂永清和李良榮均被免職，第27軍番號撤銷，第46師僅剩3000多人，曾經顯赫一時威風八

面的教導總隊基本已難覓其蹤。46師的殘部隨著胡宗南的第17軍團西撤，隨後順理成章地被胡宗南整編。1938年11月由胡宗南系統的黃祖勳出任師長，下轄第136旅和第138旅。1944年1月該師劃歸第57軍，1945年2月華南地區國民黨軍整編，第57軍被裁撤，第46師也隨之遭到裁撤的命運，所部官兵補入第54軍第8師。

36師是參加南京保衛戰的德式師中惟一建制尚算完整的部隊，但也因傷亡過重而調江西萍鄉進行三個多月的休整補充。1938年5月豫東作戰開始後即奉命參戰，在開封地區作戰中斃敵千餘。1938年8月武漢會戰中，36師終於不負厚望，創下了整個抗戰期間最為輝煌的戰功。

9月1日，36師在富金山及800高地展開，與第3兵團其他各部一起構成戰線阻擊由合肥迂迴武漢的日軍第2軍。

9月3日，日軍第13師團在飛機、戰車

■砲火掩護下正準備進攻的日軍。

和砲兵掩護下突破了71軍在新集子與石門口的警戒陣地後直撲由36師堅守的71軍主陣地富金山。71軍軍長宋希濂就是36師的老師長，他深知富金山一線是整個戰線的關鍵所在，一旦失守日軍將長驅直入，就可乘36師身後我軍後續部隊還在集結之中，來不及組織有效防禦之機直撲武漢城下！因此可以說36師在富金山每堅持一天甚至一小時都是寶貴的！從當天上午10時，日軍投入第26旅團主力，在24架飛機和全師團砲火支援下，向富金山猛攻不為，均被憑險固守的36師擊退。

日軍攻擊富金山的兵力從最初的1個聯隊逐次增加到整整1個旅團又4個大隊，在飛機重砲的陸空一體火力掩護下，連日猛攻，36師利用富金山有利地形拼死堅守，與日軍反復拼殺，予敵重大殺傷，未失寸土！

9月7日，日軍第10師團攻佔固始，並以1個聯隊的兵力南下攻擊富金山以西的武廟集，嚴重威脅富金山陣地側後。宋希濂立即將軍預備隊88師523團緊急調到日軍南下必經之路的坳口塘設伏，予來犯之敵重創，迫其退回固始。而在富金山正面，日軍後續部隊第16師團已進至六安以西，第13師團解除了後顧之憂全力猛攻，從9日至10日，不分晝夜猛攻不止，36師浴血苦戰，將日軍的進攻盡數粉碎。日軍第13師團從11日凌晨起，傾全力猛攻。戰至9時許，從富金山與石門口的戰線結合部突入，36師在師長陳瑞河的指揮下，抱必死之心進行逆襲，官兵奮勇拼殺，前仆後繼，與日軍白刃搏殺，戰況殊為慘烈。36師為經多日血戰，雖得到88師1個團的增援，但在此死傷甚重的時候區

區1個團不過是杯水車薪，難以擊退人數火力均佔優勢日軍的如潮擁進，至下午16時，36師除富金山主峰制高點外，其餘陣地全告失守。就在這樣的緊急時刻，陳瑞河師長還是組織全師殘部實施了最後一次強力反擊，雖予日軍極大殺傷，但36師所餘兵員已不足千人，難以再戰，因此宋希濂以61師從富金山右翼發起反擊，搶佔800高地至廟高寺一線，以掩護36師後撤，富金山至此方告易手。——36師堅守富金山九天九夜，以堅韌頑強的防禦遲滯日軍第2軍的攻擊，斃傷日軍第13師團逾萬人（其中第26旅團長沼田德重少將重傷，其所屬4個聯隊長亡2傷2），為我軍贏得了調整部署的寶貴時間，徹底粉碎了日軍越過大別山迂迴武漢的戰役企圖。因此9月14日蔣介石通電全國全軍嘉獎：「是則宋軍陳師之壯績，已獲得超出之代價，尤其精神上足使敵確認我愈戰愈強，抗戰精神，歷久彌增，令其氣短。」並號召全軍學習36師的精神，「各奮英勇，殺敵報國。」宋希濂與陳瑞河雙雙獲得華胄榮譽勳章。而德式師碩果僅存的36師此役從萬餘人銳減到800人，幾乎損失殆盡，為德式師寫下了最後的輝煌與榮光！

36師裏那些熬過了淞滬血戰與南京保衛戰的百戰雄兵基本在富金山拼光了，裝備精良訓練有素，堪稱中國歷史上最接近現代化的德式師最後謝幕是如此的悲壯與輝煌，真正無愧於國家的栽培與重任！

此後的36師、87師和88師的番號依舊出現在國軍序列裏，但是昔日那支裝備著全副先進德式武器，德國軍事顧問一手培養，接受了先進軍事思想理念的精銳之師，抗戰

## 36師、87師和88師的最後結局

36師富金山一役後，先在大別山區進行整補，後隨71軍北上退往陝南，其後又移駐河南靈寶，休整達八個月之久，逐步恢復了元氣。1940年3月李志鵬接替陳瑞河出任師長，率部開赴晉東南地區與日軍周旋數月，首戰即力克長治，有力掩護我軍調整兵力部署。後至陝南豫西地區休整，繼而南下入川，於1941年7月進駐西昌。1942年3月，36師奉命進入雲南，作為遠征軍的後援，5月日軍擊敗進入緬甸作戰的中國遠征軍，並銜尾緊追撤回國的遠征軍。由於第66軍不戰而退，日軍直入滇西，威脅昆明。此時36師剛剛抵達滇西祥雲，立即徵集車輛緊急開赴保山。36師到達怒江東岸的惠通橋地區後迅即索敵攻擊，迅速肅清乘座橡皮舟艇渡過江的日軍小部隊，並構築工事展開防禦。日軍因惠通橋被炸斷，主力及重裝備無法渡江，又見36師整軍以待便放棄渡江東進的企圖，在松山轉入防禦，雙方形成對峙。

1944年36師改隸第20集團軍54軍，參加了滇西反攻、強渡怒江、攻佔騰衝等戰鬥。抗戰勝利後36師先是在廣東與解放軍東江縱隊多有交手。1946年改編為整編第36師，旅長李志鵬，隸屬於整編54師，投入華東戰場，作為進攻膠東的主力，於1947年9月攻佔平度。1947年12月初該旅106團及108團第1營在萊陽被殲。隨後36旅重建106團。同月整編54師主力北調東北，36旅依舊留在山東，轉隸整編45師，守備青島。

1948年11月，整編36旅恢復36師番號，師長胡翼烜，隸屬50軍（即原整編45師）。1949年6月從青島登船南撤廣東。1949年10月36師在廣東陽江地區遭到解放軍第43軍的沉重打擊，師長李成忠被俘。張國英接任師長率餘部撤至海南島，旋即被撤裁。36師的輝煌歷史至此徹底結束。

87師和88師一直在71軍的建制裡，1942年5月滇西告急，而被緊急調入雲南，作為36師的後援迅速抵達怒江東岸，肅清渡江的小股日軍後就地展開防禦。

1944年5月參加滇西反攻，經過激戰攻佔重鎮龍陵，進而揮師南下，連下芒市、遮放、畹町，於1945年1月直入緬甸的芒友與駐印軍勝利會師。

87師與88師因在滇西反攻中犧牲巨大因此滇西戰事剛一結束隨即調回保山整補。此時正值日軍發動豫湘桂作戰，在廣西地區連陷桂林、柳州、獨山，貴陽告急，因此88師立即空運貴陽，迅速穩定了局勢。在隨後的廣西局部反攻中，71軍又作為主力之一參加反攻。日本投降後71軍空運上海受降。

1946年3月，87師和88師在71軍建制裡進入東北，先後參加了本溪、四平之戰，隨後即駐軍四平。

1947年5月，71軍在北援懷德途中，在大黑林子地區遭到解放軍殲滅性打擊，88師幾乎被全殲，87師也遭到重創。但是僅僅一個月後的6月，87師和88師再次顯示了精銳主力的本色，作為四平防禦的中堅（四平守軍為87師全部、88師餘部、13軍54師2個團和6個保安團等），頂住了解放軍7個步兵師和2個砲兵團的猛攻，堅守四平15天，直到援軍到達。

1947年12月，71軍奉命留88師守四平，軍部率主力87師和91師馳援瀋陽。1948年2月，解放軍猛攻四平，此時的88師已是經過兩次殲滅性打擊後又兩次重建的部隊，戰鬥力已不可同日而語，除師長彭鍔率少數人逃脫外，幾乎被全殲。1948年7月，彭鍔在錦州地區重建88師，歸新8軍建制。

1948年9月，剛剛重建的88師在錦州被全殲，師長黃徽被俘。

1948年10月，87師在71軍建制裡編入廖耀湘的西進兵團，從瀋陽馳援錦州，結果在遼西地區遭到覆沒，師長黃炎被俘。至此，71軍在東北全軍覆沒。

1948年12月，原71軍軍長陳明仁（時任華中剿總副總司令、武漢警備司令兼第1兵團司令官）在長沙重建71軍（下轄第87和第88師），軍長熊新民（原71軍副軍長）。1949年8月，陳明仁和程潛宣佈長沙起義，71軍軍部率第87師和88師脫離起義部隊南下投奔白崇禧。

1949年12月，進軍廣西的解放軍西路軍之39軍於12月6日廣西大塘圩地區截擊並全殲87師，俘虜包括正副師長在內約4000人。12月8日，乘勝追擊的解放軍第39軍又攻取上思，殲滅71軍直屬部隊及88師一部，俘虜3000人。12月9日，解放軍39軍繼續揮師南下，於那隆地區追殲71軍軍部及88師餘部，軍長熊新民被俘。至此重建的71軍徹底覆沒，87師與88師終於在廣西邊境地區灰飛煙滅。

全面開始僅僅一年之後就消耗殆盡了，其中在淞滬會戰中未能一舉肅清市區日軍，痛惜之一；在南京保衛戰中因為決策失誤而毫無價值地損失在潰退中，痛惜之二！如果這支精銳部隊能保存下來，在以後的戰爭，尤其是野戰之中與日軍堂皇對戰，必能予敵重創大振軍心！

儘管德式師的裝備、訓練、戰術等綜合戰力在當時的中國軍隊裏堪稱翹楚，可是與世界各國相比還是有著較大的差距，充其量相當於德國的輕裝步兵師。不過至少在中國大地上還曾有過這樣一支讓人驚歎感慨的部隊，已經能讓我們在心底湧起一陣激昂，只是他們本可以創造出更為輝煌與光榮的戰績！

我們更不能忘卻德式師在抗戰初期聞義赴難，朝命夕至，作戰之中有進無退，有死無生，其報國之忠，陷陣之勇，犧牲之烈，絲毫無愧於中國最精銳之師的赫赫聲威！

# 南潯會戰導讀

　　1938(民國27)年8月3日，日軍攻陷九江後，南潯會戰開始。日軍華中派遣軍司令官田俊六率30餘萬人溯江向武漢進犯，以第101師團、第9師團、第27師團，配合波田支隊，攜內河兵艦80餘艘，飛機數十架，自湖口、九江南下，企圖攻佔德安、南昌，再西趨長沙，截斷粵漢鐵路，對武漢形成大包圍。盤踞九江的日軍第106師團向金官橋一帶攻擊，與薛岳部第70、第8、第4軍發生激戰。上旬，日軍集結10萬餘人於合肥、舒城一帶，圖佔六安、霍山，再取道豫南佔據信陽，最終包圍武漢。第五戰區司令孫連仲統帶10萬兵力在商城一線預防作戰，武漢會戰大別山北麓戰役由此開始。

　　1939(民國28)年3月至4月，在抗日戰爭中，中國第9戰區部隊在江西省南昌地區對日軍華中派遣軍的防禦戰役。

　　南昌東依鄱陽湖，西傍贛江，它既掩護著聯繫第3、第9兩個戰區的浙贛鐵路，又是威脅沿江日軍的戰略基地，而且還有中國的飛機場。因此，日軍佔領武漢(參見武漢會戰)之後，為鞏固其佔領地，維護長江中下游交通運輸線，決定發動南昌會戰。日本華中派遣軍為切斷浙贛鐵路(杭州至株洲)，調集第6、第101、第106、第116師團，在海軍和航空隊一部配合下(兵力共計12萬人)，由第11軍司令官岡村寧次指揮，以一部牽制中國鄂南湘北部隊，主力於3月向南昌進攻。中國第9戰區代司令長官薛岳指揮所屬部隊10個軍33個師計20萬人展開防禦。

　　3月17日，日軍在其艦艇一支隊及航空隊掩護下，在南潯路(南昌至九江)兩側向南昌發動進攻。日軍第116師閉一部從湖口乘50艘艇船橫渡鄱陽湖，向修水南岸陣地東端吳城進攻。中國軍隊第32軍第141師第721團和預備第5師英勇抵抗，經巷戰肉搏後，於23日夜棄守吳城，退守赤岸山二線陣地。

　　20日，日軍第101師團一部向塗家埠進攻；第101師團一部及第106師團向永修、虬津

市方面進攻。日軍在200門大炮火力掩護下，強渡修水河，一舉突破守軍陣地。國軍第32軍之第142師、第79軍之第76師和第49軍之第105師與進犯之日軍展開激戰，傷亡慘重，被迫向後撤退。

21日，國軍第19集團軍急調第98師，第118師、預備第9師馳援南昌右翼守軍，因雨後潦河水暴漲被阻。24日，日軍第101、第106師團攻陷萬家埠、奉新，並向高安、安義前進，逼近南昌。25日，國軍第19集團軍令第32軍由修水南岸火速回守南昌；令第79軍和第74軍向高安西北、東北地區集結。27日，日軍渡過贛江後從北、西、南三面會攻南昌，守軍第32軍第141師與日軍經過激烈巷戰，傷亡甚重，於28日2時奉命撤離，南昌失守。

30日，國軍第1集團軍到來，與第74軍、第49軍一部在錦江南岸一起阻擊日軍，與日軍形成相持。在武寧方面，20日晨，日軍第6師團主力由箬溪向武甯東北進犯中國守軍第73、第8軍陣地；21日，日軍以一部由津口南渡修水，攻擊第78軍陣地。國軍守軍頑強抗擊，與日軍激戰至27日，國軍第30集團軍令第8軍向南潯線日軍後背瑞昌、德安等處攻擊，策應南昌作戰；第73軍因傷亡過重，由第72軍接替該軍防地。日軍乘交防之機向第72軍、第78軍猛攻，突破守軍陣地，迫使守軍後撤。29日，武寧失陷。第30集團軍撤至武寧以西地區與日軍對峙。

日軍攻佔南昌後，以第101師團留守南昌，以第106師團置於南昌以西，並以一部沿湘贛公路西進追擊，於4月2日攻陷重鎮高安。至此南昌會戰即告結束。

是役為抗日戰爭進入相持階段後中日軍隊的首次交鋒，日軍糾集重兵，先發制人，攻勢極為猛烈。國軍守軍奮勇抵抗，兵力損失達43000餘人。

南潯會戰中，由薛岳將軍指揮的萬家嶺戰役，取得輝煌勝利。而國軍在整個武漢大會戰期間，雖未能保住武漢地區，但實現了預定消滅敵軍有生力量的目的。徹底粉碎了日寇企圖把國民政府降為地方政府的陰謀，奠定了持久抗戰的基礎，使得日本發動攻略漢口之戰，使其成為戰爭一決雌雄的最大機會之企圖再度落空，日軍自 1937年7月發動盧溝橋事變至1938年底，共傷亡14萬餘人，從此不得不陷入「以空間換取時間」的泥沼中不能自拔，直至戰敗投降。

所謂「薛岳將軍是『中國抗日第一名將』」，是指他是抗日戰爭時期殲滅日軍最多的戰將，由他指揮的三次長沙會戰，就殲滅日軍十餘萬人。1946年10月10日，美國總統杜魯門授予薛岳一枚自由勳章，以表彰他在中國戰區中的功績。

# 浴血南潯 ☆ HSY

## 楔子

1939年12月的贛北，寒風刺骨。抗戰開始已經2年多了，在戰火的蹂躪下，這裡的老百姓大都背井離鄉，四處流浪，留下的只有齊腰深的蒿草和遍地白骨。一天，中國軍隊第141師一部分官兵在師長唐永良的帶領下來到位於德安、永修交界的萬家嶺地區，看到的情景真讓他們毛骨悚然。

在方圓僅十平方公里的土地上，佈滿了中日兩國士兵的墳墓，戰死的馬匹屍骨、被遺棄的鋼盔、馬鞍、彈藥箱、防毒面具等等雜物，俯首皆是。山上山下到處是陣亡官兵的屍骨，其中很多已腐爛，長出了蛆，蛆變成蛹，蛹又變成蒼蠅，留下的蛹殼足有一尺多高。

在萬家嶺西北的雷鳴鼓劉村周圍，日軍墳墓鱗次櫛比。不久前，日軍前來收屍的幾百名士兵砍伐樹木，在墓上安插了靈牌，並沿墳墓四周鑲上三四層磚台，墓碑上題有碑文，諸如：「皇軍陣歿將兵之碑」、「故福見步兵中尉五名之靈」、「皇軍愛馬之碑」等等。每座墳前有一對竹削成的短筒，內插松枝野花，還留有燃燒過的香燭殘燼。

面對此情此景，在場的官兵不由想起一年多以前發生在這一帶進行的一場驚天地、泣鬼神的大戰。

## 戰前情況

　　1938年，中國抗日戰爭進入了第二個年頭。半年多以來，北平、天津、石家莊、上海、太原、南京、杭州等眾多大城市和工業中心相繼淪入敵手，使中國軍民進入了更加艱難的時期。是年1月，日軍大舉進攻徐州，中國軍隊進行了英勇抵抗，予敵沈重打擊。5月19日，徐州失守。數十萬中國軍隊在第五戰區司令長官李宗仁的指揮下，巧妙地跳出日軍包圍圈，向西轉移，粉碎了日軍圍殲中國軍隊主力的陰謀。5月底，鑑於徐州會戰未能達到預期的作戰目的，日軍大本營惱羞成怒，推翻了他們在1938年初製定的「戰面不擴大」方針，決定於當年秋季攻佔漢口、廣州，抓住這個「早日結束戰爭的最大機會」。6月9日，為阻止日軍沿平漢線南下攻佔武漢，中國軍隊扒開了花園口黃河大堤。洶湧澎湃的黃河水直泄而下，將豫東和淮北大片地區變成一片汪洋，徹底消除了日軍沿平漢線南下直攻武漢的可能性。日軍大本營遂改變主攻方向，將主力南調華中，企圖沿長江西上，攻佔武漢。6月12日，日軍波田支隊在海軍掩護下，向安慶進攻，武漢會戰正式拉開序幕。

　　為了攻佔武漢，日軍動用了9個師團及

# 武漢會戰第九戰區第二兵團戰鬥序列

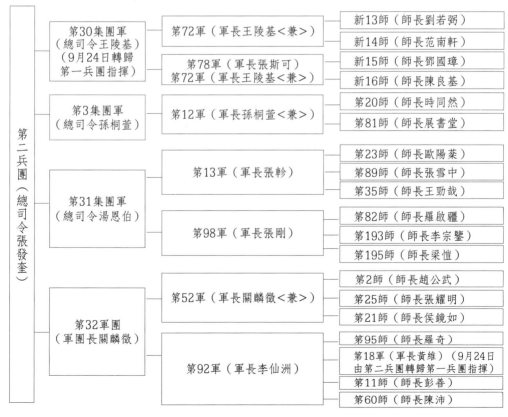

海軍一部共約35萬人，分屬第2軍和第11軍建制，其中：第2軍下轄第10、13、16三個師團（7月15日以後又相繼增加了第3師團和騎兵第4旅團），以東久邇宮稔彥王中將為司令官，沿大別山北麓從北面攻擊武漢；11軍下轄第6、106、101三個師團及波田支隊（7月15日以後又先後增加了第9、27兩個師團），主力使用在長江右岸，先攻佔黃梅及九江附近及瑞昌、德安一線，然後向漢口及其南面地區進攻，同時應以一部兵力攻佔南昌。在這一計劃中，11軍無疑擔任了非常重要的角色，不僅要沿長江逐次攻克堅固的江防要塞進攻武漢，還要對付南潯線中國

■萬家嶺- 日本侵略軍的墳場。

軍隊的側擊，攻取南昌。該地域又是中國軍隊的防禦重點，比起第2軍突破大別山北麓的作戰不知難上多少倍。為這支部隊的選一名合適的指揮官著實讓日軍大本營費了一番腦筋。經過慎重考慮，日軍大本營最後決定讓第2師團長岡村寧次擔任11軍司令官。

岡村寧次，1884年生於東京，畢業於日本陸軍大學。他長期在華從事軍情活動，曾擔任過北洋軍閥孫傳芳的軍事顧問，參與製造了1928年的《濟南慘案》、1932年的《一·二八事變》，1933年參加了長城戰役並強迫中國代表簽訂了《塘沽協定》。此人工於心計，早在十多年前來華擔任孫傳芳的軍事顧問期間，就利用職務之便秘密繪製了贛北地區地

■南潯線（九江至南昌120公里的鐵路線）。

九江
湖口
德安
都昌
景德鎮
鄱陽湖
永修
南昌

■南潯會戰的指揮者、時任第九戰區第一兵團總司令的薛岳。

圖，為日後侵華戰爭作了準備。同時，他豐富的作戰經驗和不拘一格的指揮風格又受到很多日軍將領的稱道，無疑是11軍司令官的合適人選。不過，軍部的這道命令沒有讓岡村寧次愉快多久。他看到武漢會戰的作戰計劃後，大發雷霆：大本營怎麼搞的？11軍要完成比第2軍艱巨得多的任務，而同時，他能調動的部隊比起都是精銳主力的第2軍來，簡直可以用「寒磣」來形容，除了第6師團和後來增加的第9師團是精銳師團外，戰鬥力都較弱。特別是106師團，它由熊本籍的退役軍人組成。這些士兵大多都有作戰經驗，只要集中整訓幾個月就可以形成較強的戰鬥力，但當時日本兵員緊缺，中國戰場又大戰在即，時間緊迫，日本軍部徵集後讓他們直接開赴前線而未給予任何訓練，因此戰鬥力很弱，將這樣的部隊投入戰場，結果可想而知。

中國方面為了保衛大武漢，國民政府軍事委員會以李宗仁第五戰區所屬第3、第4兵團負責阻擊從大別山南北麓西進之日軍。另於6月14日組建以陳誠為司令長官的第九戰區，擔負長江南岸之防禦，下轄第1、第2兵團。在第九戰區防禦地域內，南潯線及都陽湖西岸陣地是南昌之屏障，由此向北出擊，可切斷長江航道，側擊日軍11軍側翼，為兵家必爭之地。那誰來指揮這一帶的部隊進行防禦呢？18日，蔣介石任命有「老虎仔」之稱的薛岳為第九戰區第1兵團總司令，指揮第4、第8、64、66、74等軍及部分獨立師，擔負在都陽湖西岸及南潯線禦敵之任務。這一任命一出來，中國軍隊為高級將領莫不稱讚：委員長確實選對了人。

薛岳原名仰岳，字伯陵，廣東樂昌人，保定陸軍學校畢業。他早年追隨孫中山，從事革命活動。在北伐和十年內戰中，他機敏

■萬家嶺戰役中中國軍隊以重機槍向敵掃射。

果斷，常出奇制勝，贏得了「老虎仔」的赫赫聲名。薛岳到任後，嚴飭各部加強整訓，偵察地形，構築工事，準備在鄱陽湖西岸予敵以重創。

攻佔安慶後，日軍一路西犯，13日佔領桐城，17日攻陷潛山，7月4日進陷湖口。26日，九江失守，武漢震動。

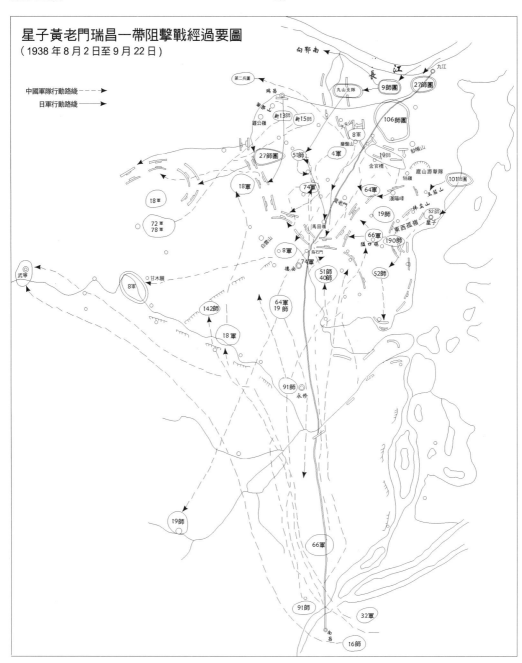

星子黃老門瑞昌一帶阻擊戰經過要圖
（1938 年 8 月 2 日至 9 月 22 日）

中國軍隊行動路綫 ---→
日軍行動路綫 ——→

## 喋血金官橋線

27日，日軍106師團由九江沿南潯線南下，猛撲獅子山、張家山陣地，南潯會戰自此開始。第4軍與敵激戰一天後，於當晚轉到兩台嶺、沙河鎮、紗帽山一線組織防禦。次日，日軍追擊到此。第4軍在64軍155師協同下，以前哨陣地大量殺傷敵人，且戰且退，轉至馬鞍山、金家山一帶的主陣地固守。8月1日，薛岳奉命接替第2兵團總司令張發奎全權指揮南潯線戰事。當天，日軍106師團即與我第1兵團一部在金官橋線發生砲戰。2、3兩日，我軍各部遵薛岳之命，派小股部隊襲擊日軍據點及後方交通，4日黎明，106師團以步兵在猛烈的地空火力和戰車掩護下，開始向金家山、馬鞍山、大天山發起衝鋒。此前，薛岳通過研究地形已發現，第1兵團防區略似一個等腰三角形，頂點是九江，底邊是修水河。我軍現據守的北線，即城門湖-磨盤山-金官橋-廬山北麓之線（簡稱金官橋線）是最短的線。這條線守不

住，越向後退，正面越寬，越不易守。因此，薛岳嚴令防守該線的各軍不惜一切代價守住現有陣地，誰丟了陣地，誰就得奪回，決不准後退。於是，各軍依據陣地堅強抵抗，戰鬥異常激烈。

■日本侵華戰犯、時任11軍司令官的岡村寧次。

日軍主攻方向是大天山和馬鞍山方向。4日拂曉，日軍步兵千餘人猛犯大天山、十里山、仰頭羅、蕭家墩等地。我第3師、19師、15師各部與敵激戰近半日，大天山、仰頭羅、蕭家墩等陣地相繼失守。我軍退據馬鞍山。下午，日軍乘勝向馬鞍山攻擊。但第4軍、70軍、155師及第3師憑藉有利地形，頑強阻擊。日軍雖一度攻破馬鞍山陣地，但第4軍軍長歐震立即組織逆襲將其奪回。

5日上午，日軍再陷黃大腦、馬鞍山及老虎山。19師與敵苦戰至下午3時，雖將日軍的攻擊壓了下去，但傷亡嚴重，所餘官兵人數已不足五個營。6日黎明，日軍轉攻金家山、金官橋、鄧家河等陣地，同樣遭到堅決抵抗，打了一天，陣地得而覆失數次，仍然一無所獲。7日，日軍再犯鄧家河、黃梅老屋等地。黃梅老屋等陣地失守。薛岳感到防守娘娘廟、磨盤山等地的15師防廣兵

■有200年歷史的老屋－106師團指揮部遺址。

135

# 南潯會戰雙方作戰序列

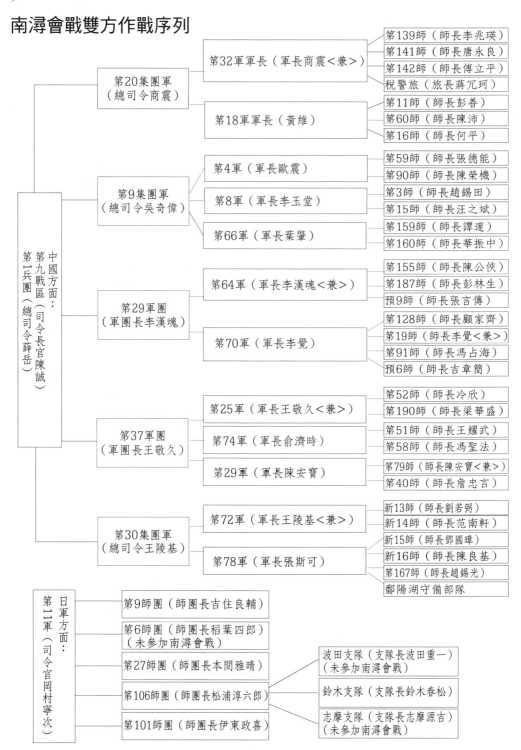

中國方面：
第九戰區（司令長官陳誠）
第1兵團（總司令薛岳）

第20集團軍（總司令商震）
第9集團軍（總司令吳奇偉）
第29軍團（軍團長李漢魂）
第37軍團（軍團長王敬久）
第30集團軍（總司令王陵基）

第32軍軍長（軍長商震<兼>）
　第139師（師長李兆瑛）
　第141師（師長唐永良）
　第142師（師長傅立平）
　稅警旅（旅長蔣冗珂）
第18軍軍長（黃維）
　第11師（師長彭善）
　第60師（師長陳沛）
　第16師（師長何平）

第4軍（軍長歐震）
　第59師（師長張德能）
　第90師（師長陳榮機）
第8軍（軍長李玉堂）
　第3師（師長趙錫田）
　第15師（師長汪之斌）
第66軍（軍長葉肇）
　第159師（師長譚邃）
　第160師（師長華振中）

第64軍（軍長李漢魂<兼>）
　第155師（師長陳公俠）
　第187師（師長彭林生）
　預9師（師長張言傳）
第70軍（軍長李覺）
　第128師（師長顧家齊）
　第19師（師長李覺<兼>）
　第91師（師長馮占海）
　預6師（師長吉章簡）

第25軍（軍長王敬久<兼>）
　第52師（師長冷欣）
　第190師（師長梁華盛）
第74軍（軍長俞濟時）
　第51師（師長王耀武）
　第58師（師長馮聖法）
第29軍（軍長陳安寶）
　第79師（師長陳安寶<兼>）
　第40師（師長詹忠言）

第72軍（軍長王陵基<兼>）
　新13師（師長劉若弼）
　新14師（師長范南軒）
　新15師（師長鄧國璋）
第78軍（軍長張斯可）
　新16師（師長陳良基）
　第167師（師長趙錫光）
　鄱陽湖守備部隊

日軍方面：
第11軍（司令官岡村寧次）

第9師團（師團長吉住良輔）
第6師團（師團長稻葉四郎）（未參加南潯會戰）
第27師團（師團長本間雅晴）
第106師團（師團長松浦淳六郎）
第101師團（師團長伊東政喜）

波田支隊（支隊長波田重一）（未參加南潯會戰）
鈴木支隊（支隊長鈴木春松）
志摩支隊（支隊長志摩源吉）（未參加南潯會戰）

■贛北前線的中國砲兵。

少，難以支撐，遂命第4軍軍長歐震將所部防地向右延伸，接防磨盤山、焦家山口、獅子山一線。8日，第4軍90師也擊退進犯獅子山、磨盤山、焦家山口陣地之敵。同時，為配合其作戰，15師向日軍反擊，奪回大天山。是日晚，日軍再次攻擊馬鞍山，打了一天一夜又遭失敗。

9天下來，106師團損失慘重：步兵113聯隊長田中聖道大佐戰死，步兵145聯隊長市川洋造中佐重傷，參戰的9個步兵大隊就傷亡了5個大隊長，中、小隊長傷亡了一半。重大的傷亡讓日軍官兵大受震撼。一名參加這次戰鬥的日本兵在日記上寫下了這樣的話：「幾次進攻中，廬山上的迫擊砲彈如雨點般從天而降，皇軍大受威脅，死傷達到可怕的程度。」另一個106師團的士兵則在給妻子的信中寫道：「廬山是支那名勝之

地，『不見廬山真面目』，名不虛傳。我師團在此遭到支那軍精銳部隊的堅決抵抗，前所未有的激戰，中隊、小隊長死亡很多，戰鬥仍在艱苦進行，與家人團聚的希望很小。」但是同時，我軍傷亡亦不次於日軍，其中57旅旅長莊文樞負傷，114團團長劉陽生陣亡。面對巨大的傷亡數位，部分將領吃不消了，紛紛向薛岳要求將部隊撤下來。有人甚至私下發起了牢騷：「死守廬山」就是「廬山守死」。但是這些意見並沒有動搖薛岳的決心。他仍反復強調，若有擅自後退者，軍法從事。就這樣，我軍在金官橋一線頂了一個多月。

## 戰線的轉換

106師團在金官橋線的敗績讓日軍主持

萬家嶺殲滅戰德安附近及
瑞武永武路阻擊戰經過要圖

（1938 年 9 月 23 日至 10 月 30 日）

中國軍隊行動路綫
日軍行動路綫

江南戰局的11軍司令官岡村寧次的鼻子都氣歪了，大罵106師團長松浦淳六郎無能，但沒有得到大本營的許可，又不能臨陣換將，只好硬著頭皮，給106師團補充了3000新兵。另外，還將迫擊砲第1大隊（欠1個中隊）和野戰重砲10聯隊（缺欠2個中隊）配屬給松浦指揮，讓他「大致以現有態勢恢復戰鬥力，同時準備以後的攻擊」。同時，命令101師團在星子強行登陸，於8月下旬攻佔德安，以切斷我第1兵團之後路。

岡村非常滿意他的計劃，命令發出後，就守在司令部中坐等前線的勝利消息。但他遠遠低估了對手。薛岳已料到日軍會迂迴攻擊德安，而進攻星子和隘口鎮又是通往德安的必經之路。早在7月初，他就命令25軍在星子一帶加強工事，準備迎敵。同時，101師團的戰鬥力也比106師團好不到哪兒去。這個師團的兵員來自東京的工商業區，其軍紀之壞在日本陸軍中是出了名的，因而得到了「東京商販」的綽號。他們在上一年秋天的淞滬會戰中剛受到重創，實力尚未恢復。岡村寧次要他們突破中國軍隊預有準備的防線，無異於驅虎鬥群狼。19日，日軍101師團佐藤支隊在星子附近登陸。薛岳得知25軍與日軍接上火的消息後，立即給37軍團長兼25軍軍長王敬久打電話：「你的軍現在怎麼樣啦？哪個師在最前面？」「現在還能頂得住。本軍冷欣的52師在最前面。」「你一定得給我頂住！」王敬久聽到這話，心中有些發怵：「這個這個薛長官，你要我頂幾天？」「越多越好！」王敬久聽薛岳的話如此堅決，也沒再說什麼了。

王敬久放下電話沒多久，「東京商販」們就在飛機和艦砲的掩護下，潮水般地湧向小小的星子城。25軍憑藉工事頑強抵抗，戰鬥至為激烈。到20日夜，王敬久實在頂不住了，放在最前面的52師已傷亡大半。而此時，29軍與66軍已趕到隘口鎮，佈防完畢。薛岳認為星子戰鬥的目的已達到，再說星子一帶陣地全被日軍砲火摧毀，若增兵徒耗實力。於是，他命令25軍向隘口鎮撤退。21日拂曉，101師團佐藤支隊（由步兵101旅團長佐藤正三郎少將指揮的步兵2個大隊、野砲1個大隊為基幹組成）及海軍陸戰隊攻佔星子城。而後，101師團即向隘口鎮追擊，遭到在該地嚴陣以待的66、29、25軍的堅決抗擊。於是，雙方在玉筋山、東孤嶺、缽盂山等地反復爭奪，形成拉鋸。26日，陣地一度出現動搖，而南潯線正面戰局尚穩定，薛岳遂命第9集團軍總司令吳奇偉派出有力一部支援德星路方向作戰，才穩定了局面。日軍直到9月4日未能也前進一步，且因為遭反擊，傷亡慘重，其步兵101聯隊長飯塚國太郎大佐亦於9月3日陣亡。此後，雙方在隘口附近雖反覆爭奪，但日軍始終未能取得突破。

就在岡村甯次於金官橋線和隘口鎮一帶一籌莫展之際，日軍波田支隊（由臺灣步兵第2聯隊<欠第2大隊>、山砲1個中隊為基幹組成）與第9師團擊破我第2兵團，於8月16日陷城門湖至磨盤山一線陣地，使第1兵團金官橋線部隊左側背暴露。薛岳被迫將金官橋線部隊之兩翼回縮，形成兩翼鉤形陣地。這下，岡村好似抓到了救命稻草。21日，他命令第9師團攻佔瑞昌後，即向德安北面迂迴，切斷金官橋線之中國軍隊退路。

24日，第9師團協同波田支隊攻佔瑞昌。27日晨，第9師團以丸山支隊（第6旅團長丸山政雄少將指揮的步兵第7、35聯隊<各欠1個大隊>、山砲1個大隊為基幹組成）由瑞昌南下，向德安以北進發。當日，為配合丸山支隊之行動，106師團再次向金官橋線發動進攻，仍舊被打得灰頭土臉，以致「戰鬥力低落」。這時，薛岳雖然沒有得到敵丸山支隊南下的消息，但通過對戰局的觀察，已猜出了岡村的意圖。28日，他命令駐德安的74軍到岷山，一面搜索瑞昌方向的情況，一面掩護我金官橋線陣地的左側背。74軍軍長俞濟時長期擔任蔣介石的衛隊長，

甚為受寵，他帶領的74軍裝備好訓練佳是中國軍隊的頭等精銳之師。同時俞濟時由於靠山堅強對上面的命令往往根據自己的判斷執行。上級常拿他沒辦法。他接到薛岳的命令後，沒當回事，只令51師師長王耀武派151旅前往。29日晚，該部剛到達岷山，就與日軍丸山支隊遭遇，當即被突破。30日，在薛岳的催促下，俞濟時再派51師增援岷山。而王耀武行動拖逿，被日軍先佔了有利地形，亦未能阻止日軍。31日，薛岳獲悉74軍執行命令不力，火冒三丈，一面命令金官橋線的部隊準備循序退往第二線陣地，一面親自叫通了俞濟時的電話：「你他媽再往後退，使前線部隊撤不下來，就軍法從事。」這下，俞濟時怕了，即命令各部悉數開往岷山，不計損失，強行堵擊丸山支隊。

74軍到底是王牌部隊，在岷山一帶憑藉臨時挖的簡陋工事，硬是與日軍重裝部隊6個大隊激戰了數日，遲滯了日軍突進。9月2日，第74、4、64軍佔領了岷山-黃老門-廬山東麓一線（簡稱黃老門線）。

## 阻敵馬回嶺

我軍退據黃老門線還沒站穩腳跟，敵106師團即尾隨而至，向我猛攻不止。薛岳認為黃老門線陣地不夠鞏固，決定退守德安以北烏石門線。3日，第1兵團依原定計劃，退到馬回嶺地區的

■東孤嶺陣地上的日軍迫擊砲陣地。

烏石門線。

在德安以北的馬回嶺地區是一個不大的盆地。它的西面是白雲山高地，東面是廬山山麓，南面是博陽河以北的山地，只有北面沙河鎮到馬回嶺鐵路沿線地勢比較平坦。第1兵團一線部隊退到這邊後，薛岳在馬回嶺盆地的盆沿上，以第4、74等軍布成了西起白雲山經烏石門、戴家山直到廬山西麓的反八字陣（簡稱烏石門線）。另將64軍控制德安西南地區作為預備隊，70軍調回靖安整補。薛岳所布的這個反八字陣非常特別，其中部凹入，「如張袋捕鼠，又如飛鉗剪物」。日軍沿鐵路進入該馬回嶺時，因防禦火力點距離較遠，不會受到太猛烈的火力抵抗，利於誘其深入。但日軍越向前進，兩側火力點的越密集，其遭受的打擊也越嚴厲。同時，我軍將重機槍設置在反八字陣地的盆沿上，其最大射程為4000公尺，能打到馬回嶺。而砲兵則部署在反八字陣的後方，可覆蓋整個陣地。這樣，步、砲火力協同組成了嚴密的火網。日軍要突破這道防線，勢比登天。3日午後，日軍丸山支隊進入馬回嶺，遭到我反八字陣地內火力點的嚴重殺傷，被迫停止前進。

3日晚，106師團到達馬回嶺。這個消息傳到11軍司令部，並沒有讓岡村寧次高興起來。根據華中派遣軍漢口作戰的計劃，11軍應當攻佔南昌。可106和101這兩個師團的糟糕表現，讓華中派遣軍司令官畑俊六對他們大失所望。在8月22日的命令中放棄了攻佔南昌的計劃，而要他在9月中旬以前擊敗當面的中國軍隊，攻佔瑞昌、德安一線。現在已經是9月初了，德安仍然遙不可及。

更為嚴重的是，他的主要兵力已被薛岳牽制在了德安方向，而畑俊六卻希望他9月中旬向日軍的主要目標武漢推進。他再不採取斷然措施的話，又要讓頂頭頭上司失望了。於是，岡村果斷作出決定，將丸山支隊調回瑞昌，而以106師團向德安方向警戒，原計劃投入南潯線的第27師團改向瑞昌以西進攻。至此，南潯戰場暫時沈寂下來。我軍利用這個時間，加緊整補。同時，薛岳命令各軍減少一線的守備部隊，增加二線的控制兵力。這一招使得兵團機動兵力增加，為後來應付戰局突變，積蓄了重要力量。9月6日，64軍軍長李漢魂奉薛岳之命將所部組成3個突擊隊，向大塘角、馬回嶺、西嶺等地日軍不斷攻擊，經11天激戰，打得日軍106師團「白天總是躲在工事內不大出來，就連馬回嶺至黃老門之間的交通也是利用裝甲車來往」，非常狼狽。此時，蔣介石來電要調74軍到長沙休整。薛岳看過後，立即明白蔣介石的意思是心疼他的這支禦林軍了，但74軍是第1兵團的一大主力，調下來，南潯線正面的防禦無異於釜底抽薪。想到這兒，他叫報務員覆電：「調不下來。」蔣介石再來電：「74軍在贛北作戰得太久了必須進行整補，現在一定要把74軍換下來不可了。」薛岳即打電話給蔣介石：「贛北各軍作戰時間都比74軍長，傷亡都比74軍大，各軍都未調下整補，對74軍也請緩予整補。」蔣介石看薛岳態度如此堅決，只好作罷。10月初，軍委會又以廣東局勢緊張，電調另一支主力64軍赴粵作戰。薛岳又強留該軍187師。這兩支部隊的留下，對日後的南潯作戰的作用至關重要。

## 瑞武路戰鬥

9月中旬，日軍11軍主力向瑞昌以西進攻後，受到了第2兵團部隊的頑強阻擊，進展甚微。14日，岡村寧次將27師團投入戰鬥。該師團由瑞昌向武寧一路急進。24日，進到小坳一帶與第2兵團所部激戰。當晚，薛岳接到軍委會急電，將在瑞（昌）武（寧）公路作戰的第2兵團部隊改歸第1兵團指揮，並讓薛岳速到武寧指揮，確保武寧。薛岳接到這個命令後，覺得甚為棘手。原因有二：1、贛北交通已被徹底破壞，當時第1兵團總部在南昌，如由南昌徒步至武寧，恐怕不等抵達，武寧早丟了；2、就是第1兵團總部到了武寧，沒有增加生力軍，也於事無補。經過反覆斟酌，薛岳認為：為使整個戰局有利，對日軍27師團的西進，與其迎頭拒止，不如從背後攻擊。基於上述判斷，他決定抽調南潯線上所有能調動的兵力，協同瑞武公路原有部隊，前後夾擊小坳之敵，截斷敵27師團的後方聯絡線。於是，薛岳又一次獨斷專行，一面將自己的決定上報軍委會，一面調兵遣將，經以期圍殲27師團。同時，薛岳在德安西南設立指揮所，親率部分幕僚前往指揮作戰。

然而，日軍沒有給中國軍隊調動的時間。25日晨，日軍27師團所屬中國駐屯軍第3聯隊（聯隊長宮崎富雄大佐）在飛機和火砲的掩護下，向瑞武公路上的要點麒

麟峰發動猛攻。18軍軍長黃維指揮預6師和60師頑強抗擊，使敵人付出了重大代價。敵宮崎聯隊第3大隊大隊長廣部宏少佐亦被擊斃。同時，我軍損失也非常嚴重，60師360團團長楊家驪以下700餘人犧牲。戰鬥一直打到27日，守軍終於頂不住了。當天下午，麒麟峰失守，武寧門戶洞開，眼看薛岳保衛武寧的計劃就要泡湯了。就在這個緊要關頭，新13師趕到了，當晚即協同18軍夜襲麒麟峰，重創宮崎聯隊。同時，16師、184師亦與進犯覆血山、望月崖、桃花嶺、上坳山、白門樓之敵反覆爭奪。覆血山、桃花嶺、上坳山等處陣地失而復得。此役「使瑞武路之敵，銳氣大挫」。27日晚，第91、142、141師抓住戰機，向日軍側後之小坳出擊，重創守敵，並於29日上午將其克復。29日下午，薛岳抓住有利戰機，命令新14、新15、60各師向白水街、麒麟峰方面之敵反擊，殲敵甚眾。殘敵向北潰退。

28日，日軍27師團長本間雅晴中將看到形勢越來越對自己不利，乃決定停止對白

■侵入武漢周邊大別山區的日軍。

水街、麒麟峰的攻擊，將主力集中攻擊大屋田村西南高地。這個決定上報到岡村那裡，可把岡村氣壞了。早在9月中旬，他就發現第九戰區有將第1兵團主力轉用於箬溪方向之企圖。基於這個判斷，他決定利用第1兵團主力調離、德安附近空虛之機，圍殲烏石門一帶之中國守軍。20日，岡村下達命令，106師團以一部在馬回嶺、曹家坡牽制住烏石門線陣地之中國守軍，主力秘密進入德安西南地區，攻擊中國軍隊側背。27師團攻擊麒麟峰的失利無疑是對他的如意算盤的一次沈重打擊：箬溪方面無法取得進展，中國軍隊對106師團補給線的威脅就無法解除。一旦中國軍隊切斷了這條補給線，106師團就危險了。因此，接到本間雅晴的報告後，岡村寧次馬上覆電，要求27師團攻下白水街。但本間雅晴答復，根據目前情況，擬待進入天橋河--箬溪一線後，再確保白水街。岡村寧次看了複電後，知道27師團已不可能執行他的命令了，只好把成功的希望寄託在薛岳判斷失誤上了。

## 巧製大「甕」

　　25日，106師團主力從馬回嶺開始西進，妄圖繞過烏石門線中國軍隊陣地左翼白雲山地區。但事與願違，中國軍隊堅守白雲山地區的第4軍對側背感覺非常敏感，歐震軍長事先在陣地側後近距離處派了掩護部隊，對遠距離則派出搜索隊，因此，日軍一出動，即被發現。27日，106師團在竹坊桂附近突然與第4軍搜索隊遭遇。師團長松浦淳六郎當即下令：以小部隊擊潰敵軍，師團

主力按計劃疾速突進，不得停留。歐震得到搜索隊關於發現日軍的報告後當機立斷，命令距敵最近的90師，全力攻擊側後之日軍，同時將當面敵情緊急上報薛岳。中午12時，90師攔腰截住了106師團。106師團且戰且進，到9月30日中午進抵萬家嶺西北的熊村，向萬家嶺、大金山、肉身觀、墩上郭攻擊。我90師270團和139師憑藉有利地形，頑強阻擊。戰鬥至為激烈。當晚，58師348團趕到萬家嶺，向敵側背攻擊。日軍被迫轉攻為守。10月1日淩晨，日軍集中兵力再次猛攻大金山、萬家嶺一帶陣地，未逞。旋敵七八百人，向西南經由田步蘇攻佔肉身觀、獅子崖一帶高地，企圖迂迴我左側背。90師師長陳榮機得悉該地失守後，於上午5時抽調269團、268團楊營、270團曾營合擊肉身觀、獅子崖之敵。同時，74軍軍長俞濟時也命348團攻擊萬家嶺南方高地，以為策應。雙方戰鬥到下午5時，肉身觀、獅子崖一線陣地完全恢復。殘敵退據扁擔山。

　　2日，我軍乘勝向扁擔山攻擊，與敵肉搏約三小時，傷亡慘重。其中，269團黃營損失殆盡。晚8時，日軍向大金山、獅子崖陣地猛烈反撲。我90師及102師304團兩營堅決抗擊，於5日將其擊退。3日，270團一部攻佔楊家阪及萬家嶺北端高地。4日淩晨，348團襲佔箭爐蘇。清晨7時，敵反撲楊家阪、獅子崖及萬家嶺北端高地。我守軍58師傷亡慘重。楊家阪及萬家嶺北端高地再度告失。

　　5日，日軍猛攻嗶嘰街、長嶺、張古山。為配合106師團作戰，岡村寧次於當天白天又派來大批飛機助戰。炸彈、砲彈雨點般投

向張古山一帶高地，防守該地域的74軍58師陣地盡成火海。所有工事不到一天，全部被毀。我58師343團和344團英勇奮戰，傷亡殆盡。58師師長馮聖法見實在頂不住了，硬著頭皮打電話給軍長俞濟時，要求允許他們撤到第二線。可俞軍長沒等他把的話講完，就大吼起來：「不行！一步也不能後撤。你這一退，要是放走了松浦，委員長饒不了你，也饒不了我。把部隊集中在陣地後面，一批一批地上。總之，陣地絕不能丟。」馮聖法沒辦法，只好遵照執行，暫時守住了現有陣地。第二天，俞濟時又接到馮聖法的電話，這次馮師長的話音裡帶著哭腔，說他手裡能戰鬥的兵員只有500人，陣地眼看就要保不住了。而51師是薛岳下了死命令作反攻之用的，俞濟時能調得動的只有他的警衛營了。俞濟時立即把警衛營長叫了過來：「給這邊留下一個班，其餘的你帶上，去增援58師。到庫房多領些機槍，告訴馮師長，陣地丟了，別來見我。」「那軍部」警衛營長犯難了，俞濟時大手一揮，打斷了他的話：「趕緊去，這兒你甭管。」警衛營長見軍長早已把生死置之度外，頗為感動，二話沒說，帶著部隊趕赴張古山。在他們的支援下，58師又頂了一天。當晚，張古山失守，而此時中國軍隊

已在萬家嶺一帶站穩了腳跟。次日，我軍與敵在萬家嶺一帶反復與敵爭奪，均無進展。就這樣，第4軍和74軍成功地抑留106師團於萬家嶺附近，使中國軍隊有了充分的時間調整部署，徹徹底底地把岡村寧次精心安排的奇襲計劃變成了一招十足的臭棋。薛岳所要做的就是在萬家嶺周圍佈置好一個大「甕」去捉松浦淳六郎這個進「甕」之鱉了。

正在指揮瑞武公路作戰的薛岳接到歐震關於106師團行蹤的報告後，立即意識到這是一個千載難逢的戰機，遂果斷決定撇開瑞武公路方面的27師團，集中南潯、瑞武、德星三線的兵力吃掉冒進之106師團。10月2日，薛岳命令，從南潯線、德星公路和瑞武公路抽調大量部隊，包圍106師團。命令既下，各部積極行動，向指定地點前進。中國軍隊向萬家嶺大規模調動的消息，很快就被日軍偵察機發現並報告給了九江11軍司令

■遠眺饅頭狀的大小金山。第4軍第90師最早在大小金山將106師團拖住。

部。岡村寧次立刻猜到中國軍隊的動機是想一口吞掉106師團。那樣的話，在此次作戰中連受重創的106師團豈不凶多吉少。想到這兒，他馬上發電給松浦淳六郎，向他通報了中國軍隊的動向，叫他火速撤出萬家嶺；同時又急令27師團「警戒106師團右翼」。但106師團正被第4軍和74軍纏住，脫身不得；加之，106師團使用的作戰地圖錯誤甚多，而且該地區多鐵礦，指南針也基本失效，松浦在萬家嶺附近已找不著路了，要突圍談何容易。不過，27師團倒是挺賣力的，得令後緊急向106師團右翼開進，5日佔領箬溪。

得到27師團向萬家嶺方向轉進的消息，薛岳急令29軍團長李漢魂指揮91師、預6師、60師、新13師、新15師南下武永公路，

以阻止27師團與106師團會合。同時，27師團的行動也讓薛岳認真思考起所面臨的危險來了：武永公路日軍將東進，德星公路的日軍要西進，圍攻106師團的時間不能太長，否則我在萬家嶺附近的部隊將被有被敵合圍之虞，所以必須最大限度地集中兵力於萬家嶺方向。但抽調哪支部隊合適呢？這時，德星公路上捷報傳來：9月27日，66軍在隘口街、金輪峰一帶重創日軍步兵101聯隊，並於28日擊傷敵101師團長伊東政喜中將。到9月底，101師團已元氣大傷，被迫停止了進攻。薛岳聽到這個消息，眼睛一亮：怎麼沒想到這支部隊呢？66軍是他的家鄉廣東的子弟兵，指揮起來得心應手。一年前，這個軍就是在他的麾下參加了淞滬會戰，表現異常英勇。這次南潯會戰又屢立戰功，讓這支

■王耀武在前線指揮作戰。

部隊增援萬家嶺再合適不過了。對，就抽調66軍！但66軍可是蔣介石親自指定在放棄贛北時，留在廬山打遊擊的部隊，如請求將他們調下廬山使用於萬家嶺，能獲准嗎？薛岳沒有把握，乾脆一不作二不休，又來一次先斬後奏吧，於是就一面報告，一面調部隊。

5日，薛岳電令66軍「將原守隘口街、金輪峰一帶陣地交替後，於本日黃昏，經德安、永豐橋，向寶山西南地區前進，隨即佔領金蛾殿、公母嶺之線準備攻擊」。薛岳的這道命令報到了第九戰區司令長官部，陳誠大吃一驚：薛岳簡直瘋了！把66軍調走，德星公路方面的防禦怎麼辦？留下的25軍和29軍能頂得住101師團嗎？薛岳當然明白這一後果，不過，打仗重在殲敵，一城一地之得失則在其次。薛岳此舉正要發揮內線作戰，兵力便於機動的長處。在他看來，101師團已停止攻擊，基本處於休整狀態，對當面中國軍隊的情況掌握並不確實，要判明66軍西調至少需2天，待其攻到德安，即便順手，也得數日。到那時，66軍已投入萬家嶺多日，而106師團也被消滅得所剩無幾了。後來戰局的發展也確實印證了薛岳的判斷。由

於25軍和29軍的堅決阻擊，101師團到9日才佔領隘口鎮，而第二天萬家嶺戰役就宣告結束了。

10月5日抽調隘口街方面之66軍，該方面之敵於10月7日始發現我兵力轉用。但我66軍已參加萬家嶺方面之戰鬥矣。由此足見，立於主動地位轉用兵力，往往在此兵力已發生作用之後，敵方始能判明我之行動。「故立於主動地位，必能先敵一著，使敵處處追隨我之行動。」可以說，這次66軍的轉用是整個南潯會戰中最精妙的一筆。

就在薛岳下令調動66軍的同一天，第1兵團總司令部下達了圍殲106師團的作戰部署：66軍第一期攻佔何壟山、鄧家山、王家山、獅子廟，第二期攻佔港口程、頭口、王家泛王，第三期攻佔三胡何家、何家山、鳳凰山，並截斷敵北向聯絡；第4軍佔領公母嶺、小金山、大金山之線準備攻擊，第一期攻佔石頭壁、面前山、熊家阪、楊家阪，第二期攻佔西尖山、石堡山、大樟樹坳，第三期攻佔沙卜傳、馬鞍山、頭母嶺；74軍佔領大金山、獅子崖一線準備攻擊，第一期攻佔萬家嶺、箭爐蘇、田步蘇，第二期攻佔老虎蘇、石馬坑劉、桶巷、港村，第三期攻佔梁

■九江附近，我軍架橋渡河，轉戰殲敵。

山、周家北端高地、周童嶺；187師（欠1個旅）及139師孫旅於7日夜猛烈伴攻牽制當面之敵，隨74軍攻擊之進展，準備追擊；新13師（附新15師一旅）佔領城門山、窪山、豬頭嘴一線拒止敵人，俟攻擊部隊第二期任務達成時即以有力部隊，進佔楊家窪、陳家山道，進佔青山堂、焦山嶺，控制經白楊堆向西道路，遮斷敵向西聯絡；142師位於東塘附近，俟攻擊部隊第一期任務達成後即行出擊，第一期攻佔烏童嶺、蝦蟆壟、駱駝山，第二期攻佔義門、劉灣窪，包圍敵之右側背；91師（欠1個旅）及142師之一團佔領墨赤山、碗鑼嶺、黃土尖、烏龜山、高壟山、田家、王家山、柘林一線陣地，策應攻勢部隊之作戰；60師、預6師應在壟嶺南北之線竭力遲滯敵之前進，並在豬頭嘴、楊家山、馬坳、河潯一線佔領陣地，掩護攻勢部隊之作戰；砲2團第3營及砲1團第6連在棋田以北地區佔領陣地，以主力壓制敵砲兵，協同友軍攻擊萬家嶺、田步蘇、石堡山、老虎山之敵，以一部掩護機動部隊之出擊。6日，各部均到達攻擊前指定位置，圍殲106師團大「甕」基本形成。7日，薛岳率吳逸志等總部人員親臨前線，召集各部將領部署總攻事宜。身著戎裝的薛岳立於齊腰深的蒿草中，一臉殺氣地宣佈：「此次攻擊，有進無退，違者斬！」

## 「甕」中捉「鱉」

入夜，總攻開始，中國軍隊從四面八方向萬家嶺一帶撲來。南面的74軍51師雖遭敵飛機猛烈轟炸，傷亡較多，但經數次強攻，終於收復長嶺，而後又包圍張古山。但是，張古山山勢陡峭，又有日軍約800人頑強堅守，51師對張古山的最初幾次進攻均告失敗。這樣的局面讓51師長王耀武非常焦急，他知道：張古山是萬家嶺戰場的制高點，日軍佔據著張古山，就多了一道阻止中國軍隊進擊的天然屏障，反之，若第74軍打下張古山，則不僅徹底封死了第106師團的生路，而且居高臨下直逼敵人的核心陣地；因此，張古山的得失，直接關係到圍殲松浦師團的成敗。這時，站在他身邊的153旅旅長張靈甫看出了他的心思，遂主動請纓。張靈甫原以為，有人主動請戰，師長會高興起來，說些鼓勵的話。可出乎他的預料，王耀武一言不發，愣愣地看著他，一臉狐疑。為了解除師長的顧慮，張靈甫向在座的人說出了自己的想法：「各位都看過《三國演義》，魏國大將鄧艾為攻取成都，出蜀將之不意，帶精兵暗渡陰平，飛越摩天嶺，一舉攻克了江油、涪城和成都。我們也可仿此戰例，大軍從正面進攻的同時，再挑選一批精兵強將，從人跡罕至的張古山背面進行偷襲，以收兩面夾攻之效。」聽了張靈甫一席話，王耀武茅塞頓開，當即命令張靈甫率153旅305團主攻張古山。果然，張靈甫不負師長厚望，於當夜奇襲成功，一舉收復張古山。但日軍不甘失敗，第二天清晨即集中兵力在飛機和大砲的掩護下，向張古山攻擊。張靈甫指揮305團官兵拼死固守。到8日晚，陣地兩得兩失，305團損失慘重，團長唐生海、營長胡雄負重傷，代團長於清祥、營長王之幹陣亡。儘管如此，該團的英勇作戰還是將敵人突圍的企圖遏制住了，張

古山一帶形成了拉鋸局面。51師在張古山一帶的苦戰吸引了日軍相當的注意力，為其他部隊的進攻提供了便利。總攻開始後不久，66軍即以159師及161師一部展開於金娥殿、公母嶺一線，而後猛攻石堡山、老虎尖，於8日克復該兩地。第4軍於7日晚7時開始進攻。當夜11時，90師（附102師304團）以有力一部向西佯攻。敵據險頑抗，並以一部猛攻雞公嶺、獅子崖、大金山，戰況甚烈。到8日晚，敵我在獅子崖等地形成對峙。同日，142師（欠1個團）亦於11時由城門山出擊，攻佔桶漢傅、周家之線。至

■武漢會戰中，我戰士涉水渡河，衝鋒陷陣。

此，中國軍隊完成對106師團的合圍，松浦淳六郎徹徹底底地成了甕中之鱉。

中國軍隊的強大攻勢讓106師團難以招架。8日，敵11軍配屬給該師團的參謀櫻井鐐三中佐給11軍作戰課長宮崎周一大佐的發了份求救電報：「師團正面之敵，每到夜裡仍然從各方面進行數次襲擊，有逐次將師團包圍之勢，雖要求急攻，但因地形錯綜複雜，部隊行動易出錯誤，進展不能如意。若拖延時日又恐師團態勢不妙。謹此請求給師團以戰鬥指導。」宮崎周一接到這份電報後，不敢怠慢，立即呈報給了岡村寧次。岡村寧次看過之後，馬上感到形勢危急，當即命令：「27師團以步兵約3個大隊為基幹的部隊，立即返回從箬溪-津市大道向甘木關附近急進，從背後攻擊106師團當面之敵，並令其一並指揮經箬溪附近，追趕106師團的砲兵隊及補充隊。」命令下達到27師團後，本間雅晴師團長急令102旅團長佐枝義重少將指揮佐枝支隊（由步兵102旅團<欠步兵57聯隊>、騎兵101大隊的1個小隊、野砲兵101聯隊5、8中隊組成）及106師團之宇賀支隊（由106師團的補充人員約2700人及野砲兵第106聯隊組成）從箬溪附近出發，趕往增援。但在來龍嶺一帶遭到李漢魂所部有力阻擊，無法前進。援軍受阻使106師團的處境更加艱難。為加強該師團的抵抗能力，日軍華中派遣軍司令官畑俊六大將不

得不親自組織向萬家嶺地區空投聯隊長以下軍官270餘名，以彌補106師團中下級軍官的損失。

9日白天，萬家嶺一帶的戰況異常激烈，第4、66、74軍猛攻扁擔山、田步蘇、萬家嶺、張古山、墩上郭、箭爐蘇之敵陣地，無大進展。但日軍向嗶嘰街以南74軍陣地及楊家山187師陣地之反擊亦被擊退。同時，142師襲擊了位於石馬坑劉的敵砲兵陣地，毀砲數門。但這樣的相持局面讓坐鎮前線指揮的薛岳心急如焚。他知道，武永公路援敵不斷增加，突破李漢魂組織的防線只是時間問題；而德星公路上的日軍101師團也正在西進，隘口鎮將陷；如不在短時間內解決萬家嶺一帶的戰鬥，後果不堪設想。想到此，他當即命令各部組織200至500人的奮勇隊，於當晚向萬家嶺地區之敵發動最後的總攻。當晚7時，在輕、重火器的支援下，各部奮勇隊利用夜暗一齊向萬家嶺、箭爐蘇、田步蘇、雷鳴鼓劉、楊家山發起衝鋒，大部隊則跟在奮勇隊後面向前推進。戰鬥至次日凌晨

■當年激戰地－玉筍山。

3時，66軍克復萬家嶺、田步蘇，殘敵約千餘人向北潰逃，在石堡山附近又遭66軍一部截擊，被迫轉向西退入雷鳴鼓劉；第4軍則從東面收復大金山西南及箭爐蘇以東高地。拂曉，74軍攻克張古山，91師攻佔楊家山東北無名村高地，142師（欠一個團）攻佔楊家山北端無名村及松樹熊。這一夜，僅66軍和第4軍就繳獲輕重機槍50多挺、步槍1000多支，俘虜30多人、馬100多匹。日軍彈糧不敷，陷入絕境。

多年，106師團的一名倖存者、運輸兵那須良輔回憶當時在雷鳴谷中的經歷時仍然心驚膽戰：「戰友們大部都受傷，也有些因為饑餓和疲憊而倒下來。死在水溝的戰友們，他們的臉色都變成茶色而浮腫，白花花的蛆蟲從他們的鼻孔和嘴巴掉下來。一連幾天都沒吃東西，只能從漂浮著同伴屍體的水溝裡舀髒水喝，活著的人也都快變成了鬼。我也覺得我的死期到了。對著十月的月亮，我放聲大哭。」就連松浦淳六郎也絕望了。據戰後一名日俘供認：「（中國軍隊）幾次攻到師團部附近，司令部勤務人員都全部出動參加戰鬥，師團長手中也持了槍。你們如果再堅決前進100公尺，師團長就被俘或切腹了。」但遺憾的是，當夜第4軍奮勇隊突到萬家嶺106師團指揮所附近不過100公尺處時，因天色太黑，加之審俘不細，未能及時發現松浦淳六郎，結果使抗戰中唯一一次俘虜日軍師團長的機會輕易溜掉。

10日，薛岳令各部隊稍事整頓，繼續進攻，以肅清石馬坑劉、雷鳴鼓劉、桶漢傅周圍日軍。當天傍晚5時，進攻開始。66軍攻入箭爐蘇，守敵退據山頂；142師於深夜收復嗶嘰街。106師團被迫收縮於雷鳴鼓劉、石馬坑劉、桶漢傅、松樹熊附近困守。在此期間，松浦淳六郎的告急電報象雪片一樣飛向11軍司令部。岡村寧次這下急了，即將戰車第5大隊（欠2個中隊）配屬給佐枝支隊。11日，又命 俊六剛調歸他指揮的17師團鈴木支隊（由17師團步兵團長鈴木春松少將指揮的步兵54聯隊<欠第2大隊>、步兵53聯隊第3大隊、野砲兵23聯隊<欠1個中隊>為基幹組成），從九江南下，一併指揮佐枝支隊，攻擊萬家嶺地區中國軍隊側後。12日，薛岳鑒於日軍援兵不斷聚積，「有利時期已過，各部苦戰，傷亡過重，戰力無幾」，命令各部轉入防禦。13日，鈴木支隊追上佐枝支隊。14日，為遲滯援敵前進，30集團軍等部奉薛岳之命，向箬溪方面攻擊。27師團招架不住，岡村寧次只好命令鈴木支隊抽調步兵2個大隊回援。但這次反擊只能起到減緩敵援軍前進速度的作用。15日下午武永公路之敵攻佔甘木關。與此同時，在德星公路作戰的101師團亦向德安推進。15日，101師團以千餘人及馬回嶺原106師團一部向37軍團陣地發動猛攻，16日突破25軍和29軍在德安東北的陣地，進入德安河北側，隨即強渡德安河。但中國軍隊頑強抵抗，將其拒止在德安河北岸。同日，薛岳見敵援軍逼近，全殲106師團殘部已無可能，遂令各部退守德安以西之柘林、郭背山、永豐橋、盧家灘及德安以北的烏石門、戴家山一線。17

日，甘木關附近的中國守軍撤走，106師團殘部與鈴木支隊取得聯繫。是役，擊斃106師團3000餘人，傷敵更多，繳獲大量武器及輜重裝備。就連岡村寧次也不得不承認，此次106師團「受到了全軍覆滅的嚴重打擊」。但是讓松浦淳六郎這只甕中之鱉逃脫也令薛岳頗感遺憾。戰後，他在給蔣介石的報告中這樣說道：「此次敵迂迴作戰之企圖雖遭挫折，但我集中圍攻，未將該敵悉數殲滅，至為痛惜。」

## 尾聲

救出106師團殘部後，岡村寧次將佐枝支隊及戰車第3中隊配屬給106師團，106師團原留守馬回嶺的1個步兵大隊和騎兵大隊則配屬給101師團，命該兩師團向德安、永修方向追擊。17日，日軍101師繼續向德安推進。37軍團勢單力薄，節節抵抗，步步後退，到19日止，大屋潘、汪莊、胡莊、李莊、天符壇、天球壟、張姑腦、獅山等地先後失守。20日，為遲滯日軍前進，薛岳命139師、102師及51師各以一部於21日晚至23日向獅山、嗶嘰街反擊等處反擊，頗有斬獲。24日夜，101師團強渡德安河成功，向德安進攻。而27師團亦由西北向德安壓迫。德安位置頓形突出。但我軍仍英勇奮戰。26日，日軍101師團一部猛犯儀封山，190師拼死抵禦，傷亡奇重。139師師長李兆瑛怕其支援不住，當命一部前往增援，才總算擋住了日軍的攻勢。27日下午，101師團經東、西、北三門衝進德安。守軍139師與敵展開了激烈巷戰。戰到28日夜，139師僅剩

下三四百人，已無力再戰了，遂奉命棄城南撤。德安乃告淪陷。

為避免與日軍背水作戰，薛岳命令各部向修水南岸轉移。31日，岡村寧次得知中國軍隊後撤，急令101師團「向虯津市、永修附近修水一線追擊」，106師團「策應101師團，向虯津市附近追擊」。此時，由於中國軍隊主力已退至修水南岸，日軍沒有受到多大的抵抗就攻佔了永修、虯津市和白槎街。雖然僥倖完成了佔領永修的任務，但岡村寧次對萬家嶺之敗仍然心有餘悸，「為避免在永修方面惹起新的戰鬥」，於11月2日命令101師團和106師團沿修水河北岸佈防。至此，南潯會戰結束。

南潯會戰是武漢大會戰中的一次重要戰役。在這次戰役中，第九戰區第1兵團在薛岳的指揮下，運用靈活的戰術，重創進犯之敵3個師團，粉碎了日軍一舉攻佔南昌、策應武漢作戰的迷夢，狠狠打擊了侵略者的囂張氣焰，取得了空前大捷，大大振奮了全國軍民的抗日熱情。戰後，各地民眾自發地組織慰問團赴前線慰勞英勇殺敵的愛國官兵。著名作家田漢在採訪74軍時，被無數官兵的英雄事跡所打動，寫下了膾炙人口的74軍軍歌。歌中唱道：「起來，弟兄們，是時候了。我們向日本強盜反攻。他，強佔我們國土，殘殺婦女兒童。我們保衛過京滬，大戰過開封，南潯線，顯精忠，張古山，血染紅。我們是人民的武力，抗日的先鋒。人民的武力，抗日的先鋒！起來！弟兄們，是時候了。踏著先烈的血跡，瞄準敵人的心胸，我們愈戰愈勇，愈殺愈勇。抗戰必定勝利！殺！建國必定成功！殺！」

很快，這激昂的旋律隨著萬家嶺大捷的英雄故事傳遍了大江南北，激勵著眾多的熱血青年奔赴抗日戰場。薛岳也因這次戰役中突出的表現，深得蔣介石嘉許，12月初被擢升為第九戰區副司令長官。

■當年的激戰地－張古山。

# 常德會戰導讀

　　1943(民國32)年，太平洋戰場上美、日作戰形勢發生重大變化，日軍基於戰局迫切，集結發動常德會戰，企圖採取猛烈攻勢深入中國內陸，截斷盟軍在中國戰區的部署，這種戰略佈局呈現了抗戰進入新階段，日軍對中國戰局的焦灼而又無奈。是役中國軍隊憑藉勇猛頑強的戰鬥，仍擊退了日軍的進攻。

　　1943年秋，太平洋戰爭的形勢發生了根本性的變化，日軍已被迫轉策勢。在印緬戰場，中、美、英同盟國也在計劃著聯合反攻緬甸。日軍為守應太平洋戰場和印緬作戰，牽制中國軍隊南下反攻日軍，付諸於武力，別無其他方法可尋。地理位置上，湖南西部的常德因其重要地位，武漢地區的日軍將之作全攻目標，集中10萬餘人的重兵，並配備陸空聯軍戰力。

　　中國第6戰區是這場保衛戰的主體，會同第9戰區之一部，部署了20萬大軍嚴陣以待，中國空軍也協同作戰。國軍作戰方針採取傳統戰術：第一步、「先以第一線兵團依縱深據點逐次打擊敵軍」，第二步、予敵重大消耗後轉移至二線陣地「固守」，第三步、再以第二線兵團，協同第一線兵團對敵實施「機動作戰，殲滅進攻之敵」。

　　1943年11月2日，常德會戰開始，戰鬥異常激烈，國軍發揚大無畏的犧牲精神，拼死作戰，日軍求勝心切，瘋狂進攻，國軍在多處與敵反復廝殺，戰況尤烈，犧牲尤重。僅常德一地的保衛戰，日軍就先後投入約3萬兵力，300餘門火砲。中國守軍僅一個師，兵力僅9000人，在此敵我力量懸殊的情況下與敵鏖戰，堅守16晝夜，予敵重創，中國守軍雖

然犧牲慘重，但兵亡官繼、彈盡肉搏，寧可戰死，決不投降。

奉命守衛常德的國軍第74軍57師經過16晝夜激戰，彈盡糧絕，全師官兵除100多人突圍外，其餘均壯烈犧牲。12月3日，常德失陷。12月4日，國軍援救常德的後續兵團抵達戰場，開始反攻常德週邊，7日，第9戰區第58軍、第72軍協同第6戰區部隊向日軍發起反擊。日軍主力團戰役目的已經完成，而且由沙中渡過長江遠道進攻，軍需補給線受到國軍側擊，又怕國軍援兵趕到，受到夾擊，故主動撤出常德，然後全線總退卻。12月9日，第58軍會同第72軍收復常德。至次年1月初日軍退回原駐地，會戰結束。

在1943年11月2日至12月20日的50餘天的會戰中，中國軍隊付出了重大犧牲，將官級師長陣亡者即有3人。但是，也給了驕狂的日寇以重大打擊，共斃傷日軍2萬餘人。日軍雖然曾艱難攻佔了常德，但中國軍隊二線兵團隨即展開反攻。日軍見勢不妙，倉皇撤退。會戰以日軍的被迫退卻而告終。

在此次會戰中，中國空軍以及美國駐中國昆明等基地的空軍P-40B機隊也參加戰鬥，並取得重大戰績。中、美雙方集結轟炸機和驅逐機約200架，對日軍飛機、河面艦船、地面部隊展開作戰，有力支援了地面作戰。

常德會戰，國軍依託陣地節節頑強阻擊，遲滯日軍進攻，給敵重大消耗，並以反攻恢復了原態勢，給日軍重創，粉碎了日軍的作戰企圖，同時在戰略上也配合了敵後戰場的「反掃蕩」。

# 浴血常德

☆ 林陽

　　常德，知道這個地方的人很多是因為陶淵明的桃花源記，就在這個風光旖旎恍如世外桃源的人間勝地，在60年前曾發生過一場極其慘烈的戰鬥，這恐怕不少人就不一定清楚了。

### 戰雲突起

　　1943年對於同盟國來說，絕對是轉折性的關鍵一年，從被動走向主動，從失利走向勝利。1月日軍放棄了在瓜達爾卡納爾島的爭奪，將太平洋上的主動權拱手讓出，5月開始盟軍在太平洋各個方向開始了反攻，在北太平洋發動阿留申群島登陸、中太平洋發動吉爾伯特群島登陸、西南太平洋發動了新幾內亞島登陸、南太平洋進行了新喬治亞群島和布幹維爾群島登陸；2月蘇德戰場上的轉折性戰役史達林格勒戰役以蘇軍勝利而告終，蘇軍隨即開始全面反攻；5月德意軍在非洲完全失敗，隨後在地中海戰場上的盟

## 常德

「常德」，最早見於《老子》「天下為溪，常德不離。」又見於西漢毛氏《詩·常武》序「有常德以立武事，因以為戒焉。」不過常德這一地名還是從北宋才開始的，北宋政和七年（西元1117年），鼎州設常德軍，後升為常德府，「常德」之名這才沿襲至今。而此前常德地區在春秋戰國時屬楚國疆域，秦代屬黔中郡，兩漢時屬武陵郡。三國以後直至清代，常德市大致按沅水、澧水流域分治。沅水流域，先後是武陵郡、朗州、鼎州、常德路、常德府。澧水流域，先後是天門郡和南郡並立、天門郡和南平郡並立、南平郡和南義陽郡並立、澧陽郡、澧州、澧州路。澧州在明太祖九年至三十年，曾隸屬於常德府。所以常德古稱武陵，又稱鼎州。民國時期，溝通沅澧水流域的陸路交通有所加強，常德市政區設置又合二為一，先後設置武陵道，第一、第二、第四行政督察區。中華人民共和國成立後，常德市先後設常德區行政專員公署、常德地區行政公署，1960年設市，1988年升為省轄市，現轄2區6縣1市，即武陵區、鼎城區、安鄉縣、漢壽縣、澧縣、臨澧縣、桃源縣、石門縣、津市市。總面積18190平方公里，總人口約600萬，為湘西北交通、能源、流通、文化中心。

常德據沅江下游，為湘西第一大城。東為洞庭湖，西為武陵山，常德山丘平湖錯落，沅江澧水納百川流碧，重巒疊秀擁沃野廣布，氣候溫暖濕潤。已發現各類動植物2472種，其中珍稀動物24種，珍貴植物17種；探明礦藏近百種，其中雄磺儲量、品位和產量為全國之冠，食鹽、黃金、石膏、石煤、石英砂、膨潤土為量居湖南省前列。主要出產水稻、棉花、油料、柑桔、茶葉、煙葉、麻類、竹木、花生、豆類、湘蓮、蘆葦、生豬、禽蛋與多種水產品和37個行業大類工業品等，是湖南省和全國的重要農產品商品生產基地，素稱糧倉、紡城、煙都、酒市、茶鄉。

近年來常德以沅澧流域湖光山色和遠古文化、民族風情為特色，融自然景觀、人文景觀與旅遊商品為一體的旅遊資源異彩紛呈，舊、新石器時代遺址500多處，276處重點保護文物中15處為全國之量，14處為全省之最。3處國家森林公園、3處省級森林公園和1處國家自然保護區與1處省級旅遊度假區更是引人入勝。最有名的當屬晉代詩人陶淵明曾描繪繪過的桃花源。

軍在西西里和義大利南部接連發起登陸，迫使義大利於10月宣佈退出軸心國陣營，加入同盟國陣營對德宣戰。

在中國，日軍5月間對鄂西的進犯也無功而返。9月，中國駐印軍和新組建的遠征軍（4月在雲南成立遠征軍司令部長官部，下轄第11、第20集團軍）開始醞釀由印度和滇西兩路對進，重新打通中印公路和滇緬公路。

日軍鑑於太平洋上戰局日漸不利，因此要求「中國派遣軍從戰爭全局出發，不允許進行任何作戰。」因此在鄂西戰役之後的整整4個月內，日軍未在正面戰場發動新的作戰。日軍中國派遣軍司令長官畑俊六大將建議在1943年下半年進攻四川，但日軍大本營認為太平洋戰局日趨不利，而中國華北地區「治安」情況也非常嚴峻，根本無法湊起進攻四川的足夠兵力，因此拒絕了畑俊六的建議要求中國派遣軍1943年下半年的作戰重點放在加強佔領地區的穩定上。但當發現中國從第六、第九戰區抽調兵力轉用於雲南，準備打通滇緬公路後，日軍大本營又改變計劃，要求中國派遣軍組織攻勢，牽制正面戰場的中國軍隊，使其不能再抽兵轉用於雲南，以策應南方軍的作戰。

中國派遣軍根據大本營的指示，結合各戰場實際情況，於8月28日製訂了《昭和18年（1943年）秋季以後中國派遣軍作戰指導大綱》，其主導思想是在華北努力確保佔領區，以第11軍和第13軍主力分別發起常德與廣德作戰。日軍大本營研究了這一大綱，同意在不向中國派遣軍增派兵力的條件下發起常德作戰。9月27日，大本營向中國派遣軍下達了正式命令。中國派遣軍在接到命令的第二天就向各部下達了作戰命令，命令要點如下：

一、第11軍於11月上旬發起此次作戰，進攻常德地區，摧毀敵軍戰力。作戰目的一

經完成，即恢復原來態勢。關於其時機，另行下令。

二、作戰方針為進攻敵之政略、戰略要衝常德，追索敵中央軍予痛擊，以促使敵之繼續抗戰企圖逐步衰亡，同時牽制敵向緬甸方面抽調兵力，以策應南方軍之作戰。

三、作戰要領：第11軍主力連同加強部隊，共35個步兵大隊由董市、石首向前推進，攻佔常德；繼而追索常德方面集結的反攻之敵，予以殲滅；作戰目的一經實現，即視當時敵在緬甸反攻形勢，適時返回，恢復原態勢。

隨後，第11軍開始著手擬訂作戰計劃，10月9日第11軍軍長橫山勇中將在漢口召開常德作戰軍事會議，製訂了相關作戰計劃，計劃分三個階段，第一階段消滅王家廠周圍地區之敵，第二階段攻佔常德並消滅該方面集結反攻之敵，第三階段參戰部隊返回。10月6日第11軍召集各參戰部隊的參謀長進行了圖上作業。

根據作戰計劃，從10月上旬開始，皖南、贛北、武漢、信陽等地的日軍開始向江陵、沙市、石首集結，至10月31日，日軍各部均已到達進攻出發地區，並在監利、沙市之間的江湖河汊集結了30餘艘軍艦、300艘汽艇、1000餘艘民船，在武漢集結了約50架飛機，11月1日完成了常德作戰的進攻準備。

就這樣，戰雲終於壓向

了常德，常德古稱武陵，位於湖南省西北部，沅水下游和澧水中游，北西南三面環山，其西北部屬武陵山系餘脈，西南部為雪峰山餘脈，中部多見起伏的紅岩丘陵區，間或也有山峰隆起（如太陽山、太浮山），東部為沅、澧水下游及洞庭湖平原區，整個地形為南北高，中間低，兩山夾一凹的基本輪廓。東臨洞庭湖，為長沙屏障，西接武陵山、雪峰山，扼川東門戶，素有「荊楚要地，湘楚唇齒，吳蜀咽喉，滇黔戶牘」之稱。清初大儒顧炎武，在其天下郡國利病書中寫道：「常德府（涵今日常德、漢壽、沅江三縣）左包洞庭之陽，右抗五溪之要，不特荊湖之唇齒，即滇黔之喉嗌也歟。」常德地區是湖南省乃至全國的重要農產品生產地，盛產糧、棉、油、煙、酒、茶。在1943年的中國戰場，是四川與華中連接之要道，貫連華中五省兩大戰區的咽喉走廊，拱衛西南大後方的重要屏障，而且該地區的糧、棉、油等物資以及人口資源，也是支撐抗戰

■艱難修築中的滇緬公路是日軍的心腹大患。

的重要物質基礎，無論政治、軍事，還是地理、經濟都在中國抗戰中佔有極其重要的戰略地位。常德城有古城牆，極為厚實，城郊及太陽山都築有永久工事。此城若失則第六戰區糧道斷絕，且威脅長沙，震動重慶。正因為如此，國民政府對常德非常重視，第六戰區的《拱衛陪都計劃》中明確指出，保衛

陪都必須確保常德、恩施、巴東等要點。國民政府軍事委員會（簡稱軍委會，下同）也在《拱衛行都作戰計劃》中明確規定，當日軍進攻常德時，除第六戰區外，第九戰區至少將投入3個軍，第三、四戰區至少各抽出1個軍策應，並規定常德作戰將由軍委會直接指揮。

## 常 德 會 戰 圖

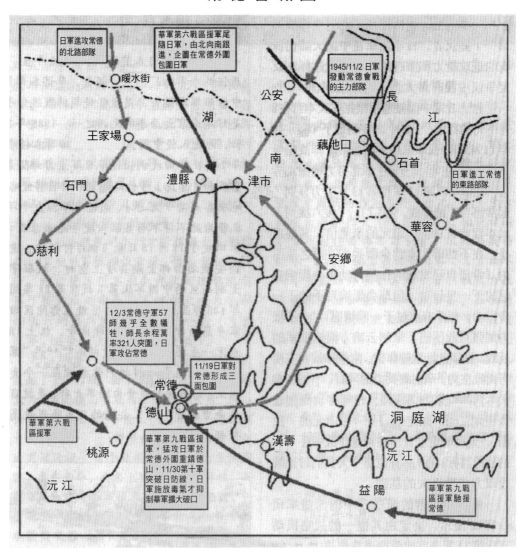

■ 橫山勇。

1943年10月第六戰區下轄第10、第26、第29、第33集團軍和江防軍，共計12個軍35個師，其防禦正面為從監利至石牌，再折向漢水的V字形防線，整個防禦正面寬達270公里，分為二大部分，一是以石牌要塞為核心，死守自長江入川的門戶，設有長江上游總司令部，配署國軍嫡系土木系最精銳的部隊，是整個第六戰區的主力。第二部分就是以常德為主戰場，湘西洞庭湖濱地區，是第六戰區江防主陣地的右翼。此地雖因第20集團軍調往雲南而顯得有些空虛，但仍有一定實力。由於鄂西會戰之後未能收復石首、華容等要地，致使日軍不但佔領著態勢良好的西進橋頭陣地，而且使長江南岸第29和第10集團軍失去了長江屏障的地利，只能沿松滋河以東南北流向的九都大河、太平運河等河流建立防線。第六戰區的具體部署是：第29集團軍位於濱湖區，與第10集團軍並肩展開構成寬大正面的第一線兵團。江防軍鎮守長江正面，可視情況增援濱湖區正面。第26集團軍位於鄂西江北。第33集團軍由戰區控制為第二線兵團主力。第100軍位於瀏陽為總預備隊。第74軍雖在常德、桃源，但系軍委會直屬部隊，只

是暫歸第六戰區督訓。

在第六戰區的上述部隊中，第29集團軍為川軍王纘緒派系，在武漢會戰中損失慘重，近乎覆沒，後經補充整訓，便部署於洞庭湖畔，歷經1939年冬季攻勢後的歷次戰役，儼然已經成為此地的「老土地」。在常德戰役前，原轄第67軍被調走，代之以湘軍舊部第73軍。第33集團軍常年在第五戰區，在歷次作戰中損失較大，尤其在1940年棗宜會戰中元氣大傷。因其西北軍的雜牌血統，雖然是歷次大戰的英雄部隊（張自忠將軍就曾是該集團軍司令），終究在補充上不如嫡系，因此戰鬥力逐漸衰落。在棗宜會戰之後便被調到湖南西北一帶，成為第六戰區在該地區的第一線主力。第26集團軍原是第九戰區的主力部隊，其中第32軍雖是晉軍，但驍勇善戰，歷經津浦路戰役、武漢會戰、南昌會戰、長沙會戰，都是被當作一等主力來使用的。第75軍是浙軍舊部第6師擴編而成，武漢會戰之後，逐漸中央化，成為土木系的主要部隊之一。第10集團軍是常德地區的主要防禦部隊，所轄的第66軍與第79軍都是土木系部隊中的精銳。而第74軍則是中央系中的精銳，幾乎打遍所有硬仗，從淞滬會戰開始，南京保衛戰、蘭封會戰、武漢會戰、南昌會戰、第一次長沙會戰、冬季攻勢、第二次長沙會戰、上高會戰、第三次長沙會戰、浙贛會戰、鄂西會戰，幾乎是無役不從，戰功彪炳。在1940年換裝當時最新的蘇式裝備，改稱攻擊軍，直屬軍事委員會，作為各大戰場的機動預備隊，是國民黨軍（簡稱國軍，下同）中一張王牌。日軍對這支國軍中的王牌部隊深為敬畏，並以「三

## 攻擊軍

1941年2月，軍委會決定在西北、西南兩地區各成立2個攻擊軍（即戰略軍），直屬軍委會，作為大江兩岸的機動部隊。攻擊軍與普通軍的區別是：攻擊軍的司令部編制人數比普通軍多，並配備龐大的直屬部隊，計有：1個山野砲混合砲兵團、1個工兵團、1個輜重團、2個補充團、1個高砲營、1個戰車防禦砲營、1個重迫擊砲營、1個搜索營、1個通訊營、1個特務營（警衛營）、汽車大隊、特務隊各1，另外有防毒、衛生訓練兵種。軍部除完整的參謀單位外，本身便有強大的特種兵直屬部隊以及自行運補的能力，可以機動使用，獨當一面，在戰場上獨立應戰。此外最別致之處是這些攻擊軍還附有自己的師管區，司令由副軍長兼任，以免徵兵上受官僚主義的局限。每個軍下轄3個步兵師，每個步兵師按1937年頒行的陸軍師編制編足人數，約1.1萬人。在西北戰場已決定改為攻擊軍的的是第1、第2兩個軍，西南戰場已決定的是駐廣西全縣的第5軍（該軍第200師是機械化部隊），另一個軍各方面競爭激烈。經軍令部提名報請的有4個軍，內以第18和第74軍旗鼓相當。第18軍是陳誠一手建成的，從內戰到抗戰都負有盛名。第74軍雖然是抗戰初期在上海建立的，但自抗戰開始打了幾次硬仗，以敢打敢拼而著稱，尤其是萬家嶺戰役和冬季攻勢中戰績最為突出。經蔣介石反復考慮後，將最後一個攻擊軍的名額給了74軍。

■國軍防空火砲戰鬥人員。

五部隊」呼之（74軍所轄第51師、第57師、第58師，皆以5開頭）。

另外值得一提的是，國軍在紙面計劃上，提出了日軍五種可能的進攻方式與國軍的應對作戰。後來戰役實際情況基本不離其中兩種方案，可以說此戰，國軍在廟算上已是勝出一籌。

1943年9月以來，鑒於當面日軍調動頻繁，國民政府判斷日軍有進攻企圖，開始修訂作戰計劃，調整部署，落實作戰準備。修訂的作戰計劃確定以鞏固陪都重慶為首要目的，兵力配置重點為石牌、廟河兩大要塞，第一線兵團依託工事逐次抗擊予敵以打擊，必須固守常德、石門、漁洋關、資丘、石牌、廟河、興山、歇馬河、南漳等要點，再由第二線兵團機動出擊，協同一線兵團擊滅進犯之敵。如敵以小部隊實施局部攻擊，則由第一線兵團擊潰之。10月下旬，綜合各方面的情報，判斷日軍將向長江、洞庭湖三角地帶進攻，以消耗牽制我兵力。根據這一判斷，軍委會於10月28日電令第六、第九、第五戰區調整部署：

第六戰區第10、29集團軍各一部，於河沼地區阻擊進犯之敵，主力憑藉津、澧河流及暖水街一帶山地，以側擊、伏擊手段擊破進犯之敵。第74軍以57師守備常德，主力位於太浮山，機動出擊。第100軍進至益陽待命。中美空軍積極活動，向沙市、監利、石首、華容之敵偵察轟炸。第26、第33集團軍各以2至3個師向當面敵之弱點進擊。第九戰區以2個師向岳陽以東出擊。第五戰區以2個師向京山、皂市出擊。各部應於11月4日前到達出發陣位，待命出動。

第六戰區遵照這一電令，結合戰區修訂的作戰計劃，決心以一部兵力佔領既設陣地，逐次抵抗，消耗日軍，主力向澧水、沅水兩岸集結，待機發動全面反擊。第六戰區重新部署如下：

第29集團軍44軍擔負爛泥溝、南縣、甘家廠（不含）以及津、澧一線守備；第10集團軍79軍主力與66軍一部，擔負甘家廠、公安、新江口（不含）一線守備；江防軍之30軍擔負茶店子、石牌守備；第26集團軍75軍擔負三遊洞、為帽山、閻王口一線守備；第33集團軍77軍主力與59軍一部，擔負大木嶺、栗溪、轉鬥灣一線守備。以上部隊為第一線兵團。其餘各部主力分別集結於石門、暖水街、聶家河、三門坪、窯灣溪、興山、報信坡、劉侯集、安家集地區，為第二線兵團。至10月底，各部隊都陸續到達指定位置，準備迎擊日軍的進攻。

## 兵臨城下

11月1日，日軍第3、第13、第39、第68和第116共5個師團兵分四路，按照預定計劃，從長江南岸的宛市、彌陀寺、藕池口、石首、華容一線開始全線攻擊。其中以第39和第13師團為左翼，直取第10集團軍主力陣地；第68師團為中路徑攻慈利；第3師團則在第29集團軍陣前渡江；第116師團則完全以奇兵態勢水運渡過洞庭湖，在第

29集團軍右翼澧縣一帶登陸，一面包抄44軍，一面直逼常德。從這一陣勢上看，日軍幾乎集結了華中方面所有能動用的兵力，總兵力將近10萬人，除了這5個師團外，還有獨立第17旅團，第34、第32和第58師團各一部，另以第40師團牽制第九戰區，戰役規模遠遠超出國軍的預期。日軍的如意算盤是一舉殲滅國軍一線兵團的2個集團軍，然後以第68和第116師團鑽隙突進，只要這2個師團能在戰役初期攻下常德，就可使整個正面國軍進退失據，陣腳大亂，接著前後夾擊，消滅國軍第六戰區主力。

當日，國軍一線部隊第79軍98師、暫6師、第66軍185師、第44軍150師、162師各部即憑藉陣地奮起迎戰。2日，第79軍194師與日軍第13師團接戰。第10集團軍判斷日軍主攻方向如先前預測，為暖水街、王家畈一帶，乃電令66軍和79軍主力開往暖水街、王家畈佈置防禦主陣地。兩軍分別以一部遲滯日軍，主力於4日退入主陣地，準備依託既設陣地阻滯日軍攻勢，等待援軍。11

■日軍水路並進迅速集結。

月3日，沿江全線爆發激戰，73軍於澧縣，44軍於東港，79軍於街河市都發現日軍主力，日軍投入兵力規模之大，大出預料。戰至3日，一線陣地已有多處被日軍突破，缺口最大的是在左翼，日軍116師團在強大火力掩護下渡河，44軍據河堤抵抗，但終不支而退。配屬68師團的戶田支隊攻佔南縣，因正面的第九戰區99軍92師不戰而退，使該敵又得以進佔三仙湖，進抵洞庭湖北岸。日軍68師團迂迴進攻安鄉，39師團西進漁陽關，第3、13師團渡過太平運河、霧氣河，迫使國軍退守獅子口、公安、甘家口、松磁河一線。

見日軍發起全面攻勢，第六戰區代理司令長官孫連仲指示所部：「一、第10、第29集團軍之一線部隊依託既設陣地，逐次堅強抵抗，予敵以嚴重打擊，對安鄉要盡可能保有，至萬不得已時，可留一小部於敵後尾擊、側擊，主力退守彙口、孟家溪、街河市、斯家廠、洋溪一線繼續抵抗。二、第29軍集團軍應指定1個師堅守津、澧，1個師堅守石門，主力在石門西北地區集結。三、江防軍應固守江防及沿江要塞、第26、第33集團軍應即準備策應江防軍之作戰。」——孫連仲這樣部署是因為雖然根據目前情況，日軍主攻方向直指常德，但是孫連仲擔心日軍仍是效仿鄂西會戰前期，先在湘西地區大舉進犯，造成主攻假像，最後主攻矛頭還是指向陪都門戶石牌。所以孫連仲不敢冒然調動江防軍東進應援，還是電令江防軍固守陣地，而對戰況激烈的沿江一線戰場，僅是要求盡量保有重鎮安鄉，並憑藉既設陣地逐次堅強抵抗。戰區預備隊第26、第33集團軍，

■孫連仲。

也不願過早調往湘西，重點還是放在策應江防軍作戰。當然對於日軍攻擊常德的企圖也做了安排，請求軍委會將直轄之第74軍轉歸戰區指揮，以該軍57師守備常德，主力在太浮山西南集結，作為戰區機動力量。軍委會批准這一請求外還電令第五、第九戰區各出動2個師分別向鍾祥、岳陽方向日軍攻擊，以策應第六戰區作戰。

11月4日，國軍一線各部均按照戰區命令向主陣地轉移，後衛部隊亦能沈著應戰，整個轉移比較有序，並未因日軍的數量優勢而亂了陣腳。江防軍抽調第86軍13師向津洋口集結，待命策應第10集團軍，江防軍主力第18軍也在江防陣地中向前推進，待命馳援。日軍開戰以來一直在第3師團後面跟進的日軍佐佐木支隊也加入戰鬥，這支生力軍攻擊相當犀利，當天中午就攻陷公安。

11月5日孫連仲終於判明日軍主攻方向為常德，電令各部調整部署，江防軍第13師和第18軍均奉命南下應援，第26、第33集團軍則開始準備機動策應湘西。6日，日軍相繼攻佔茶園寺、王家橋、新河市、東岳廟、甘家廠等地，尤其是第13師團前鋒突入暖水街東側。國軍第10集團軍退守磊家河、王家畈、兩河口、暖水街、閘口、王家廠一線主陣地，第29集團軍退守永鎮河、紅廟、

**常德會戰時第74軍序列為**

```
軍長          王耀武
副軍長兼鎮獨師管區司令  李天霞
參謀長        孟廣真
    第51師師長  周志道，
    副師長  邱維達，參謀長  盛超，步兵指揮官  陳傳鈞
        第151團團長  王奎昌
        第152團團長  胡景瑗，第153團團長  王夢庚
    第57師師長  余程萬，
    副師長  李琰、陳噓雲，參謀長  皮宣猷，步兵指揮官  周義重
        第169團團長  柴意新，第170團團長  孫進賢，第171團團長  杜鼎
    第58師師長  張靈甫，
    副師長  蔡仁傑，參謀長  羅幸理，步兵指揮官  李嵩
        第172團團長  明燦，第173團團長  何瀾，第174團團長  李運良

第57師在常德保衛戰時序列：
師長                        余程萬
副師長                      陳噓雲
參謀長                      皮宣猷
步兵指揮官                  周義重
參謀主任                    龍出雲
第169團團長  柴意新，副團長  高子曰
    1營長  楊維鈞，2營長  郭嘉章，3營長  孟繼冬
第170團團長  孫進賢，副團長  馮繼異
    1營長  張庭林，2營長  鄧鴻鈞，3營長  李少軒
第171團團長  杜鼎，副團長  盧孔文
    1營長  吳鴻賓，2營長  袁自強，3營長  張照普
師直屬部隊：
    師砲兵營營長                孔溢虞
    師工兵營營長                高玉琢
    師輜重營營長                杜少蘭
    師特務連連長                楊筠
    師騎兵連連長                薛家富
    師通信連連長                劉廣襄
    師輪送連連長                曹寶貴
配屬部隊：
    100軍63師第188團團長        鄧先鋒
    74軍砲兵團團長              金定洲
    74軍砲兵第3營營長           何曾佩
    74軍戰防砲營營長            藍健民
    74軍高射砲連副連長          瞿國楨
```

龍山一線主陣地，濱湖地區基本為敵所占，不過正面國軍主力尚較完整，且已轉入主陣地，總體而言，戰況並不算太差。

11月7日，國軍一線兵團兩個集團軍已在王家畈、暖水街、紅廟一線形成完整防線，以74軍為主的二線兵團也正在機動途中。日軍渡江之後，以第3、13、39、68師團主力展開全面進攻，第39師團攻佔蕭家店、劉家場，並以231聯隊第3大隊攻佔枝城、宜都，解除師團側背威脅。第3師團突破第10集團軍主陣地右翼九王廟，迫使守軍退至龍鳳堖。第13、第116師團分別與暖水街、紅廟守軍激戰中。第10集團軍失策應正面苦戰的79軍，以66軍向突至劉家場一帶的日軍發起反擊，但未奏效。79軍暫6師經數日激戰，退入主陣地核心暖水街，而79軍

■國將領在常德前線指揮戰鬥。

98師、194師均在奮力抗擊當面之敵，199師則向暖水街側翼出擊，以減輕正面壓力，至此79軍已形成以暖水街為核心的防禦態勢。當天16時第六戰區電示第10集團軍：「查暖水街、馬踏溪、幹溪灘三角地帶為戰區戰略要地，得失關係重大，該軍若能堅守三日，當予著重獎賞！」蔣介石也手令第10集團軍集中主力，擊破向暖水街突進之敵。

應該說暖水街破敵的原則是正確的，但是當面日軍兵力雄厚，包括第13、第39師團全部和68師團一部，可不是一個區區第10集團軍就能應付過來的，而且第10集團軍5個師三萬餘人已經分散各處，難以集中全力破敵。第六戰區在電令第10集團軍固守暖水街三日的同時，卻沒有派出援軍，反而將戰區預備隊第26、第33集團軍就近投入荊州當陽一線，攻擊當面日軍，以求圍魏救趙之效，只是這招難救暖水街的近火，第10集團軍陷於苦戰。

8日日軍主力進抵暖水街，宮協支隊接替第13師團防務，使之騰出手來全力猛攻暖水街，第10集團軍全線激戰，主陣地戰況尤為慘烈。第10集團軍司令王敬久深知所部僅兩個軍，兵力、機動力皆不如日軍，而且江

防軍不能輕出，右翼第29集團軍正在與日軍激戰中根本無法來援，戰區後援部隊尚在途中，只能靠自己力量。因此大膽採用攻勢防禦戰術，一方面堅守暖水街、王家畈核心陣地，一方面集團軍主力採取靈活的內線作戰，或反擊或合圍，粉碎日軍攻勢。在此戰略指導下，98師、194師且戰且退，先後放棄幹溪灘、閘口、王家廠等地，而暫6師則全力死守暖水街。

9日，日軍大舉進犯暖水街，「如波逐浪，擁進不已」。暫6師在師長趙季平指揮下頑強堅守，即使是一些被日軍割裂的部隊也不後撤，死戰不退，日軍攻勢屢遭挫敗，在正面猛攻接連不克後，只得轉而迂迴暖水街側翼，194師與199師密切協同，逐退日軍迂迴部隊。但因集團軍主力後撤，也致暖水街的暫6師陷於孤立，為保存實力，第10集團軍於9日夜命令該師向子良坪突圍。暫6師衝破日軍阻截突至子良坪後又遭到由暖水街以南突進的日軍第13師團猛攻，因在堅守及突圍戰鬥中傷亡慘重，無法頂住日軍的攻擊只得再退至扁擔灣。雖然暖水街失守，但第10集團軍主力尚存，防禦態勢也尚完整，尤其是79軍98師、199師，憑藉內線作戰之利，突進側擊，日軍推進仍遭巨大阻力，即使拿下暖水街，還是無法突破第10集團軍的防禦地域，只能無奈地在暖水街地區打轉。

11日，日軍改變戰術，以聯隊為單位分兵進擊，企圖多點施壓，衝破第10集團軍防禦，第10集團軍各部以靈活的戰術迎戰，使日軍無從推進。國軍戰史記載，當日「敵我陣線交錯，互無進展。」當夜，日軍攻入第

■由於國軍官兵的拼死抗擊，日軍的攻勢一度受到遏制。

10集團軍司令部所在地太平街，集團軍直屬獨立工兵第30營奮起抵抗，掩護司令部撤離，足見當時戰況之犬牙交錯。

由於孫連仲一直對石牌要塞記掛在心，對江防軍的使用十分持重，第13師及第18軍的馳援一直是穩步前行，還不時回盼，嚴防日軍殺個回馬，不過總算到11日，這支援軍也終於到達。

12日，日軍仍聚集於第10集團軍當面，進展如蝸牛爬行。日軍第11軍軍長橫山勇見王家廠、暖水街一線僵持日久，而江防軍援軍正穩步來援，如再不想辦法打破僵局，就會遭到第10集團軍與江防軍的兩面夾攻，於是決心改變主攻方向，將主力調往新安、石門一線，將突破重點改為第29集團軍正面，暖水街方面只留39師團一部進行牽

制性作戰，掩護主力側後。

第10集團軍在迫使日軍轉向後，迅速組織反攻。孫連仲電令第10集團軍以漁洋關為核心陣地，以13師固守漁洋關，185師為預備隊，194師後撤休整，暫6師及98師仍於原陣地遲滯敵軍。孫連仲滿足於石牌側翼威脅已然緩解，並未根據戰局發展調整部署，第10集團軍樂得自掃門前雪，而未能將主力隨日軍進攻之轉向，進援石門方向。

新安、石門方面守軍為第29集團軍73

■日軍主力迅速轉向進攻石門。

軍，該軍在半年前的鄂西會戰中傷亡慘重，元氣大傷，此時尚未恢復。日軍自13日深夜起猛攻73軍陣地，石門一線部隊在幾天戰鬥中已經非常疲乏，在日軍加強兵力後再難抵敵，第六戰區只得電令第29集團軍放棄濱湖區，撤守石門至澧縣間之澧水防線，第29集團軍退至澧水，以44軍駐守澧縣及各渡口，73軍主力據守石門，77師守新安。29集團軍總司令王纘緒有意曲解孫連仲先前相機撤退的命令，率領其嫡系44軍撤過澧水，而讓非其嫡系的73軍留守石門。

日軍對石門是志在必得，因為如果打不下石門，11軍主力就無法南下常德，所以11軍在石門當面，一下子展開了第3、第13師團整整兩個師團的主力。而石門只有一個戰鬥力殘破的73軍，更令人詫異的是這個湘西防務的中樞重鎮，居然沒有像樣的防禦工事，所謂的「國防工事」，竟然只是一條20公里的散兵壕！而此時44軍已退過澧水，更使石門陷於孤立的絕境。73軍只好趕緊搶築工事，背對澧水佈防，以暫5師堅守石門，

■日軍的進攻使國軍遭受巨大損失，圖中為英勇犧牲的國軍士兵。

以77師與15師部署在週邊。

73軍剛到石門立足未穩，日軍第13、第3師團就緊隨而至，在飛機掩護下下猛攻石門。15師、77師雖奮力抵抗，終究難阻狂瀾，77師師部遭到日軍衝擊，77師特務連連長趙緒倫率全連殺入敵陣與敵白刃拼殺，全連犧牲。在日軍攻擊下77師被迫南撤，日軍進佔新安，並從新安渡過澧水繼續南進，在石門以北與暫5師接戰，經過激戰，暫5師傷亡慘重，日軍一部於14日夜間突入石門。

戰局頓時急轉直下，第六戰區深感局勢嚴峻，急於14日重新調整部署：「第44軍堅守津、澧，以1個團兵力守備臨澧，萬不得以時在青化驛與臨澧間逐次抵抗，確保踏水橋、大龍站、齋楊橋、王花橋一線；第73軍以一部堅守石門，主力轉移至澧水南岸，逐次抵抗，確保太浮山、觀國山一線；第74軍歸第29集團軍指揮，以第57師堅守常德，主力置於慈利、白鶴山、雞公岩、燕子橋地區，機動側敵出擊；第10集團軍全線出擊，威脅敵之右側背；江防軍向宜昌西岸之敵相機攻擊。」這一調整部署下達之時，日軍已開始對石門發動總攻，除正面強攻外，並以一部經原44軍防線越過澧水，抄襲73軍後路，加之石門右翼被突破，戰況非常危急。軍委

會頓時慌了手腳，不思調集援軍，軍令部次長劉斐反而越過第六戰區，電告第29集團軍准許73軍突圍。73軍軍長汪之斌深知以73軍的力量石門絕守不住，在接到准許後撤的電令後，即召集所屬各師師長，下令放棄石門。但此時部隊正與日軍激戰中，無法脫離接觸。暫5師師長彭士量挺身而出，自告奮勇接下掩護全軍撤退的重任。

14日夜間，73軍除留暫5師死據石門，掩護全軍渡河外，主力渡澧水南撤，但是此時日軍右翼已抵石門以南，左翼則已迫近三合山，因此73軍在涉水突圍時遭到日軍截擊，軍與各師的聯絡全部中斷，77師渡河後遭日軍包圍，損失慘重。15師也是一片混亂，大部傷亡或潰散，至16日夜只有少數人分散奪路突圍，汪之斌率軍部退往慈利西南的象耳橋，收容部隊，隨後第六戰區即以作戰失利為由將汪之斌撤職，73軍軍長一職由第29集團軍副司令彭位仁兼任。

而掩護軍主力後撤的暫5師也於15日黃昏撤出石門，但日軍已在澧水對岸嚴陣以待。暫5師在渡河時就遭到攻擊，部隊陷入混亂，師長彭士量親自指揮部隊奮力突圍，在南岩門口被敵機掃射擊中，壯烈殉國，同時殉國的還有師參謀長鄭勳。失去指揮的暫5師更是群龍無首，在撤退中傷亡殆盡幾乎全師覆沒。——彭士量師長在接受掩護任務時，就已知凶多吉少，預立遺囑：「餘獻身革命，念年於茲，早具犧牲決心，以報黨國。茲奉命石門，任務艱巨，當與我全體官兵同抱與陣地共存亡之決心，殲彼倭寇，以保國土。倘於此次戰役中得以成仁，則無餘恨。」戰後國民政府於長沙為彭師長舉行盛

**彭士量**

彭士量湖南瀏陽人，號秋湖。

皇埔軍校第四期政治科畢業。歷任10師排長、連長、營長。

1927年參加南昌起義，起義軍南下時退出部隊。

1928年起任31師副團長、87師團長。

1935年83師上校參謀處長、第5新兵補訓處學員團團長、預備4師少將參謀長、副師長。

1941年任6戰區司令長官部高參兼幹訓團教育處長。

1942年任暫編5師副師長。

1943年任代理師長，11月任。

1943年11月15日於湖南石門陣亡。

1944年2月2日追贈中將軍銜。

大公祭，遺體公葬南嶽衡山駕鶴峰下，並追贈陸軍中將。

石門之戰73軍奉軍委會直接電令撤退，不僅失陷重鎮，而且該軍亦減損大半，貽誤至深，殊堪歎恨。戰後蔣介石斥劉斐擅令放棄石門為整個會戰之最大失誤。至此，國軍勉力支援了半個月的第一線防線終被突破。石門一失，日軍便可以由此直驅常德。眼見戰局糜爛，難以收拾，軍委會立即越過第六戰區，直接命令第29集團軍封鎖澧水各渡口，73軍就地抵抗，並令第10集團軍以主力向石門、新安推進，以圖挽回。但為時已晚，時正在開羅參加中美英首腦會議的蔣介石聞訊異常震怒，在日記中痛斥軍委會指揮無度：「此次常德會戰，一誤於劉次長擅令石門汪之斌軍撤退，以致演變成戰局不可挽救之痼疾，繼以余赴開羅，戰事擴展，而方略部署與指揮，紛亂無序，竟將第九戰區所有兵力，調集於常德一隅，而將後方重地各預備隊抽調一空，卒有今日未有之危局。廟

算不精，指揮不當，徒遭無謂之犧牲，憂惶莫名！」

當石門之戰正酣時，第六戰區還在以第26集團軍圍攻宜昌，第33集團軍圍攻當陽，策應第10、第29集團軍的正面防禦，第10集團軍更是主動出擊，力求能早日克復暖水街，79軍已經擊退當面日軍39師團的牽制部隊，收復太平街、河口等地。石門一守，日軍南進之路立成坦途通隅，常德頓為危城。第六戰區只得手忙腳亂地填補這一缺口，除嚴飭第29集團軍堅守澧水防線外，急調正開往慈利的第100軍，兼程趕赴桃源佈防，並以74軍軍長王耀武兼任第29集團軍副總司令，統一指揮慈利地區各部，組織防禦將日軍攻勢阻遏在慈利一帶。

石門失守之後，第29集團軍雖竭力抵抗，但日軍以第3師團為主力，渡澧水，直取第29集團軍側翼。44軍150師防線迅即被衝垮，161師也在日軍重壓之下被迫節節敗退。第29集團軍總司令王纘緒原想保存嫡系44軍實力，置重鎮而不顧，只求自保，但是覆巢之下安有完卵為在日軍隨後的攻勢中44軍首當其衝，抵敵不住，只好後撤。第六戰區只好就近將已經轉入休整的73軍急開慈利佈防。

兼程而來的74軍於15日夜到達慈利，隨即於次日開始在慈利以南佔領陣地。而日軍開戰以來在洞庭湖濱待命達半個月之久的「奇兵」第116師團終於登場，從15日起向澧縣、龍山進攻，16日見國軍44軍棄守澧縣，也順勢改變計劃不攻澧縣而直接渡澧水向南急進。17日攻佔龍山，迫使守軍退至青化驛。

**開羅會議(Cairo Conference)**

第二次世界大戰期間，1943年11月22-26日，中、美、英三國政府首腦在開羅舉行的國際會議。參加會議的有美國總統F・D・羅斯福、英國首相邱吉爾和中國國民黨政府主席蔣介石。當時第二次世界大戰形勢已發生根本轉變。為了加強反法西斯同盟之間在軍事和政治上協調行動，討論製訂聯合對日本作戰計劃和解決遠東問題，決定舉行這次會議。經過討論制訂了對日作戰計劃。會議簽署了《中美英三國開羅宣言》，簡稱開羅宣言。會議結束後，開羅宣言經史達林同意於1943年12月1日公佈。

日軍原先因第10集團軍頑強抗擊而瀕於流產的進攻計劃，終因拿下石門而重現生機。此時日軍以39師團牽制第10集團軍，第3師團與第13師團為正面主攻，另以獨立第17旅團及第58師團一部，齊頭並進，逕取慈利，116師團則側擊44軍右翼。此外，原計劃應直插國軍一線兵團中心的68師團因第10集團軍的頑強抵抗，右翼遲遲不得前進，所以68師團始終無法按計劃突進，一直用以警戒第九戰區，此時日軍第11軍主力正從原來68師團的前進路線大舉進攻，而將68師團另行裝船，經水路運直取漢壽，改走原來116師團的路線，在常德側翼登陸。

此時在整體態勢上，國軍第一線兵團防線已被全面突破，不僅第29集團軍被淹沒在日軍三個主力師團的進攻狂潮之中，就連會戰初期屢挫日軍的第10集團軍與74軍都陷入側翼暴露的危急處境，只好日軍集中主力大膽卷擊，要重創第六戰區主力，已是如囊中取物。不過歷來目光短淺的日軍始終只注重對名城大邑的佔領上，而忽視殲滅敵有生

力量。國軍正是利用日軍這個一貫愚蠢的想法，發展出一套後退決戰的機動戰略。第一線兵團遭到突破並不代表戰局無法挽回，反而只是一個新階段的開始。換言之石門雖失，不過是第六戰區早期以第一線兵團逐退日軍的構想破產，但還不致於全局無法挽回。日軍不可能集中全力消滅第29集團軍，更不會全師左旋殲擊第10集團軍。第六戰區現在所面對的問題是日軍到底以那個地方為目標：是近在眼前的慈利？還是湘西重鎮常德？抑或眼前不過是虛晃一槍的煙霧，北上攻擊江防軍門戶漁洋關？但是不管日軍的主攻目標在哪里，慈利都是必取之地，因為慈利是常德的門戶，攻常德必先取慈利，而若要北上攻取漁洋關，慈利也是關鍵的側翼掩護，所以日軍下一步主攻目標不管是哪里，對慈利都是勢在必得。只是此時100軍還來不及趕到慈利，第29集團軍則正陷於苦戰，無法抽調有力部隊，保衛慈利就只有剛從石門突圍，此時正處於收容整編之中的73軍了！

18日，日軍13師團則繞過44軍徑攻慈利，第73軍實力薄弱，實在是無能為力，只得棄城而去。兼程而來的74軍只差一日之程，未能先敵搶佔慈利，只得在慈利以西展開，與敵相持。13師團攻克慈利之後馬不停蹄繼續南進，74軍58師堅守赤松山的1個營死戰不退，全營壯烈犧牲。20日13師團65聯隊各大隊在與74軍激戰中失去聯繫，聯隊部也遭到51師圍攻，聯隊長伊藤義彥也身受重傷，至21日才在友鄰接應下突出重圍。

孫連仲獲悉慈利失守，震怒異常，嚴令73軍以現有部隊編成敢死隊側擊南下之敵側翼，但73軍連經兩戰，此刻成建制的部隊只剩下13個步兵連，可以說作為一個軍級作戰單位基本上已經不復存在了。

慈利淪陷之後，第29集團軍正面就成為最大的破綻，44軍以一軍之力守備踏水橋、大龍站、齋陽橋、王化橋、易家橋、觀

■迅速突進的日軍對中國百姓燒殺搶掠。

國山一線,可謂處處設防處處薄弱。44軍在日軍強力攻擊下,只得且戰且退,向正在趕來應援的100軍靠攏。19日161師在日軍猛攻下不支而退,在日軍包圍下大部潰散,師長熊執中掌握的部隊只剩下3個營。日軍第3師團進至太浮山、夏家港,守軍161師及獨立團與敵激戰竟日,損失極其慘重,至夜退守漆家河東北。同日,軍委會深感常德地區兵力單薄,遂令第10軍由衡山向常德急進,並以第18軍向津市、澧縣出擊。

20日44軍在日軍強大壓力下站不住腳,眼看著就要退過沅江了。孫連仲認為日軍將44軍向常德方向壓迫,是想在圍攻常德之際順便殲滅44軍,因此嚴令第29集團軍務必死守陣地,絕不可撤過沅江,使對軍形成包圍,自取敗亡。但是第29集團軍總司令王纘緒自恃其川軍實力派,對第六戰區的嚴令並不在意,他在乎的只是老本44軍,而且並不認為退過沅江就是自尋死路。

而日軍在渡過澧水之後,就是全力猛攻44軍,希望在100軍與74軍趕到之前越過沅江,一鼓作氣拿下常德。此時116師團兵分三路,尾隨44軍,直指阪縣、臨澧,只要衝過這個缺口,就到常德了。同時日軍右翼以第3、第13師團,對付74軍及44軍殘部,左翼68師團則於安鄉登船,直趨漢壽,包抄常德南面。

至20日,日軍68師團也從三仙湖越過洞庭湖,進至常德東南的上林子;116師團於18日攻陷臨澧之後,渡過澧水,於20日進抵漆家河以東。至此,日軍投入會戰的6個師團,39師團主要負責保護後方,40師團則是輔助性地進攻,牽制第九戰區,其餘

4個師團兵鋒均直指常德,而且已從西、北、東三面對常德形成了包圍態勢!

戰局既已明朗,孫連仲隨即開始調整部署,先令第10集團軍停止攻擊39師團,將主力轉用於石門。再令74軍與100軍,儘快在漆家河地區展開。最後令第六戰區預備隊第26、第33集團軍,向當面之敵加緊攻擊。

為了儘早趕到常德,日軍甚至在桃源使用了傘兵。21日傍晚,日軍對桃源猛烈轟炸後空投近一個中隊的傘兵,當地駐防的44軍獨立團(剛由戰場撤下整補,只有約300餘人)沒見過這種陣仗,加之日軍輔以一個步騎混成的旅團鑽隙向桃源突進,獨立團勢單力薄,不支後退。於是第3師團主力與116師團109聯隊以排山倒海之勢,猛撲在阪市的150師。150師許國璋師長剛接到第六戰區下達的不得退過沅江的嚴令,率部死據,但在日軍如潮猛攻面前,不到半天便近乎全軍覆沒,許國璋師長親率殘部衝殺,身受重創昏迷,被警衛為上渡船後送。許國璋醒來時見到自己已經渡過沅江,而部隊大部潰散,悲憤交集,奪過身邊衛士佩槍自盡。第29集團軍以162師副師長趙璧光代理150師師長,指揮殘部與161師一起撤過沅江。

桃源淪陷之後,100軍先頭師第19師才終於趕到了,一到黃石市就與第3師團接火。19師唐伯寅師長深知自己來援關係全局,竟驅促部隊每日強行軍70公里,以至於部隊到達黃石市時,已是人困馬乏,難敵日軍鋒芒,在激戰半日後撤出黃石市。而100軍63師也正向桃源急進,部隊連日趕路,疲憊不堪。日軍奪取桃源後,發現63師正在逼進中,立即展開攻擊。63師先頭部隊189團

還沒接到桃源失守的消息，只顧急行趕路，結果在行軍中遭日軍衝擊，措手不及，還沒來得及展開就被日軍衝散，團長陶紹堂、副團長高鴻恩都在混戰中陣亡。100軍雖然日夜兼程還是來不及搶佔桃源與黃石市，只好在週邊展開拒敵。

21日，第10集團軍轉向石門攻擊前進，但日軍39師團拼死抵抗，進展受阻，第29集團軍傷亡慘重，已不堪再戰，日軍突破44軍防線之後，也不再窮追，而是將注意力轉到74軍和100軍上，44軍因此僥倖逃過被殲厄運。此時日軍第3、第116師團已經到達桃源，第13師團到達慈利。22日，68師團攻陷漢壽，前鋒已與常德守軍接戰。

常德會戰開始後，第六戰區即令100軍急開石門。不料44軍撤退澧水防線於前，劉斐電令放棄石門在後。使戰局難以收拾。當100軍先頭部隊19師進抵黃石市時石門已失，但19師不顧路途勞困一上戰場就與日軍第3師團展開激戰。當74軍抵達戰場時，第六戰區以石門敗象已露，不願讓這支精銳部隊白白犧牲，乃將該軍佈置於常德慈利間。從16日起74軍與南下之日軍開始接觸，到22日日軍主力開始與74軍接戰，74軍在倉促築成的野戰陣地中，與敵第3、第13師團對戰。51師在明月山陣地拼死拒戰，陣地反覆易手達五次，第151團2營營長張集光壯烈殉國。後因桃源失守，側翼暴露，王耀武軍長指揮主力轉移到漆家河以南佈置防線。

74軍57師於5月間進駐常德整訓，11月3日即會戰爆發的第二天就進入常德城防陣地。第57師師長余程萬少將，是擅長防禦戰的好手，上高會戰中死守上高城，為圍殲日軍34師團贏得寶貴時間，因而榮獲陸海空軍第一號武功狀。57師原來是皖軍陳調元舊部，1939年被編入中央系74軍，余程萬於1940年接任師長，57師進一步中央化。此時57師在常德的主要幹部為副師長陳噓雲、第169團團長柴意新、第170團團長孫進賢、第171團團長杜鼎、師步兵指揮官周義重及74軍砲兵團團長金定洲等。57師進駐常德後日夜搶修工事，常德城防工事除城郊的野戰工事與城牆的工事外，在城內各重要交叉路口與要衝均築有水泥碉堡，城內街巷角落均遍築明碉暗堡，並打通民房，構成完整的防禦體系。57師配署74軍砲兵團3營（裝備24門76.2公釐山砲）以及戰防砲營第1連、高砲第42團3營9連1排，火力遠勝一般的國軍師級單位。57師以169團守城北，170團守城西，171團守城東，背城南沅江列陣。此外第六戰區以100軍63師188團守德山，掩護57師於沅江渡口，與57師成抵角之勢。而44軍退過沅江後，據守太陽山等處，但這些據點與常德相距過遠，呼應作用相當有限。

## 余程萬

余程萬(1903－1955)，字石堅，廣東臺山人。薛岳早年畢業於番禺師範學校，後又畢業於廣東鐵路專門學校，1924年5月考入黃埔軍校第1期，同年12月畢業。1928年進入陸軍大學特別班深造，同時就讀於北平中國大學政治系。1931年10月畢業後被委任為南京警衛軍教官，教戰役理論。一年後，再次進入進入陸軍大學特別班深造，畢業後被任命為第49師289旅少將旅長。抗戰爆發後，調入57師，先後任副師長、師長、74軍副軍長兼57師師長等職，1943年晉升中將軍銜。1944年因常德失守，蔣介石下令將余程萬押送重慶按軍法處理，被判徒刑兩年。1945年抗戰勝利後，余程萬刑滿釋放。1946年，被任命為整編74師副師長，1947年調任粵東師管區司令。1949年，余程萬任第26軍軍長兼雲南警備總司令。1949年底，雲南盧漢宣佈起義，余程萬曾遭盧漢扣押，被盧漢釋放後，因不滿蔣介石的偏隘性格，轉道海南，後以「帶罪之身」在香港寓居。1955年8月27日被匪徒開槍擊殺，時年52歲。

11月18日，日軍逼近常德，57師169團前哨據點塗家湖市遭到攻擊，揭開常德之戰的序幕。第九戰區以99軍進駐漢壽，與日軍68師團對峙。第六戰區以44軍守太陽山，74軍主力在慈利以南漆家河，100軍在桃源以南，與常德守軍相呼應，構成了完整的第二線兵團防線。余程萬見大戰在即，對常德防禦作戰部署有必要進行調整，以171團2營守河洑，該團另外兩個營為城垣守備隊，170團3營為師預備隊。

在常德被包圍後，第10、第29集團軍以及二線兵團的74軍、100軍兩個軍均與日軍週邊部隊陷入膠著僵持，一時之間難解常德之圍。此時第九戰區應援就成為常德解圍的關鍵所在。18日軍委會鑒於常德方面軍情緊急，電令第九戰區出兵赴援。令人不解的是第九戰區並未使用距離常德最近的99軍，反而令10軍從長沙趕赴常德。第九戰區司令長官薛岳此舉，主要是擔心日軍佯攻常德而突然轉向攻擊第九戰區。10軍行動遲緩，直到26日才進入戰場與在漢壽登陸的日軍68師團接觸，但該軍190師甫一接戰，10軍便藉口左翼暴露而停止前進。軍委會深知第九戰區的應援為常德安危之所寄，但此時蔣介石遠在開羅，軍委會下達號令不免有些沒有底氣，而且在局勢危急時有些張惶，第九戰區被軍委會點名調派急赴常德的部隊，就幾乎超過第九戰區所轄部隊的一半！

但是薛岳還要顧忌當面日軍所以調兵非常謹慎，不僅99軍不動一兵一卒，就連10軍出發後依然顧盼猶豫，只要日軍稍有向第九戰區進攻的風吹草動，就馬上轉兵。面對功高權重並不買帳的薛岳，於是軍委會的高參們無奈之下居然想出了更改第六戰區與第九戰區的分界線的絕招，訓令兩大戰區的界線改為沅水，將沅江以南劃歸第九戰區，並在電令中不假辭色訓誡第九戰區：「各級指揮官應迅速掌握兵力求敵攻擊之，切忌脫離掌握，或以廣大一線專防守而逸失戰機，貽誤全局。」然後將99軍和10軍編為李玉堂

## 薛岳

薛岳，字伯陵，原名仰岳，1896年生於廣東省樂昌縣。1910年加入中國同盟會，曾擔任孫中山警衛團的營長。後在國民革命軍李濟琛第4軍任師長。1935年任貴陽綏靖主任，一度代理黔省主席。抗戰開始後，薛岳主動請纓殺敵，率部參加了「八‧一三」上海抗戰。1939年代理第9戰區司令長官，負責指揮雨湖和江西部分地區對日作戰。

廣州、武漢相繼陷落後，奧漢間的湖南成了日本侵略者攻擊的主要目標。日軍在兩次攻佔長沙均未得逞的情況下，於1941年12月23日，又以第40師團主力發動了第三次對長沙的進攻。薛岳總結前兩次會戰的經驗教訓，提出了一套利用湘北複雜地形，與敵後退決戰的「天爐戰法」。敵軍先乘大雨和夜色突破了我軍前沿陣地，渡過新牆河，撲向汨羅江北上，並與沿奧漢線南下的日軍第3師團會合後，很快攻至汨羅江南岸，進入我軍預設之決戰區域。薛岳向所部官兵下達手令：「第三次長沙戰，關係國家存亡。岳抱必死決心、必勝信念。」他要求「各集團軍總司令、軍、師長。務必確實掌握部隊，親往前線指揮，這時捕捉戰機，殲滅敵軍」。日軍第3師團在飛機支援下向長沙東南阿彌嶺等中方陳地發起了進攻。薛岳下令第10軍李玉堂布下巷戰陳勢，守衛長沙市區。雙方在長沙東南郊展開激戰，拼死爭奪，幾乎所有據點都反覆易手。敵軍的攻勢受挫。為了加張長沙防守和反擊力量，薛岳又調第77師進入長沙預備作戰。與此同時，他部署週邊的中國各軍由遠處向長沙逼近。當敵軍看到被中國內外線兵團包圍的危險準備撤退時，薛岳即令各部隊從不同方對敵軍展開圍追堵截。日軍且戰且退，損失慘重。薛岳指揮中國軍隊利用湘北山丘河流交錯縱橫的複雜地形，繼續以各種方式追擊，使敵處處挨打。第三次長沙會戰取得大捷。整個戰役共殲滅日軍5萬多人，沉重打擊了日本侵略者的囂張氣焰。

抗戰勝利後，薛岳被委任為徐州綏靖公署主任。1949年任廣東省政府主席，同年底任海南島防衛總司令。1950年5月去往臺灣。

（第27集團軍副司令）兵團，嚴令10軍兼程馳援常德，99軍並加強暫54師，急開漢壽與德山之間，掩護常德守軍右翼。儘管軍委會想盡辦法，甚至一日數電催促，第九兵團還是我行我素，10軍始終不急不火，緩緩而行，而99軍更是始終沒向常德運動，因為該軍是薛岳用以監視日軍40師團的主力，根本不會轉用到常德。即便李玉堂兵團對馳援常德如此陰奉陽違，但其動向仍使日軍非常擔憂，日軍不得不抽出整個68師團來鉗制該兵團。

20日拂曉，日軍猛攻常德東郊牛鼻灘，守軍169團9連浴血奮戰，與敵反覆搏殺，激戰至午，傷亡過半，陣地岌岌可危，幸7連連長張風閣率部趕到，暫緩危局。但日軍倚持優勢火力，猛犯不已，至黃昏守軍被迫退守芷灣。

同日上午日軍由大龍站南犯常德西北花山，與守軍57師170團警戒部隊競日激戰，迄至下午，守軍才撤至馮家園和花山以南地區。

21日進佔牛鼻灘之敵繼續推進，直逼芷灣，169團7、9連拼死苦鬥，午後日軍一部由上曾家迂迴，攻入陣地，張風閣連長率部與敵肉搏，終因敵眾我寡，傷亡甚重而被迫撤至馬家吉。日軍佔領牛鼻攤、芷灣後，即以一部沿沅江北岸大堤直撲德山，另一部由蔡家嘴南渡湘江，直取德山老碼頭、孤峰嶺。

22日，日軍第11軍主力在常德週邊集結完畢，開始向常德發起總攻，開戰以來未經激戰戰鬥力最完整的116師團整個師團盡數投入攻城；68師團掩護左翼，迎擊來自第九戰區的援軍；第3、第13師團在慈利、桃源方面截阻第六戰區二線兵團；39師團、獨立第17旅團及58師團一部負責掩護後方，第11軍軍長橫山勇親赴常德督戰，以求早日攻克常德。

德山，位於常德東南約5公里，是沅江南岸惟一制高點，其臨江拔起之孤峰嶺，有「望城坡」之稱，堪稱常德東南鎖鑰，而且德山又是常德守軍與後方的退路所在，是常德防禦的關鍵要點。因此余程萬一再嚴令188團死守，怎料該團團長鄧先鋒，見日軍來勢洶洶，竟畏事抵抗，未經批准即率部撤守孤峰嶺陣地，逃向黃土店，致使孤峰嶺輕易落入敵手。而德山街的守軍169團3營8連，在失去孤峰嶺和188團掩護的情況下仍然頑強抗擊，傷亡慘重終難支撐，被迫撤至黃木關、新民橋、石公廟一線。188團不戰而逃的舉動，令余程萬極為震怒，立即派人嚴令該團收復德山陣地，但鄧先鋒置之不理，「攜眷擁兵，違令不前，後來將該團化整為零，不知去向。」德山失守，致使57師退路斷絕，常德防禦局勢嚴峻。孫連仲即電令余程萬：「常德存亡關係全局，著激勵官兵堅守待援，發揚革命軍人犧牲之精神，毋得動搖決心。」軍委會亦電示57師「應固守常德，與該城共存亡！」同時慈利方面44軍也在日軍猛烈攻勢下退守太陽山等據點，該方向與常德的聯繫也告斷絕。

接著日軍116師團109聯隊猛攻常德郊外的河洑山陣地，守軍169團1營在營長袁自強指揮下奮起抵抗，一天之內接連擊退日軍七次衝鋒，但1營官兵也已是所剩無幾，而且彈藥用盡，余師長乃令1營撤回，最後撤出陣地的尚不足40人。

■崎嶇的山區也沒有減緩日軍進攻的腳步。

23日,第3師團一部自桃源向常德以南迂迴,合圍常德。

25日,孫連仲判斷日軍全力投入對常德的攻擊,便決心將第六戰區一線兵團各部完全轉入攻勢,全力擊破敵第13、39師團的阻擊,將日軍主力壓迫於常德城郊圍殲之。因此令第10集團軍全力向常德之敵側翼攻擊,反擊重點為石門;第18軍向公安,澧縣突進以斷敵退路;第29集團軍向慈利推進;74軍則攻擊當面日軍第3師團,務求解常德之圍。此時第六戰區預備隊第33集團軍也在當陽方向也有所收穫,暫53師收復當陽週邊多個據點,37師更是大膽插入敵後,一舉突入當陽西關,一直殺到日軍39師團司令部,

■戰役前期國軍對日軍發起反攻。

擊斃多名日軍高級參謀軍官,該師另一部沖進當陽日軍機場,焚毀日機2架。日軍39師團手忙腳亂調兵阻截,才擋住了37師的凌厲攻勢。74軍接到命令後全力向黃石市攻擊前進,畢竟困守常德的57師是同一個軍的手足袍澤,74軍進攻異常猛烈,戰況殊為激烈,連克日軍多處據點,迫使日軍不斷後撤。而第10集團軍的進攻也使日軍39師團防線開始動搖,至此國軍二線兵團全部出動,形成了在常德城下圍殲日軍主力的態勢,但是日軍在常德地區畢竟集中了4個師團之眾,真要取得突破也非易事,而常德守軍57師更是承受了巨大壓力。

## 浴血常德

21日上午,常德以西日軍第3師團兵分兩路,一路攻黃土山,170團2營血戰至夜,陣地全毀,守軍只得退守高橋、新橋。另一路在116師團一部配合下合圍西郊制高點河洑山,河洑山守軍171團2營抱與陣地共存亡的決心,拼死苦戰,擊退日軍多次猛攻。

此時,常德東、西、北三面激戰都已開始,而城內尚有少數百姓未及離城,余程萬便讓常德縣長戴九鋒率警員收容並護送難民出城,戴九峰表示將組織警員護送難民撤退,但自己願率少數警察留城助戰。余程萬認為日軍已經合圍常德,縣長已無留城必要,同時囑咐戴縣長出城後見到上級催促援軍儘快趕來,並設法運送彈藥(城內儲存砲彈與57師迫擊砲口徑不合,因此彈藥短缺)。戴縣長這才於當晚率警員、難民三百餘人由上南門偷渡沅江,但在鬥姆湖遭遇日軍,隊伍被衝散,戴縣長僅率5人輾轉逃脫。

聽著沅江南岸的槍聲,勾起了余程萬的憂慮,東、西、北三面已經為日軍合圍,南面沅江也不得不防,遂將74軍砲兵團3營調到城南,以火力封鎖沅江,並重新部署以169團守岩包至東門外太古碼頭沿江之線,171團守太古碼頭至電燈公司之線,170團守電燈公司至洛路口間沿江之線,擺出了置死地而後生背水一戰的陣勢。

22日拂曉,日軍二千餘人在飛機掩護,分由尹家祠、羅家衝、高灣坡三面圍攻河洑,守軍171團2營繼昨日初戰告捷之餘威,與敵白刃相搏反覆拼殺達十餘次,終將其擊退。中午時日軍以飛機在羅家衝、高灣坡、螺絲嶺等處輪番低飛掃射,並集中砲火向守軍陣地狂轟,隨即發起波狀式密集衝鋒,面對凶頑守軍連、排長均身先士卒率部和敵肉搏,單是在羅家衝一處,就以白刃肉搏擊退日軍8次衝鋒,第6連連長劉貴榮重傷不退,唐安華排長右臂負傷仍繼續拼戰。下午日軍在得到增援後,向南灣坡、螺絲嶺猛撲,尤以螺絲嶺的戰鬥最為激烈,守軍2營5連官兵抱著必死決心,與敵反覆肉搏,終將日軍擊

■日軍裝備的92式70mm步兵砲。

退。黃昏後日軍集中砲火猛轟狂炸,致使工事盡毀,守軍傷亡殆盡日軍方才乘隙竄入,迄晚戰事轉移到河洑山核心工事。

當河洑酣戰之時,北面黃土山日軍也在飛機的掩護下,向栗木橋、新橋、高橋守軍170團2營猛攻,第5連憑藉工事,接連打退敵六次衝鋒,後因工事盡毀,王振芳連長便率領士兵躍出工事與敵肉搏,鏖戰中王連長身負重傷,祝克修排長陣亡,官兵死傷過半,只得退守竹根潭、岩橋寺等處。

是日,城外東郊之戰亦漸呈激烈,由牛鼻灘來犯日軍68師團,由法處內河鵝子港強渡,守軍利用團子港西岸大堤與敵對峙,但由於西岸大堤與敵佔領的東岸大堤等高,未有地利。此地由169團3營防守,因3營在牛鼻灘、德山街等地戰鬥中傷亡很大,其防守任務便轉由1營接替。拂曉前後在猛烈煙火和毒氣煙幕掩護下,向皇木關、新民橋、石

公廟之間猛攻,1營官兵奮力阻擊,新民橋日軍在飛機9架掩護下,利用木板綁紮而成的木排強渡過河,守軍見屏障已失,只得退守岩包。日軍過河後,便分兵數路,繼向岩包進撲,守軍以2個連呈鉗形部署在於五里山和揚家衝之間,但守軍此時既要策應北郊防地,又要提防日軍沿沅江江岸而來,處境相當困難。黃昏時分日軍在猛烈砲火準備後沿沅江岸,出烏雞港、武殿山、葉家崗、五里山向岩包猛撲,守軍兵力僅區區2個連,殊難抵擋,營長楊維鈞以拼死決心,身先士卒衝出陣地與敵拼搏,但終因眾寡懸殊,岩包為敵所佔。入夜後169團團長柴意新親率預備隊1個連來援,軍砲兵團團長金定洲親臨砲兵觀察所,指揮砲火支援預備隊反擊,因得砲火有效支援,我軍士氣大振,一舉奪回岩包。

同日下午,城北日軍分兩路向軍安橋、

■日軍的步兵跟進火力支援十分有效。

175

■日軍單兵裝備全圖，防毒面具是標準裝備。

23日，日軍為盡快攻下河洑山，一再乞援於毒氣、砲火和密集隊形進攻。河洑守軍只有兩門迫擊砲，且砲彈非常有限，火力相當薄弱。拂曉，日機24架低空轟炸，河洑山上硝煙蔽日，爆炸塵土高達丈餘，營長阮志芳便親率士兵衝出工事迎戰，與敵反覆肉搏，此戰該營除20餘人突圍到南湖坪陣地外，其餘500名官兵全部壯烈犧牲。日軍攻佔河洑後即以主力與城北之敵會合，直撲大西門、小西門外的南湖坪、民生橋、洛路山一線。

竹根譚及八人崗、雙橋閘、二十里鋪一線進攻。防守該地區的是170團2營和169團2營，從兵力上看，日軍十倍於守軍。左路日軍對軍安橋、竹根潭採取波浪形密集衝鋒，170團2營官兵浴血奮戰，傷亡極其慘重，營長酆鴻為將電話架在最前線，及時將敵情與砲兵觀測所聯絡，親自指引軍砲兵團的砲火支援，將日軍攻勢壓了下去。黃昏，日軍突入陣地，酆營長則親率士卒乘敵立足未穩之際，實施逆襲，終因兵力弱小，反擊失利，只得率殘部轉守望城巷、沙港、船碼頭。而在右翼的169團2營，血戰至黃昏，陣地全部被毀，官兵死傷過半，被迫撤至新堤、南坪崗等處。

南湖坪是一片湖沼地，離城約5公里，是控制常澧、常桃兩公路的要點。守軍170團1營3連隱蔽待機，當日軍進入射程內槍彈齊發，將敵前鋒逐退，但日軍主力到達後以猛烈砲火摧毀全部工事，連長上官英只得率殘部退守長生橋。日軍突破南湖坪之後，繼又向長生橋進犯。長生橋是大、小西門外最重要的一道屏障。因此，日軍109聯隊聯隊長布上照一大佐親臨指揮，日軍以陸空和步砲協同，猛攻不迭，守軍170團1營在營長張庭林、副營長李少軒率領下，頑強奮戰一

■ 由於國軍砲兵火力匱乏，日軍砲兵可以抵前射擊。

次又一次地打退敵人的進犯，並給予日軍沈重打擊，布上與作戰參謀田原弘夫都被擊斃。直至夜幕，日軍仍未獲寸進。

在南湖坪激戰之時，城西洛路口也爆發激戰，洛路口地處沅江大堤上，是大西門外的前沿陣地，南控沅江，北控常桃、常澧公路，170團團長孫進賢親自在此指揮，在砲兵團砲火支援下，將日軍擊退。

24日拂曉，常德城下的日軍增至萬餘，全線展開猛攻。東郊之敵在飛機16架配合下，以波狀密集隊形繼向岩包進犯，遭到169團1營堅決抵抗，至中午，岩包失而復得共達5次，入夜，陣地盡成焦土，守軍被迫退至陡碼頭、岩橋、三閭港一帶。

北郊日軍與169團2營在新堤、南坪崗等地竟日血戰，迄至下午，日軍改變戰術，由東西北三面夾擊，並以猛烈砲火將陣地夷為平地，官兵傷亡慘重，營長郭嘉章殉國，守軍不支退守七里橋、雞公坡一帶。

日軍109聯隊在長生橋敗退後，日軍11軍軍長橫山勇認為116師團指揮無方，於是決定由11軍直接指揮對常德的進攻，集中4個聯隊，一鼓作氣拿下常德，計劃116師團從城西、北攻擊，其120聯隊主攻西門，109聯隊攻北門，戶田支隊並68師團獨立第65大隊進攻城東，第3師團第6聯隊則由德山渡過沅江，由南面包抄常德守軍後路，向常德城東南西北六門外各據點發起猛攻，攻擊部隊由116師團長岩永汪統一指揮，攻城指揮所設在東門外的岩橋（現商業部常德糧食機械廠旁）。常德城六門外的城郊據點，隨即全面處於殘酷的戰鬥之中。171團團長杜鼎團長在回憶錄中這樣回憶當天的激戰：「城南沅江南岸，蔡家碼頭與南站之敵約500人，乘東區城郊激戰，由南岸強渡，17時南岸之敵藉砲火毒氣之轟擊與煙幕掩護，偷襲強渡。我團第7連守軍擊沈敵船六隻，難耐砲火猛烈，江岸陣地全毀竄入之敵與我張照

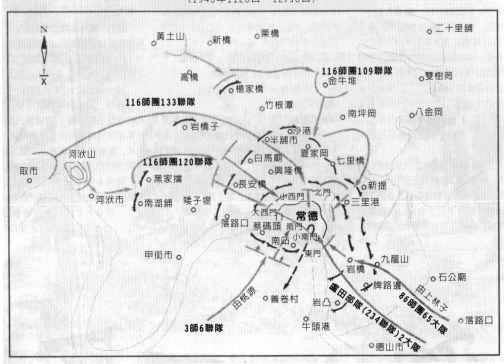

常德會戰－常德附近戰鬥經過要圖
(1945年1123日－12月3日)

普第3營發生巷戰，戰況猛烈，情況萬分緊張。鼎乃親率第2連宋家和連長在大南門城樓前指揮，從水星樓西南側實行勇敢逆襲，堵截突破口，用手榴彈組、火攻組攻入敵人佔領房屋區域內（幾全為木造房屋），實行爆炸，火攻與白刃撲刺。反覆衝殺十余次。同時鼎令張營集中全力由東向西堵截敵人突破口，封鎖巷道區域，佔領堅固高大房屋，堵截敵人向外擴張，將竄入之敵壓縮包圍，拘限一隅，以猛烈逆襲而圍殲之。此時第7連連長王劍強率所部編為敢死隊，由東向西挺入敵人佔領之房屋，火攻夾擊，短兵相接。王連長右肩負傷，未稍後退。第9連連長宋維鈞率2排及第7連一部勇猛逆襲，以手榴彈急投爆炸，快速火攻，白刃衝殺，敵人

逐漸退縮，攻勢漸弱。張營長雖頭部負傷，仍裹傷向敵投擲手榴彈官兵莫不振臂挺胸，倍增奮勇，前撲後繼，反覆衝殺，敵屍累累，我亦傷亡枕籍矣。次日16時，已將該敵全部殲滅，俘敵兵4名，奪得重機槍7挺，輕機槍24挺，步槍180余支」……

在日軍主攻方向的170團面臨的是日軍116師團120聯隊的全力猛攻，陣地多處被突破，孫進賢團長親自率部實施猛烈逆襲，反覆與敵衝殺。2營營長彭幼威見戰局險惡，振臂大呼殺敵，率部與突入城內的日軍白刃近戰，將其逐退。116師團109聯隊同時猛攻169團陣地，柴意新團長指揮所部奮勇迎戰，日軍大量施放催淚瓦斯，而後整隊衝鋒，柴團長指揮部隊憑險據守，以準確集

■ 日軍攻城前的集結部隊。

火射擊殺傷日軍，日軍169團精準的火力打擊下損失慘重，剛剛接替陣亡的聯隊長代理指揮的鈴木少佐、第3大隊大隊長馬村都被擊斃，該聯隊在衝鋒中損失逾半，連城垣都沒摸到，反而連折兩名聯隊長，不得不狼狽撤回。

此時57師的防禦部署為169團負責岩包、牌路邊、新堤、七里橋、夏家崗一線，170團（欠3營）負責夏家崗、沙港、半鋪市、白馬廟、長安橋一線，171團（欠3營）守備城垣，170團3營位於城內為師預備隊，171團3營防守南湖坪、黑家檔。

儘管常德基本上已被日軍嚴密合圍，而南北兩路援軍都還有一定距離，但是軍委會認為決戰時機已到，無論常德情況如何，都將投入第六、第九戰區主力圍殲日軍於沅江兩岸，因此令第九戰區李玉堂兵團攻擊洞庭湖南沅江東岸之敵，以德山為重點目標；第六戰區王耀武指揮74軍、100軍以一部掃蕩

桃源，主力出陬市，攻擊進犯常德之敵右側背；第10集團軍並18軍及185師以一部掃蕩子良坪，另一部進出公安、津澧，主力渡過澧水，向羊毛灘、臨澧攻擊；44軍在太浮山、太陽山一帶積極活動，攻襲進犯常德日軍後方；73軍迅速奪取慈利。遵照軍委會這一命令，各部均向常德地區之日軍開始合圍。

25日，日軍換上120聯隊繼續攻擊169團，120聯隊沒有吸取109聯隊的教訓，還是以全聯隊整隊向169團瘋狂猛撲，169團官兵待日軍逼近時突然發揚火力，帶頭衝鋒的第3大隊大隊長葛野曠被擊斃，衝鋒部隊死傷枕籍，倉惶而退。隨後日軍投入116師團全部、第3師團第6聯隊、第68聯隊及戶田支隊傾力攻城。116師團133聯隊為前鋒再度進攻常德，此時守軍砲彈已經用盡，只能以輕武器應戰。日軍以步砲組成混成部隊協力攻城，猛烈衝鋒，四面鑽隙，企圖一舉

突破57師陣地，120聯隊繞過南湖坪，徑攻長安橋、白馬廟，109聯隊也迂迴城東，突破新堤陣地，進抵北門外街和三里港一帶，65大隊也從九龍山推進到岩橋，常德週邊全線激戰，至黃昏守軍陣地大多被毀，傷亡慘重，169團2營郭章嘉營長督部衝殺，壯烈殉國。170團2營營長鄧鴻均在城垣率部死守不退，在肉搏戰中犧牲。常德週邊陣地相繼失守，守軍退入城中與敵巷戰。各部聯繫全部中斷，仍在街巷中主動迎戰，與日軍反覆拉鋸，並將攻入北門的日軍133聯隊逐出。11軍軍長橫山勇見攻勢遲滯，下令第3航空師團向常德城中濫投燃燒彈，常德城中多處起火，大半房舍均陷烈焰。日軍乘機全力突進，守軍在火海中堅持抵抗，再予重創，133聯隊第1大隊大隊長脅屋複及1大隊3中隊中隊長上法真男均被擊斃，日軍攻擊再告失利。

由南面抄襲常德守軍後路的第3師團第6聯隊接受任務後，聯隊長中為護一大佐率領參謀到沅江邊偵察地形，被守軍169團1營發現，此時正好有2架P-40驅逐機在上空，余師長立即通過電臺呼叫空軍掃射，P-40應召俯衝而下，一頓掃射，中為聯隊長當場被擊斃，第3大隊大隊長左門衛也被打傷。但該聯隊仍強渡沅江，一部突入城垣，169團1營董慶霞營附見防線被突破，立即率部向城垣日軍衝鋒，經慘烈白刃戰方將日軍逐出，恢復陣地，而董慶霞也在白刃戰中壯烈殉國。169團穩住陣腳後，拒險死守，日軍第6聯隊被守軍壓制在江邊進退不得。凌晨時分日軍集中所有砲火，向水星樓據點轟擊。當時江北岸大河街據點的守軍是171團

3營7連一個排，水星樓的守軍是3營機槍連唐國棟排，在日軍猛烈砲火下，這兩個排的官兵全部壯烈殉國，日軍乘守軍人槍俱毀之機，全力強渡過江，一舉佔領水星樓，另一股約百餘人乘機竄入城內。水星樓位於城東南隅城樓上，是全城制高點，日軍佔領了水星樓，樓上架起大砲就可覆蓋整個包括57師師部在內大半個常德城，特別是水星樓上還有大批彈糧，更是守軍的重要物資囤積處。師長余程萬立即令171團團長杜鼎全力消滅水星樓和竄入城內之敵，並派迫擊砲營抽調2個砲排歸杜團長指揮，配合反擊。同時指派3營營長張照普率3個手榴彈班襲擊水星樓之敵。反擊開始後張營長先令2個班分頭將水星樓左右兩側嚴密封鎖，再在城內民房高樓上架起機槍，對敵猛烈射擊，然後親率1個手榴彈班，用竹竿桃著手榴彈，投到碉堡

■ 日軍對常德守軍已完成了合圍。

■ 飛虎隊的到來使國軍擁有寶貴的空中支援。

內，經過兩小時激戰，終將登城之敵悉數全殲，剩下未登城的日軍見勢不妙，只得倉惶向東門敗退。

深夜，日軍集中6門山砲對大西門路口170團守軍工事瘋狂轟擊，守軍陣地全毀，不得不退守漁父中學。漁父中學三面環水，地處西門城外丁字道口，南控江堤大街、北制常桃、常澧公路，是大西門城外最後一道防線，守軍將其房舍打通，壘有磚木沙包，磚牆上鑿有槍眼，構成了強大的交叉火力網，日軍從凌晨一直攻擊到破曉，寸步未進，即以20架飛機協同山砲向漁父中學狂炸猛轟，守軍在砲兵配合下，利用頹垣斷壁作掩體，頑強抗擊，最後守軍砲彈用盡，只得憑輕武器及白刃與敵搏鬥，終告不支撤進大西門城內。

漁父中學血戰正酣之時，長生橋也發生了激戰，日軍120聯隊先以優勢砲火轟擊，再以密集隊形作波浪衝鋒，守軍170團1營憑藉工事，頑強抗擊，戰至凌晨，陣地盡毀，守軍只得在營長張庭林、副營長李少軒的帶領下，衝出陣地與敵肉搏，最後李少軒壯烈犧牲，張庭林營長負傷七處，由上官英連長背著向城內轉移，但終因傷勢太重，未及入城便告身亡。

北門城樓已於戰前撤毀，守軍只能依靠寬約20公尺的深水壕和城外複雜地形固守，日軍集中飛機火砲不分青紅皂白地轟炸砲擊，然後組織步騎如潮水般地猛撲。為了確保北門，副師長陳噓雲親臨督戰，守軍前赴

後繼，與敵拉鋸拚殺往覆達8次之多。在日軍猛烈砲火下，地形都變了樣，工事更是盡行毀塌，守軍再也無險可守，只得退守城門外的賈家巷和土橋據點。

自日軍發起總攻以後對常德城內外，不分目標地濫施轟炸砲擊，尤其是東北角城最甚，整個東門外的大小衛巷成為一片火海，攻擊東門日軍包括68師團65大隊、戶田支隊2大隊、116師團109聯隊，總兵力達萬餘，全力猛攻，守軍169團1營經過數日苦戰，傷亡已經甚重，實在無力堅守，只得退守四鋪街和沙河一帶。沙河、四鋪街是東門外的繁華街道，守軍在戰前就已將這一帶的房舍打通，並在牆壁上鑿出射擊孔，以利逐室固守。日軍由於連日來進展不大，投擲大量燃燒彈，至26日，房屋幾乎全部燒光，碉堡工事全無一得存，在此情況下，169團1營官兵只能衝出陣地與日軍肉搏拚殺，幾乎全部陣亡，僅剩數人退入東門城樓。

孫連仲深知常德守軍目前的困境，此時常德得失是整個會戰勝負的關鍵，因此在25日電諭57師，告知第10軍已奉命馳援，26日必可到達德山。余程萬師長得知援軍已近，大喜過望，回電：「職師四面受敵，血戰七晝夜，雖傷亡慘重，已將所有雜兵編入戰鬥，但士氣旺盛，全體官兵謹遵鈞座意旨，咸抱決心，願與常城共存亡！」並將電文傳達周知，57師官兵士氣大振，連傷員都紛紛要求參加作戰。鑒於援軍尚遠，余程萬決定放棄週邊陣地，集中全力退守城垣，先以電話傳令170團剩餘官兵40餘人，由小西門轉入城內待命，繼令169團餘部由東北兩門轉入城內。申令各部於26日2時前，調整

作戰部署於下：1、169團（欠第3營）為東門城垣守備隊，右自萬壽碼頭（含）起，經太古碼頭，東門及東門外，左迄東萬緣橋（不含）之線的城垣核心陣地；2、171團為北門迄大西門間城垣守備隊，佔領右自東萬緣橋（含）起，經北門及北門外、小西門、大西門外，左至筆架城（含）之線的城垣核心陣地，俟169團及170團將上下南門及東門附近陣地接收完畢後，再行移就新部署；3、170團為上下南門城垣守備隊，佔領右自筆架城（不含），經上南門、下南門，左迄萬壽碼頭（不含）之線，對沅江南岸嚴密警備，阻敵強渡；4、軍砲兵團（欠兩營）附戰防砲第1連及高射砲排，協助城垣各守備隊之戰鬥，必要時軍砲兵團3營應以全力，擔任右自大西門（含），經城西南角，左迄筆架城（台）間城垣之守備，協助171團作戰；5、迫擊砲營、工兵營、示範隊擔任城內街巷堡壘的佔領，歸迫擊砲營營長孔溢虞統一指揮；6、169團3營（欠2個連）為師預備隊，控制於興街口、文昌廟附近，通訊兵連仍以中央銀行為基點，完成各部隊的通訊聯絡。

常德防禦戰進入白熱化的同時，74軍、100軍也已與日軍第13師團激戰一周，但是與常德的聯絡已告中斷，因此王耀武副總司令令100軍掩護74軍全力向黃石市推進，飭各師派出加強營並附無線電一個班組成先遣部隊，大膽向常德鑽隙前進，務必與常德守軍取得聯繫。25日王耀武指揮所部向黃石市全力進擊，連克日軍前線據點，進展順利。此時常德守軍危急，孫連仲急令王耀武分兵攻佔河洑，策應城內守軍。王耀武立即抽出

■儘管日軍砲火猛轟常德，但中國守軍仍然在砲火中衝鋒。

第19師、51師，向河洑攻擊前進，而以58師攻擊黃石市正面，加上各加強營鑽隙突進，使日軍13師團陣線搖搖欲墜。同時73軍也以最後力量向慈利進擊。

26日，週邊各部均有進展。第10集團軍79軍越過澧水，直趨太浮山日軍13師團側背，並攻佔慈利週邊重要陣地明月山。18軍渡過漢洋河，突入39師團防線，攻克劉家廠，切斷日軍後路，使39師團全線震動，澄田師團長緊急收縮兵力，死守交通線上個別要點。

此時增援主力第10軍卻仍是牛行蝸步，而常德鏖戰已趨熾熱，日軍已到達城廓，57師開始了以城垣、城樓為掩體的城防戰。常德四周有堅固而高大的城垣，城垣上遍佈碉堡和掩體工事，尤其六個城門有土袋、砂包壘成的輕重機槍陣地，城樓俱已加固成碉堡。日軍當攻破城郊各據點後，便集中力量把進攻重點轉向各個城門。守城各部隊自接

到余程萬調整部署的命令後，即各赴其位，除170團和171團筆架城至萬壽碼頭間城垣防務因情況突緊未能及時交換外，共餘各部均於26日中午，進入了新的戰鬥部署。

為了固守城垣，余程萬除了日夜往來各門之間親臨督戰外，還將副師長、參謀長、參謀主任及師部其他官員派向各門城樓和城垣據點工事，協助各團、營指揮。在26日的作戰會議上，他向副師長陳噓雲，代理參謀長皮宦猷、步兵指揮官周義重等人分析日軍的進攻企圖，並要求大家樹立必勝信念，他說：「截止目前所得的情報，敵人沒有後續部隊前來，縱然是有，也遠水不解近火，十萬大軍都在常德城區這一點，後面補給線那樣長，彈藥糧襪怎麼能說不缺乏，何況我們和盟國的空軍，天天在炸這不絕如縷的供給線，他決難持久。

此外，我西面的友軍和東面的友軍正對他們採取包圍，使得他們後路隨時隨地都受

到威脅，所以他越把大軍聚集到常德這一點，他後路越空，我們週邊的友軍越是可以佔他一個大便宜，而我們常德守軍越支援得久，也就是敵人的消耗越大，他們的前方拼命消耗，後方接濟不上，沒有被反包圍的危險，也不是萬全之策，而今我們友軍也慢慢的辦到了合圍之勢，他對常德的攻勢無論達到什麼階段，跑非慘敗不可。請問，十萬大軍接濟是能靠飛機投擲的嗎？不過局勢演變到這種局面之下，敵人不攻下常德，有受核心部隊和週邊部隊夾攻之危，就是突圍也不容易，但敵人不願失這個面子，我判斷在最近兩天，敵人一定不顧一切要先攻下常德，然後調頭去應付我們週邊的軍隊，以便逃避包圍。在這不顧一切的情況下，一定還放大量的毒氣，但我們要完成這次會戰的勝利，決不能放棄吸引敵人的手段，也就是不讓他們在湘鄂邊境站穩或撤退，好讓我們友軍來個大殲滅戰，我想我們能把城區守到12月1

日，無論援軍到與不到，週邊的友軍一定把常德這個大陷阱佈置妥當，那時我們成功是成功了，成仁也是成仁了。我和全師的官兵，要咬緊牙根闖過難關，讓抗戰史上寫下一篇常德大捷。」這番話堅定了大家的必勝信念，鼓舞了官兵鬥志。為能堅持到12月1日，余程萬又著手巷戰準備，特別是對興衛口中央銀行師部附近，官兵不分日夜地在街道上利用門板、砂石、土袋等壘築防衛工事，並把各街巷的房舍打通，聯成一體，牆壁上鑿成大小不等的射擊孔，以便巷戰，堅守待援。

當天日軍向東西北四門發起空前規模的猛攻。

攻東門日軍採用密集隊形進攻，守軍169團在柴意新團長的指揮下，英勇奮戰，拼死還擊。由於當時城外房屋，已全部毀於砲火，形成了一片開闊地帶，致使日軍衝鋒隊形全部暴露於守軍的強大火力網內，遭到

■在常德已被包圍的司長形下，常德守軍依然拼死戰鬥。

慘重傷亡。

北門守軍原為169團3營因傷亡殆盡，正入城整編，另由171團1營3連1排接替，日軍則乘換防之際，突然以1個大隊在砲火掩護下向賈家巷猛撲。賈家巷前後地面，全被砲火摧毀一盡，全排戰士僅剩下8

■日軍不顧一切的瘋狂進攻。

人，猶裹傷奮戰到底，排長殷惠仁在日軍迫近時拉響手榴彈，與敵寇同歸於盡。

正當北門激戰之時，大、小西門尚未換防，余程萬因見原在大、小西門外作戰的170團經過連日苦戰，損失達四分之三，乃急令該團餘部火速入城佈防城南，西門防務交由171團接替。是日，敵116師團120聯隊發起瘋狂進攻，外北門至西門是一道寬而且深的護城河，日軍要攻西門，必須繞城河進攻大西門正街。大西門守軍171團3營9連，該連以一個排擔任阻擊，兩個排作掩護。擔負正面防禦的一個排無論日軍如何猛攻始終屹立不動，鏖戰兩小時，日軍在陣前遺屍累累。下午日軍一面正面攻擊，一面由漁父中學側擊，守軍全排犧牲，日軍遂迫近大西門，與該連另2個排血戰，由於另2個排同樣英勇奮戰，日軍終不能得逞。日軍116師團123聯隊在12架飛機、10餘門重砲支援下，以猛烈砲火和大量施放毒氣彈掩護下同時向

小西門猛攻，聯繫四次猛攻均被守軍擊退。

是日，此時第九戰區司令長官薛岳來電雲：「岳以大軍援兄，敵必潰退，望傳令將士，堅守成功。」電中又說：「我軍26日可攻達德山附近，敵已開始向常德東北地區逃竄。」余奉此電後，即申今各部，告以援軍日內便可攻達，務望死守據點，寸步不移，但全師包括砲兵、工兵、所有參戰人員原有8315人，現在所剩戰鬥官兵不及千人了，彈藥消耗已過大半，幾日日發數封電報，要求火速接濟彈藥。余程萬一面下令：「自即刻起，所有排、連、營長，均不得變更位置」，一面又著手整編部隊，將師直屬部隊、輸送兵、擔架兵編入戰鬥部隊，又由軍砲兵團抽出300餘人參加步兵作戰，動員輕傷士兵裹傷歸隊，使戰鬥兵員有所增加。余程萬師長苦候援軍不至，電告孫連仲懇求援軍與空中支援：「城垣戰鬥至烈，敵機竟日狂炸掃射，深感威脅，刻四面敵重火器陸續

增加，懇立派大批飛機掩護助戰，並轟炸城垣四周之敵職師血戰九晝夜，傷亡慘重，僅餘戰門官兵五百余員，彈藥告罄。敵續增猛撲，勢更凶強，請速飭援軍於26日晚趕到。」

常德保衛戰激烈進行的同時，中美英三國首腦正在舉行開羅會議，57師在常德的英勇奮戰無疑大大提升了中國的軍威國威。羅斯福總統在會談期間就專門向蔣介石詢問了常德保衛戰以及守軍指揮官的情況，甚至有報道說羅斯福還在筆記本上仔細記下了57師與余程萬。美國紐約時報以常德會戰爭題，發表評論道：「如尼米茲（盟軍太平洋戰區總司令）海軍上將所言，中國為遠東戰區進攻日本的決定性戰場，中國境內的陸戰規模遠大於美國在太平洋地區所進行的任何戰事。日軍這一次在中國湘西方面的進攻，或將使此地成為日軍的墳場。」開羅會議簽署了《中美英三國開羅宣言》，明確聲明「剝奪日本自1914年第一次世界大戰開始後，在太平洋上所奪得或佔領之一切島嶼，及日本在中國所竊取之領土，如東北四省、臺灣、澎湖列島等歸還中國。」無庸置疑，會議能通過這樣一個對中國非常有利的宣言，57師在常德所表現出來的英勇堅韌頑強不屈，功不可沒。

27日，週邊51師進展迅速，連克日軍據點，迫使日軍向黃石市撤退，入夜後51師暫停全面攻勢，改由各部組織奮勇隊鑽隙推進，更使日軍陣腳大亂，加之第19師攻克陬市，形勢非常樂觀。王耀武深知黃石市是增援常德的最後一關，電令該兩師挾勝利之勢轉兵協助58師攻取黃石市。日軍13師團也

■薛岳。

非常清楚黃石市得失關係大局，拼死阻擋。58師師長張靈甫師長指揮所部奮力突進，攻入黃石市，並派師附楊劍秋上校率1個營自側翼切入，與日軍展開巷戰，楊劍秋督隊衝殺，壯烈殉國。58師與日軍13師團惡戰整整一晝夜，終於在28日將日軍逐出黃石市。同時19師力克桃源，逼近常德。第10集團軍在得到18軍與66軍加強後，更是全力攻擊，以這兩個生力軍直向暖水街、石門、公安推進。18軍55師衝入暖水街與敵展開巷戰，18師力克王家畈，而66軍185師也攻入石門，收復大半城區。日軍39師團遭到這路國軍迅猛衝擊，已呈不支之勢，連失要點，日軍11軍的退路，眼看就要被切斷了。這樣一來，對日軍而言，常德已經不再那麼重要了，現在要緊的是如何在39師團、13師團崩潰之前撤回長江北岸，以免陷入全軍覆沒的滅頂之災。11軍軍長橫山勇得知18軍直逼公安，知道大事不妙，只有趕緊撤退，才能避免圍殲的厄運。但是如果沒能攻下常德，不僅無法向上級中國派遣軍以及大本營交差，而且11軍的聲譽將毀於一旦！但是面對57師始終堅守不退，11軍堂堂三萬皇軍楞是沒能攻下小小常德城，橫山勇情急之下，居然指示116師團將對常德的包圍網

■常德會戰中中國軍隊的頑強抗擊在開羅會議上享譽國際社會。

使用。

常德城實際上只有靠南岸臨江一帶是完整的城垣，其餘東、北、西三面有不少城牆不夠完整，主要靠寬而且深的城壕防禦。日機21架又進行狂轟濫炸，東、西、北城外集中火砲約300門以上，沿城作弧形轟擊，沅江南岸的敵砲也頻頻向城內轟擊。在如此猛烈砲火掩護下，日軍投入攻城的兵力增至7000，全力猛攻城垣。

東門之敵前後三次攀越城垣，由於169團團長柴意新親臨指揮督戰，士氣高昂，日軍企圖一直未能得逞。隨後東門日軍繞至南門，用木梯爬牆，均被南門守軍170團擊退。

西門171團副營長雷拯民親率一個連接連打退日軍十余次進攻，日軍重新組織砲火，對守軍陣地進行毀滅性轟擊，守軍傷亡大半，眼看陣地岌岌可危，幸好9連連長宋維鈞援兵趕到，守住了陣地。但日軍再次猛攻，砲火將城上工事全部摧毀，然後向城門衝鋒，宋連長從廢墟裡躍出，猛擲手榴彈，率部與敵肉搏，直至全部犧牲。

北門日軍陷賈家巷後，繼撲北門外正街，守軍171團1營營長吳鴻賓率3連反擊，由於兵力單薄難挽危局，幸好余程萬師長到

開一面，使57師「安全」突圍，好儘快攻克常德，向上級交差，然後回軍北撤趕緊逃出這個險地。116師團長岩永汪立刻在常德南面放開通道，並派人喊話，讓57師渡江突圍，保證不予攻擊。但57師不為所動，依舊據城死守，橫山勇見狀只好下令加強其他方面攻勢，以圖逼迫57師突圍。可是57師就是不領這情，突圍的大道開放了整整兩天，日軍喊話幾近哀求，57師還是死據不退，決心與常德共存亡，為戰區主力殲敵爭取時間。

第六戰區部署得當，殲敵在即，孫連仲體恤死守常德的57師忠勇官兵，竟然一反用兵謹慎持重的特點，電令第10集團軍冒險出奇兵，抽出2個團，尋隙向常德突進，力求早日解常德之圍，並督促空軍向常德空投補給，但是僅僅空投了步槍子彈6000發，其中還有2000發因空投時的撞擊而變形不能

此巡視，立即令團長杜鼎率預備隊從三面猛衝，將日軍擊退。

小西門外有護城河阻隔，日軍難以迫近，便將輕重視槍架設在護城河對岸的高堤上對準城垣上的守軍猛射，同時又向守軍施放毒氣，守軍處境十分困難，但小西門離中央銀行最近，是師部的後大門，不能有任何疏忽，因此守軍抱定與陣地共存亡的決心，死戰不退。

57師的頑強戰鬥，連日軍自己也不得不為之歎服，日軍華中前線11月27日電訊寫道：「敵人之抵抗極為頑強，26日敵為阻止我軍之夜襲，無片刻之休息，繼續砲擊，敵人依據數層鐵網，誓死抵抗，城壁到處有手榴彈扔下，高八尺之城壁構成一大要塞，我空軍曾至空中猛烈轟炸，然城之敵始終頑強抵抗。此次攻防戰激烈之程度，不禁使人想起南京攻擊時，重慶之戰意，誠不可侮

也。」

此時日軍因後路將斷，已是困獸猶鬥之不擇手段，橫山勇下令集中所有火砲逐區分段將常德城完全轟毀，甚至令砲兵推進至第一線，實施零距離射擊。但是這樣砲擊也不能轟毀57師的抵抗鬥志，日軍惱羞成怒，大量施放催淚與窒息性毒氣，並嚴令空中支援的飛機不顧地面砲火進行超低空轟炸。巷戰中的日軍也大肆縱火，甚至全然不顧可能危及到自己部隊，常德城內可謂火海毒霧，如同煉獄。

28日，橫山勇下達全面總攻令，以各種大小砲百餘門，飛機20餘架，輔以毒氣、燃燒彈，對東西北四門展開空前規模的猛攻。但守軍英勇奮戰力挫頑敵。孫連仲見57師為挫敵鋒，來電獎大洋十萬元，以示激勵。74軍也來電：「1、軍於宥已由周、張、唐各師分派鑽隙支隊向陬市、河洑山、常德鑽進，襲擊敵側背，希即取聯絡；2、我軍主力儉（28）日可由陬市、河洑山攻擊前進。」余程萬即通告全師，使官兵振奮不已。因部隊傷亡過大，57師將常德警察隊40多人亦編入部隊，並從常德警局挖出戰前儲存的子彈一萬發（這是前常德警備司令劉光漢撥給警察局長張炳坤的，張去職時將子彈

■經過日軍的狂轟亂炸，常德的重要地段已成殘垣斷壁。

移交新任局長，因戰事緊急新局長無法處置，只得將子彈埋藏於武陵花園的警局，此時卻派上用處），聊解彈藥不濟之困。

當晚，哨兵報告城外之敵停止進攻，正紛紛向城東北角運動。余程萬判斷城外既無激戰，說明援軍還沒有到來，那為日軍這一舉動必有新的企圖。因此，命令一線部隊嚴密警戒，並親臨城東北角巡察，並面諭柴團長嚴加提防，但由於當時城內兵力單薄，防線又長，無法抽出更多部隊來加強這一帶的防守。

原來，日軍在戰鬥中，發現城東北隅有一小段新土城牆，城外壕水可以徒涉，這是戰前為便利市民出城躲空襲警報，而將城牆開了一個缺口，護城河內還填有走道，57師駐防後才將城牆缺口搶築，但護城壕中的走道未及深挖。於是日軍決定選擇此處為突破口，29日凌晨在飛機26架掩護下，發起突然襲擊，守軍冒著砲火頑強抗擊，日軍遺屍累累，河水為赤，日軍133聯隊第1大隊長飯代英太郎及所屬第4中隊長北田一量等均被擊斃。日軍喪心病狂地向守軍施放窒息性毒氣彈，守軍中毒後乘機涉壕，爬梯登城，然後將昏迷守軍全部槍殺。余程萬急調全部預備隊拼死反擊，雙方展開了殘酷的肉搏。

另有一股日軍從西圍牆突破口湧進城來，乘夜直向東門城內海月庵突進，為了保障東門的安全，169團副團長高子曰率勤雜

人員40餘人，拼死阻擊，由於敵我眾寡懸殊，經過一場肉搏之後，全部犧牲。此時57師自副師長以下全部投入戰鬥，在巷弄中與日軍拼殺殺，而且守軍彈藥徹底告罄，砲兵將火砲拆毀埋藏，步兵甚至以大刀長矛與敵肉搏，傷亡慘烈。

東門城垣守軍，由於連日血戰，人數銳減，彈藥也消耗殆盡，因此只得將勤雜人員補入部隊，這些人員缺乏武器，只能用梭鏢、木棒作戰。甚至後來人員傷亡巨大到無法應付的地步，守軍紮草人來虛張聲勢。當29日日軍突破西圍牆後，東門城外之敵乘機發起猛攻，守軍內外受擊，顧此失彼，東門也告失守，日軍突入後逐次佔領永安商會和舞花洞之間的街巷，隨後兵分兩路，一路約600人沿城圍和河街竄至水星攄，一路約500人在東門城內四下亂衝。

北門進攄之敵700餘人，先施毒氣，繼借猛烈砲火及煙幕掩護，向守軍陣地步步逼近。171團1營因與敵已肉搏七八次，官兵傷亡殊眾，3連連長馬寶坽、5連連長戴敬亮均負重傷，士兵所剩無幾，杜團長即令機槍3連前來增援，通過一場血戰，終因敵軍勢為，機槍連連長溫鳳奎戰死，守軍全部陣亡，日軍這才突進北門。

29日黎明，日軍戶田支隊衝入東門，主力也從北門源源進入常德，從西圍牆攻人日軍，佔領烈土街後兵分兩路，一路向府坪街進擊，另一路向大高山街推進。從北門入內日軍佔領皇經台，也分成兩股，一股經法院街向小西門方向進攻，另一股經關廟街直驅雞鵝巷和漢壽大街。由東門入城之敵，由大慶街、常清街、沅清街逐步向西壓縮。這時

城東、城北、城南各街各巷到處都是激烈的惡戰。槍聲、砲聲、喊殺聲響徹雲空，火光、血光、刺刀光籠罩全城。傍晚時分，從東門往大河街之敵約400餘人向水星樓猛撲，170團副團長馮繼異督部死守，水星樓城下敵屍枕籍，入夜後該團左翼受東門城內竄來之敵的威脅，守軍在兩面夾擊的情況下，仍浴血苦戰。深夜日軍集中砲火從城內城外夾擊，水星樓砲火轟塌，守軍全部壯烈殉國。在大、小西門的171團1營因連日作戰死傷大半，正處於難於支持的地步，余程萬將砲彈用盡的軍砲兵團第3營改為步兵，由營長何曾佩督率前來支援，由於日軍砲火猛烈，城垣多處被毀，守軍一面與敵苦戰，一面填補缺口。日軍集中大小火砲百餘門從拂曉起向小西門正面和大西門南城角猛擊，再以步騎兵輪番衝擊，大西門離師部只有300公尺，小西門更近，僅200公尺。日軍在機群狂炸之後，繼以大量部隊強攻。堅守小西門的171團1營2連，在連長鄧學志率領下，以死抗擊，最後只剩下30餘人，眼看情勢危急，該營營長吳鴻賓率3連趕到，向敵人展開側擊，將敵擊退。戰至上午9時許，2連只剩下趙相卿排長和5名傷員，而日軍再度逼近城門，趙排長和5名傷員衝入敵陣拉開手榴彈與敵同歸於盡。

至夜，大小西門終為日軍突破。此時整個常德城區已成一片焦土，滿城大火烈焰，飛臨常德助戰的空軍報告城內已是一片火海濃煙，根本看不到任何目標。余程萬一面命代參謀長皮宦猷率最後的機動部隊示範隊全力阻截入城之敵，一面令169團以二至三人為一組，利用已打通的民房、斷垣頹壁和街

■頑劣的日軍在巷戰方面素養極高。

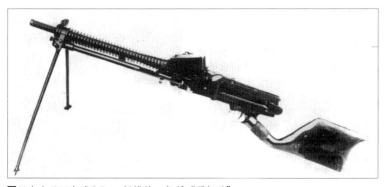

■日本大正11年式6.5mm輕機槍，俗稱“歪把子”。

巷工事分區據守，各自為戰，以手榴彈、刺刀、大刀、長矛與日軍逐屋逐房拉鋸搏鬥，此時57師各級軍官傷亡達95％，重武器損失達90％。

余程萬此時已經知道援軍不可能如期抵達，決意全師戰死常德，向第六戰區副司令長官孫連仲發出淒烈悲壯的最後電報：「彈盡，援絕，人無，城已破。職率副師長、指揮官、師附、政治部主任、參謀主任等固守中央銀行，各團長劃分區域，扼守一屋作最後抵抗，誓死為止，並祝勝利。第74軍萬

歲，蔣委員長萬歲，中華民國萬歲！」據說孫連仲接到電報後悲痛至極，熱淚盈眶，整個司令部肅然無聲60年後再讀此段電文，依舊能感受到那份濃烈的悲壯，依舊使人心旌激蕩。

29日，日軍進攻重點指向城西，因為57師師部設在城西興街口中央銀行內。黎明前日機向城西投下大批重磅炸彈和燃燒彈，中央銀行是鋼筋水泥結構，普通炸彈難以將其摧毀，只是到處大火，好在守軍早有準備，事前就將師部附近易燃之物全部撤毀，大火很難燒到師部。

日軍突入小西門後順著大街向文昌廟衝來。文昌廟位於小西門內的十字街口，距中央銀行不過100公尺。169團3營營長孟繼冬率全營僅存的24人（不少是傷員）據守文昌廟旁的碉堡，孟繼冬親自掌握機槍，戰士們跳出碉堡猛擲手榴揮迎擊。171團1營營長吳鴻賓率部抄敵左側，同時師直屬部隊勤雜人員約30人和砲兵團的一個連，由171團1營副營長劉良率領，鑽牆繞至敵右後側擊，余程萬師長親率特務連一個排向文昌廟急

■ 裝備有75mm步兵砲的日軍火力優勢明顯。

進，當余師長趕到時，169團3營殘部已所剩無幾，正難於支持，右側後的劉副營長率部從民房中鑽出，向敵猛擲手榴彈，然後一個衝鋒奪佔箭道街各散兵坑及工事，擋住了日軍向東擴展的勢頭，抄敵左側的吳營長，也由西牆北側鑽出來，向敵猛擊，日軍陷入三面包圍，遂被逐回十字街心。此時，中國空軍第4大隊5架空投彈藥的飛機，適正飛來，低空盤旋，日軍見勢驚愕，行陣大亂，被消滅大半。文昌廟激戰時，中國空軍空投子彈3600發，後又有飛機空投子彈2500發，藥品及肉類3000餘斤，還有大批慰勞品。這些空投物資雖然數量不多，但仍給57師官兵很大的鼓舞和安慰，然而人少城危的現實，仍是無法改變。

大西門及西南城角一帶守軍171團3營殘部加上補充的勤雜人員、警察及砲兵改編的步兵，合計起來也不足300名，而且其中不少人還無槍無彈，僅憑大刀長矛作戰，因此帥參謀主任龍出雲、171團團長杜鼎、砲兵團長金定洲都加入到一線直接持槍作戰。午後3營營長張照普重傷，副團長盧孔文代理指揮，敵勢凶頑，守軍傷亡甚重，余程萬只得將最後的預備隊特務連一個排調來支援，才使敵焰稍挫。

此時，城區各街巷內俱已成火海，人在下風頭煙熏火烤，難受異常，余程萬嚴令不得變動位置，不許臨陣脫逃，提出「有一牆守一堵，有一壕守一壕，有一坑守一坑！」，務必節約彈藥槍不虛發，堅守待援。

晚19時孫連仲來電：「敵確已紛紛向東

■ 在侵華戰爭中，日本侵略軍常卑劣地使用毒氣。

廟，關廟後街、法院街、皇經台、絲瓜井巷、箭道街迄小西門（不含）間之各街巷；170團佔領水星樓和大慶街兩端、警察局北端（含關廟和魯聖宮）、華嚴巷、舊聖署北端（含上南門各街巷），並佔領右自上南門（含）

北潰退，我第162師已到城北沙港，第3師已到德山，務必拼命支援，以竟全功」。但城郊西北沙港，始終末聽到任何槍聲，援軍依舊杳無音訊。深夜，第九戰區司令長官薛岳來電：「我軍激戰至儉日（28日）午，已將沅江南岸之敵完全擊潰，正向倉港、牛鼻灘、蘇家渡、德山、茅灣、鬥姆湖之敵猛攻中，殘敵現紛紛渡沅水向常德東北方逃竄。」隨後又獲74軍電報：「第162師已進至常德北門外五華里處。我第19師及第15l團之加強團先頭豔日（29日）到達黃花橋附近，與敵激戰，並向河洑攻擊前進。著57師即分別派員與友軍切取聯絡。」但余程萬知道162師並末到達常德城北五華里地區，德山、蘇家渡方向已聽到槍砲聲，估計已有援軍到來，但戰況不明，只得急電上級要求具告實情，並空投彈藥。

為了能達到堅守待援的目的，余程萬再次調整部署：169團（欠3營2個連）佔領關

經下南門，左迄水星樓之間；171團佔領上南門（不含中山西路）、雙忠街、翰文中學、白果樹，迄金家巷之各街巷，並佔領右自金家巷起經大西門、石城灣、筆架城，左迄上南門（不含）間之城垣；師部及直屬部隊、169團3營（欠兩連）之剩餘官兵悉數編併（孟繼冬營長則奉命調守師指揮所），由迫擊砲營營長孔溢虞指揮佔領興街口、上南門、北門、小西門和文昌廟間各街巷；軍砲兵團(欠兩個營)附戰砲營第1連佔領中山西路、萬壽街間各處，並佔領大西門至西南城角間城垣，協助171團作戰；高射砲排，擔任防空，必要時協助軍砲兵團的戰鬥；各部限於12月1日1時20分前，調整部署完畢。

12月1日拂曉，日軍在飛機20架輪番轟炸後，向大興街核心陣地發動猛攻。日軍巷戰戰術是燒一段攻一段，而中央銀行因是鋼筋水泥結構，不怕火燒，所以日軍改以平射砲、山砲、野砲集中向中央銀行進行毀滅性

戰，已再三嚴令佔領德山，到南城以援兄，冬日（2日）相見，期堅守成功。」隨後，第六戰區孫連仲轉蔣介石電話：「1、令79軍以2個團於明午四時前進常德城；2、限第10軍於明拂曉攻擊常德東南之敵；3、並令63師以6個連星夜馳入常德，解救該師為要。」余程萬即傳達各部激勵軍心，並鼓勵全師官兵說：「為山九仞，功虧一簣，行百里者半九十，現在就是我們最當努力的時候了！」中午孫連仲來電：「已飭第79軍即抽1個師兵力，限3日到達常德附近，我63師於30日佔領桃源，第51師之加強團已進至長岺崗，第10軍正攻擊常德東南側。」後74軍軍部又電飭派員聯絡，余程萬即令副師長陳噓雲率參謀1人、偵察員6人，乘夜鑽隙前往長岺崗與51師聯絡。下午孫連仲又轉蔣介石電：「此次保衛常德與蘇聯史達林格勒之保衛戰價值相等，實為國家民族之光榮。各有關援軍即到，務必苦撐到勝利為盼。」薛岳也發來急電：「周慶祥（第10軍3師師長）覆電，陷日（30日）已確佔德山，遵令與友軍

的轟擊。同時，日軍發現守軍官兵均潛伏在街巷兩旁的房舍中，於是又調集砲火向街巷兩側街房狂轟，不少守軍官兵被埋在了砲火轟塌的磚瓦中。至晚，沉清街、常青街、大慶街、大小高山街、府坪街、法院正街、皇經台、關廟街、漢壽街、雞鵝巷、衛門口、臨沅大街等地相繼被敵人佔領，守軍總數已不滿千，僅剩城內西南隅五處據點，即興街口中央銀行、雙忠街的老四海、文廟、百街口亞洲旅社和大興街的華晶玻璃廠，戰局已極度危急，為確保這五大據點，贏得時間，余程萬下令將據點周圍之民房拆到20公尺以外，以使敵人縱火無法延及，同時又在陣地周圍，用石頭、砂包、土袋壘成掩體，部署兵力控制。

上午薛岳來電：「友軍在德山東南激

聯絡，已令即派敢死隊一千人或一團速到常德西南支援友軍，並入城助戰，方先覺（第10軍軍長）率朱、孫兩師擊破石門橋、放羊坪附近之敵，進至蘇家渡、二裡崗。」第10軍軍長方先覺也來電：「第3師已於陷日（30日）攻佔德山附近及其以南地區，盼聯絡。」余程萬根據上述電報，與德山方面的槍聲相印證，判斷第3師可能確實到達德山，於是便在當日派出便衣偵察員攜帶余程萬名片前往德山聯絡，不久便衣偵察員帶來了第3師偵察員龔志維，面呈周慶祥師長的親筆信：「余副軍長石堅兄鑒：全師於30日晨到達德山以南地區，開始向德山攻擊，經一晝夜之激戰，於同日午後5時30分確實佔領德山，並控制其東南之線，惟以遠道馳援，常德敵我情況，諸多不明，故特派本部諜報員龔志雄、黃茂林兩員，前來聯絡，請將一般情況詳為示知為感，即頌勳祺。周慶

樣，12月1日。」同時龔又呈上周慶祥名片，背面寫著：「來函及名片所示均悉，本部已派第7團於本日下午5時，由德山向常德西南挺進，並即入城協助，該團爾後請兄直接指揮。但該團達到後渡河事宜，請兄妥為準備並協助為感，此致，余副軍氏石堅兄，弟名正爾。」余程萬隨即派指揮官周義重率參謀副官等人，隨龔志維乘夜偷渡沅江，鑽隙前往德山迎接援軍。

2日天剛破曉，日軍再興攻勢，興街口是師部核心陣地，日軍猛攻尤甚，迫擊砲營營長孔溢虞指揮的守軍還不到50人，拼死抗擊，使敵屢攻不下。日軍見正面推進不動，便從小西門分作兩路，一路向大西門伸展，一路向東北街道推進，企圖迂迴包圍中央銀行。守衛在文昌廟至北門的是169團1營，營長楊維鈞既要率部擋住正北日軍，又要防止小西門日軍的迂迴，實在難以堅守，只得

■日軍在武士道精神的影響下戰鬥力尤為兇悍。

■日軍在興街口屢攻不下，甚至釋放毒氣也未能前進。

主動衝出陣地向敵反擊，終因眾寡懸殊，全部壯烈犧牲。大西門之敵約300人，在猛烈砲火掩護下步步進逼，171因副團長盧孔文率部反擊，展開白刃戰將其擊退，但盧副團長亦在激戰中犧牲。為了消除大西門之敵威脅，砲兵團團長金定洲率3營營長何曾佩及30餘名士兵，向中山西路北側楊家牌坊一帶作猛烈逆襲，這支小部隊分兩路夾擊，逢牆推牆，逢屋穿屋，迫近敵前，猛擲手榴彈，日軍遭此突襲，死傷慘重，攻勢頓挫，大西門內威脅徹底解除，但何營長所率30餘名士兵大半殉國，金團長亦掛彩。

日軍鑒於對中央銀行指揮所和其他四大據點久攻不下，便開始向守軍空投傳單：「告第57師官兵：1、第10軍在黃土店以北全部消滅，軍長方先覺及其師長陣亡；2、救援汝等各路渝軍完全絕望，第57師官兵殲滅在即；3、無論渝軍或第57師官兵，活捉余程萬賞50萬元；4、殺余程萬將首級送來投降賞30萬元。大日本軍司令官。」守軍根

本不為所動，繼續死守，先後擊退日軍26次衝擊，日軍傷亡慘重，第120聯隊聯隊長和爾基隆、第3大隊大隊長葛野曠等軍官均被擊斃。

入夜，日軍攻勢暫有收斂，但仍布陣於興街口正面街上，隨時可以威脅師部，因此余程萬決心先發制人，即令170團團長孫進賢率官兵20余人，從雙忠街衝出，向敵背側猛擊，又令孔溢虞營長率師部官兵正面出擊，余程萬親自掌握師部門口機槍，日軍在此反擊下不支而退。師部之危，雖已解除，但整個局勢已難以支援，整個防禦陣地已被壓縮在縱橫僅400公尺的狹小範圍內，各團僅有戰鬥人員數十人，全師官兵除傷員外，只剩下321人，步槍40餘支。此時，51師敢死隊的數名便衣偵察員在57師聯絡員引領下來到師部，向余程萬報告援軍情況，51師仍在常德城西百餘里外的長嶺崗，被日軍所阻。而南站方面的槍聲也由激烈漸趨寂靜（第3師7團到達南站後為沅江所隔，援軍在

南站發信號彈、吹聯絡號，但未見常德守軍回應，援軍以為守軍全部陣亡，只得後撤），更覺絕望。杜鼎團長又報告：「敵一股由余家牌坊竄出，切斷了與中山西路的聯繫，正向我老鴉池到雙忠街一線陣地進攻，171團殘部傷亡甚重，能戰鬥者，只有70餘人，武器彈藥奇缺，難以抗

■外圍援軍被日軍阻於常德城外。

拒。」余程萬見局勢已無法支撐，遂決定突圍。

3日凌晨1時，余程萬召集代參謀長皮宦猷、參謀主任龍出雲、團長杜鼎、柴意新、孫進賢、砲兵團長金定洲等商議，決定突圍出城，到沅江南岸迎接友軍。169團團長柴意新表示所部官兵在街南口一帶，無法脫離戰鬥，加之自己身負重傷，不宜出城，請求留守城內掩護主力突圍。在柴團長誠懇請求下，余程萬決定以169團餘部和171團一部約百人，留置城內由柴團長指揮，負責掩護主力突圍。170團團長孫進賢率防守南牆官兵乘夜渡河，在魯家河集中，向德山一帶鑽隙前進。171團團長杜鼎和砲兵團團長金定洲率部，先偷渡沅江，再繞道返回江北，到河洑附近迎接西來援軍。會議結束已是2時，余程萬緣梯登上城垣，不禁潸然淚下，上下城垣反覆多次，在副官一再催促下才回到師部與柴團長通話，言未數句，電話就中

斷了，余程萬放下話筒，默然片刻後才令集合師部人員突圍。是夜狂風怒吼，黑雲密布，星月俱無，伸手不見五指，余程萬率部由筆架山出城，尋得一隻大破木筏，順勢而下，直到南站與德山之間的拐堤攏岸，上岸後又與日軍遭遇，只得率部且戰且走。待到突出敵圍時，隨行士兵俱被衝散，只剩下隨從副官、衛士各1人，這時夜雨紛紛，不辨方向，剛轉過一座村莊，又發現一股敵人迎面而來，只得急忙避入路邊民舍，衛士在前閣隱蔽，副官受傷滿身血污乃伴死門邊，余程萬則入後房暫避，日軍從門邊經過，未加理會。待日軍過後，余程萬再與副官、衛士前行。又行數里，余程萬因長途步行，導致在第二次長沙會戰中的腿部舊傷復發，無法再走。恰遇戰前疏散至此的常德難民，被人認出，扶入村中熱情款待，晚間村民自動放哨，偵探敵蹤。余程萬半月以來都未能睡個安穩覺，因此這夜酣睡直到天明，天亮後村

■經過十六晝夜的艱苦鏖戰，常德守軍被迫突圍。

民備木輿一頂，由小路護送到黃土店，始脫險境。

代參謀長皮宦猷、參謀主任龍出雲突圍後在南站被敵衝散，其情形之險惡，比余程萬更甚。與皮龍二人隨行者，僅勤務員一人，他們在日軍追擊中，匆忙避入農宅後門外草叢中，日軍入內搜索，勤務員被發現即遭槍殺，日軍搜索一陣後，就地休息2小時後始去。不一會，又聞人喧馬嘶，第二批日軍又到，亦在村內休息，如此一批去，一批來，直至下午4時許才結束，皮龍兩人潛伏草叢中達一天之久，飽受驚嚇。

而在城內的柴意新團長率部在大高山巷、皇經台一帶與敵酣戰，4時許柴團長集結殘部，進入雙忠巷陣地，日軍集中擲彈筒、迫擊砲火力攻擊雙忠巷，柴團長率殘部以刀矛棍石向敵衝鋒，反覆肉搏十餘次，身受兩處重傷，仍力戰不止，後在春申墓前不幸中彈犧牲（柴意新團長犧牲時為少將軍衛，陣亡後追贈陸軍中將），隨從百餘官兵傷亡殆盡，雙忠巷陣地陷落，至此，常德陷於敵手。

常德保衛戰從11月18日開始，到12月3日結束，57師8000官兵孤軍堅守16晝夜之久，其英勇悲壯可歌可泣，戰後僅清掃戰場掩埋的57師官兵屍體就達5703具，常德各界人士感懷陣亡將士，自發募捐於1944年3月修建了「抗戰陣亡將士公墓」。攻城日軍也在57師的頑強抗擊下蒙受重創，據中國派遣軍總司令為俊六日記記載，此次攻城戰日軍死亡1274人，負傷2977人。

## 戰役尾聲

常德守軍浴血苦戰之時，週邊部隊也在奮力突進，以求早日解常德之圍。29日185師攻入石門，51師繼向漆家河猛攻，與日軍反覆爭奪達五次，19師進至河洑山，當陽方面的30師克復宜昌週邊要點宜都。而援軍中為望所寄的李玉堂兵團，進展依然遲緩，軍委會每日數電催促，第九戰區也連下嚴令，但是因為日軍第3、第68師團的堅強防守，

第10軍還是難有進展，軍委會情急之下越過第九戰區，直接命令第10軍加強重點於左翼，全力衝破當面之敵。

29日，蔣介石從開羅電令第六、第九戰區：

一、常德城如失陷應由第10軍、第74軍、第79軍負完全責任。

二、第10軍190師以主力向蘇家渡攻擊，於30日拂曉前攻佔石門橋。

三、第3師於30日拂曉前攻佔德山。

四、預備第10師30日拂曉前以主力向德山前進。

五、各師如不能完成任務，均以貽誤戎機論。

第10軍軍長方先覺接到這一命令大為驚恐，立刻召集所屬三位師長，三位師長見蔣介石親下嚴令，限令各師進度，莫不凜然。方先覺

■佔領常德的日軍早已疲憊不堪。

決定：「為援救友軍及保持本軍光榮計，務於指定期限內達成任務，於30日拂曉前190師攻佔石門橋，第3師攻佔德山，預10師以一部佔領二里崗，主力向德山前進，確實掩護第3師之攻擊。各師均輕裝出發，前進時不得因小敵而遲滯行動。不能遵令完成任務者以貽誤戎機論罪。」此時距離規定期限還只有半日！

190師僅留569團1營繼續與敵對峙，主力分為兩路鑽隙向蘇家渡推進；第3師也只留2個營與敵周旋，主力沿德山大道推進；預10師掩護第3師側翼，向齋公咀、易家衝當面之敵發起攻勢，惡戰一上午，進展數公里，而投入進攻的2個團傷亡慘重，整編後只編成3個營。但是預10師的慘重傷亡並沒有白費，日軍錯誤判斷預10師為第10軍攻勢重點，於是投入主力反撲，使第10軍真正主攻的德山方向反而敞開了大門，第3師周慶祥師長抓住機會，大膽鑽隙前進，第3師竟在一晝夜間，挺進約40公里直逼德山。3師9團團長張惠民親臨一線督戰，德山日軍第3師團一部約500人，倉惶應戰，雙方激烈爭奪十數次，日軍不支渡沅江北潰，午後6時，3師9團收復德山。未幾，日軍約800人由蘇家渡、二里崗來援，激戰至夜仍無法攻入德山，只得在德山週邊築壘與3師對峙。當第3師收復德山後，第九戰區司令長官薛岳通電嘉獎余、周二師：「余師血戰保

常德，周師血戰克德山，忠勇表天地，特獎余師20萬元，周師10萬元。」第3師攻克德山後，周慶祥師長親率第7團繼續突進，攻入日軍68師團司令部駐地薛家鋪，佐久間師團長率幕僚狼狽而逃。第九戰區司令長官薛岳長官直接命令第3師組織敢死隊千名直向常德衝擊，周慶祥師長即以第7團全力推進，衝到南站可是不易，沅水自桃源東注洞庭湖，突然北向常德城垣轉一個大弧彎，形成了一個天然口袋，德山在常德東南角，距城約6公里，正位於天然口袋的袋口，南站則等於是在袋底，衝向南站就等於是衝進日軍的口袋。但是7團還是一舉衝到南站，雖與常德城僅一江之隔，但江面寬達千公尺水流湍急，無法渡江，只得在江邊發射信號彈，吹聯絡號，常德守軍見到信號彈也聽到聯絡號，苦於手上既無信號彈，號兵也全部犧牲，無法回應，只能點起紅燈作答，怎奈燈光微弱，援軍難以辨清。最終3師7團因沒有能夠保障部隊快速渡河的戰鬥工兵，無法與57師會合，而日軍又大舉圍攻，只得回撤，當撤至離南站約數公里處，才遭上57師派來聯絡的步兵指揮官周義重，正欲回師複入南站，日軍已源源而

**孫明瑾**

　　孫明瑾號玉軒，江蘇省宿遷縣人。黃埔軍校六期學員，歷任排，連，營，團長，嗣又畢業于國民堂陸軍大學。1940年春，任國民堂第十預備師（簡稱預十師）少將參謀長。當時部隊駐在浙江紹興，他協助師長方先生覺將成立不久的新軍，訓練成戰鬥國較強的部隊，受到上級的嘉獎和全體官兵的尊敬。是年秋初，預十師編入第十軍的戰鬥序列，從第三戰區轄屬的浙江紹興，調往第九戰區轄屬的湖南沅陵。溽暑行軍，由於孫明瑾的精心策劃，利用每一次大休息的短暫時間，檢查總結行軍情況，進行評比和整訓，又極重視紀律教育，故在歷時五個月，行程兩千餘裏的過程中，邊紀肅然，人強馬壯，受到上級的表揚。

來，衝殺一夜，7團傷亡慘重，全團僅餘100餘人返回德山。

　　190師強行軍一整天後向日軍68師團側翼猛攻，但激戰終日始終未能突破。30日下午，預10師孫明瑾接方先覺軍長電令，掩護第3師在德山攻勢，此時全師正與敵混戰，

■. 日軍在反攻德山戰鬥中也動用了空軍進行空中火力支援。

無法集結主力，孫明瑾師長毅然集結身邊千餘官兵，以必死決心向敵正面陣地發動衝鋒，以吸引正面日軍主力注意，使第3師能順利衝進德山。日軍第3師團立即投入第34、第68聯隊迎戰，在日軍戰史中專門提到預10師這次兇猛攻勢。預10師29團、30團全力衝鋒，衝入敵陣與敵展開白刃肉搏。孫師長在攻勢得手之後，對鞏固佔領、整頓部隊等作戰原則完全不顧，甚至顧不上與聯絡中斷的部隊恢復聯繫，只是一個勁兒地猛衝，要知道孫明瑾將軍是陸軍大學第14期的高材生，深諳兵法，絕非一介勇夫，現在這樣違背所有戰術原則，自陷危境，完全是為了在限期內完成任務。

12月1日，第3師已攻佔德山，預10師勝利完成掩護牽制任務，但孫明瑾仍不作休整停頓率部繼向肖家衝攻擊前進，直衝日軍第3師團核心陣地，預10師先頭部隊殺入肖家衝，佔領其核心主陣地，日軍第3師團組織千餘人攻擊預10師側翼，以求遲緩這支不要命的部隊。孫師長在攻克肖家衝後命令部隊繼續向西與德山的第3師取得聯絡，此時日軍的反擊部隊已經逼近預10師師部，孫師長毫無懼意，持槍親自督隊衝殺，日軍發現他是國軍高級指揮，便向他集中射擊，孫師長身中四彈，壯烈殉國（日軍234聯隊尋獲孫明瑾師長遺體後，感其忠勇以軍禮厚葬，並樹牌標明）。預10師副師長葛先才、參謀長何竹本均在激戰中身負重傷，參謀主任陳飛龍壯烈殉國，預10師在失去指揮情況下仍奮勇苦戰，直到入夜之後30團團長李長河接過指揮權，此時預10師全師只剩600多人。

周慶祥師長急電第10軍求援，希望在獲得增援後以德山為本，續攻常德。但此時第10軍預10師已喪失戰鬥力，190師遠在石門橋，實在無援軍可調。周慶祥見既無援軍，57師又無確切消息，只得退而死守德山。德山為日軍第3師團、第68師團、第116師團戰線之樞紐，日軍迅速調集68師團主力反攻德山，日

■ 孫明瑾。

■ 遠在開羅的蔣介石時刻關注常德會戰戰況。

軍如同攻常德一樣，又是釋放毒氣又是飛機轟炸，掩護步兵向德山衝鋒，第9團奮起迎戰，1營營長周志清壯烈殉國，張惠民團長見戰況緊急，親率團直屬部隊投入反衝擊，身中數彈犧牲。德山雖在張團長的反衝擊下暫告穩定，但9團傷亡慘重，周師長親自整編餘部，督隊衝殺，終因為寡懸殊，激戰兩天後陣地多處被突破，各部聯絡全部中斷，周師長只得率余部突圍，5日德山再告失

守。戰後打掃德山戰場時，驚見德山各要道屍體均堆疊成牆，原來第3師在這些要道上與日軍反覆搏殺，傷亡慘重又來不及修建工事，所以只能以戰友遺體為掩體，其戰況之慘烈可見一斑。

2日常德守軍與戰區及軍委會失去聯繫，因此3日孫連仲電令王耀武不惜一切待機向常德攻擊前進。王耀武率部奮力攻擊，日軍拼湊出約一個師團的兵力，拼死固守，使74軍難以迅速突至常德。另一路援軍18軍進展也相當迅速，15日佔劉家場、27日抵暖水街、28日克王家廠、30日下大堰瑙、2日已攻佔新安，逼近修橋。

3日軍委會電令第六、第九戰區無論常德方面有無變化，決依既定計劃圍攻敵人。第九戰區迅速肅清沅江南岸之敵，並以有力部隊出沅江北岸，策應第六戰區作戰。第六戰區之74軍、100軍、79軍，暫由王耀武副

司令統一指揮，以一部肅清當面之敵，主力圍攻常德附近之敵。而日軍在3日宣佈佔領常德後，甚至沒有打掃戰場，立即退出常德，投入德山作戰。

4日，當陽方面第33集團軍179師突入清溪河市，37師猛攻當陽，砲轟城內日軍據點。孫連仲電令第10集團軍與王耀武集團全力衝入常德，索敵決戰。79軍暫6師加速南下，100軍63師攻阢市，66軍185師向津市、澧縣進擊，18軍出臨澧，79與74軍也全力突進。第六戰區兩線兵團殺入日軍防線，橫山勇見39師團與13師團防線已經破碎，11軍主力後路將斷，立即將用於德山方面的第3師團火速北運，阻截79軍與74軍，而在常德以南只留68師團，掩護正從常德撤退的116師團。

此時週邊國軍主力74軍、100軍在常德以西，第10軍在常德沅水南岸，79軍在漁

■ 日軍倉惶而逃人困馬乏。

樣關、子良坪以西外，18軍、44軍正從西北迫近常德，第九戰區另以第58軍3個團、第72軍3個團和暫2軍之暫7師組成歐震兵團，也正由南面向常德逼近。4日，歐震兵團到達沅水南岸，58軍從興隆街、八鬥灣、雙羊坪直攻二里　崗和德山；72軍由發旺橋、興旺橋、道林寺直取鬥姆湖鎮的裴家碼頭。

5日週邊各部進展均十分順利，18軍抵澧水，79軍逼近常德以北，63師攻克桃源，德山尚在苦戰之中，歐震兵團也在全力推進中，以當時沅水南岸援軍的兵力，與日軍相比，是佔有絕對優勢的，要盡殲南岸之敵，收復常德也是完全可能的，但軍委會為常德方面日軍仍有8個聯隊的不實情報所誤，擔心如果18軍和歐震兵團反攻失利，就再無力收拾戰局，故沒有下令急攻常德，只是要求各部保持現有勢態，發動一些小規模進攻，收復一些城郊據點，以觀敵情變化。這一錯誤致使戰機坐失！

國軍方面決策失誤之時，日軍方面也在大擺烏龍。11軍在攻佔常德後，電呈中國派遣軍，虛報戰績，居然聲稱全殲第10集團軍、第29集團軍、第10軍和74軍，並重創18軍。中國派遣軍總司令畑俊六大將竟然信以為真，不僅致電嘉勉，還興高采烈地向大本營報捷，大本營立刻奏陳天皇，裕仁天皇自然分外高興，賜11軍及第3飛行師團「勇戰奮鬥」敕語。大本營總參謀長杉山大將緊急召集軍事會議，認為既然中國軍隊第六、第九戰區主力已遭覆沒，應當抓住這一天賜良機，擴大佔領區。因此改變原定計劃，要求11軍不返回原防而堅守常德，而且認為當

面國軍既然如此不堪一擊，11軍根本不再需要龐大兵力，立即抽調第3師團與第13師團轉歸南方派遣軍，增援馬里亞納群島。中國派遣軍根據大本營這一精神於5日電令11軍停止回撤，以確保常德為得當，並留常德索敵攻擊。11軍軍長橫山勇本來以為誇大戰績素為日軍慣例，中國派遣軍應該看得懂其中的名堂，必然會借著這樣的輝煌戰功順坡而下，按照原計劃撤軍。而現在居然要11軍堅守常德，簡直要昏倒了！大為驚恐之下趕緊回電堅持按照原計劃「左旋」（即回撤）。此時橫山勇深知11軍已經傷亡慘重，無力再戰，而且態勢非常險惡，濱湖地區39師團、13師團防線破碎，岌岌可危，南面68師團難擋生力軍歐震兵團的突進，第3師團在第10軍猛攻之下處境堪危，在攻城戰中116師團則是元氣大傷，如不迅速回撤，必有遭圍殲之險。但是接到堅守常德的電令，又不敢繼續撤退，又不能回守常德，11軍主力就在澧水與常德之間，一字長蛇展開，既不渡江也不守城，這一副等著被殲的古怪陣勢，反而使軍委會感到莫測高深，還以為這是日軍的圈套。

橫山勇知道現在局勢緊急，一面回電強烈要求撤退，一面預作準備，調第3師團北上配合13師團阻擊74軍，放棄沅江以南，就連辛苦奪回的德山也在部隊渡江之後馬上放棄，常德城只留一個中隊作象徵性的防禦。畑俊六接到橫山勇的電報，還沒意識到橫山勇的真實意圖，認為這是橫山勇缺乏大局觀念，因此再度轉達大本營決議，要求11軍確守常德。

6日，19師攻佔河洑、阪市，逼近常

德。18軍攻佔新安，渡過灃水，直逼臨灃。79軍直擊第13師團側背。至此，常德地區日軍已經陷入第六、第九戰區主力共7個軍的圍攻，且後路已有被截之虞，局勢已經相當被動。

■ 此時的日軍已全無戰役開始時的囂張氣焰。

7日，18軍與79軍以臨灃、津市、澧縣為目標，兩翼齊進。66軍掃蕩長江南岸日軍渡口。74軍在桃源一線步步推進，日軍戰線開始動搖，幾乎快要到了崩潰邊緣，橫山勇知道再不撤就來不及了！於是不顧大本營與派遣軍的嚴令，命令各部 「迅速在沅江以北整頓態勢，準備返回。」以第3師團、13師團阻擊兩翼的18軍、79軍；116師團、68師團則繞過新安，由西北側沿湖濱北撤；39師團在長江南岸全力抵擋第33集團軍的攻勢，儘量擴大渡河地區；11軍留守長江北岸部隊也奉命渡江助戰，掩護主力渡江北撤。直到此時軍委會才明瞭日軍企圖，知道錯判敵情，失去殲敵良機，趕緊亡羊補牢，電令第六、第九戰區：「常德之敵已動搖退卻，仰捕抓好機，截敵猛追，以收殲敵之效。」

歐震發現日軍有後退為象後，即以58軍進擊德山，收復常德，72軍追擊日軍，而將建制完整的暫7師控制為預備隊。58軍新11師於7日在茅灣遇到了余程萬及57師殘部，王耀武軍長獲悉余程萬生還，電令率該師余部協助友軍攻佔常德，余程萬、杜鼎集結殘部80余人協同新11師進攻常德。8日下午，58軍相繼收復德山、孤峰嶺、蘇家渡，進抵南站。72軍亦佔領了鬥姆湖，沅水南岸日軍倉皇而敗。

9日橫山勇下達總撤退令，令各部於11日開始北撤，於12日到達石門、合口、澧水及澧水南岸一線，各部隨即開始集結和撤退準備。

當日凌晨，58軍從城東老碼頭，72軍從城西裴家碼頭，在砲火掩護下，駕竹筏小船搶渡過江，擊潰當面日軍，分別佔領德山街和河洑鎮。下午2時58軍新11師32團首先由東門進入常德城，57師師長余程萬率杜鼎團長及余部官兵80餘人，隨32團第一批進入常德城區，當夜肅清城內日軍收復常德。

當晚，軍委會下達追擊令，各部以長江沿岸為追擊目標，奮勇追殲日軍。

11日晚，日軍開始北撤，並於12日全

■常德會戰一役日軍損失慘重。

部到達石門、合口、澧水及澧水南岸一線，第13師團腳步更快，已到澧水北岸。

12日畑俊六獲悉11軍竟然已經自動北撤，氣極敗壞地嚴令11軍返回常德，但橫山勇一面電請北撤，並建議「再攻常德可待之於明春」，一面指揮11軍主力退至臨澧，開始搶渡澧水。孫連仲於當日訓令戰區各部向臨澧、津市三角地帶進擊，務求全殲日軍於澧水之線。18軍除主力於河口集結外，以55師165團率先開赴津市；79軍以暫6師為前鋒，直插臨澧；74軍轉向北進，直出臨澧；第29集團軍之73軍、44軍也奉命出擊，向當面之敵猛攻。此時在澧水北岸有第10集團軍和18軍共3個軍，其中66軍正在沿江掃蕩，79軍正攻取臨澧，185師已克復石門，

控制了澧水的渡江鎖鑰，可惜79軍卻舍澧水北岸有利陣地，全軍渡河南擊，反而導致北岸部隊兵力不足，致日軍得以逃脫。

13日日軍澧水南岸防線在74軍與100軍齊頭並進下幾近崩潰，79軍攻入澧縣，18軍隨後掩殺，98師於下午攻克臨澧，日軍陣腳大亂。即使是在11軍覆滅在即的危急時刻，畑俊六還沒明白過來，認為橫山勇的擅自北撤，完全是怯懦畏敵，有失大日本皇軍的臉面，嚴令11軍必須返回常德。倒是中國派遣軍總參謀長松井太久郎中將感覺出不大對勁，建議畑俊六徵求11軍的意見，但是俊六不以為然，仍電令11軍不得再自澧水一線北撤，並答應暫時不調走第3、第13師團，另由華北方面軍增調一個山砲聯隊。不過此時，11軍戰線已經支離破碎，渡過澧水的部隊遭18軍迎頭痛擊，澧水南岸防線已經崩潰，11軍已經陷入絕境，在極度絕望中，橫山勇終於發電中國派遣軍與大本營，誠實詳述11軍慘重傷亡與不利態勢實情，懇求撤軍。直到這時，畑俊六才開始意識到11軍的真正情況，不得不派松井總參謀長飛赴第11軍進行實地瞭解。橫山勇向松井詳細彙報了損失實情，力陳各師團平均傷亡已達18%，根本無力確保澧水一線。松井也看到11軍各部減員近萬，戰力顯著下降，急需整頓，而守住澧水一線，11軍已根本無力承擔，至少還需要再加3個師團。畑俊六在接到這一報告，大驚失色，立即急電懇求大本營改變計劃，讓11軍儘快「勝利回師」。

橫山勇14日的真實告急電報同時震撼了遠在東京的大本營，日本陸相東條英機與參謀總長杉山大將剛剛還在相慶常德勝利，日

本各新聞媒體也剛剛發佈常德大捷的喜訊，驟接11軍直陳全軍覆沒在即的急報，大本營頓時一片譁然，甚至有人推論橫山勇大概發瘋了！直到再收到畑俊六的電報，才知道11軍確實已經處境危殆，即將就殲。

戰場上容不得等待，15日，79軍南渡澧水，與74軍夾擊日軍第13師團，澧水以南已完全收復。

18日，大本營終於迫於實情而不得不自扇耳光，撤銷了11軍堅守常德的前令，中國派遣軍隨即令11軍自今日起，選擇適當時機，從澧水附近現在戰線撤退，恢復原態勢。同時大本營風聞畑俊六對此惱羞成怒，將滿腔怨憤都發在大本營頭上，認為與11軍之間的矛盾完全歸咎於大本營的瞎指揮，所以特意派出大本營陸軍作戰部長真田中將飛往南京，曲為婉解安撫。另外大本營將第3師團、13師團調往太平洋戰場一事撤銷。畑俊六在大本營著意安撫後，終於消了氣，這才想起也得安撫一下橫山勇，於是再派總參謀長松井飛往11軍，予以宣慰。

雖然日軍大本營直到18日才同意11軍北撤，實際上11軍的北撤早已開始，以39師團主力向18軍反撲，掩護主力撤退。18軍奮兵突進，挫敗日軍反撲，徹底打垮日軍掩護主力左翼的防線，迫使11軍慌忙藉水路撤軍。同時79軍再度渡過澧水，協同18衛尾直追。但是18軍雖然攻擊犀利，畢竟只有一軍之為，而79軍兩度渡河徒費時間，日軍依靠其水運能力，在24日將11軍大部渡過長江，日軍主力雖然逃脫被殲的厄運，但是狼狽敗退之時長江南岸的重要據點公安、松滋等地都只好放棄，25日大致恢復會戰之前

態勢，第六戰區為擴大戰果，下令各部乘勝推進，肅清當面日軍，相機收復失地。據此，44軍向石首、藕池口，100軍向周家廠繼續攻擊，但均遭到日軍頑強抵抗，毫無進展，1月6日軍委會下令停止進攻，常德會戰至此閉幕。

## 得失評說

此次常德會戰，在抗戰後期歷次會戰中，規模之大、損失之重都是罕見的。國軍在常德方面直接作戰的部隊計有12個軍28個師，約26萬餘人，策應作戰的部隊還有17萬餘人，合計參戰總兵力約43萬左右。據參戰部隊上報傷亡數位，第六戰區損失45000人。第九戰區損失15000人，第五戰區損失3000餘人，三個戰區合計傷亡63000餘人，第150師師長許國璋、暫編第5師師長彭士量、預備第10師師長孫明瑾等3名師長也在此役中殉國。

日軍此役中投入直接進攻的兵力近9萬餘人，加上策應作戰的第39師團和熊劍東為軍，總計達10萬以上。據《中華民國史資料叢稿》記載：日軍總計傷亡近4萬。但日軍中國派遣軍總司令為畑俊六在日記中記錄的傷亡數位為1萬人，現在根據多方資料匯總，日軍傷亡1萬的資料比較可信。

此戰，消滅了大量日軍有生力量，斃傷包括3名聯隊長在內的一萬日軍，對於兵源日漸枯竭的日軍來說，無疑是個沈重的打擊。同時粉碎了日軍進佔常德建立威脅重慶的出發陣地的企圖，守住了常德，使湘中、湘西有了牢靠的屏障。但是也應該看到國軍並沒能在有利態勢下大量消滅來犯日軍，自

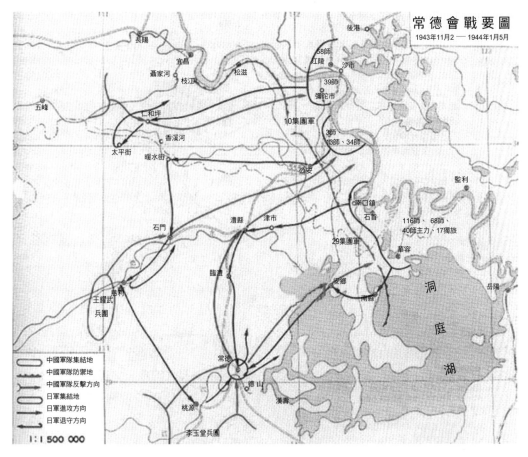

常德會戰要圖
1943年11月2 — 1944年1月5日

1:1 500 000

中國軍隊集結地
中國軍隊防禦地
中國軍隊反擊方向
日軍集結地
日軍進攻方向
日軍退守方向

己反而付出了相當大的代價。尤其是會戰中第九戰區抽調了3個軍前來支援，半年後這些參戰部隊未及休整補充，就抗擊日軍對長沙的第四次進攻，直接影響了第四次長沙會戰。綜觀整個整個抗戰，常德會戰雖然代價慘重，但畢竟還是一次得大於失的戰役。

常德之戰，在戰役謀劃上，國軍方面可以說是勝過日軍一籌，第六戰區根據敵情、我情、地形等綜合情況，製訂了以一線兵團憑藉有利地形逐次抵抗，消耗日軍爭取時間，待增援部隊到達後，以常德守軍抑留日軍，外線兵團向心攻擊，將日軍消滅於澧水、沅江間。這個預先計劃本身可以說是比較符合客觀實際，是切實可行的，而且更為難得的是，將日軍進攻線路都預測了出來。但是紙面上的東西不錯，而實際情況卻不盡如人意，綜觀整個會戰過程，常德守軍57師孤軍堅守15晝夜，甚至在城破之後巷戰也堅持了4晝夜，以極其慘重的傷亡達成了固守常德，吸引抑留日軍的職責，但卻未能實現殲滅日軍主力的目標，使日軍長驅而入，揚長而去。戰役計劃最終未能得到貫徹的原因有二，一是部分指揮官和部隊缺乏進取精神，作戰不力。如第29集團軍總司令王纘緒為了保存嫡系部隊44軍的實力，置石門重鎮而不顧；再如軍令部次長劉斐越級同意73軍

棄石門突圍等等，二是兵力使用上逐次添兵，未能形成絕對優勢。第六戰區的作戰計劃設想是不錯，但戰區自身所掌握的機動兵力相當有限，根本無法實現這一計劃，戰役開始後只得依靠其他戰區的增援，軍委會先後從第九戰區抽調第10、第99軍、第100軍和歐震兵團，都是逐次投入，而且這些援軍進展遲緩，未能在日軍被57師吸引在常德城下的有利時機到達戰場，集中起可期必勝的優勢兵力，給予日軍以致命一擊，反而是陸續到達，被日軍逐個阻截，最終使苦心製訂的妙算，非常有利的態勢，都付諸東流。

■常德市常德會戰陣亡將士紀念碑。

■後人緬懷60年前英勇殉國的抗日戰士。

軍委會的戰略指揮基本上還是比較正確的，但是由於會戰時蔣介石正好去開羅參加中美英首腦會議，因此在指揮上對一些擁兵自重的地方實力派、驕橫跋扈的中央嫡系派，實在有些難以做到令行禁止的感覺。而在戰役後期，軍委會最大的臭招就是錯誤相信日軍在常德地區還有8個聯隊的雄厚兵力，因此在18軍和歐震兵團反攻已經形成絕好態勢的情況下，居然命令各部保持現有勢態，暫不急攻，從而錯失戰機。

第六戰區代理司令長官孫連仲指揮是值得稱道的，總的來說部署得當進退得宜，就是在戰區預備隊第26、第33集團軍的使用上還是有值得商榷的地方，他將戰區本來就

不多的這些機動兵力投入到次要戰場當陽，雖說是想收圍魏救趙之效，但是畢竟遠水難解近渴，頗有隔靴搔癢之弊。不過會戰最後收官階段，孫連仲的表現相當出色，在常德失守後，沒有將眼光放在一城一地的得失，而是以殲擊日軍為首要目標，因此令離常德只有一步之遙的王耀武集團北上殲敵，而將收復常德城的功勞讓給第九戰區的歐震兵團，這份膽略見識與胸襟氣量，完全是名將風範。

常德會戰期間，正是中國空軍以及援華的美國第14航空隊在中國戰場上由防禦開始進攻的轉折期，中美空軍開始逐漸主動出擊，對日軍機場進行轟炸，並直接支援地面部隊。會戰爆發前不久的9月9日，日軍第3航空師團師團長中菌盛孝中將的座機就在廣東黃埔上空遭到中美空軍戰鬥機的攔截，機毀人亡。會戰中中美空軍還應地面召喚進行對地攻擊，一舉擊斃正在觀察地形的日軍第3師團第6聯隊聯隊長中為護一大佐，特別是11月25日，中美空軍12架轟炸機在15架戰鬥機護航下轟炸臺灣新竹機場，更使日軍大本營感覺有必要保有常德，從而在會戰後期激起了日軍大本營和中國派遣軍對於撤守常德的爭執，險些使第11軍主力在這場爭執中遭到覆滅。整個會戰期間，中國空軍第2、第4、第11大隊及中美混合團各型參戰飛機約200架，先後出動轟炸機280架次，驅逐機1467架次，重點打擊常德、藕池口、石首、華容等地日軍，向常德守軍空投彈藥等物資，並在空戰中擊落敵機25架、擊傷19架，擊毀地面飛機19架。應該說中美空軍在常德會戰中表現要比以前有很大提高，但畢竟還在由防禦向進攻的轉折時期，實力與日軍還有一定距離，因此常德上空的制空權還是為日軍所有，日軍飛機對常德的轟炸掃射給地面部隊造成了很大的損失。

57師孤軍堅守常德，是整個會戰中最為悲壯的篇章，在15晝夜的慘烈血戰中廣大官兵所表現出來的英勇頑強，再多的筆墨都難以盡書，但是師長余程萬在戰後的遭遇確有不公，因為在最後關頭棄城突圍，其頂頭上司74軍軍長王耀武就深為不滿，在接到余程萬突圍脫險的報告之後，沒有讓其殘部後撤休整，反而電令協助友軍反攻常德。當收復常德後在城內發現57師尚有300多官兵後，蔣介石更是勃然大怒，揚言要將余程萬槍決，後來經軍法執行總監部由張治中上將為審判長組庭審判，軍事法庭認眾余程萬率部死守常德12晝夜，其情可諒，改判五年徒刑，但未獲批准。1944年12月，桂柳會戰結束後，軍法執行總監力陳余程萬堅守常德有功，若判槍決，那為失守要地的為多將領，更是該當何罪為孫連仲亦極力保之，才得免槍決，改以下放第24集團軍（沒有任何名義，實際是軍役）。後人對此處罰各有看法，筆者在此就不再多議。余程萬後調任第74軍副軍長，抗戰勝利後任粵中師管區司令，1948年在雲南出任重建的26軍軍長，雲南和平之後客居香港，最後在家中遭遇暴徒襲擊而喪命，一代名將最後竟死於宵小歹徒之手，實在令人歎息。著名作家張恨水就以常德會戰為背景，寫出了一部《虎賁英雄》的小說，書中就有余程萬和57師的很多真實故事。國民黨政府敗退臺灣之後，蔣介石親自將臺北總統府旁的道路命名為常德

街，也正是為了紀念常德會戰中英勇犧牲的將士。

在第六戰區各部隊中，第10集團軍也是應當贏得讚揚的，該部以區區2個軍，深知戰鬥力與機動力都難以與日軍匹敵，所以沒有呆板死守，而是採取了機動靈活的彈性防禦，一面堅決扼守要點，一面放棄次要防區，集中兵力對日軍實施側擊、反擊，迫使日軍久攻不下，只得改變攻擊方向。

在週邊援軍中李玉堂兵團的第10軍是最負深望的，但是該軍起初進展遲緩，最後是在蔣介石嚴令下才拼死突進，好不容易達到常德南站距常德守軍僅一江之隔，卻未能聯繫上守軍，致救援功虧一簣，戰後難脫保存實力之罪，第10軍軍長方先覺與第190師朱岳師長同時被撤職，不過因繼任軍長陳素農未到職，由方先覺暫代軍長。直到1944年7月長衡會戰前夕，才恢復第10軍軍長之職，率師守衡陽。在長衡會戰中，第10軍扮演了57師在常德的角色，孤軍堅守，以期援軍，恐怕直到此時，方軍長才能體諒到余師長困守常德時的心境，最後同樣因為援軍進展遲緩，在堅守42天之後終於城陷被俘，歷史是那樣巧合地因果報應使人不免唏噓不已。

但是不管怎麼說，常德會戰尤其是57師孤軍堅守常德，是抗戰時期一段可歌可泣的悲壯篇章，是不應該被遺忘的。

## 雙方參戰部隊序列

### 中國
軍事委員會：委員長蔣介石
　第六戰區司令長官：陳誠，代理司令長官：孫連仲，參謀長：郭懺
　　第10集團軍總司令：王敬久
　　　第66軍軍長：方靖
　　　　第185師師長：石祖黃（李仲莘代）
　　　　第199師師長：周天健
　　　第79軍軍長：王甲本
　　　　第98師師長：向敏思
　　　　第194師師長：龔傳文
　　　　暫編第6師師長：趙季平
　　第26集團軍總司令：周喦
　　　第75軍軍長：柳際明
　　　　第6師師長：吳仲直
　　　　第16師師長：唐肅
　　　　預備第4師師長：王中柱
　　　第32軍軍長：宋肯堂
　　　　第139師師長：孫定超
　　　　第141師師長：林作楨
　　　　暫編第34師師長：吳嘯亞
　　第29集團軍總司令：王纘緒
　　　第44軍軍長：王澤濬
　　　　第149師師長：何保恒
　　　　第150師師長：許國璋（陣亡）
　　　　第161師師長：熊執中
　　　　第162師師長：孫黼
　　　第73軍軍長：汪之斌

### 日軍
中國派遣軍總司令：畑俊六大將
　第11軍軍長：橫山勇中將
　　第3師團：山本三男中將
　　　步兵第6聯隊：中為護一大佐
　　　步兵第34聯隊：梁瀨真琴大佐（欠第3大隊）
　　　步兵第68聯隊：橋本熊吾大佐（欠第2大隊）
　　　野砲兵第3聯隊：村川武壽大佐
　　　工兵第3聯隊：田中益太郎中佐
　　　輜重兵第3聯隊：杉本佑一中佐

　　第13師團：赤鹿理中將
　　　步兵第65聯隊：伊藤義彥大佐
　　　步兵第104聯隊：福海三千雄大佐
　　　步兵第116聯隊：大坪進大佐（欠第2、第3大隊）
　　　山砲兵第19聯隊：石濱勳大佐
　　　工兵第13聯隊：石川省三中佐
　　　輜重兵第13聯隊：田原親雄中佐

　　第39師團：澄田賚四郎中將
　　　步兵第233聯隊：吉武安正大佐
　　　步兵第231聯隊第3大隊：小池良布大尉
　　　步兵第232聯隊第2大隊：安藤?一少佐
　　　野砲兵第39聯隊：黑澤盛勝大佐
　　　工兵第39聯隊：吉田利行中佐
　　　輜重兵第39聯隊：田中舞三中佐

　　第68師團：佐久間?人中將

第15師師長：梁祇六
第77師師長：郭汝棟
暫編第5師師長：彭士量（陣亡）
第33集團軍總司令：馮治安
第59軍軍長：劉振三
第55師師長：武泉遠
第30軍軍長：池峰城
第27師師長：許文耀
第30師師長：王震
第31師師長：乜子彬
第86軍軍長：朱鼎卿
第13師師長：靳力三
第67師師長：羅賢達
暫編第32師師長：阮齊
江防軍總司令：吳奇偉
第18軍軍長：羅廣文
第11師師長：胡璉
第18師師長：覃道善
第55師師長：武泉遠
戰區直轄部隊
第74軍軍長：王耀武
第51師師長：周志道
第57師師長：余程萬
第58師師長：張靈甫
第100軍軍長：施中誠
第19師師長：唐伯寅
第63師師長：趙錫田
第43師師長：李士林

新編23師師長：盛逢堯
第118師師長：王嚴
第5師師長：李則芬
第121師師長：戴之奇
暫編第35師師長：勞冠英

第九戰區司令長官：薛岳
李玉堂兵團　第27集團軍副總司令：李玉堂
第10軍軍長：方先覺
第190師師長：朱岳
第3師師長：周慶祥
預備第10師師長：孫明瑾
第99軍軍長：梁漢明
第92師師長：艾靉
第197師師長：胡大佐
暫編第54師師長：饒少偉
歐震兵團　第20集團軍副總司：令歐震
第58軍軍長：魯道源
新編第10師師長：蕭本元
新編第11師師長：侯鎮邦
第72軍軍長：傅翼
新編第13師師長：唐邵伯
新編第15師師長：江濤
暫編第2軍軍長：古鼎華
暫編第7師師長：王作華

步兵第57旅團：清水正雄少將
步兵第61大隊：澤多亮大佐
步兵第62大隊：竹林信久中佐
步兵第63大隊：井村熙中佐
步兵第58旅團：太田貞吉少將
步兵第65大隊：西山義郎中佐
步兵第115大隊：橋本孝一大佐
步兵第116大隊：田部久次郎中佐
師團砲兵隊
師團工兵隊
師團輜重兵隊

另：配屬戶田部隊（從第40師團抽調）
步兵第234聯隊：戶田義直大佐（欠第1大隊）
獨立山砲第2聯隊第2大隊
工兵1個中隊

第116師團：岩永汪中將
步兵第109聯隊：布上照一大佐（欠第2大隊）
步兵第120聯隊：和爾基隆大佐（欠第2大隊）
步兵第133聯隊：黑瀨平一大佐（欠第7、第10中隊）
野砲兵第122聯隊：大鳴卓大佐
工兵第116聯隊：池田金太郎大佐
騎兵第120大隊：田部馨中佐
獨立山砲第2聯隊：森戶隆三大佐（欠第2大隊）

古賀支隊　（從第58師團抽調）
步兵第52旅團：古賀龍太郎少將
獨立步兵第94大隊：前崎正雄中佐
獨立步兵第96大隊：中西福松中佐
獨立步兵第108大隊：木村行雄中佐
工兵1個小隊

佐佐木支隊　（從第34師團抽調）
步兵第216聯隊：佐佐木勘之丞大佐（欠第3大隊）
步兵第217聯隊第3大隊：築鳥長作少佐
步兵第218聯隊第3大隊

加治屋克郎少佐（欠第1中隊）
山砲兵1個中隊
工兵1個小隊

宮脅支隊　（從獨立混成第17旅團抽調）
獨立步兵第88大隊：宮脅龜次郎中佐
步兵第216聯隊第1大隊：谷口成男大尉

柄田支隊　（從第65師團抽調）
獨立步兵第58大隊：柄田節大佐

空軍　第3飛行師團第44戰隊：
福澤丈夫中佐

# 喋血孤城導讀

　　1944(民國三十三年) 7-8月，當時二次大戰已近結束，美軍在太平洋戰場上節節勝利，日本的海上補給線不僅受到威脅，連本土也頻頻遭到美軍的轟炸，戰爭勝負已至為明朗。

　　日軍為了集中火力結束與中國之間的戰爭，並企圖從陸上建立起補給線，便發動了抗日戰爭中殲滅日軍最甚的三大戰役之一，即為以國軍第10軍為守備主力的「衡陽保衛戰」，是役也被日方稱為「中日八年作戰中，唯一艱苦而值得紀念的攻城之戰」。

　　在衡陽之役結束後，方先覺所率領的第10軍所屬各師師長均獲軍事委員會頒綬青天白日勳章，使得第10軍成為中華民國陸軍建軍至今，唯一的一個師長級以上指揮官，共獲得四座青天白日勳章的部隊。

　　第10軍以攻城日軍十分之一的兵力，孤軍奮戰守城47天，在最終造成敵我死傷比例達三比一，戰力不可謂之不盛。卻在寡不敵眾又久未得到援助的情況下，方先覺以「保證生存官兵安全，保證傷兵得到救治」為條件與日軍談判停戰，以免部眾遭日軍屠戮，是為「不得已的戰場作為」。黃埔三期畢業的方先覺為人豪氣，俠義助人。他的軍旅生涯後期始終擔任副職，在隨國民政府轉進來台後的眾將官中，高潔品格可見一斑。

　　根據《日本陸軍戰史》記載，對於衡陽守城的方先覺將軍是以「驍勇善戰之虎將」稱之，中國陸軍第10軍被認為是「善戰之師」，47天的激戰中，中國軍隊無一人投降，則「實為中日戰爭以來的珍聞」。

　　相對於日本軍隊的武器裝備，第10軍的山砲、野砲數量遠遠不及，但卻能充分運用國產的迫擊砲，以及手榴彈與日軍周旋，日本認為手榴彈投擲為中國軍隊的戰鬥特技，而且其技巧已經超越英美，是世界優越隊伍中的「A組」。

第10軍在佈置防守陣地時充分發揮的地形上的優勢，在衡陽外圍的丘陵地，構成了數條堅固的防衛據點工事，各據點間均有交通壕連接，而接近城廓的小徑均為池塘小路，又被堅固的地堡控制，整個防守陣地形成一個大型的要塞。而各個據點與碉堡均有火力交叉支援，丘陵的基部則被削成斷崖，上方為手榴彈投擲崖，守軍可以輕易拋擲手榴彈對進攻方攻擊，日軍認為這樣的防禦工事，也是中日戰爭以來初見，堪稱中國軍隊智慧與努力的結晶。

在衡陽攻防戰的中期，進攻之日軍第68師團、第116師團，其步兵連的兵力平均已經戰損至20人，這樣的傷亡，日軍認為第10軍的手榴彈攻勢居功甚大，必須特加記述。

中日戰爭結束後，中國軍隊於長沙接受日軍投降，據當時日方高級將領 透露，衡陽之戰日軍實際傷亡數字在48000人以上，而衡陽城守軍則有1500人傷亡。由於這場攻防戰雙方傷亡過大，實際上到最後都無力再戰，乃以交涉的方式結束戰鬥，這場戰事被日本戰史稱為「華南的旅順之戰」（日方喻為1903日俄戰爭期間的「旅順要塞之戰」，日軍耗費四個多月，傷亡5900多人）。」這是日軍在近代首度將中國軍隊與「列強」相提併論。

1944年，日本以3個師團的兵力攻下了衡陽後，對於守城的方先覺所率領的國軍第10軍將士充滿了前所未有的敬佩，更敬稱衡陽一役為「中日第二次旅順要塞之役」，然而，第10軍將士對於這些參與衡陽之役的日軍官兵並不充滿莫名狹隘的仇恨情緒，反而在戰後，這些曾經作為「支那派遣軍」精銳的第11軍老兵還曾經來過台灣，與第10軍老兵舉辦過餐會，成為中日兩國關係史上的一段軼聞。

# 喋血孤城：衡陽之戰

☆ 王沛然

## 編者按

　　這是63年前舉世震驚的一戰，這是八年抗戰中作戰時間最長，雙方傷亡最多的城市爭奪戰。國民革命軍第10軍在湖南衡陽以孤立無援的疲憊之軍抗擊數倍於己的日軍，頑強苦戰整整47天，綜觀歷史，其持續之彌久，戰鬥之慘烈，影響之深遠，恐怕只有二戰中的史達林格勒保衛戰和唐朝張巡守睢陽可堪一比。雖然衡陽最後還是失陷了，但是絲毫不能抹殺第10軍堅守衡陽的輝煌。本文作者遍尋史料，考證推研，以客觀的立場，詳盡的敘述，力求還原歷史原貌，謹以此文緬懷曾經浴血奮戰的抗戰先烈。

## 序

　　在把視線拉回到六十三年前人間修羅煉獄一般的衡陽之前，讓我們先來看看當年人們是如何評價衡陽之戰的吧。

　　《掃蕩報》的社論這樣寫道：「衡陽，這一度成為全世界注視中心的城市，在我們的抗戰史中，曾佔有輝煌之一頁。提起衡陽，稱得上家喻戶曉，無人不知；在國外，這個城市與中國軍隊英勇善戰的英名永遠流傳。就時間算，衡陽阻敵47天；若就消耗敵

實力，挫折敵銳氣算，衡陽阻敵何止47天！若無衡陽之守，也許敵寇更要猖獗。衡陽之戰的價值，不僅在於延宕敵寇打通內陸交通線時間，且有助於黔邊戰局的轉捩。因為衡陽之守，桂林要塞方有建築餘暇。這種要塞雖沒有收到效果，但衡陽之固守，使敵人感到中國軍隊之堅強；又加之桂林之地形，與要塞之堅固，使他們停止於大榕江、興安一帶，達40日，以待補充。因為敵人怕兵力火力不夠，不能一鼓南下桂林，致挫折其士氣，所以須補充完整，方敢前進。假使不是衡陽之守，以挫敵人銳氣，敵人不必補充，大膽長驅直入。那麼，敵人侵入貴州，當提早三個月，那是敵人更要猖獗。是衡陽之守雖僅47天，而大榕江、興安40天之停留，亦是方軍長之餘威。在軍事上爭取3個月時間，是如何的大功勳呢？這40天來，敵寇不斷用強大的兵力猛擊你們；甚至濫用毒氣，做出不齒於人類的野蠻事。而你們裝備劣勢，給養不足，援軍接應困難，負傷缺乏醫藥，各種條件都不如敵人。你們用血肉抵擋敵人的砲火，用血肉保衛祖國的名城，給四萬萬同胞吐了一口悶氣！有了你們這一戰，才覺得做中國人是最高貴的。後方的同胞對你們真是說不盡的感激，說不盡的崇敬！」

《大公報》社論：「衡陽雖已陷落敵手，衡陽守軍的戰績尚在！衡陽47天是索得敵軍巨大的代價，衡陽47天是在明恥教戰。全國人都應慚愧對國家太少貢獻；而凡是中華軍人必更普遍反省自己的決心與努力是否也如同衡陽守軍，我們以為衡陽之戰貢獻至大，不僅向敵人索取了代價，也給中國軍人做了榜樣。」

由毛澤東為《解放日報》起草的社論中這樣寫道：「守衡陽的戰士們是英勇的。」

王世杰在日記中稱衡陽守城戰：「斷然為抗戰以來之一偉績！」

白崇禧題辭：「民族聖戰，喋血湘衡，精忠報國，白刃短兵，四十八日，世界聞名，金城永固，葆以光榮。」

張群題辭：「八年抗戰，重固金湯，正義克申，上格蒼蒼。勒此負，永志勿忘，為民族範，為國家光。」

我方對衡陽之評價是如此之高，那麼作為對手的日軍又是如何說呢？日軍認為是「從未有若斯頑強之抵抗」，其戰史稱：「衡陽之戰，如欲惹人矚目，可稱之為‘華南的旅順之戰’。此種比喻稍嫌誇張，但稱之為：‘中日8年作戰中，惟一苦難而值得紀念的攻城之戰’，則絕對正確。」

「敵人之首將方先覺將軍為一驍勇善戰之虎將；其第10軍之3個師，皆以必死之決心，負隅頑抗，寸土必爭，其孤城奮戰之精神，實令人敬仰」。

當時，與第10軍接洽投降的日軍第11軍使竹內參謀說：「中國軍隊英勇作戰的情形，不僅此地日軍敬佩，就連日本天皇和大本營都已有所耳聞。」

在這眾多或激昂或凝重的文字中，我們已然能感受到衡陽一戰的慘烈悲壯，確實，一座方圓不過數十平方公里，人口不過二三十萬的彈丸小城，以不足兩萬的疲憊之軍，窳劣之裝備，迎戰十萬裝備精良的優勢之敵，戰至彈盡援絕，該是一場怎樣的激戰？

## 引言

1946年6月28日，衡陽張家山，三千忠骸隆重合葬。那是國民政府軍事委員會少將高參葛先才，衡陽之戰時任第10軍預備第10師師長，也是第10軍軍師級主官中惟一的湖南人，奉軍事委員會（簡稱軍委會，本文下同）委員長蔣介石之命，在衡陽民眾及流落衡陽的第10軍舊部鼎力協助下，歷經四月，所搜集的第10軍陣亡將士的遺骸。正如葛先才在《衡陽搜瘞忠骸記》裏所追憶的：「忠骸搜集完成之日，我們請了一位攝影師，攝影存照。我們面對這座高約丈餘的用忠骸堆成的山嶽，直覺其巍峨神聖，壯麗無比！我們在心中默默祝禱：弟兄們，你們安息吧，你們沒有白死，日本已經投降，國家已因你們之死而得救。你們是求仁得仁了。然後我們把忠骸逐一移於墓穴中安葬。不知怎的，我忽然鼻頭一酸，禁不住悲從中來，淚如雨下。啊！弟兄們！弟兄們！我敬愛的弟兄們！若非我身歷其境，又怎能體會到求仁得仁的背後，竟隱藏了這麼深重的悲愴！」

此時的衡陽，還是滿目瘡痍，遍地殘垣，葛先才看著一年半之前還在一起並肩而戰的袍澤，如今都已化為白骨，零亂於山澤野水之間，怎不令人錐心泣血？

而衡陽之戰，又何嘗不是抗戰中一場令人錐心泣血的鏖戰呢？

## 一號作戰

1943年下半年，盟軍在世界各戰場上均轉入了反攻，在亞洲，日本所面臨的戰

■日軍的眼中釘——成都機場。

局也日趨嚴峻。日軍參謀本部作戰部長真田穰一郎少將和作戰課長服部卓四郎大佐判斷美軍如果在太平洋上繼續發展攻勢，那麼從東南亞到日本本土的海上交通線遲早將被切斷。這樣一來，從馬來西亞、泰國、越南經中國到朝鮮釜山的大陸交通線就將成為堅持東亞大陸作戰的生命線。而這樣一條大陸交通線，目前還未完全貫通，其中在中國河南、湖南、江西及廣西等地還為中國軍隊所控制，因此打通大陸交通線，將是保障東亞大陸作戰的關鍵。同時打通大陸交通線，還能消滅或擊潰中國軍隊主力，以徹底消除其配合美軍在中國東部沿海地區登陸的可能；摧毀中國大西南的美軍轟炸機基地，日軍則可利用奪取的西南地區機場，掩護南海的海上運輸、奪取大陸交通線沿線地區的豐富資源。

但是這個看上去一箭數雕的大好計劃卻立即遭到陸軍省軍事課長西浦進大佐的反對，理由很簡單，這樣大規模的作戰勢必將投入龐大的軍事力量，將會給整個太平洋戰爭帶來非常不利的影響。其實任何明眼人都能看出，打通大陸交通線計劃雖好，但已不是此時的日本軍事機器所能承受的，萬一失利損失必然巨大，而且這些損失在短時間裏將無法彌補，勢必直接影響到整個戰爭進程。退一步說，即使成功，代價也必然不會小，即使以不菲的代價打通了大陸交通線，要想維持這條交通線的運轉，也非易事。何況以日軍現有力量來看，要鞏固住如此漫長的交通線，肯定是處處薄弱，形成脆弱的一字長蛇陣，

成為任人宰割的極其惡劣的態勢。所以是個典型的瘋狂計劃，用飲鴆止渴來形容是毫不為過的。連日軍中國派遣軍總司令官也承認：「（此次作戰）與實力、資財，尤其戰力全面下降之狀況，殊不相稱。」

日本內閣總理兼陸軍大臣東條英機綜合兩方面的意見以及戰局的發展，特別是出於對美軍遠程轟炸機利用中國西南地區機場空襲日本本土的擔憂，還是同意了這一計劃。1944年1月24日，經日本天皇批准，由日軍大本營向中國派遣軍下達了打通大陸交通線的「大陸命921號」作戰命令，根據這一命令，日軍參謀本部隨即以參謀總長指示的名義向中國派遣軍下達了作戰綱要，戰役代號「一號作戰」，戰役目的就在於擊潰中國軍隊，佔領和確保平漢鐵路南段與湘桂、粵漢鐵路及其沿線要地，摧毀中國主要空軍基地以制止其活動。整個作戰分三步，第一步河南作戰，打通平漢線；第二步湖南作戰，打通粵漢線中段；第三步廣西作戰，打通湘桂線和粵漢線南段。計劃投入兵力51萬、火砲1500門、戰車800輛、汽車15500輛，戰役規模前所未有，日軍自己都認為：「日俄戰爭時期的奉天會戰，與之相比，在人員數目，作戰區域的廣泛，特別是作戰距離方面，以及預計作戰日期方面都是望塵莫及的。」因此次大會戰主要是在河南、湖南和廣西進行，所以中國抗戰史稱為「豫湘桂會戰」。

作戰命令和綱要下達後不久，在美軍的猛烈攻勢下，太平洋上的日軍局勢越來越惡化，因此大本營希望能儘快實施一號

作戰。中國派遣軍召開了幾次會議，3月12日作戰計劃正式製訂出臺，向各部下達。

1944年2月，日軍華北方面軍按照大本營的《一號作戰綱要》開始製訂平漢路作戰計劃，3月開始為作戰調集部隊和作戰物資。

4月17日夜，日軍第12軍首先從河南中牟縣發起攻擊，兩天之後就攻佔了鄭州，21日攻佔新鄭，5月1日進佔許昌，5日攻取郾城，9日在確山與北上的日軍第11軍會師，至此完全控制了北起黃河鐵橋，南至信陽以北長台關，長約310公里的鐵路及其兩側地區，實現了戰役第一步打通平漢路的目標。日軍鐵道部隊隨即開始修復線路、橋樑、給水設備、行車信號等鐵路設施，10月10日從北平向汶口開出了第一班列車，但不久就在中美空軍的猛烈轟炸下，尤其是黃河大橋被炸後，平漢線交通再告中斷。

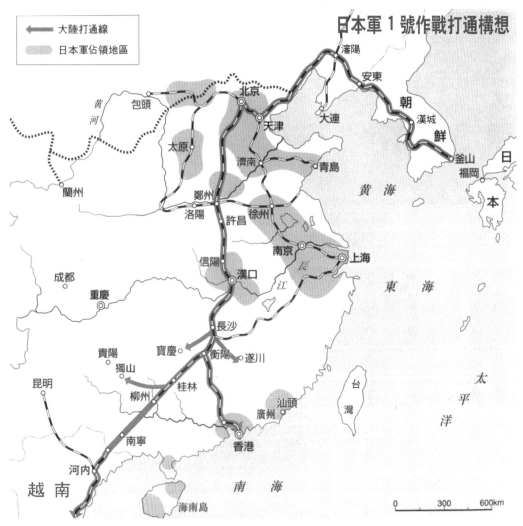

日軍華北方面軍認為在華北地區的第1軍和第13軍是中國軍隊的精銳核心，只要打垮這兩支部隊就等於打斷了兩大戰區的脊樑骨，也是實現會戰目標擊潰中國軍隊的重要環節，因此當發現第13軍正向登封反擊後，第12軍主力5月2日起開始轉向登封，5月5日第13軍突破日軍包圍，但損失慘重。

5月9日日軍第69師團從垣曲強渡黃河，至11日攻佔英豪、澠池，切斷了隴海路，使洛陽陷於孤立。

5月12日，日軍佔領嵩縣。13日日軍在中國關內戰場上唯一的機械化兵團第3戰車師團佔領磁澗，然後一路追殺，14日佔宜陽，15日佔韓城，17日佔洛寧，20日佔盧氏，洛陽完全被合圍。

5月18日，日軍開始進攻洛陽，至23日肅清週邊，24日開始攻擊城垣，經徹夜激戰，洛陽終告失守。

在短短30多天裏，國軍喪師失地，一路潰退。主要原因是軍委會此前雖然已經發現日軍修復黃河鐵橋，集結兵力等跡象，但認為日軍沒有力量在中國南北同時發起大規模進攻，甚至在河南戰鬥打響後，仍認為日軍的主攻方向是在湖南和粵漢線，而在河南的作戰只是牽制性的，所以作戰準備以及對日軍攻勢估計不足，結果傷亡近2萬人（日軍稱中國軍隊陣亡3.2萬人，被俘7800人），喪失了大片國土。第一戰區在戰役結束後檢討說：「此次中

■我空軍轟炸黃河鐵橋和日軍目標。

原會戰，挫師失地，罪戾難辭。」日軍以很小代價迅速打通平漢路，並佔領包括洛陽在內的沿線要點，擊潰了第一戰區的主力，實現了預定的戰役企圖。鑒於第一戰區的慘重失利，第一戰區司令長官蔣鼎文和副司令長官湯恩伯均被撤職。

打通平漢路的豫中會戰只是打通大陸交通線的北翼部分，真正的主要部分也是第二階段即在湖南地區的作戰。負責這一地區作戰的日軍第11軍是日軍在中國戰場唯一的野戰軍，下轄8個師團又1個旅團，為了保障有足夠的兵力實現戰役第二階段作戰，日軍大本營還從其他地區抽調了步兵2個師團又4個旅團、戰車第3聯隊、砲兵4個大隊加強給第11軍，並組建了4個野戰補充隊（每隊兵力相當於1個旅團）以便及時補充戰鬥中的傷亡。

第11軍早在1944年3月就製訂出了進攻長沙、衡陽的作戰計劃，但是中國派遣軍認為該計劃過於消極，而第11軍負責擬制作戰計劃的高級參謀堅決不肯修改計劃，只好改調關東軍第1方面軍高級參謀島貫武治來擔任第11軍高級參謀。島貫擬製的新計劃所使用兵力達8個師團，為七七事變以來在中國戰場上最大規模的戰役。該計劃上報並獲得中國派遣軍批准，第11軍隨即開始進行緊張的備戰，趕修公路，囤積彈藥。

中會戰一結束，軍委會就判斷日軍必將向湖南的湘桂路、粵漢路進攻，指示第九戰區積極備戰。隨著日軍第11軍頻繁調動，軍委會認為日軍即將開始南犯，於5月28日電令第九戰區準備決戰。

## 長沙淪陷

作為一號作戰的重要目標，便是由第11軍負責攻佔的長沙、衡陽，在打通平漢路之後就提上了日程。4月25日，日軍第23軍作戰主任參謀高橋晃來到漢口，與第11軍協商兩軍協同作戰事宜，雙方商定第23軍從6月下旬起以1個聯隊兵力開始向北江西岸

■日軍坦克部隊進入洛陽。

進攻，策應11軍作戰；7月下旬則以2個師團又1個旅團的兵力向梧州進攻，至9月初與11軍主力在柳州會師。同時在浙江方面的第13軍也將以1個師團的兵力進攻衢州，牽制吸引中國軍隊第三戰區主力以策應第11軍。

5月6日，軍委會電令第九戰區：「敵由贛州直攻株洲與衡陽間之情報甚多，務希特別注意與積極構築據點工事，限期完工，以防萬一為要。」5月14日軍委會再次電令第九戰區：「敵打通平漢路後，必定向粵漢路進攻，企圖打通南北交通線，以增強其戰略上之優勢，其發動之期，當在不遠，務希積極準備，勿為敵所乘，以粉碎其企圖。」但第九戰區並未引起重視，直到5月下旬，日軍在湘北集結兵力囤積物資，其進攻意圖已十分明顯，這才開始倉促調整部署。

5月23日，第11軍軍部從漢口前移至蒲圻。25日中國派遣軍在漢口設立前進指揮部，參戰各部均已到達進攻出發位置，同時負責空中支援的第5航空軍也開始空襲長沙，並與中美空軍發生空戰。

27日，日軍第11軍第一梯隊的5個師團兵分三路向崇陽、公安、南縣一線發起攻擊。見日軍大舉來犯，第九戰區司令長官薛岳還是想以此前曾多次奏功的「天爐戰法」抗擊，決心在湘江以東新牆河、汨羅江、撈刀河、瀏陽河、淥水之間，在湘江以西的資水、溈水、漣水之間節節抗擊，主力從兩翼夾擊，在淥水、漣水北岸與日軍決戰。

右路日軍接連突破國軍阻擊，於6月1日攻佔平江，6月9日國軍以27集團軍向日軍發起反擊，日軍猝不及防，陣腳大亂，但稍加整頓穩定戰局後便重新恢復進攻，迫使

國軍後退，隨後日軍一直追擊，6月15日攻佔瀏陽。

中路日軍強渡新牆河後，一路猛攻，8日攻陷湘陰，15日陷株洲，從南翼迂迴長沙。

左路日軍渡九都大河，擊破國軍防禦，於28日攻佔南縣。安鄉守軍與日軍激戰至31日，戰況殊為激烈，守軍終因傷亡慘重而不得不退出安鄉。日軍自6月10日起圍攻益陽，第九戰區急調第24集團軍馳援，但該部先頭部隊第100軍抵達益陽時，守軍已經因傷亡過半而棄守，第100軍隨即發起攻擊，經激戰後收復益陽。日軍攻佔益陽後即以主力南下徑攻寧鄉，克服國軍第73軍、79軍的頑強防禦，於15日猛攻寧鄉，守軍為配屬73軍的74軍58師，該師死守不退，與日軍反覆爭奪，在城破之後依舊據守各處工事與日軍巷戰不已，戰至18日全師僅剩200餘人，仍堅守核心陣地。19日日軍轉兵湘鄉，尾隨日軍南下的第100軍隨即進入寧鄉與守軍會師。

至6月14日，日軍已逼近長沙，開始攻擊長沙周邊陣地。鑒於此前三次攻長沙不克的教訓，攻擊比較謹慎，尤其是針對薛岳的「天爐戰法」，先攻兩翼的瀏陽、寧鄉，解除側翼威脅，然後才開始進攻長沙。16日向長沙及嶽麓山發起總攻，當天奪取了嶽麓山東西兩側的虎形山和牛形山，並在黃昏時分突破長沙城南修械所陣地，致使守軍59師全線動搖退守妙高山、天心閣。17日日軍猛攻天心閣，雙方均死傷慘重，中國軍隊在空軍大力支援下擊退日軍。但在嶽麓山方向，日軍迂迴至燕子山，嶽麓山岌岌可危，由於嶽

■日軍打通京漢線，圖為京漢線恢復通車的情景。

麓山是制高點，且又是守軍砲兵陣地，一旦有失，長沙也必將不保。因此指揮長沙防禦的第4軍軍長張德能趕緊抽兵渡湘江馳援，但倉促下達命令，組織不力，官兵渡河秩序大亂，加之日軍以火力側擊渡河部隊，致使死傷甚眾。援軍渡河之後，也難以挽回危局，嶽麓山遂告失守。嶽麓山一失，留守長沙的2個團更加無法抗擊日軍猛攻，只得出北門突圍，長沙乃於18日淪陷。

曾經在三次長沙會戰中屢挫日軍鋒芒固若金湯的英雄之城——長沙，這次在日軍兵鋒之下卻僅僅四天就告陷落，實在令人難以置信。究其原因第一是第九戰區過於輕敵，上至戰區司令薛岳，下至列兵馬夫，都認為經過三次長沙會戰的勝利，日軍已無再攻長沙的勇氣與信心。第二是戰術部署固步自封，盲目信任「天爐戰法」可以無往而不勝，而日軍卻早已充分吸取教訓，有了應對之策。第三長沙防禦兵力部署失當，原本薛岳親自坐鎮長沙指揮，但卻在臨戰之前將戰

區司令部撤往未陽，只留下戰區參謀長趙子立，而給趙的許可權卻只是聯絡協同，根本指揮不動守軍薛岳的嫡系親信第4軍軍長張德能，趙認為應加強嶽麓山防禦，但張卻將主力置於長沙城內，結果日軍迅速奪取嶽麓山，居高臨下以砲火轟擊長沙，致使長沙難以堅守迅速淪陷。第四兵力處於劣勢，在湖南戰場上日軍投入兵力達36.8萬，而國軍僅為30萬人左右，雖然此時日軍戰鬥力已比戰爭初期有了明顯下降，但仍比國軍要強。加之不少國軍部隊剛剛經過常德之戰，未及補充，戰鬥力尚未恢復。綜合而言，日軍不僅在品質上而且在數量上均佔有優勢。

第4軍軍長張德能指揮不力也是長沙迅速失守的原因，他拒絕趙子立的正確建議，雖然這是薛岳在離開長沙前確定的部署，但作為臨陣指揮完全可以隨機處置，卻不以戰場實際為念，反以薛岳指示為擋箭牌。在嶽麓山告急後，倉促抽兵馳援，方寸大亂，組織混亂調度失當，且在戰局危急時擅自棄城

突圍，自然難逃罪責，因此8月25日即被軍委會以「保衛長沙不力」之罪名下令處決。

## 兵臨衡陽

長沙既失，日軍下一個兵鋒所指便是湖南中南部重鎮衡陽了。

衡陽，為當時湖南第二大城市，粵漢線、湘桂線在此連接，從湖南腹地通往西南大後方的多條公路也從這裏經過，是西南交通的樞紐。而衡陽飛機場是中美空軍重要基地之一，一旦失守就將使空襲日本本土的轟炸機前進機場退至桂林，航線距離將延長2000公里以上！此外，衡陽還是湘江、蒸水和耒水的交匯合流之處，依靠這些江河，可以轉運湖南出產的大量糧食、礦產等資源。因此一旦衡陽失守，無論在交通、軍事還是經濟上都將帶來巨大的災難性後果。有鑒於此，衡陽便自然而然成為日軍一號作戰的重要目標。

日軍在湖南作戰的戰略構想中，計劃對湘江以西地區取守勢，而以主力投入湘江以東，衡陽是作為重要目標予以攻佔並確保，並認為作戰的關鍵是與中國軍隊在長沙、衡陽之間的決戰，估計在攻擊長沙時還不會馬上就出現因中國軍隊主力兩翼夾擊而引起的決戰，但在進攻衡陽時，必然會出現主力對決，那麼就可在進攻衡陽時圍殲第九戰區主力。因此日軍湖南作戰的主要意圖就是奪取衡陽，並在衡陽周圍的主力決戰中殲滅第九戰區主力。日軍還分析到，鑒於第六戰區的主力在此前的常德會戰中已有較大損失，尚未完全恢復，其對衡陽方面的側翼威脅不大。而第九戰區位於縱深的主力部隊才是最值得重視的威脅，因此必須集中兵力於第九戰區主力所在的湘東山地。在具體兵力分配上，以1個師團用於湘江以西，以2個師團進攻衡陽，以3個師團用於湘東山地（後增至4個師團，共計36個步兵大隊）。——應該說日軍對戰局的預測還是比較準確的，兵力使用也是輕重得當，在估算上已經拔得了先機。

根據這一戰略構想，日軍第11軍於6月20日下達攻擊作戰命令：

1. 第11軍乘敵戰備尚未完成之際，迅速攻克衡陽，同時搜尋前來增援之敵，就地予以圍殲。

2. 第116師團應以主力向易俗河、白果市、兩路口附近，向衡陽西南挺進，佔領衡陽；第116師團一部向湘鄉推進，肅清當面之敵後，即向白果市前進，與主力會合。特別應以部分兵力沿易俗河、南嶽市、九渡鋪地區前進，與第68師團相策應，同時派出有力一部向白鶴鋪方向前進，阻敵增援，並切斷湘桂鐵路。

3. 第68師團應繼續執行此前任務，殲滅當面之敵，迅速佔領粵漢鐵路及衡陽機場，協同第116師團攻取衡陽。

4. 第218聯隊溯湘江而上，協同第68師團攻佔淶水、耒水及衡陽以東鐵路橋，並協助第68師團渡湘江。

5. 第13師團應繼續執行此前任務，以主力圍殲萍鄉附近之敵，同時以有力部隊向攸縣推進，師團主力視情況再向攸縣跟進。

6. 第40師團佔領湘鄉之後，肅清當面之敵，並做好在益陽及永豐方向作戰的準備，

在長白湖以南及朱良橋地區部署兵力，確保湘江運輸。

7.第34師團以主力渡過湘江，掃蕩湘江以東翎坑-永安-金井-甕江一線，摧毀達摩山周圍敵軍據點。

8.第58師團協助空軍迅速在長沙、湘潭建立機場，掩護從淥口到湘江下游的水上運輸，並確保長沙、嶽麓山及湘潭地區。

9.第3師團以主力搜索並圍殲萍鄉以南地區之敵，隨後在萍鄉以南集結，以部分兵力留駐瀏陽，策應第27師團，圍殲瀏陽以北地區之敵。

10.第27師團應繼續執行此前任務，以第3師團協同，圍殲瀏陽以北之敵。

國軍方面對衡陽會戰的戰略構想還是「天爐戰法」的老套路，中間正面堵，兩翼夾擊，擊退來犯日軍。6月20日軍委會下達衡陽會戰的作戰命令：

1.國軍以確保衡陽為目的，阻敵深入，以一部於淥口、衡山之間作持久抵抗，主力由醴陵、瀏陽向西，由寧鄉、益陽向東，擊破深入之敵。

2.第30集團軍先擊破醴陵東北之敵，再攻擊南下之敵側背。

3.第27集團軍先擊破醴陵以北之敵，再協同第30集團軍攻擊南下之敵側背。

4.第27集團軍副司令歐震指揮第37軍和第10軍第3師，在淥口、衡山之間作持久抵抗，阻 敵深入。

5.第24集團軍攻擊湘江以西之敵，並以一部守備湘鄉。

6.第24集團軍副司令李玉堂指揮第10軍（欠第3師）、暫編第54師（欠1個團）守備衡陽機場。

7.軍委會直轄第62軍置於衡陽西南地區。

就在雙方同時下達作戰命令的6月20日，日軍第68師團已經開始向衡陽推進，衡陽會戰全面展開。衡陽會戰乃為一號作戰第二階段湖南地區湘桂線作戰（也稱長衡會戰）的重要組成部分，由幾乎是同時交錯進行的4

## 天爐戰法

所謂「天爐戰法」就是指利用戰場縱深，誘敵深入，在於我有利地區，乘其補給線延長及前後方兵力部署脫節之際，以反擊手段殲擊之。因其先後退再決戰，也被稱為「後退決戰」，第九戰區司令長官薛岳則是此戰法的個中高手，「天爐戰法」之稱也是由薛岳所創，曾專門著有《天爐戰》一文，更使此戰法增添了一層神秘色彩。

「天爐戰法」具體說是預先部署兩翼兵團堅守可能為敵軍目標的主要城市，正面一線兵團分散部署，守備要點，擺出一副傳統一線佈防的假像。正面一線部隊在敵攻勢開始後主要是以節節抵抗遲滯敵之推進，並探明敵主力的進攻方向，然後讓開正面退往兩翼，誘敵深入。而在後方完整的二線兵團待突入之敵抵達主要城市，並與守軍接戰，進犯之敵群集堅城下時，以二線兵團正面出擊，原先退向兩翼的一線兵團則反向逆襲，斷敵後路形成兩面夾擊之勢，將敵軍殲滅於主要城市周圍。

其戰術思想如果簡明扼要地說，就是：「兩線配置、前散後集、重點佈防、誘敵深入、兩翼夾擊、相機合圍」，這一戰術可以充分利用戰術的先進性，抵消我軍機動能力差的缺陷，實現圍殲戰的意圖。軍委會在對第五戰區的訓令中當非常傳神地形容天爐戰法：「乘其長蛇出穴之際為鐵鎚重擊之舉」。

但是「天爐戰法」的一線兵團後退誘敵，常常被誤認為是怯戰、敗退，更成為指責國軍「不抵抗」的口實之一。

「天爐戰法」在第一、二次長沙會戰中逐漸開始應用，在1941年3月的上高會戰中更是發展到極至，成為劣勢的中國軍隊抗擊日軍屢試屢靈的一招「絕技」。

# 長衡會戰雙方作戰序列

## 中　國

| 第九戰區　　　薛岳 | | | | | | 第11軍　橫山勇 | | | | | | | | |
|---|---|---|---|---|---|---|---|---|---|---|---|---|---|---|
| 第30集團軍 王陵基 | 第27集團軍 楊森 | 歐震兵團 歐震 | 李玉堂兵團 李玉堂 | 第24集團軍 王耀武 | 戰區直轄 | 第3師團 山本三男 | 第13師團 赤鹿理 | 第68師團 佐久間為人／堤三樹男 | 第116師團 岩永旺 | 第40師團 青木成一 | 第24師團 伴健雄 | 第58師團 毛利末廣 | 第27師團 竹下義晴 | 第37師團 長野佑一郎 |

底層部隊：

- 第30集團軍：第58軍（魯道源）、第72軍（傅翼）
- 第27集團軍：第20軍（楊漢域）、第44軍（王澤浚）
- 歐震兵團：第26軍（丁治磐）、第37軍（羅奇）、暫編第2軍（沈發藻）
- 李玉堂兵團：第10軍（方先覺）、第46軍（黎行恕）、第62軍（黃濤）
- 第24集團軍：第73軍（彭位仁）、第74軍（施中誠）、第79軍（王甲本）、第100軍（李天霞）
- 戰區直轄：第4軍（張德能）、第99軍（梁漢明）、砲兵第3旅（王若卿）、工兵第5、第14團、通信第1團、憲兵第18團、特務團

個戰役組成，由於這4個戰役時間地點上相互穿插交錯，為使文章能完整暢通地介紹整個會戰，筆者便按第九戰區主力在茶陵、醴陵湘東山地對日反擊的湘東作戰（也稱茶陵反擊戰）、第六戰區第24集團軍在永豐（今雙峰）、湘鄉等地展開攻勢的湘西作戰（也稱雙峰之戰）、第10軍堅守衡陽的衡陽保衛戰和李玉堂兵團在衡陽西南、西北救援衡陽的衡陽解圍戰的順序來敘述。

## 茶陵反擊

6月20日，在湘江以東的日軍第3師團以部分兵力向瀏陽以北攻擊，以主力向瀏陽東南急進；第13師團以部分兵力向攸縣推進，主力向萍鄉攻擊前進。在湘江以東防禦的國軍第37軍頂不住日軍的猛烈攻勢，放棄醴陵，退守泗汾鋪、杉仙間。見日軍開始大規模的進攻，第九戰區火速調集兵力，第72軍進至清溪、福田橋地區；第58軍展開反擊，收復湘東；第70軍趕到上栗市；第44軍進抵瀏陽。6月21日，上述各部均與當面日軍展開了激戰。同時第九戰區命令第37軍以一部在橫嶺關阻敵南進，主力秘密轉移至安仁集結；第26軍以一部加強橫嶺關防禦，主力向泗汾鋪集結；第58軍、72軍沿湘贛鐵路兩側向醴陵以東攻擊前進；第44軍、70軍向醴陵以北攻擊前進，計劃夾擊醴陵一線日軍。

6月24日，各部按計劃展開攻擊，但醴陵日軍第3師團第68聯隊已經南下，並於25日攻佔攸縣。因此第九戰區趕緊調整部署，以第37軍迎擊攸縣之敵；第20、44軍向茶陵集結；第72軍新編第13師攻擊萍鄉，而在汨羅江西岸的162師和99師則向醴陵攻擊，掖擊敵之側背。

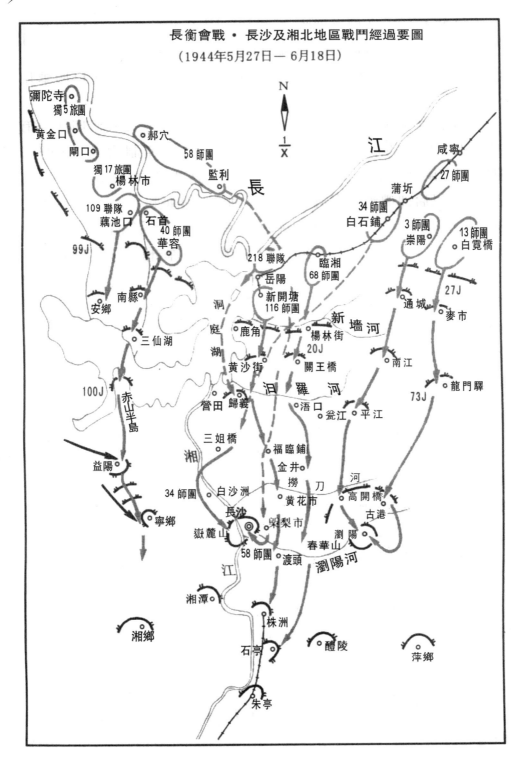

長衡會戰 • 長沙及湘北地區戰鬥經過要圖
（1944年5月27日 — 6月18日）

## 雁城衡陽

相傳每年從北方南下越冬的大雁都會在衡陽停歇棲息,「北雁南飛,至此歇翅停回」,故而衡陽又稱「雁城」。

衡陽位於湖南省中南部,湘江中游。東鄰株洲、攸縣、安仁;南界永興、桂陽;西接冷水灘、祁陽、東安、邵陽、邵東;北靠雙峰、湘潭,是湘中南最大的城市和政治、經濟、文化中心。現轄5縣2市5區,南北長150公里、東西寬173公里,總面積15310平方公里,人口逾700萬。

衡陽的歷史相當悠久,五六千年前,就有先人在此定居生活。衡陽地區古屬三苗、楊越,春秋時屬楚國。西元前221年,秦始皇統一全國將原楚國南部分為黔中、長沙兩郡,衡陽地區為長沙郡所轄。漢高祖五年(西元前201年)始設鄖縣,屬長沙國。西元220年,三國時的東吳於長沙郡西部設衡陽郡,郡治設在今湘鄉,下轄蒸陽(今衡陽縣)、重安(今衡南縣)、湘南、湘西(今衡山、衡東、南嶽區)、湘鄉、益陽等縣。這是歷史上第一次出現以衡陽命名的行政區劃。西元589年,隋滅陳,廢湘東、衡陽郡,改設衡州,將臨蒸改為衡陽縣,州城、縣城均在湘江東岸。這是歷史上第一次出現衡陽縣。

1942年,衡陽市正式建市。1943年衡陽市改為省轄市,但仍是市縣並存。1983年7月,原衡陽地區與衡陽市合併,實行市管縣新體制。衡陽市現轄衡陽、衡南、衡山、祁東等五縣和耒陽、常寧兩個縣級市,以及江東、城南、城北、郊區、南嶽五個縣級區。

地理上衡陽處於湖南省凹形面的軸帶部分,周圍環繞著古老岩層形成斷續環帶的嶺脊山地,內有大面積丘陵臺地,構成典型的盆地形勢。地勢南高北低,南面1000公尺以上的山脈連綿數十公里,而盆地北面相對地勢偏低,雖有衡山山脈,但各峰呈峰林狀屹立於中間。東西兩面都有較低的南北向通道,東側湘江河谷兩岸海拔高度均在100公尺以下。整個地形由西南向東北複合傾斜,而盆地由四周向中部降低。地貌類型以崗丘為主。四周山、丘圍繞,中部平、崗丘交錯。東部為羅霄山餘脈天光山、四方山、圍明坳;南部為南嶺餘脈塔山、大義山、天門仙、景峰坳;西部為越城嶺的延伸熊羆嶺、四明山、騰雲嶺;西北部、北部為大雲山、九峰山和南嶽衡山。中部為衡陽盆地主體,面積約3550平方公里。市境最高點為衡山祝融峰,海拔1290公尺,最低點為衡東的彭陂港,海拔只有39.2公尺。境內有河長5公里或流域面積10平方公里以上的江河溪流393條,總長達8355公里,河網密度為每平方公里0.55公里。發源於廣西興安的湘江幹流,自祁東歸陽鎮入境,依次流經祁東縣、衡南縣、常寧市、市區、衡陽縣、衡山縣和衡東縣,在衡陽境內長226公里。境內流域面積在3000平方公里以上的湘江支流有春陵水、蒸水、耒水和洣水。

衡陽氣候溫暖,山河壯麗,景色秀美,素稱「寰中佳麗」,有「青杉翠竹是衡州」之譽。唐代王勃的《騰王閣序》中「雁陣驚寒,聲斷衡陽之浦」的詩句膾炙人口。衡陽人傑地靈,英才輩出,文化底蘊深厚,是蜚聲中外的「文明奧區」。宋朝朱熹、張軾講學論道的天下四大書院之一的石鼓書院就在衡陽石鼓山。

衡陽風景名勝,見於歷代名家詩文的為數甚多。集於市區、便於遊覽參觀的共有八處,稱做「衡陽八景」。「八景」之名,源於明清之際的著名旅行家徐霞客,分別為:雁峰煙雨、石鼓江山、花藥春溪、嶽屏雪鳥、朱陵仙洞、青草橋頭、東洲桃浪和西湖白蓮。

日軍第13師團猛攻萍鄉，第72軍被迫撤向石橋，日軍在突破72軍防線後繼續南下，同時攸縣方向的第68聯隊則進至淥田。

6月27日，第37軍與淥田地區日軍激戰，阻敵南進。第58軍、72軍也相繼迫近，日軍退向醴陵東南，第九戰區乘勢組織反擊。戰至7月1日，58軍攻入醴陵，72軍奪取橫嶺鋪與黃土嶺。經兩天激戰，58軍予日軍第3師團騎兵第3聯隊以重創後收復醴陵，日軍退守醴陵西北高地。隨後日軍調集第27師團主力、第3輜重兵聯隊、第68聯隊第1大隊等部多路馳援，當日軍增援部隊趕至白兔潭時，而72軍主力也到達白兔潭，雙方援軍就在白兔潭展開激戰，72軍苦戰不支，撤至白兔潭以東山地。而退守醴陵西北高地的日軍在得到增援後向醴陵大舉反撲，於9日衝入城內，58軍與其逐街逐巷爭奪，戰至10日終因傷亡太大而退出醴陵。

日軍復佔醴陵後繼續咬住58軍，7月16日58軍新的防線還未完全組織起來就被日軍突破，17日另一路日軍迂迴南下，包抄58軍側背。58軍且戰且退，於20日退至麻山、桐田一線。72軍見58軍處境危急，抽兵側擊泗汾鋪，並於18日佔領獅子岩、鋼金鋪一線，但隨後在西山遭到日軍反擊，損失頗大。第30集團軍隨即令162師和99師東進，協同58軍在萍鄉北、西兩面佔領陣地。由於該兩師東進，致使萍鄉空虛，遂被日軍佔領。

25日晚日軍向萍鄉一線的58軍發起總攻，58軍抵敵不住，退至五陂下、源頭，但在日軍強大攻勢壓迫下再退到九洲、劉家。見日軍萍鄉一線部隊態勢突出，第九戰區決心消滅進攻萍鄉之敵，以162師和99師攻擊萍鄉以西之敵，58軍堅守萍鄉正面，72軍側擊湘鄉以東之敵。29日起各部全線出擊，激戰至8月4日，萍鄉為162師和99師所克，58軍則攻佔長潭、小橋下，惟有72軍遭到日軍頑強反擊傷亡較大，被迫退至黃家村、廣寒寨一線。

鑒於日軍第3師團正向蓮花推進，第九戰區乃令萍鄉地區部隊在肅清當面之敵後迅速轉兵醴陵、蓮花，58軍、72軍迅速趕至醴陵，發起攻擊，但58軍於7月16日奉命參加衡陽解圍戰而由72軍獨立擔負攻擊醴陵。162師和99師於8月13日攻至蓮花附近，由於此時日軍已轉向茶陵，遂改向茶陵前進，並於16日到達茶陵西郊，而日軍又轉向安仁，再向安仁急進，攻擊茶陵的任務則由第161師接替。

在攸縣、安仁方向，第20軍、37軍、44軍於7月2日發起攻擊，20軍於5日收復淥田、草市後除以一部擔負守備，主力轉向茶陵。44軍則由拓桑渡河，迫近官亭，在攸縣與日軍接戰。37軍向安仁以北日軍猛攻，迫使日軍退往潭湖，37軍以一部銜尾追擊，一部向平田圩迂迴。

12日，日軍向20軍左翼反擊，第133師被迫撤至茶陵以南。13日20軍在茶陵東北一線陣地被突破，20軍只得收容部隊後撤，茶陵於14日失守。同時安仁方向日軍也於14日開始反擊，最初被守軍擊退，但日軍隨即以一部迂迴腰陂，包抄44軍右翼，44軍主動後撤以避免腹背受敵。

日軍第11軍見此時衡陽急切難下，而湘江東山地戰事正緊，便決定轉兵圍殲此地國

軍。以第3師團就地堅守，調第34師團由長沙南下醴陵，會同第27師團並列向東攻擊萍鄉，然後向南迂迴茶陵。並命耒陽第13師團抽調1個聯隊，向茶陵以南界首推進，威脅湘東國軍後路。

23日日軍第34師團與27師團由腰坳南下，44軍於古城坳、河渡、灣下、獅子岩一線阻擊，20軍則向營盤嶺之敵攻擊。當晚由耒陽出動之日軍104聯隊向江口圳攻擊前進，20軍派出1個團前往截擊，37軍則派出1個團追擊。24日，日軍分別攻佔月嶺下、草陵，形成了對20軍的合圍之勢。20軍為免遭合圍，立即向湖口墟轉移，44軍為策應20軍的轉移，猛攻灣下之敵，37軍也以主力向安平司攻擊。日軍乘37軍主力轉兵，猛攻安仁。

26日日軍佔領界首，尾追日軍的暫編第2軍協同37軍全力反擊，但未奏效，反而付出不小傷亡，暫編第2軍退守梘田，37軍退守安平司。30日，日軍突破37軍在安平司陣地，迫使37軍退至羊際市、羅家橋一線。20軍、44軍乘機側擊茶陵、界首之敵，8月1日20軍收復界首，日軍被迫向安仁敗退，但安仁守軍1個營在經過數日苦戰之後傷亡殆盡，安仁遂告陷落。

8月2日，第九戰區命44軍進攻茶陵，20軍一部攻擊安仁，37軍協同暫編第2軍攻殲西進之敵。各部遵照此命令於3日發起進攻，日軍窮於應付不得不退向安仁西南，稍事整頓即向羊際司突進，於22日攻佔羊際司。20軍隨即趕赴羊際司東南以阻截日軍進一步南下。此時第99師和162師也已趕來，37軍則渡過耒河，向秧田墟推進。26日20軍兵分兩路，一路在羊際司東南阻擊日軍，一路攻擊安仁，99師進至雙排山一線，162師由鈎刁柴側擊羊際司日軍。在多路國軍的協同攻擊下，安仁、羊際司地區日軍被迫停止進攻撤回衡陽。20軍掃蕩殘敵，並乘勢進佔羊際司、羅家橋。44軍以1個師團攻茶陵，主力控制於界首、安平司。至此，安仁、茶陵方向戰鬥漸趨平息。

耒陽方向，7月1日日軍第13師團104聯隊攻陷肥江口，耒陽警備司令部迅速調104師418團及暫編54師的1個營前往阻擊，26軍也隨即轉向肥江口。7月2日日軍渡耒水，

■在衡陽附近雨母山上的我軍伺機向敵攻擊。

229

攻擊耒陽城，但為守軍擊退。4日，26軍趕至肥江口，隨即發起反擊，於6日收復肥江口。隨後以一部加強耒陽防禦力量，主力向小水鋪攻擊前進，但日軍據險阻擊，推進難有進展。10日，日軍一部突然迂迴至耒陽城南，切斷26軍後路，26軍見兩面受敵，難以堅持只得退過耒水，耒陽守軍孤掌難鳴無力支持，遂告失守。

21日，日軍13師團104聯隊開始向茶陵推進，暫編第2軍以1個師尾追，主力乘虛收復耒陽，然後以一部南下進擊小水鋪之敵。日軍104聯隊見丟了耒陽，便回師返攻，暫編第2軍與之激戰數日，傷亡奇重，只得退過耒水，8月7日耒陽再告陷落。暫編第2軍渡過耒水後稍以整頓補充，又於13日再渡過耒水，反擊耒陽及灶頭市之敵，與37軍、20軍等部的反擊相呼應。

9月2日，軍委會判斷日軍有進犯邵陽、零陵，西窺廣西的跡象，遂令第九戰區抽調20軍、37軍趕赴新田、零陵，茶陵反擊至此結束。

茶陵反擊雖然給予東路日軍一定的打擊，但是一方面日軍早已熟悉了中間頂兩面夾的「天爐戰法」，對湘江以東地區格外重視，佈置2個師團的兵力以屏護攻擊衡陽部隊的側背；另一方面國軍在此方向的進攻，還是很不積極果敢，一直僅限於萍鄉、茶陵地區，對於戰事焦點的衡陽實在是有些隔靴搔癢的味道。

## 雙峰作戰

6月21日，日軍第40師團在飛機掩護下猛攻湘鄉，守軍第99軍新編第23師頑強堅守，力戰至黃昏終於不支，殘部向石獅江突圍，湘鄉淪陷。第九戰區急令第73軍、100軍反攻湘鄉，第99軍阻擊由湘鄉西進之敵。日軍佔領湘鄉下幾乎未作停頓便繼續西進，23日攻佔三棗子、石獅江，國軍新編第23師、92師等部向蔣市街、永豐撤退。當晚99軍收容部隊，以新編23師防守永豐，新編32師在蔣市街以東山地選擇有利地形阻擊，92師堅守耒陽。

25日，尾追日軍的73軍與日軍在柳樹鋪、栗板橋接戰，戰況很快就呈白熱化。鑒於日軍第40師團主力從湘鄉西進，僅有少數兵力留守湘鄉郊外大育橋、下灣鋪。第24集團軍司令王耀武命58師移駐永豐，15師攻擊大育橋。

28日，15師向大育橋之敵發起猛攻，日軍雖然兵力不多，但防禦相當頑強，戰鬥呈膠著狀態。7月2日，日軍主力一部向15師反擊，另一部經荷葉塘沿潭寶公路進攻永豐，58師隨即於雙港、牌樓鋪等地展開阻擊。

7月3日，日軍向永豐發起總攻，守軍58師頑強奮戰，因日軍兵力火力均佔優勢，不得不退至城南叢山殿、五里牌一線，永豐遂為日軍所佔。王耀武立即命100軍向永豐反擊，並切斷永豐與湘鄉兩地之間聯繫。

7日100軍向方面日軍發起猛烈反擊，58師也乘勢反攻，並於次日攻入永豐城內，日軍在58師奮勇衝擊下，被迫退出永豐。在空軍支援下，第100軍和58師繼續發展進攻，於11日進佔金田橋，迫日軍退守桃林山。同時湘鄉方向的15師也連連發動攻勢，其43團也積極向敵後嶽麓山一帶活動。

收復永豐之後，24集團軍為策應衡陽防禦，以73軍牽制湘鄉、嶽麓山一線日軍，第62軍、79軍、100軍主力沿湘桂公路、衡寶公路向衡陽分進，58師繼續攻擊當面桃林山之敵。22日58師突破日軍防線，並尾敵追擊，加入衡陽周邊作戰。雙峰作戰至此結束。

## 衡陽戰備

兩翼夾擊未能如期實現，那麼中間堵的自然將承受巨大的壓力，這個卡在中間的塞子正是衡陽。

當時守備衡陽的部隊是第10軍，該軍下轄第3師、190師和預備第10師，為加強衡陽守備力量，第九戰區將正在衡陽的第74軍野砲營（該營正擬赴昆明換裝，所屬火砲大都已交出，僅餘三八式野砲4門）、第48師戰防砲營（57公釐戰防砲6門）和46軍砲兵

## 國民革命軍第10軍

國民革命軍第10軍最早的前身為黔軍第2師王天培部，1926年8月改編為國民革命軍第10軍，王天培任軍長，下轄4個師又2個教導團。1926年12月又增編2個教導師和獨立團、砲兵團，全軍共6個師又4個團。1927年夏在寧漢之戰中潰敗，軍長王天培被槍決，該軍縮編為3個師又1個砲兵團。1927年12月所轄28師及30師一部譁變，分投第9軍和桂系。1928年3月被編入第1集團軍1軍團序列參加二次北伐，一路打到濟南，「濟南慘案」後退出濟南。1928年8月與46軍合併縮編為國民革命軍第10師（師長方鼎英），至此源自黔軍的第10軍終結。1929年4月又以44師和45師編成新的第10軍，方振武為軍長。9月，因方舉兵反蔣，該部番號撤銷。1929年10月再以47師、54師和騎兵1團合編成第10軍，軍長楊傑，參加討伐西北軍的戰鬥。楊傑調任洛陽行營主任後該軍番號撤銷。12月又以48師、新2旅編成第10軍，軍長徐源泉，為中央嫡系部隊，參加討伐唐生智、中原大戰。1931年5月48師一部擴編為41師，加入該軍序列。此時該軍下轄41和48師，兩軍四師。之後一直參與對紅軍的圍剿作戰，損失頗大，旅長徐德佐陣亡，41師師長張振漢被俘。

抗戰爆發後，編入第26集團軍（總司令徐源泉），軍長仍由徐源泉兼任，下轄41師、48師。武漢會戰中因作戰不利，徐源泉

被撤職，軍部及48師番號撤銷，41師調入26軍。中央系第一個第10軍的歷史至此結束。

1939年7月以79師和190師編成第10軍，軍長梁華盛。1940年底79師調入86軍，另以第3師、預備10師調入第10軍序列，開始形成第二個第10軍的基本建制，軍長李玉堂。1941年11月，李玉堂升任27集團軍副司令，鐘彬繼任軍長。1942年3月鐘彬調任別職，方先覺代理軍長。1943年4月方先覺實任軍長。

第10軍在抗戰中先後參加1939年冬季攻勢，第二、三次長沙會戰，長衡會戰，浙贛會戰。尤其是長衡會戰中堅守衡陽47天，創造抗戰中中國軍隊守城時間最長記錄，予日軍以重創，但該軍也全軍覆沒，後重建第10軍，趙錫田任軍長，下轄第3師、190師。1946年5月改編為整編第3師，師長趙錫田。1946年9月在定陶戰役中被殲，趙錫田被俘。隨後重建整編第3師，李楚瀛任師長，下轄整編第3旅、整編20旅和新編第1旅。1948年9月恢復第10軍番號，軍長覃道善，下轄18師、75師和114師。12月在淮海戰役中再次被全殲，軍長覃道善被俘。1949年1月再度重建該軍，張世光任軍長。5月67軍併入第10軍，劉廉一任軍長，下轄18師、75師和219師，隸屬重建的12兵團。不久撤往金門，後撤往臺灣。

## 方先覺

■第十軍軍長方先覺。

方先覺，字子珊。1903年出生於安徽省宿縣欄杆區（原屬蕭縣第十區），畢業於南京第一工業學校、中央大學工學院電機系。1926年考入黃埔軍校第3期步兵科，但學習期間發生鬥毆事件而退學，後進入黃埔軍校高教班第2期學習，畢業後被派到國民革命軍第20師擔任排長，因在截擊中共南昌起義部隊中表現出色，升為連長。1928年改任團附，在當年秋的全軍編遣時，方先覺所在的第20師被縮編為第3師第8旅，方先覺任該旅16團營附，後升為團附。

抗戰爆發後，調入新組建的預備第10師任團長。1938年9月，升任副師長。1940年11月，預備第10師完成訓練開赴戰場。12月在青陽與貴池間與日軍遭遇，戰鬥中師長蔣超雄所率左路進攻失利，而方先覺指揮的右路卻成功地奪取預定目標，但終因左路失利而被迫全線撤退。戰後師長蔣超雄被撤職，方先覺升任師長。

1941年9月第二次長沙會戰中，率預備第10師在金井與日軍血戰一晝夜，雖然最後陣地還是為日軍突破，但卻遲滯了日軍一晝夜，為戰區調集兵力贏得了寶貴時間，獲得嘉獎。

1941年12月，在第三次長沙會戰中，率部守備南門，與日軍血戰四晝夜，守住了陣地。戰後方先覺升為第10軍代理軍長兼長沙警備司令，1943年4月實任第10軍軍長。

1943年10月，常德會戰中率第10軍馳援，拼死衝破日軍層層阻截，一路打到德山，接應了57師殘部突圍，是周邊援軍中最早到達常德的部隊。戰後蔣介石特送題有「忠義表天地」的匾額以資褒獎。

1944年5月衡陽會戰中更是率第10軍堅守47天，予敵沉重打擊。最後終因傷亡慘重，援絕彈盡而停止作戰，日軍也敬佩其忠勇，未予加害。後尋隙逃出，返回重慶。出任第20集團軍副總司令。1945年初又兼任青年軍第207師師長，旋又調任第206師師長、第88軍軍長。

1946年，第88軍改編為整編第88師，任師長。因在魯西南戰役中失利而遭撤職，調任第一訓練處副處長，後歷任第十綏靖區副總司令、福州綏靖公署副主任、第22兵團副司令官、第1編練司令部副司令官、東南軍政長官公署高參，1949年底赴台。

到臺灣後，入「革命實踐研究」第13期、圓山軍官訓練團第二高級班受訓。1953年2月任澎湖防衛副司令官。1954年6月入國防大學聯戰系第三期學習。畢業後先後擔任第一軍團副司令官、聯合勤務總司令部研究督察委員會主任。

1983年3月3日，方先覺在臺北病逝，著有《子珊行述》、《衡陽堅守戰回憶》。

---

營的1個山砲連（75公釐山砲4門）以及擔負衡陽機場警衛的暫編第54師1個團全部劃歸第10軍，但其中190師為後備師，僅570團是完整的建制團，568團和569團都是只有幹部而沒有兵員，全軍名義上是3個師9個團，實際僅7個團，且剛剛經過常德會戰而未及補充，加上暫54師的1個團，總共才8個團1.7萬人。

而此時第10軍內部還有著人事上的麻煩，軍長方先覺因在第三次長沙會戰和常德會戰中的傑出表現而聲名大噪，自然有些志得意滿起來，甚至連戰區司令長官薛岳也漸

漸不放在眼裏，有些命令執行起來也就陽奉陰違了。這自然引起了薛岳的不滿，於是薛岳開始指派親信到第10軍任職，如先任軍參謀長後任第190師師長的容有略。方先覺也不是省油的燈，對薛岳指派的人或藉故撤職或尋機法辦。這就使兩人矛盾激化，最終還是薛岳佔了上風，方先覺被免去軍長職務，調任軍事委員會高級參議，而由陳素農（也有資料稱是方日英）繼任軍長。就在陳素農赴任途中，日軍開始發動湖南會戰，兵鋒直指衡陽。陳素農見日軍勢大，不敢赴任，一紙報告稱臨陣換將於軍不利。參謀總長何應欽在報告上批示：「赴任未說此時說，分明就是臨陣畏怯！」新軍長沒到任，而戰事已在眉睫，真要臨陣換將，確實於軍不利，薛岳只好拉下臉面命仍在衡陽等候辦理移交手續的方先覺代理第10軍軍長，負責指揮衡陽保衛戰。方先覺怎麼會買這個帳，一再推辭。消息傳到蔣介石耳裏，蔣介石親自給方先覺打來電話，先是大罵方先覺昏庸「日軍已經逼近衡陽，而你居然還在和戰區長官嘔氣，置民族大義予不顧，成何體統？」老校長的訓斥把方先覺罵醒了，當即表示一定積極部署固守衡陽，發揚第10軍優良傳統，堅決抗擊日軍來犯。——一場風波終於在戰前得以消弭。

5月30日，第10軍進入衡陽佈防，防區面積僅3.9平方公里（東西寬約1500公尺，南北長約2600公尺，其中城牆以內的城區0.8平方公里）。

以第190師位於城東，以1個營配屬1個野砲連，進駐泉溪市耒水西岸新碼頭作為最前哨陣地，以一部於鄱湖南岸鐵路經湖西塘

## 日軍第68師團

日軍第68師團，為警備兩旅團制師團，1942年2月2日在華中以獨立混成第14旅團為基幹組建，編入第11軍擔任九江地區警備。1943年11月參加常德會戰；1944年5-8月參加長衡會戰；1945年4-6月參加芷江會戰，1945年8月在衡陽繳械投降。歷任師團長中山惇、佐久間為人、堤三樹男。

## 日軍第116師團

日軍第116師團，屬特設師團，1938年5月15日在日本本土以第16師團預備役人員組建，隨即編入華中派遣軍，後轉隸第11軍，1938年9月參加武漢會戰；1939年3月參加南昌會戰；1942年5月參加浙贛會戰；1943年11月參加常德會戰；1944年5-8月參加長衡會戰，1945年4-6月參加芷江作戰，1945年8月在岳陽繳械投降。歷任師團長清水喜重、篠原誠一郎、武內俊二郎、岩永旺、菱田元四郎。

灣至蜈蚣橋一線設立警戒陣地，師主力於五馬歸槽、橡皮塘、蓮花塘一線構築主陣地；

以預10師位於城西，以一部在托里坑、歐家町、黃茶嶺一線設立警戒陣地，師主力於汽車西站、虎形巢、張家山、楓樹山、五桂嶺、江西會館一線構築主陣地；

以新編第19師位於城西，以一部在高家塘、三里亭、胡坳、馬王廟一線設立警戒陣地，師主力於石鼓咀、草橋、轄神渡至汽車西站一線為主陣地；——新19師於6月13日奉調全州，所部防務由第3師接替。

暫54師1個團位於城東北，以一部在東家灣、何家山一線設立警戒陣地，主力於馮家衝沿耒水西岸構築主陣地。

砲兵在雁峰寺、縣政府、蒸陽路、吉祥街一帶佔領陣地。——第10軍砲兵營戰前正

在後方換裝新式美制75公釐山砲，聽說衡陽戰事即起，在營長張作祥率領下費盡周折趕回，6月21日到達金城江，此時長沙失守已三日，前線運輸急如星火，他千方百計才搞到只夠運送半個營的車廂，只好分為兩個梯隊，自己率第一梯隊先乘車趕回衡陽，副營長楊春柏率餘下半個營就地候車。24日半個砲營到達距離衡陽30公里的中黔鋪，這是離衡陽最近的站點了。正在中黔鋪的第27集團軍副司令李玉堂接到報告，作為第10軍的老軍長，立即召來張作祥，告訴他目前日軍已開始向湘江東岸進攻，砲兵向衡陽機動容易被發現，遭受損失，不如暫時留下，隨集團軍司令部行動，以後再待機歸建。但張作祥立即表示自己千方百計趕回來就是想儘早歸建參戰，絕不能因有危險而半途而廢。李玉堂只好派出部隊掩護砲營至三塘，再由第10軍派出部隊接應進入衡陽。25日半個砲營6門山砲2000發砲彈進入戰雲密佈的衡陽，後來成為衡陽保衛戰中第10軍一張重要的王牌。這樣第10軍共有14門火砲，3000發砲彈。第10軍軍部在中央銀行，前進指揮所在五桂嶺。

部隊部署一定，立即開始構築工事。第10軍久歷戰陣，尤擅防禦，工事修築極有心得。在衡陽原先的國防工事基礎上，進行了精心加強。城東、城北依託湘江與蒸水設防，城西北沼澤水田全部放滿水，各沼澤之間通道均構築碉堡、地堡。城西南丘陵，構築成數道防禦線，各據點之間均以交通壕相連，丘陵對敵正面，全部削成斷崖，在崖頂築有手榴彈投擲壕。在丘陵之間的凹地，建有外壕，外壕前沿用粗大圓木建以兩到三層

柵欄。在城西比較平坦的地區，布有雷區、多層鐵絲網、四道戰壕。整個衡陽郊外巧妙利用地形，構築堅固工事，形成完備的堅固防禦體系——這些防禦體系後來在防禦戰中發揮巨大作用，日軍評價道：「尤其是敵人的碉堡位置，頗盡選擇之能。其碉堡不獨能相互支援，任意發揮側射、直射火力，且每一碉堡前，均能形成猛烈交叉之火力網。其各丘陵之基部盡已削成斷崖，於上端構有手榴彈投擲壕，我軍既難以接近，亦無法攀登。此種偉大防禦工事，實為戰爭中所初見，亦堪稱中國軍隊智慧與努力之結晶。

砲兵部隊則對衡陽四周丘陵、山地、村落、路口等目標都標定了射擊諸元。在湘江邊上準備了石油，可以隨時排入江中然後點火為障。在衡陽市區各路口均修築了工事，將重要物資如彈藥、糧食、被服、藥品等都分散保存於地下儲藏處。衡陽抗敵後援會和

**日軍編制簡況**

日本陸軍主要建制單位從大到小依次為：總軍、方面軍(如中國派遣軍、南方軍、關東軍等)、軍、師團、旅團(後期旅團基本撤銷，由遂行特定戰術使命的支隊代替)、聯隊、大隊、中隊、小隊。

一般而言，小隊相當於排，中隊相當於連，大隊相當於營，聯隊相當於團，師團相當於加強師或軍。

日軍常設四單位制挽馬師團的步兵聯隊下轄3～4個步兵大隊（每大隊下轄4個步兵中隊）、1個步兵砲中隊、1個山砲中隊，總兵力3747人，馬526匹，各種槍2590支，各種砲14門，擲彈筒76具，非機動車256輛。日軍步兵聯隊普遍都配置至少1個身管砲中隊（連），而中國軍隊大多數步兵團最多只有1個迫擊砲連，因此在支援火力上有很大差距。

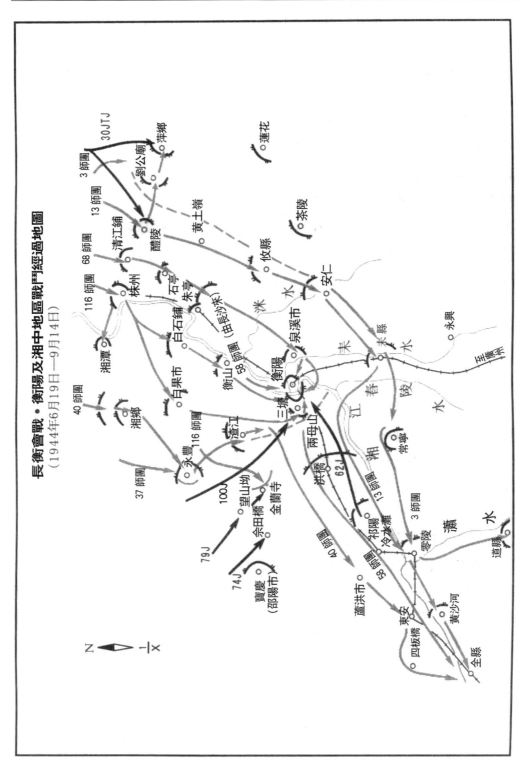

長衡會戰‧衡陽及湘中地區戰鬥經過地圖
(1944年6月19日—9月14日)

市政府、工會還組織了3000名工人，徵用了市區120家木材廠商的木料120餘萬根，協助第10軍修築工事。

此外，衡陽人民抗敵後援會還發動民眾破壞道路、橋樑，日軍派飛機偵察發現「株洲至衡陽之鐵路和寶慶至衡陽之公路，悉被衡陽居民破壞，運輸設備，一無所有。」特別要指出的是，這些破路工作全都是民眾自願參加，義務完成的，未向國家取一分一厘之報酬。

方先覺確實不是等閒之輩，他見衡陽東有湘江，北有蒸水，這兩處天然屏障難以逾越，只用少數部隊警戒就可。日軍來犯的主攻方向要麼從西北，要麼從西南。西北地形平坦，而西南多山丘地形複雜，常人自然會以西北為主攻方向，但方先覺認為日軍主攻方向必定是西南，因為西北地形平坦固然利於機動，但此時中美空軍已掌握制空權，陳兵西北，無疑是將成為空中打擊的活靶子。而且長衡公路沿線多為連綿山地，並不利於部隊機動，一旦遭到阻擊或空襲，難以展開。而如從長沙向東繞至衡陽西南，道路情況就好得多。加之日軍歷來輕視我軍，不會以西南山丘為慮。更重要的是，如果從西北主攻，即便攻下衡陽城，也還得再攻西南山地，因為衡陽的公路鐵路都從西南山地經過。而從西南主攻，不僅可以在戰鬥一開始就切斷衡陽與後方的公路鐵路聯繫，而且只要拿下城區就大功告成，根本不必在意衡陽西北。——這一判斷相當準確，因此第10軍

■衡陽陣地煙火沖天，我出動空軍轟炸日軍。

將西南山地作為防禦重點而精心營造。

在兵力部署上也是非常有遠見，第10軍所轄3個師中，190師是後備師，實際僅1個團，戰鬥力最弱。而第3師是老骨幹，戰鬥力最強。一般人如果認定西南為主攻方向，自然會將第3師佈防於西南山地，但方先覺卻是將預備第10師放在西南山地，而將第3師放在城西的二線位置。——這正顯示出方先覺排兵佈陣上的高明，他深知此戰絕不會在三五日內結束，所以將預10師放在前，第3師放在二線，有意保存第3師的實力，作長期堅守的打算。正是這一部署使第10軍有了後來堅守47天的綿綿後勁。

衡陽是當時湖南的重鎮，所以有好幾個軍委會後勤部的軍需倉庫，儲存有大量的糧食彈藥。但當第10軍拿著第九戰區司令和27集團軍司令的手令前去協商調撥時，卻被倉庫管理人員一口拒絕，他們聲稱必須按照有關規定，沒有後勤部的調撥單，誰的手令都沒用。其實那不過是藉故刁難，向第10軍索

賄的伎倆而已。方先覺哪會吃這套，一紙電文直接請示軍委會：「職為備戰，持薛、李兩長官手令，於就近後勤部所屬兵站分部之倉廩籌集守堅所需彈藥糧秣，倉監謂以非後勤部調單不予補給，匪敵臨近，時不我待，三日內如無特別指令，職將便宜行事，謹聞。衡陽職方先覺。」第三天，後勤部長俞鵬飛親自飛抵衡陽，倉監們哪敢怠慢，立即向第10軍調撥足以維持兩週的糧食、步機槍子彈530萬發、迫擊砲彈3200發。曾向第10軍公然暗示索賄的倉監生怕第10軍告狀，主動向第10軍調撥2.8萬枚手榴彈！——這批手榴彈在後來的保衛戰中可是起了大作用。

6月20日軍委會向第九戰區下達今後作戰命令：

一、國軍以阻敵深入確保衡陽為目的，於淥口、衡山東西地區持久抵抗，以主力由醴陵、瀏陽向西，由寧鄉、益陽向東，夾擊深入敵。

## 衡陽之戰中的中美空軍

衡陽之戰時，中美空軍的實力已大為增強，雖然日軍也盡其所有投入了航空力量，但逐漸失去了制空權，一度只能在黎明前和黃昏後的短暫時間裏活動。

5月27日長衡會戰開始後，中美空軍的重點還在滇西怒江方面作戰及保衛成都的B-29基地，在湖南地區僅有150架飛機，加之湖南地區天氣也很不理想，但中美空軍仍頻繁出擊，最多時達每日50架次。

7月初，中美空軍在湖南方向的力量開始急劇增加，加之天氣好轉，出動架次顯著增加，給日軍後勤供應造成極大的困難，這也是日軍在衡陽初期補給困難的主要原因。但好景不長，很快燃料供應出現短缺，不少飛機被迫返回昆明，最嚴重時，在整個中國戰場上就只有駐浙江的第5戰鬥機大隊還能出動，這樣就使中美空軍在衡陽地面作戰最關鍵的時刻難以有效支援，反而遭到日本空軍的攻擊。7月23日，日軍第90戰隊襲擊零陵機場擊毀美機18架；28日襲擊柳州機場擊毀美機36架。當燃料恢復正常供應時，衡陽已告失守。

中美空軍從1944年5月27日至9月6日間，總共出動飛機677批3664架次，其中驅逐機3416架次，轟炸機248架次。而在戰役最激烈的7月至8月，就出動427批2752架次。總共在空中擊落日機66架，在地面擊毀日機58架，擊毀各種車輛521輛、船隻1360艘。

二、王（陵基）副司令長官（兼第30集團軍）指揮第72軍、58軍、26軍，迅速擊破醴陵東北地區之敵，反擊敵主力之左側後方。

三、楊（森）副司令長官（兼第27集團軍）指揮第20軍、44軍，先擊破醴陵以北地區之敵，以後轉移於王副司令長官所部之左翼，向西攻擊敵人。

四、歐震副總司令（27集團軍）指揮第37軍、暫編第2軍及第3師（隸屬第10軍）在淥口、衡山間，作堅強持久抗戰，阻敵深入。

五、王耀武總司令（第24集團軍）指揮第73軍、79軍、99軍、100軍及第4軍殘部，向湘江左岸之敵攻擊，以一部守備湘鄉。

六、李玉堂副總司令指揮第10軍、暫編54師固守衡陽。第46軍仍歸第四戰區序列，其新編第19師即開全州、黃沙河。

七、第62軍仍歸本軍直轄，控制於衡陽西南地區待機。

八、對戰場交通之破壞，務依預定計劃加強。

軍委會的意圖很清楚，中路固守衡陽，從醴陵、寧鄉兩翼夾擊。但是日軍對這套戰法早已有過切身體會，而且通過偵察已經發現了國軍的部署，因此先以兩翼頂住，中間再突破。第11軍軍長橫山勇用於中路攻佔衡陽的是第68師團和第116師團，這兩個師團在此次作戰中之前一直是作為二線兵團，並未參戰，因此建制完整實力絲毫無損，是真正的生力軍。

早在6月16日，長沙還未攻佔時，日軍第68師團和116師團就開始渡瀏陽河南下，直撲衡陽。19日，第116師團、第68師團57旅團從株洲渡湘江，分兩路沿湘江西岸和易俗河向衡陽推進，68師團則於石亭渡過涤水，也殺向衡陽。

## 週邊爭奪

6月22日日軍飛機首次飛臨衡陽，對市區進行狂轟濫炸，城區多處燃起大火。衡陽會戰期間，儘管中美空軍實力已經大為增強，但日軍為會戰也調集了相當的航空兵力量，所以中美空軍並未能切實掌握制空權，只能說是稍佔優勢而已，因此日軍飛機對衡陽的轟炸也是常事。是日晚20時許，日軍已進抵衡陽以東30公里的泉溪市，最前哨的190師568團1營警戒哨對敵略加抗擊便撤回耒水西岸。

6月23日拂曉，日軍從泉溪市強渡耒水，向190師568團1營據守的新碼頭發起攻擊，揭開了悲壯慘烈的衡陽之戰的序幕。按照原定計劃，1營作為前哨陣地，完全可以不作堅強抵抗，後撤至五馬歸槽。但營長楊濟和見日軍異常驕橫，居然連火力掩護都不組織就堂而皇之地乘汽艇、橡皮艇甚至木船開始渡河，絲毫沒把國軍放在眼裏。在此情況下，如果不戰而退，將會更加增長敵之囂張氣焰，於我軍士氣不利。便果斷下令準備戰鬥，全營隱蔽進入陣地，待日軍半渡之際突然開火——1營共有20多挺輕重機槍和加強的4門戰防砲，同時射擊，頓時將日軍打了個人仰船翻，死傷及落水失蹤達300多人，一路上未遭任何抵抗的日軍根本沒想到

# 衡陽保衛戰雙方作戰序列

**中　國**

- 第九戰區　薛　岳
  - 第27集團軍 副司令　李玉堂
    - 第10軍　方先覺
      - 第3師　周慶祥
      - 預備第10師　葛先才
      - 第190師　容有略
      - 暫編第54師　饒少偉（欠2個團）
    - 第62軍　黃　濤
      - 第151師　林偉儔
      - 第157師　李宏達
    - 第46軍　黎行恕
      - 新編第19師　羅浩
    - 第100軍　李天霞
      - 第19師　唐伯寅

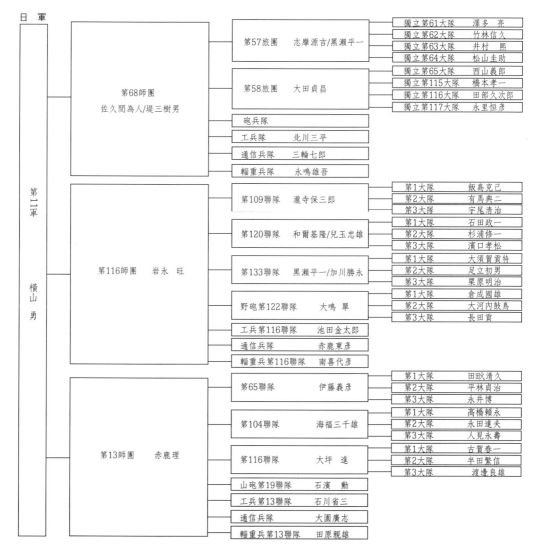

**日　軍**

- 第11軍　橫山　勇
  - 第68師團　佐久間為人/堤三樹男
    - 第57旅團　志摩源吉/黑瀨平一
      - 獨立第61大隊　澤多　亮
      - 獨立第62大隊　竹林信久
      - 獨立第63大隊　井村　熙
      - 獨立第64大隊　松山圭助
    - 第58旅團　大田貞昌
      - 獨立第65大隊　西山義郎
      - 獨立第115大隊　橋本孝一
      - 獨立第116大隊　田部久次郎
      - 獨立第117大隊　永里恒彦
    - 砲兵隊
    - 工兵隊　北川三平
    - 通信兵隊　三輪七郎
    - 輜重兵隊　永嶋雄吾
  - 第116師團　岩永　旺
    - 第109聯隊　瀧寺保三郎
      - 第1大隊　飯島克己
      - 第2大隊　有馬典二
      - 第3大隊　宇尾清治
    - 第120聯隊　和爾基隆/兒玉忠雄
      - 第1大隊　石田政一
      - 第2大隊　杉浦修一
      - 第3大隊　濱口孝松
    - 第133聯隊　黑瀨平一/加川勝永
      - 第1大隊　大須賀貢特
      - 第2大隊　足立初男
      - 第3大隊　栗原明治
    - 野砲第122聯隊　大嶋　單
      - 第1大隊　倉成國雄
      - 第2大隊　大河內鼓鳥
      - 第3大隊　長田貢
    - 工兵第116聯隊　池田金太郎
    - 通信兵隊　赤鹿東彦
    - 輜重兵第116聯隊　南喜代彦
  - 第13師團　赤鹿理
    - 第65聯隊　伊藤義彦
      - 第1大隊　田畎清久
      - 第2大隊　平林貞治
      - 第3大隊　永井博
    - 第104聯隊　海福三千雄
      - 第1大隊　高橋賴永
      - 第2大隊　永田達夫
      - 第3大隊　人見永壽
    - 第116聯隊　大坪　進
      - 第1大隊　古賀春一
      - 第2大隊　半田繁信
      - 第3大隊　渡邊良雄
    - 山砲第19聯隊　石濱　勳
    - 工兵第13聯隊　石川省三
    - 通信兵隊　大園廣志
    - 輜重兵第13聯隊　田原親雄

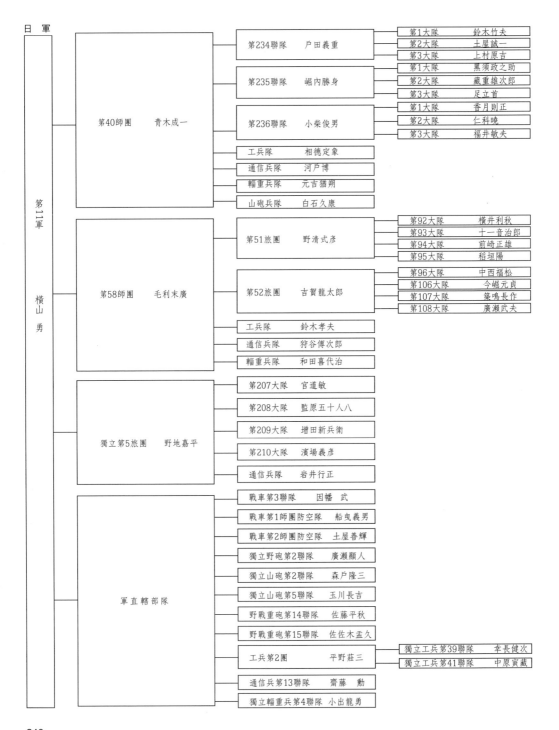

日 軍

第11軍　横山　勇

**第40師團　青木成一**
- 第234聯隊　戸田義重
  - 第1大隊　鈴木竹夫
  - 第2大隊　土屋誠一
  - 第3大隊　上村原吉
- 第235聯隊　崛内勝身
  - 第1大隊　黑須政之助
  - 第2大隊　藏重雄次郎
  - 第3大隊　足立首
- 第236聯隊　小柴俊男
  - 第1大隊　香月則正
  - 第2大隊　仁科曉
  - 第3大隊　福井敏夫
- 工兵隊　相德定象
- 通信兵隊　河戸博
- 輜重兵隊　元吉猶朔
- 山砲兵隊　白石久康

**第58師團　毛利末廣**
- 第51旅團　野清式彦
  - 第92大隊　横井利秋
  - 第93大隊　十一音治郎
  - 第94大隊　前崎正雄
  - 第95大隊　稻垣陽
- 第52旅團　吉賀龍太郎
  - 第96大隊　中西福松
  - 第106大隊　今崛元貞
  - 第107大隊　築鳴長作
  - 第108大隊　廣瀨武夫
- 工兵隊　鈴木孝夫
- 通信兵隊　狩谷傳次郎
- 輜重兵隊　和田喜代治

**獨立第5旅團　野地嘉平**
- 第207大隊　官道敏
- 第208大隊　監原五十八八
- 第209大隊　增田新兵衛
- 第210大隊　濱場義彦
- 通信兵隊　岩井行正

**軍直轄部隊**
- 戰車第3聯隊　因幡　武
- 戰車第1師團防空隊　船曳義男
- 戰車第2師團防空隊　土屋善輝
- 獨立野砲第2聯隊　廣瀨顯人
- 獨立山砲第2聯隊　森戶隆三
- 獨立山砲第5聯隊　玉川長吉
- 野戰重砲第14聯隊　佐藤平秋
- 野戰重砲第15聯隊　佐佐木盂久
- 工兵第2團　平野莊三
  - 獨立工兵第39聯隊　幸長健次
  - 獨立工兵第41聯隊　中原寅藏
- 通信兵第13聯隊　齋藤　勳
- 獨立輜重兵第4聯隊　小出龍勇

會在此遭到如此猛烈的打擊，完全被打懵了，沒死的趕緊逃上岸，再不敢輕舉妄動，只是用機槍和火砲向對岸不時射擊。午後日軍留一部兵力佯動，主力繞至泉溪市以南渡河。楊濟和見已經達到了挫敵鋒芒的目的，遂按計劃撤回五馬歸槽。但1營剛開始回撤即被日軍發現，立即遭到火力攔阻，1營損失2門戰防砲和3挺機槍，傷亡50餘人。

方先覺見日軍主力已大舉來犯，必須要集中兵力開始防禦作戰了，遂命令在衡山地區遲滯日軍的第3師迅速撤回衡陽。第3師師長周慶祥留下第8團殿後掩護，親率主力以急行軍星夜返回，於24日18時回到衡陽，進入原新19師在石鼓咀、草橋、轄神渡至汽車西站一線防區。此外，方先覺還命190師主力渡過湘江，進入東岸預設陣地，與主力呈犄角之勢，擴大防禦縱深。

6月24日晨，日軍渡過耒水，開始攻擊五馬歸槽。防守此地的是剛從河岸退回的568團1營和暫54師1團，激戰整整1天，陣地屹立不動，但部隊傷亡很大，指揮作戰的暫54師師長饒少偉急向方先覺求援，方先覺立即命190師570團增援。

25日，日軍開始向五馬歸槽至塘灣一線發起總攻，攻擊重點依然是五馬歸槽，日軍砲火非常猛烈，守軍在衡陽城區的砲兵也隨即開砲支援，砲彈越江而過，呼嘯之聲聞達數十里外，雙方空軍亦先後趕來助戰，一時間炮火異常猛烈，漫天硝煙遮雲蔽日。守軍先隱蔽在工事躲避日軍的砲火轟擊，待日軍步兵開始衝鋒再進入陣地，以機槍步槍手榴彈迎擊，戰至中午，日軍仍毫無進展。下

■日軍在坦克掩護下向衡陽發起進攻。

午，第10軍以當天早上剛剛歸建的砲兵營新式美製75公釐山砲開砲支援五馬歸槽，守軍士氣大振，在570團團長賀光耀的率領下乘勢反擊，將日軍逐退，但賀光耀腹部重傷，由副團長馮正之接替指揮。

方先覺見五馬歸槽守軍傷亡頗大，而此地不過是週邊，應當儘量保存有生力量用於城區防禦，便命放棄五馬歸槽退守範家坪、橡皮塘、蓮花塘、馮家衝一線。饒少偉接到命令，認為自己部隊本來任務是警備衡陽機場，並沒有參加衡陽防禦戰的命令，戰區又沒有新的指令，目前機場已然不保，沒有必要將部隊帶入堅守孤城衡陽的絕境，便秘令1團團長帶1營、2營渡過耒水退至耒陽歸建，自己則帶3營留下來，以表示自己不是貪生怕死之徒。——方先覺對此也未多加指識，畢竟暫54師是客軍嘛，能留下參戰最好，不留也無法勉強。

日軍佔領五馬歸槽後，一部繼續向西攻擊，直取衡陽機場；另一部則從銅錢渡渡蒸水，向衡陽城西推進；主力向南由東洋渡渡湘江，攻擊衡陽城南。當天日機不斷來襲，投彈以燃燒彈居多，市內竟日大火，入夜猶未能全部撲滅。我空軍亦先後飛臨城郊，對日軍開進、集結地區進行轟炸掃射。黃昏時分，敵由灣塘方面發起猛攻，突破568團馮家衝陣地，將暫編第54師所部與190師隔斷，並攻入機場。方先覺獲悉機場還未破壞就已失守，深知如果日軍利用衡陽機場的設施，將大大提高其航空兵的活動範圍，對整個西南戰局影響巨大，立即命令190師不惜一切代價奪回機場，將其徹底破壞。

26日拂曉，190師師長容有略親率569團借夜色掩護，突然殺入機場，日軍先頭部隊1個中隊剛剛佔領機場，立足未穩，也根本沒想到中國軍隊這麼快就來個回馬槍，猝不及防，經過5小時激戰被逐出機場，日軍死傷400餘，我軍傷亡200餘人。容有略馬上下令對機場組織破壞，先將所有機場設施炸掉，然後在跑道上每隔10公尺挖一個坑，埋下1公斤炸藥進行爆破，這樣的爆破不僅完全破壞了跑道表面，也徹底震鬆了地基，短時間裏無法修復。由於沒有接到撤退的命令，569團在破壞機場設施後，迅速部署兵力轉入防禦。在機場方向的日軍68師團獨立第64大隊隨即組織力量於26日晚發起反擊，569團本來只有幹部而無士兵，開戰前才臨時補入一些新兵，戰鬥力很弱，面對日軍1個大隊的兇猛反撲，自然難以抵敵，只得且戰且退，撤至江邊的核心陣地。此時190師經過三天的苦戰，僅剩1200餘人，加上暫54師1團3營，還不到1800人。要憑這點兵力固守住江東陣地，幾乎是不可能的。而衡陽城區兵力包括第3師全部算內內，也只有區區6個團，與其將190師消耗在江東，還不如將其撤回江西加強城防力量。於是方先覺下令湘江東岸部隊由容有略統一指揮，全部撤回江西。待夜幕降臨，容有略便指揮東岸部隊分乘2艘渡輪，全部渡過湘江，然後將渡輪炸沉。190師入城後，除以570團接替搜索營擔負江防外，師主力集結環城街為軍預備隊。

按照預定計劃，一旦湘江東岸失守就將炸毀湘桂鐵路的湘江大橋，奉命執行炸橋任務的第10軍工兵營營長陸伯皋認為日軍的最後失敗已不可避免，此時將耗費國家鉅資建

■左起第十軍參謀長孫鳴玉、第三師師長周慶祥、第三師副師長潘質。

成的湘江大橋炸毀實在不忍心，於是想對大橋進行有限度破壞，使日軍在短時間裏無法修復而儘量保持橋體以便將來戰後重修，這一想法得到方先覺的批准。在清華大學工程系畢業的1連長孔祖光的精確計算下，只對大橋中間三段橋樑進行爆破而不破壞橋墩——炸橋工作相當精準，三段橋樑被炸斷，而橋墩主體完好，完全達到了預期目標。

當日上午，日軍已經形成了對衡陽的合圍態勢，砲兵開始對守軍陣地進行試射，並以步兵在砲火掩護下攻擊守軍的警戒陣地。10時許，日軍在飛機10餘架與50餘門火砲掩護下，開始向衡陽西南主陣地作全面攻擊，其攻擊重點為預備第10師防區陣地，尤以30團所據守之江西會館、五桂嶺為最。五桂嶺、楓樹山、湘桂鐵路修機廠之線，因有高嶺與停兵山兩處前進據點側射火力掩護，

日軍攻擊皆被阻於鐵路以南。此兩處據點在楓樹山、張家山陣地南側200至400公尺，正扼要衝，但由於地域狹小，兵力多了反而會在日軍砲火下徒增傷亡，少了又怕實力過於單薄而難以支撐，因此預備10師30團派出了最強的1個連——3營7連，以1個排守備高嶺，以連主力2個排守停兵山。這兩處都沿山勢建有堅固的環形工事，工事外環繞壕溝、木柵、鐵絲網和地雷。日軍起初並不以為然，認為這兩個彈丸之地唾手可下，但幾次衝擊，都被工事前的障礙、主陣地的砲火支援以及守軍的手榴彈打退。此後日軍才打起精神集中砲火，並召喚飛機助戰，我軍縱深砲兵也開砲支援並與日軍砲兵展開砲戰，一時間砲聲密如驟雨，兩據點全為硝煙所籠罩。日軍一次次衝鋒，均被擊退。戰至黃昏，守軍障礙多半被毀，工事也損毀大半，

## 衡陽守軍作戰序列

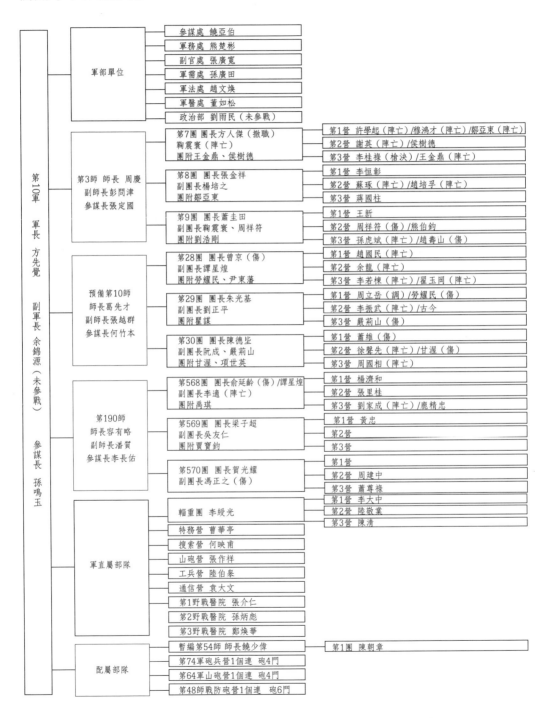

官兵傷亡過半，但還牢牢地守著陣地，日軍則在兩處陣地前付出了不下500人的傷亡。

入夜，日軍繼續向城西南及正南猛攻，槍砲聲震動整個衡陽城，戰至午夜，江西會館及五桂嶺一線日軍衝擊最甚，傷亡也最多，高嶺與停兵山兩處工事幾乎全毀，官兵傷亡也劇，已陷於苦戰；而虎形巢、瓦子坪、易賴廟方面亦遭受日軍不斷的攻擊。

27日，因受阻於高嶺與停兵山下，日軍68師團長佐久間為人大為震怒，親臨前線督戰，先集中兵力攻擊高嶺，在猛烈砲火掩護下，連續衝擊，至凌晨1時高嶺終告陷落，守軍1個排自排長李建功中尉以下全排殉國。隨後再轉兵猛攻停兵山，先以密集砲火轟毀障礙轟平工事，再架起人梯向山頭攻擊，7連長張田濤指揮鎮定，沉著應戰，即使日軍接近陣地破壞障礙物都不開火，一直到日軍通過障礙物進到外壕溝邊上，才下令射擊。由於事先準備充分，守軍火力組織相當完善，形成了密集交叉的火力網，接近陣地的日軍很難逃脫，成片成片被打倒，少數僥倖躲過子彈的，也被守軍投擲的手榴彈所

殺傷。因此日軍幾次衝鋒都被擊退，不過守軍這樣的戰法，代價也相當高，障礙物基本被掃清，官兵傷亡也非常之大。

同時日軍還大舉向江西會館、五桂嶺、141高地、楓樹山陣地猛攻，利用夜暗一波一波衝擊，勢如潮湧。30團團長陳德坒見日軍攻勢兇猛，嚴令官兵沉著應戰，堅決奉行「三不打」原則——看不見不打、瞄不准不打、打不死不打。日軍對障礙物施行破壞作業時亦不輕易射擊，待敵通過破壞口，進至外壕，才以側射斜射火力急襲，待敵潛至陣地前絕壁下開始攀登時，再集中投手榴彈。同時分派副團長阮成、團附項世英巡視前線，激勵士氣。天明後，日軍攻勢才漸趨停止，各陣地前遺屍累累，估計約在千人以上。

9時許，國軍6架P—40飛臨衡陽上空助戰，對日軍進行反覆俯衝轟炸與低空掃射，其中1架為敵地面砲火擊中，迫降於高嶺與停兵山之間水田。據守停兵山的30團7連連長張田濤派排長王世祿率兵6名衝出陣地拚死救回飛行員陳祥榮，王排長及士兵3名卻不幸犧牲，陳祥榮僅負輕傷，被送回衡陽城，方先覺即命安排在軍部，負責陸空聯絡，爾後對聯絡空投與空中支援貢獻良多。

午後2時，日軍步砲空聯合對我全線陣地發起猛攻，其規模較昨日為大，戰至黃昏，守軍陣地屹立無恙，惟有停兵山在敵優勢兵力圍攻之下，已危如累卵。

作為預備隊的預10師28團官兵紛紛要求加入戰鬥，預10師師長葛先才鑒於該團官兵鬥志昂

■正在與國軍巷戰中的日軍。

揚，而30團陣地正面又過於寬廣，連日激戰已有不少傷亡，乃報請軍長將30團據守之五桂嶺、楓樹山陣地交由28團接防，獲得批准後以30團除留第3營守備修機廠及其西側小高地以支援第7連停兵山戰鬥外，主力佔領花藥山南側預備陣地，休整待命，並於午夜前交防完畢。至此，預10師3個團全部投入一線。方先覺為激勵士氣，經詳查各部戰果，將有功人員電呈軍委會敘獎，當日即蒙電覆照准，30團團長陳德垤獲頒「忠勇」勳章，為開戰後獲得勳章第一人。

28日拂曉，隨著停兵山守軍的傷亡逐漸增加，火力也就逐漸稀疏，日軍終於得已衝上陣地，雙方隨即展開了白刃戰，幾番廝殺之後，張田濤身中兩槍一刀，依然帶著僅剩的4人退入最後一個碉堡，打電話向師長團長訣別，師長葛先才本來就很器重張田濤，當即指示他設法突圍，由30團組織接應，但是張連長慨然回答：「師長，不必了，也沒有這種可能了。我寧願被敵人刺刀捅進胸膛也不願在撤退時被敵人子彈打進後背！就算能撤回，以後還要和日軍拼個你死我活，那又何必捨近求遠？現在我手上的駁殼槍還有60多發子彈，只希望能將手裏打光後才死！」──放下電話一手掄刀一手持槍，殺入敵陣，直到戰死。7連除1名伙夫外，全連都犧牲在陣地上。

## 一攻衡陽

至27日晚，日軍68師團、116師團各部已分別進抵衡陽東、南、西近郊總攻出發線，並完成了總攻準備。其總攻部署為：

一、68師團之第64、116步兵大隊位於衡陽以東機場附近；

二、68師團之58旅團第65、115、117大隊配屬山砲第5聯隊位於衡陽以南湘江以西黃沙嶺（距南門約1000公尺），其中117大隊為左路，115大隊為中路，65大隊為右路，山砲第5聯隊（欠第3大隊）在中路後方500公尺展開，旅團指揮部在117大隊與115大隊之間後側，師團指揮部在山砲陣地前側；

三、116師團位於衡陽西南距城門約1200公尺，其中第109聯隊第1大隊為左路，120聯隊為右路，其右翼與68師團117大隊陣地相銜接，野砲兵第122聯隊位於120聯隊後方，師團指揮部在砲兵陣地左前方；

四、57旅團之3個步兵大隊配屬山砲第5聯隊第3大隊位於衡陽西北之小西門、體育場、蒸水大橋一線。

28日拂曉，日軍開始了第一次總攻，58旅團為主攻，目標是鐵路以南的小高地，57旅團則向體育場猛攻，116師團所部則攻擊西門。守軍依託工事，頑強防守，不斷輔以堅決的反衝鋒，戰至黃昏，除少數警戒陣地外，第10軍各主陣地均未失寸土。是日最大戰果是在上午10時30分，28團迫擊砲連連長白天霖在楓樹山觀測所，用10倍望遠鏡搜索目標，發現正南方約800公尺歐家町小高地上，有敵十餘人正向我陣地窺視，並指點交談，判斷為敵指揮人員在觀察地形，當即決心不作單砲試射，而直接以全連8門迫擊砲炮集火射擊。第一輪砲彈就全部命中，只見這十餘敵人在砲火中翻滾倒爬，馬上再是兩輪急速射，亦全部命中。──當時國軍並

■我軍在敵迫近衡陽空軍基地時，自行炸毀地面設施，以免陷入敵手。

日軍第11軍向中國派遣軍報告28日戰況電文如下：

岩（永旺）、佐（久間為人）兩部隊，現正向衡陽城力攻，守軍每放棄一據點，總將該點予以破壞，以實現其焦土戰術，現衡陽城已有部分房屋被燒。

不知道這頓砲擊炸的是何許人，就連指揮砲擊的白天霖也不過認為最多是日軍聯隊級軍官，實際上這十多人竟然是日軍第68師團長帶著師團部主要參謀和所屬各聯隊長在觀察地形籌劃攻擊路線，結果師團長佐久間為人中將重傷，被送回後方醫治，直到次年2月才傷癒（也有資料稱將其炸死，乃為訛傳），師團參謀長原田貞大佐以及下屬各聯隊長、師團部參謀非死即傷，可以說整個68師團的最高指揮中樞徹底癱瘓！可惜當時並不知道這一戰果，因此白天霖也就沒能獲得應有的嘉獎。日軍第11軍軍長橫山勇只好令116師團長岩永旺中將統一指揮兩個師團。

當天，日軍第44航空戰隊的飛機集中轟炸衡陽以西，以支援57旅團的進攻，並以部分飛機掩護湘江水上運輸，當日34師團218聯隊由湘江水運到達衡陽。但是中美空軍已大大加強了在衡陽地區的活動，無論是陸地上的公路還是水面上的船隻，都不斷遭到攻擊，日軍航空兵力難以提供有效的空中掩護，只得將大部隊的機動全部改在夜間。

昨（28日）上午10時30分左右，在衡陽城以南高地上指揮戰鬥之佐部隊長、參謀長及松浦參謀負傷。

衡陽南側、西側，守軍陣地前有無數湖塘，並配有大量火力點。作戰中守軍之山、野砲、迫擊砲相當活躍。

衡陽飛機場，目前正集中力量進行修復中，跑道尚有炸坑未全填平，但直協機可以著陸。

經過28日的激戰，日軍終於意識到衡陽守軍的防禦力量較強，於是連夜將在湘江以東機場附近的獨立步兵第116大隊調至衡陽城南。在得到增援後68師團於29日拂曉再次發動進攻，鐵路以南高地上的守軍英勇奮戰，將其擊退。敵步兵第117大隊在進攻時，雖然有一部衝過了鐵絲網，但立即遭到了交叉火力的大量殺傷，隨之守軍發起了反衝鋒，以手榴彈、刺刀將衝過鐵絲網的日軍大部消滅，日軍中隊長也被打死，只剩少數人逃回。日軍獨立山砲兵第5聯隊，因在昨天作戰中，彈藥消耗太大，已將彈藥用去大

衡陽第一次總攻戰鬥示意圖（6月28日~7月2日）

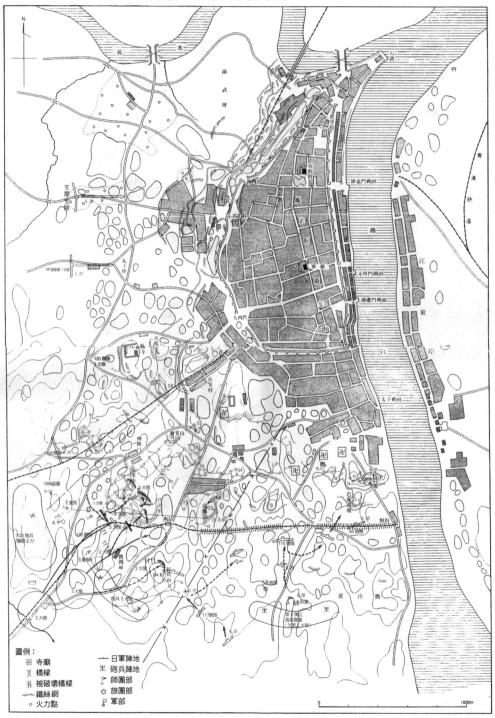

半，而後方的補給此時尚未運到，只好嚴格控制射擊，這樣一來就使68師團在29日的進攻中，支援的砲兵火力明顯不足，很快即被守軍擊退。而第116師團在這一天的進攻中則加強了砲兵火力，步兵第120聯隊在拂曉前對張家山以北的陣地發起進攻，守軍利用地形及巧妙部署的火力對敵進行壓制、殺傷，接著以步兵進行集團反衝鋒。因陣地前已掃清了射界，清除了射擊死角，所以遭到火力壓制的日軍毫無隱蔽，雖有砲兵火力支援但在守軍的連續猛烈反擊下而潰退。由於兩次進攻接連失利，師團長岩永旺決定調在衡陽以西四塘的第133聯隊從西站以南及以西地區投入戰鬥。

城西北和城北陣地戰況亦相當激烈，6月29日日軍增加第34師團218聯隊投入攻擊，該由機場渡湘江企圖在行進間一舉破城，結果遭中美空軍的猛烈轟炸和掃射，遭到嚴重傷亡，還未展開攻擊就鎩羽而歸。而攻大西門的日軍進入了守軍預設的雷區，再遭守軍火力殺傷，死傷累累後被迫撤退。

預10師28團3營據守的江西會館外新街與五桂嶺南端陣地，28、29兩日迭經敵連續攻擊，多次為敵突破，但只要陣地一被突破，李若棟營長即指揮預備隊迅猛逆襲，予以擊退。李營長左腳負傷後送，由第2營副營長翟玉岡接替。

標高僅25公尺的張家山為守軍防禦陣地的突出部，是預10師乃至第10軍的核心陣地，堪稱戰場之鎖鑰，由3個小高地聚合組成，東南是25高地，西北是24高地，兩個高地中間相距約50公尺，正是步機槍交叉火網最有效的距離。張家山則在這2個小高地

的中央後方、相距約150公尺處，且比2個高地略高，整個陣地看起來大致呈「品」字形。地形上可以互為犄角，互相支援，互相掩護，所以陣地特別堅固。惟其如此，在28日至7月2日的5天戰鬥中，敵人曾向這個陣地猛攻不下20餘次，均被擊退。其間一部被敵衝入或大部為敵佔領、旋即為我恢復者達9次之多。敵軍對張家山的攻擊，一開始就抱著勢在必得的決心，集中猛烈砲火，對陣地及各種障礙物實行破壞射擊，同時進行空襲與毒氣攻擊。在硝煙彌漫如濃霧，彈聲驟密如雷雨之中，敵軍如潮水一般蜂擁而至。守軍官兵沉著應戰，不顧毒氣昏迷，毋視砲火震憾，發揚側射與急襲火力，繼之以手榴彈，最後以白刃戰，堅決抗擊。

29日，24、25高地於午後、黃昏及午夜被敵三度突破，前兩次均由29團副團長劉正平指揮該團第2營（欠1連）逆襲，予敵重創後奪回，其間陣前易將，以28團團附勞耀民調升接替29團1營長周立岳（改調軍部）。1、2營均傷亡過半，勞營長與2營營長李振武協力拒敵；第三次突破時，日軍幾乎是踏著自己同伴的屍體衝鋒，而1營、2營兵力所剩無幾，是由預10師加派30團2營前來助戰，至天明前始將突入之敵全部殲滅。隨後預10師命張家山改由30團2營防守，29團1、2營僅存100餘人至團部附近休整，並作為虎形巢陣地預備隊。至此，預10師3個團均有重大傷亡；師預備兵力只剩下直屬部隊5個連而已。

30日午後，日軍繼續猛攻張家山，24高地兩次被突破，兩次又為守軍拼死逆襲而奪回。黃昏，24高地和25高地同時被日軍

突破，守軍30團2營傷亡已達七成，徐聲先營長傷重身亡，由團附甘渥接任指揮。要靠2營自身的力量是不可能奪回陣地的，於是團長陳德垕派由團直屬部隊編成的1個連前來增援。入夜後增援部隊與守軍殘部合力發起反擊，夜黑風高，伸手不見五指，敵我莫辨，誰都不敢弄出一點音響，以免暴露自己的位置。我軍前衛官兵以手探摸，穿粗布衣者為自己人，穿光滑卡其布軍衣者就是日軍，一旦摸到卡其布軍服，立即以刺刀招呼。一時間，只聽到槍枝碰撞聲、刺刀插入身體聲、傷者的慘叫聲，此起彼伏。反擊的主力部隊見此情況，只得停止前進，不敢貿然加入戰鬥，至晨曦微露，才開始向山頭衝

鋒，而日軍援兵幾乎也在同時趕到，僅僅就是幾分鐘之差，我軍先聲奪人，衝上山頭，隨即一頓手榴彈將仰攻上來的日軍後援打下山去。鑑於2營及團部直屬部隊編成的預備連均傷亡慘重，團長陳德垕只得以1營接替防禦。

30日16時，日軍對五桂嶺南端陣地大舉砲擊，並乘有利之風向風速，發射毒氣彈。當時守軍為避免傷亡，全部隱蔽在工事內，毫無防備。直到黃昏，翟營長以電話與第7連連長朱中平聯絡，久久無人接聽，乃派傳令兵前往探視，始知該連除不在陣地之特務長與炊事員4人外，80餘人皆不幸中毒死亡，3營不得不以預備隊填補7連防線。經此守軍才開始提高警覺，注意防毒。但當時我軍防毒裝備極少，所有防毒面具尚不敷軍官分配，遑論士兵！方先覺下令收集軍直屬部隊防毒面具，送一線官兵使用，尤以輕重機槍手、班長優先。無防毒面具者則事先準備毛巾，上剪二圓孔，露出雙眼使不致妨礙視線。一旦發現日軍放毒，便儘快將毛巾在水中浸濕後重疊紮於面部，作為簡易的防毒裝具。

中毒官兵受傷部分均類似灼傷，有水皰大如銀元，腫高半寸，內有黃水；較小之水皰則為綠色。事後報軍委會請美空軍第14航空隊化學戰情報軍官湯姆森上尉分析，以黃色水皰系芥子氣所致，綠色水皰則

■行軍中在河邊休息的日軍，其中一人頭頸裏掛著的是戰友的骨灰。

系路易氏氣所傷,日軍使用毒氣為芥子氣與路易氏氣混合物。

28團1營1連所據守之141高地,從30日至7月2日,五度為敵突破,營長趙國民先後投入2個連的預備隊,輪番上陣實施猛烈逆襲,五度恢復陣地,殲敵在1個大隊以上。陣地雖保持完整,但該營已傷亡過半。

日軍30日一天中總共投入了15個步兵大隊在砲兵、航空兵配合下,再興攻勢,但在守軍頑強防禦下,依然毫無進展。

這天日軍116師團最精銳的133聯隊開始進行攻擊衡陽西南張家山的準備,聯隊長黑瀨平一大佐與協同作戰的砲兵第122聯隊長大島卓大佐及各大隊長等人一同登上張家山附近小高地,一邊觀察地形,一邊部署明天的進攻安排:

計劃30日日落後開始行動,7月1日天明前到達守軍陣地前進行迫近作業與攻擊準備,拂曉以步砲火力協同開始攻擊,以奪取張家山為目標。砲擊開始時間為5時整,突擊支援射擊為6時,砲火延伸射擊時間預定為5分鐘。第1大隊(配屬工兵1個小隊)為第一梯隊,於30日日落後開始行動,至1日天明在鐵路沿線一帶作攻擊準備,攻擊張家山正面右側高地。第2大隊配屬步兵砲1個小隊及速射砲1個中隊,負責攻佔張家山以南有獨立屋的高地,協同第1大隊進攻。第3機槍中隊(欠1個小隊)由聯隊直轄以火力封鎖張家山高地協同第1大隊的進攻。步兵砲中隊(欠1個小隊)對張家山正面右側高地及守軍側射火力予以壓制,協同第1大隊進攻。

在突擊支援射擊時,重火器及第一線大隊的輕機槍必須一齊射擊,集中火力對守軍

■預備第十師師長葛先才。

進行壓制。為了對守軍火力點進行有效的壓制,除火砲外還以部分重機槍和輕機槍進行火力封鎖。各種火器務必於天明前構築好有掩蓋之陣地。第2、第3大隊、工兵中隊、預備隊,在30日夜間開始行動。7月1日天明前第2大隊、工兵中隊位於停兵山西南側地區;第3大隊位於托坑以北約300公尺之村莊附近,第2大隊1個中隊應在30日晚佔領停兵山高地附近,以掩護第3機槍中隊和砲兵部隊。所有攻擊部隊須攜帶登斷崖所用竹梯。通訊中隊必須保障各大隊、機槍中隊與聯隊部的通信暢通。

133聯隊本來就是116師團中戰鬥力最強悍的部隊,在此次湖南作戰中表現也相當突出,強渡汨水攻佔了汨水以南新市地區、強渡湘江佔領湘潭、而後單獨由湘潭西進策

應第40師團攻佔湘鄉，最後由湘鄉東南附近張全橋攻向衡陽以西與師團主力會合。連續作戰兩個月，因作戰傷亡與疾病，部隊減員較大，每個步兵中隊由原來的約180人減少到35人左右，實際僅相當於1個小隊的實力。而且因砲兵又少，攜帶的彈藥也已經快用完，所以聯隊長黑瀨平一決定以輕火器為主，集中全聯隊24挺重機槍中的22挺用於封鎖和壓制守軍火力點。

日軍133聯隊各大隊長、中隊長接受任務後，立即開始偵察地形和進行作戰準備，挖掘交通壕、掩體、射擊工事和改造地形。一夜之間便迅速完成了攻擊前的各項準備，自然張家山陣地上也是一夜寂靜。

7月1日天亮得較早，衡陽四郊的日軍先發起攻擊，槍砲聲打破了寧靜的清晨。進攻張家山的133聯隊和野砲兵122聯隊按預定時間開始攻擊，黑瀨的副官鈴木義雄中尉在戰鬥開始前用電話與各大隊長對錶，最後校正時間，以便各部隊按時統一行動。5時日軍砲兵開始射擊，接著步兵砲、速射砲亦同時開始射擊，張家山上頓時塵土橫飛，到處是濃密的炸煙，守軍的砲兵隨即對敵砲兵陣地進行反擊，使其遭到不小的損失。張家山守軍在日軍開始砲火射擊後除擔任陣地警戒的少數人員外，其餘都撤入工事。5時50分，133聯隊第1大隊大隊長大須賀貢大尉以為守軍經受不住砲火而後撤，因而下令砲兵開始延伸射擊，輕、重機槍開火，以第4中隊在右、第3中隊在左，攜帶竹梯攀登人工斷崖向山上進攻。當第3、4中隊衝至張家山人工斷崖下面正準備以竹梯向上攀登時，突然山上守軍衝上陣地投下大量手榴彈，如

雨點般落下的手榴彈有的在斷崖下，有的在順坡而下在斷崖下的死角爆炸時，使隱蔽在死角的日軍死傷累累，第4中隊死傷21人，僅有鈴木直次軍曹等6人爬上了人工斷崖。第3中隊傷亡也很大，被迫離開人工斷崖死角後退。就這樣133聯隊的第一次進攻被擊退，在這次戰鬥中傷亡的都是參加過常德作戰以及這次湖南連續兩個月作戰所剩下的老兵，可以說是使133聯隊第1大隊元氣大傷。爬上張家山的鈴木直次等6人正利用守軍碉堡的死角隱蔽待援，加上第一次進攻失利，大須賀貢要求再次攻擊，經黑瀨同意仍由第2大隊進行火力掩護，第1大隊與14時發起進攻。第1大隊仍由張家山的右正面發起攻擊，以第2中隊在右，第3中隊在左。但是第1大隊的步兵砲因上午砲彈用的過多，現在已所剩無幾只好從鄰近的第120聯隊借來20發。

14時，支援進攻的砲兵首先開始射擊，隨後輕重機槍一齊開火，第2中隊長黑川啟二中尉率20多人從山的右側攀上山坡進入守軍的前沿地帶，黑川揮舞著指揮刀，指揮部隊向山頂鞍部衝鋒，在山下觀戰的黑瀨平一及大須賀貢都以為這次攻勢肯定能成功。就在黑川部隊快到山頂時，突然一陣手榴彈在他們中間爆炸，黑川和部分士兵當即被炸死，此後即由第1小隊長小熊幸男少尉指揮，但已無力繼續前進。左側小山長四郎中尉的第3中隊攀上斷崖後，也遭到守軍的反擊而停頓。此時第1大隊不得不動用了預備隊第1中隊，但第1中隊投入戰鬥後也遭到守軍的頑強阻擊，傷亡很大，代理中隊長鈴木齋少尉也被打傷。戰至下午第1大隊傷亡慘重，4個中隊長僅剩下第3中隊長小山長四郎

一人。

第2、第3中隊，在張家山南坡的半山腰被阻止後，黑瀨原計劃今晚就地堅守，明天繼續進攻。但第1大隊長則要求在當晚就發動攻擊，黑瀨同意後，調來足立初男的第2大隊（欠1個中隊）加強進攻。第1大隊進攻張家山頂右側24高地，第2大隊進攻張家山左側25高地，第3大隊則進至火車西站一帶在第1、第2大隊後方加強警戒。

23時日軍開始攻擊，從白天佔據的山腰陣地出發，首先向右側高地攻擊，經反覆拼殺，終於在2日凌晨1時佔領了張家山右側24高地。守軍在1營長蕭維指揮下隨即借夜色掩護從北坡連續發起反擊，一名英勇的戰士摸近第1大隊部，投出了一顆手榴彈，將正在商討作戰的第1大隊長大須炸死，第2大隊長足立炸傷。黑瀨只好將第1、第2大隊全交由第2大隊長足立初男指揮。

4時黑瀨決定繼續進攻張家山左側高地，以第1大隊確保已佔領地區，投入預備隊第3大隊在速射砲中隊、步兵砲中隊協同下進攻25高地，第2大隊改為預備隊。此時133聯隊不僅砲彈匱乏，連步槍子彈也都非常短缺，尤其是第1大隊因連續進攻，彈藥幾乎告罄。黑瀨決定聯隊部、通信中隊每枝步槍留5發子彈，其餘子彈全部交給第1大隊。而進攻張家山25高地的第3大隊眼下也只有第10、11、12中隊，第9中隊護送傷病員尚未返回。

2日9時開始進攻，守軍依託工事以火力殺傷和連續反衝鋒將其擊退。不過此時防守張家山的30團1營官兵已傷亡四分之三，日軍不顧傷亡，稍事整頓再興攻勢，激戰至11時10分25高地終告失守，日軍付出了傷亡80多人的代價。見陣地前沿的高地失守，30團陳德坒團長卻無兵可派，只好派團附項世英至陣地激勵士氣，勉其死拚待援。蕭營長與項團附互留原籍地址，約定生者通知死者家屬，以示決死之心。

子夜時分133聯隊再次發起猛攻，又衝上兩個高地，雙方都已拼盡全力，陳團長親率1個連增援，而日軍的後援也幾乎同時趕到，萬幸的是陳團長援軍早到片刻，奪佔了山頭有利地形，隨後居高臨下一陣手榴彈將日軍轟下了山。日軍久攻不下，乃發射毒氣彈，守軍中毒昏迷，張家山前沿高地才為敵所佔。

預10師師長葛先才在五顯廟指揮所，距火線僅700公尺，與30團指揮所相距不足300公尺，正密切注視戰況。此時深知陳德坒團長手中的預備隊已所剩無幾，難再有力量實施反擊，乃派師直屬工兵連、搜索連馳援張家山，自己親率參謀長與衛兵數人來到30團團部，聞知2個高地為日軍所佔，立即親自指揮師直屬2個連于凌晨2時30分展開逆襲，同時要求砲兵集中火力，對敵後續部隊實施攔阻射擊。一時間號聲大作，官兵大呼殺敵，戰志如雲，與敵鏖戰40餘分鐘，將突入之敵全部殲滅。此戰之後，原來守軍1營傷亡殆盡，營長蕭維、副營長趙毓松負傷，2連連長劉鐸錚、3連連長應志成陣亡，全營的排長僅剩1人。而反擊的師部2個連亦傷亡50餘人，其中工兵連長黃化仁負傷不退拉響手榴彈與衝上來的日軍同歸於盡。搜索連排長王振亞在與一日軍軍官肉搏時，將其抱緊一起滾到山腰的地雷上！

葛先才知道30團傷亡慘重，1營、2營

戰力無以為繼,乃將工兵連、搜索連與20團的殘部勉強湊成3個連,由副團長阮成指揮堅守張家山。當時天氣酷熱,葛先才率部衝上張家山,已是汗流浹背,加之目擊陣地前手下官兵遍地遺屍,不禁悲從中來,傷心落淚,乃將上衣脫下,一面揮淚,一面抹汗。因此有傳言云葛師長赤膊大戰張家山,全軍官兵聞之皆振奮不已!

預10師30團3營據守的湘桂鐵路修機廠其及西側高地,因在楓樹山與張家山兩翼強大據點交互掩護之下,日軍晝間行動困難,僅於夜間實行連續性衝擊,遺屍無數。7月1日夜,修機廠一度為敵200餘人突入,經周國相營長率部逆襲,天明以前將敵大部殲滅,少數佔據家屋之敵,直至午後始行肅清,但該營傷亡甚大。

湘江一線,日軍6月28日在機場部署火砲,不時向城內做騷擾性質的射擊。7月1日,日軍分乘35艘木船企圖強渡湘江,遭到擔負江防的570團迎頭痛擊,該團以迫擊砲轟擊木船,並呼叫軍榴彈砲營和飛機火力支援,在猛烈砲火打擊下,日軍船翻人仰,死傷慘重,被迫撤回。此後便再不敢有渡江之心。雙方隔江對峙,反倒是570團不時派小股部隊過江襲擾,令日軍不勝其苦。

虎形巢是周圍400公尺平坦範圍內一個鶴立雞群式的高地,與張家山同樣是我軍陣地之鎖鑰,東南距張家山約200公尺,北距范家莊約150公尺,西南面為一片平坦的開闊地。從6月28日至30日,日軍連續組織七次攻擊,均為守軍29團1營3連擊退。30日午夜,日軍改變戰術,挑選精幹人員40人借夜色偷襲,搭人梯攀上山頭,守軍不備,被

其襲佔陣地西南一隅的3個碉堡,守軍3連連長梁耀民立即組織反擊,先分兵於陣地兩側,以火力阻止日軍後續部隊,使突入之敵陷入孤立。然後派出3人一組的突擊小組衝向碉堡,先以手榴彈爆破再衝入碉堡以白刃戰肅清,最後數名日軍據守1個碉堡負隅頑抗,梁連長在指揮戰鬥時遭敵狙擊而亡。天明後,我軍以4個突擊組連番攻擊,犧牲7人的代價,將堡內9個日軍盡數殲滅。7月1日一早,日軍便大舉攻擊,幸虧連夜將偷襲的小股之敵肅清,否則後果不堪設想。但日軍此次攻勢相當猛烈,戰至黃昏,守軍傷亡大半,手榴彈也用盡,陣地大部落入敵手,殘部只得退據陣地東北一角拼死固守待援。7月2日凌晨3時,朱光基團長飭2營營長李振武率部增援,迭經激戰終將陣地收復。此時1營僅剩90餘人,只得由2營接防。

范家莊至西禪寺一線,由於是一片毫無遮掩的水田,日軍多次攻擊,均為守軍擊退。

在第一次總攻中日軍218聯隊攻擊石鼓咀、草橋、易賴廟、汽車西站一線,第3師7團據守的汽車西站以北(不含)、瓦子坪互易賴廟前街一線陣地,正面約1200公尺,地形平坦開闊,只有易賴廟後街連棟家屋及3條小路,為敵容易接近的路線。我軍用地堡封鎖小路,拆除連棟家屋,佈設多層障礙,考慮到此處地形易守難攻,所以只部署少數兵力。但日軍仍不顧一切實施攻擊,以平射砲火對我軍地堡進行直接瞄準射擊,對我守軍威脅極大。我軍雖在第二線陣地部署48師戰防砲營,經常與日軍砲兵進行奇襲性壓制,但由於砲彈不多,無法進行真正有效

■190師長容有略。

的砲戰。5天戰鬥後，一線地堡以及二線的砲兵陣地被毀損幾達半數，官兵傷亡甚重。29日晨，日軍70餘人突入易賴廟前街。第1營營長許學啟指揮預備隊反擊，與敵展開逐屋戰鬥。至中午，將敵擊退，但許營長不幸陣亡，由副營長穆鴻才繼任。

日軍經過多日激戰方於7月2日突破瓦子坪陣地，守軍第3師7團3營死傷大半，團長方人傑親率2營實施反擊，未能奏效，只得收容2營、3營殘部退守杜仙廟。周祥慶師長當即將3營營長李桂祿就地正法，方人傑團長撤職，以第9團副團長鞠震寰接任，以2營守杜仙廟，3營殘部約130人則整頓為團預備隊，由7團團附王金鼎指揮。鞠震寰上任伊始就對各營連長說：「我受命於危難，我只有兩個本事，一是斬馬謖，凡是作戰不力，丟失陣地的人，嚴懲不貸！二是身先士卒，帶頭殺敵不落後，希望大家和我一樣，抱定一個信念，要死也要死在與鬼子的拼殺中，不要死在自己人的槍下！」

守備轄神渡的第2師9團3營2連連續擊退日軍猛攻，但自身也傷亡慘重，至7月2日晨，連長蘇毓剛陣亡，全連僅餘20人，由排長黃宗周繼續指揮，日軍還在蜂擁而來，戰至9時許，全連壯烈殉國，渡口方告易手。3營1連、3連據守的來雁塔、望城坳兩處，也是遭到日軍重兵猛攻，因此無法抽兵支援轄神渡，守軍雖竭力奮戰，終因眾寡懸殊，至14時望城坳陣地被突破。9連連長許建及2個排長相繼陣亡，孫虎斌營長令7連連長周炳生率2個排反擊，敵勢稍挫。15時，周連長咽喉被子彈貫穿（數日後傷重不治），由排長張志貞接替指揮。同時，8連據守的來雁塔陣地亦被敵突破，連長失蹤。蕭圭田團長在草橋北端督戰，見形勢不利，乃嚴飭孫營長整頓部隊，向石鼓街集結，於日沒後經蒸水石橋撤回草橋南岸。工兵部隊隨後炸毀石橋，並將蒸水兩岸的木船竹筏全部駛回北岸以免為敵所用。

進攻衡陽南郊的68師團、進攻西門的第57旅團，都在第10軍的強烈抗擊下，直至7月2日仍無進展。日軍第11軍在寬5公里的正面投入了15個步兵大隊，連續猛攻了5天，僅前進了約1公里，傷亡很大（戰後日軍戰史記載，其68、116師團所屬各步兵中隊平均僅存20名，以此推算其傷亡當在16000人以上），並消耗了大量彈藥，僅僅攻佔了停兵山、高嶺、瓦子坪、轄神渡、來雁塔、

望城坳等若干陣地,最終仍未實現一舉攻佔衡陽的企圖。鑒於繼續進攻亦難以取得進展,第11軍軍長橫山勇於7月2日夜決定,暫停對衡陽的進攻,各部抓緊進行休整補充,計劃再次對衡陽進攻的時間為7月11日。

在6月28日至7月2日連續5晝夜的激戰中,除了黃昏、拂曉和中午,戰況略事沉默一、二小時外,其餘時間,敵我雙方均投入了無休止的慘烈搏殺。日軍往往先以飛機轟炸、砲火轟擊與毒氣襲擊,待我軍陣地官兵陷入癱瘓時,步兵始向我陣地猛衝。當敵機轟炸和砲擊時,守軍官兵都蟄伏在散兵壕和掩體中,以避免傷亡,待敵進至近距離,敵砲兵開始延伸射擊後才從掩蔽工事中躍出,以事先部署的側射與曲射火力,殲滅敵人於陣前。如敵已突入,守軍則以兩側陣地之火力封鎖缺口,掩護正面守軍,以手榴彈與刺刀逆襲,殲滅敵人於陣地內。如此針鋒相對,血肉相拼,使錦繡繁榮的衡陽,變成了古今罕見的修羅場。戰場遺屍堆集如累累山丘,血流滿地,土壤為之變赤,烈日炎曬,奇臭無比。每隔數日日軍便於陣地焚燒屍體一次,陣陣焦臭惡味,令人作嘔!

日軍認為第一次進攻衡陽失敗的原因主要在於:

1.在地形上,衡陽南郊、西郊有無數大型池塘,形成進攻之地障。

2.守軍防禦體系完備、工事堅固,特別是交叉火力組織得極為嚴密。

3.守軍戰意旺盛,抵抗堅強。

4.守軍航空部隊佔有優勢。

5.進攻之兩個師團彈藥不足。

在抗擊日軍第一次總攻中,守軍傷亡也在4000人以上,其中預10師30團損失最大。戰前原準備2週之糧食彈藥,步機槍子彈消耗已達60%,守堅戰中最有效的武器手榴彈已消耗三分之二,迫擊砲彈已消耗四分之三,山砲砲彈更是只剩十分之一。衡陽原為湖南著名的米市,糧食供應本應不成問題,怎奈敵機連日濫炸,城區一片焦土,很多糧食化為灰燼,蔬菜更是斷絕,只能以鹽水下飯。餐時群蠅爭食,揮之不去,使官兵病患人數大增。

為了鞏固防禦陣地,方先覺也對兵力進行及時調整,命尚在衡山一線的第3師8團於7月6日歸建,以加強守備力量。8團是6月24日第3師主力返回衡陽後,繼續留在衡山地區活動的。其主要活動情況如下:25日日軍進佔南岳市,26日夜團主力與敵稍事接戰後即撤離衡山城。27日凌晨,在湘江東岸的3營因南進之敵壓迫,撤回湘江西岸與團主力會合,隨後全團經衡(山)衡(陽)公路,至南底溪。28日轉至禹王宮。7月3日,接師部電令撤回衡陽歸建。雖然明知撤回衡陽,就意味進入極其危險的絕境死地,但是8團毫不猶豫於當日黃昏後,急行南下,經七星衝至望仙橋以北地區,但發現日軍大部隊正經望仙橋南進,只得折回禹王宮。4日晚再按原路線南行,5日黎明到達陽仙廟休整,與師部取得聯絡,遵命利用夜暗,迅速向草橋前進。6日凌晨,在我軍2架飛機的空中掩護下,排除沿途少數敵軍抵抗,於中午到達草橋以北地區,發現通往渡口要道的天主教堂有日軍200餘人佔領,乃以1營1連展開攻擊;另以2營搶佔要點,阻擊由七里井南下尾追日軍。天主教堂之敵憑堅固守,幾

次攻擊未果，團長張金祥下令集中全團迫擊砲猛轟，加之我軍飛機4架助戰，日軍終於不支沿河岸北潰。此時草橋南岸第9團已用竹筏木船架好浮橋接應，第8團乃按3營、直屬部隊、1營、2營的序列南渡蒸水進入衡陽城。8團入城使全軍士氣為之一振，該團在衡山附近游擊活動歷時半月，傷亡約三分之一，騾馬全部陣亡，但畢竟給衡陽增添了一份新的力量。

鑒於日軍主攻方向未出方先覺預計，始終在西南方向，第3師7團防禦易賴廟前街、青山街、杜仙廟、楊林廟一線陣地，第8團防禦五桂嶺北半部至接龍山第二線陣地，第9團守備天馬山至岳屏山二線陣地，第190師守易賴廟、演武坪、石鼓嘴至鐵爐門以北，暫54師（僅有1個營）在鐵爐門南沿江警戒，預10師仍守原陣地，軍前線指揮所移至中央銀行防空洞內。

## 再攻衡陽

7月2日，日軍對衡陽的第一次總攻被挫敗後，日軍第11軍抓緊調集兵力物資，補充休整，準備再次進攻。11軍軍長橫山勇組織力量對在前一段時間內佔領的地區加緊掃蕩，修復公路橋樑，確保交通，以利向衡陽前線調運部隊和物資。日軍從岳陽至長沙開闢了兩條運輸線，一條是經新牆鎮、新市、福臨鋪至長沙的「甲線」，另一條則是經崇陽、通城、平江、春華山到長沙的「乙線」，7月6日，就有1200輛滿載物資的汽車從岳陽經長沙前往衡陽。除了陸上交通，日軍還非常注意利用湘江進行水路運輸。由

於乙線位於山區，國軍及湖南地方武裝利用地形之利對其進行反覆破壞和破襲，日軍修復以及保障通行必須投入大量的人力物力，幾番折騰之後，終於發現維持乙線的暢通代價太大，實在划不來，便放棄了這一線路，而以甲線和水運為主。水運雖然便捷，但卻是中美空軍的重點照顧範圍，屢遭空襲，船隻損失不小，尤其是剛從武漢調來的吃水淺噸位大的「宣揚丸」，就在7月10日被中美空軍炸沉，船上200噸航空汽油和700噸彈藥沒能保存下一星半點。陸路交通同樣也受到中美空軍的嚴重威脅，大部隊行軍被迫只能改在夜間，而白天行軍必須分散，且需隨時注意防空。

儘管不斷受到國軍地面部隊和空軍的襲擾，日軍還是向衡陽運來了彈藥物資和補充兵員，7月3日架通了從長沙到衡陽的直達電話線，並對68師團和116師團進行了建制整頓和人員調配，調第55旅團長堤三樹男少將繼任68師團長，獨立混成第17旅團高級參謀小合茂大佐繼任68師團參謀長。至7月10日在衡陽地區的部隊得到76噸的彈藥補充，以後每天可補充30噸。增派的砲兵部隊獨立野砲兵第聯隊、獨立野砲兵第15聯隊第1大隊、迫擊砲第15、16大隊的山砲15門、100公厘加農砲8門、150公厘榴彈砲3門和迫擊砲10門陸續到達，基本完成再次進攻的準備。

空軍方面，第5航空軍從7月7日開始，對江西贛州、四川梁平、江西遂川、廣西桂林和湖南芷江等機場進行了空襲，以壓制中美空軍。還組織了臨時飛行隊於7月11日進駐剛剛修復的長沙機場，以便就近起飛加強對前線的空中支援。

衡陽前線，日軍也沒有完全放棄進攻，7月3日以後，多以夜間對重點地區進行攻擊。7月4日16時，將10餘門火砲推進到我軍陣地前4、500公尺處，向張家山、虎形巢等陣地猛轟。我軍炮砲兵隨即還擊，砲戰將近一小時，可能擊毀日軍火砲2門，我軍在清泉路的砲2連，連長李促琦和1排長張清秀負重傷，被擊毀1門火砲。黃昏以後，日軍步兵即分別向我張家山、虎形巢陣地展開波浪式攻擊。張家山方面，副團長阮成坐鎮指揮，一夜之中，連續擊潰敵5次衝鋒，陣地屹立不動。虎形巢陣地，日軍連續第三次衝鋒，終於有部分人突入陣地，朱光基團長派3營營長嚴荊山率領7連及團直屬部隊編成的1個連，由杏花村方面馳援，此時百餘日軍佔領虎形巢西北約三分之一的地區，反擊部隊與敵作拉距式的爭奪，激戰達2小時，最終將陣地收復，嚴荊山營長右眼受傷。天明後清查戰場，我軍傷亡120餘人，日軍遺屍200餘具。

7月5日至8日，日軍每於黃昏後，以砲火掩護分向江西會館、楓樹山、修機廠、張家山、虎形巢各陣地攻擊。雙方互有傷亡，我軍陣地安然無恙。

7月6日，由芷江空軍第3路軍司令部轉來軍委會蔣介石兩封電令，第一封是嘉勉第10軍將士奮勇固守，指示第10軍務必再奮神勇，固守兩星期，配合周邊友軍，內外夾擊，以完全殲滅進犯的敵人，造成空前的湘中大勝利。第二封電報是嘉獎預10師師長葛先才指揮張家山作戰有功，特頒青天白日勳章一座，其他有功官兵著由方軍長詳細呈報，從優獎敘。

7月8日中午，中美空軍飛臨衡陽上空，第一次空投補給品和慰勞品。因市區及城郊地幅員狹小，有不少物品飄落於敵陣地和湘江之中；能拾得者不及五分之二。其中最多為毛巾、肥皂、香煙、八卦丹、萬金油之類。令人失望的是，卻沒有城中最迫切需要的藥品。最令人興奮的莫過於投下的報紙。當天重慶出版的《大公報》：「據軍事委員會7月7日發表戰訊：在保衛衡陽惡烈戰鬥中，我某師師長葛先才將軍率領所部，親冒毒氣，恢復張家山陣地有功，政府特頒給青天白日勳章，並記大功一次。其關於參加該役作戰之各連連長、各排排長、各班長亦各給忠勇勳章一座，並記功一次；並對守城之忠勇奮鬥卓著勳勞全體官兵，亦獎勵有加。」

7月9、10兩日，戰況稍為和緩，日軍集中力量準備第二次總攻，幾乎沒有新的攻擊，只有飛機不斷前來轟炸，衡陽城已成一片焦土，縣政府附近野戰醫院收容的傷兵700餘名被炸得血肉橫飛，慘不忍睹。方先覺只得下令將其餘傷患分散各地，醫護人員因無藥品，對傷患無法換藥，每日只能用鹽水洗滌傷口，再用破布廢紙敷蓋而已。時值酷暑，蒼蠅極多，創口因感染發炎、化濃、潰爛、生蛆者不可勝計。重傷者只有等死，極少倖存。

第二次對衡陽的總攻由116師團長岩永旺統一指揮，以68師團攻擊城南鐵路北側的芭蕉林及回雁寺，擔負城南主攻；116師團攻擊鐵路以北的33高地及兩路口，擔負西南主攻；57旅團和218聯隊從小西門、體育場方向攻擊。攻擊開始時間為7月11日7時，攻擊重點依然還是城西南和城南一線。總共

衡陽第二次總攻戰鬥示意圖（7月11日~7月19日）

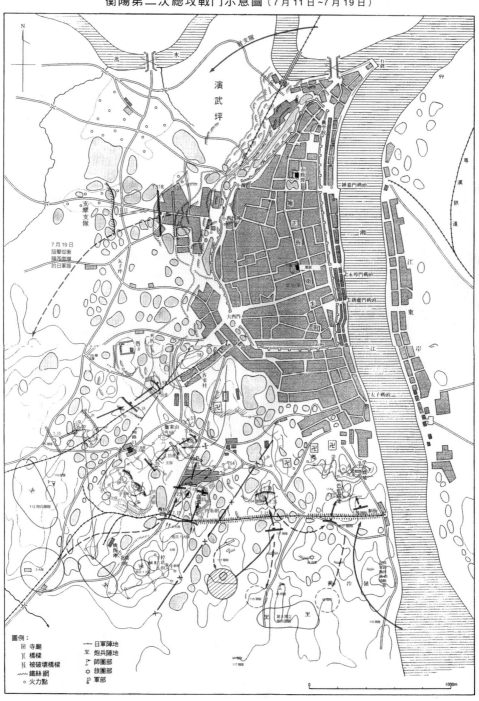

投入兵力為15個步兵大隊，其中68師團7個步兵大隊、116師團6個步兵大隊、34師團218聯隊2個步兵大隊；砲兵為12個大隊，其中野砲兵第122聯隊3個大隊、獨立山砲兵第5聯隊3個大隊、獨立野砲兵第2聯隊3個大隊、獨立野戰重砲兵第15聯隊1個大隊、迫擊砲第15大隊和迫擊砲第16大隊；航空兵部隊仍為第5航空軍。

7月11日清晨，日軍對衡陽的第二次總攻如期開始。日第5航空軍傾力出動轟炸守軍陣地，其轟炸機第6、第44戰隊在第1飛行團戰鬥機掩護下，對衡陽市區和西南郊一線陣地進行了反覆轟炸、掃射，週邊陣地上的防禦工事幾乎全被摧毀殆盡。守軍只好利用炸彈坑作為掩體進行頑強抵抗。日軍轟炸還將城內所有的有線通訊線路都炸斷了，第10軍軍部與各師、團的聯繫全部中斷，各師團營之間的聯繫也全部中斷，只能靠傳令兵聯絡。方先覺在軍部已無法指揮，只得帶著警衛到各陣地上去指揮。

116師團120聯隊在野砲兵第122聯隊和獨立野砲兵第2聯隊的熾烈砲火掩護之下，最早發起攻擊，至8時30分佔領張家山以北約300公尺的小高地，隨即以此高地為依託，向預10師29團2營防守的虎形巢發動進攻。虎形巢陣地前是一片開闊地，而且山坡前已經被守軍削成了絕壁，絕壁上就是工事，極其不利的地形給日軍帶來了極大困難，由於地形實在太過險惡，白天部隊衝擊幾乎就是送死，所以日軍白天不敢以大部隊衝鋒，只能利用夜色偷襲，但連續猛攻了兩個晚上，依然毫無進展。萬般無奈之下，日軍只好改變戰術。7月13日晚，120聯隊長

和爾基隆先將砲兵前推，然後步兵佯攻，誘使守軍還擊暴露火力位置，隨後以砲火近距射擊先後消滅守軍6處機槍陣地，再以砲火實施覆蓋射擊，將陣地前障礙物全部摧毀，這才親自帶領步兵在砲兵彈幕徐進射擊掩護下衝鋒，在如此猛烈密集的砲火下，守軍根本抬不起頭來，眼看日軍就要衝上山頭，突然在半山腰間的彈坑裏躍出一些人影，向著衝上來的日軍猛投手榴彈，包括和爾大佐在內，當場就有很多日軍被炸死，這場處心積慮的攻勢自然也就化為烏有。116師團長岩永旺隨即以兒玉忠雄大佐接任聯隊長。14日零時，重新整頓後的120聯隊再次發起攻擊，守軍拚死抵抗，全營傷亡四分之三，2營營長李振武率領僅剩的幾十名士兵被衝上陣地的日軍壓到了陣地一角，眼見陣地不保，他們以無比的英勇上演了驚天地泣鬼神的悲壯一幕，全體在身上捆滿手榴彈，與攻上陣地的日軍同歸於盡！就這樣，日軍才得已佔領虎形巢，只有1營2連上等兵余奇烈被砲火震昏，醒來後見陣地上全是日軍，依然孤身據守一處戰壕，不停投擲手榴彈。29團朱光基團長急令1營長勞耀民率部增援，但1營此時總共也只剩下100人，只好將團直屬隊和反坦克砲兵連改編成的步兵連湊在一起，勉強組成1個營，由勞營長指揮奮力反攻。日軍剛剛攻佔陣地，立足未穩，被剛才2營餘部集體同歸於盡的悲壯慘烈餘悸未消，再有余奇烈還在繼續奮戰，頓時就被1營打了下去。本來勞耀民要余奇烈撤回團部，但余奇烈卻說：「我連上的所有弟兄都死在這裏了，我要在這裏為他們報仇！死也要死在一起！」就在這次反擊中，余奇烈衝

在最前面，孤身殺入敵陣，為日軍包圍後毅然拉響了手榴彈！14日晚，日軍再次猛攻，激戰至午夜，2名日軍居然衝到了了虎形巢山頭營指揮所碉堡頂，手端機槍向四面掃射，對守軍威脅極大，勞營長親率2名士兵躍出碉堡猛投手榴彈，將敵擊斃。日軍大隊仍蜂擁而來，守軍主要就靠手榴彈阻敵，勞營長也親自在戰壕裏猛投手榴彈，命一士兵背著手榴彈箱跟著他，哪裏危急就衝到哪裏，他一人就把8箱手榴彈投得只剩下5枚！方先覺見虎形巢萬分緊急，遂調第3師9團3營增援，3營趕到後立即與敵展開鏖戰，喊殺聲不絕於耳，交通壕俱為屍體所阻塞，戰至15日黎明，3營營長孫虎斌及3位連長、5位排長先後陣亡，勞耀民重傷，守軍僅存10餘人由章正宏排長指揮，固守最後3個碉堡，死戰不退。

葛先才鑒於張家山及其東側修機廠已於昨日棄守，虎形巢勢成突出，兵力單薄，不能久守，乃報請方軍長准予天明前撤離，退守西禪寺、張家山之二線陣地。

張家山一線，仍由116師團最悍勇的133聯隊負責攻擊，該聯隊在第一次總攻中傷亡慘重卻未

能奏功，令這支精銳之師在友軍面前大丟面子，此次補充兵員並增加了野戰砲兵第122聯隊第1大隊配屬進攻，志在必得。在攻擊前，聯隊長黑瀨平一大佐將聯隊軍旗展開，向全體官兵訓話：「只要133聯隊還有一個人活著，就要將隊旗插上張家山！」在拜旗儀式後即下令攻擊，連續三晝夜的瘋狂進攻，133聯隊以每100人編成一個梯隊，在空軍和砲火掩護下，向守軍陣地發起輪番猛攻。此時堅守張家山的依舊是預10師30團，工事在敵猛烈砲火下已經大部被毀，但守軍還是在頑強奮戰。日軍對張家山12次衝鋒有10次突入了陣地，每次都是被守軍以手榴彈和刺刀將其擊退，雙方死傷均十分慘重。11日午夜張家山陣地失守。30團團長陳德垕聞訊後立即親率2營殘部約120人發起反擊，

■美造75山砲在衡陽戰役中發揮極大的功效。

連夜血戰在翌日清晨將陣地奪回。12日中午日軍又第二次攻佔張家山，30團已無預備隊，乃由預10師參謀主任吳成采率2個連（師防毒連及團直屬部隊編成的1個連）反擊，再次奪回陣地。日軍瘋狂反撲，這新增援的2個連全部戰死，陣地再告陷落。當晚軍工兵營2個連在營長陸伯皋的帶領下利用夜暗發起反擊，第三次奪回陣地。陣地恢復後，工事殘破，而戰事極為緊迫，官兵只得以積屍加蓋沙土，作為胸牆。113日14時，日軍再度全力猛攻張家山，鑒於預10師已經到了山窮水盡的地步，方先覺令第3師8團1營2個連由1營長李桓彰率領調歸預10師指揮，增援張家山。預10師師長葛先才親率這2個連頑強抵抗，一連擊退日軍三次進攻，陣地前雙方死傷枕籍，放眼而去，陣前幾乎全是橫陳的屍體，幾乎將黃土盡數覆蓋。戰至13日黃昏，新增援的2個連全部犧牲，張家山第三次失守，葛師長認為，由於張家山前沿24、25兩高地未能收復，張家山主陣地受其瞰制，且左翼修機廠亦在危殆之中，勢難久守。左翼若失，張家山更為孤立，實不宜再投入大量兵力在此與敵纏鬥，乃報准方先覺，放棄張家山及左翼修機廠，退守蕭家山、打線坪二線陣地。這時張家山上，草木全為砲火所蕩盡，彈坑裏積滿鮮血，陣地前佈滿了屍體，山頭土壤因為飽吸了大量的鮮血，顏色盡為駭人的赤色！就在這塊小小的陣地上，中國軍隊有7個建制連的官兵整連犧牲在此！而日軍133聯隊也付出巨大代價，第1大隊長關根彰大尉、第2大隊長足立初男大尉和第3大隊長迫八郎全部戰死，6個中隊長亡5傷1，可謂傷亡殆盡。15日，已

經實力大折的133聯隊不顧一切地再次攻擊，在守軍頑強抗擊下，才前進了約400公尺，攻佔楓樹山。但16日以後，133聯隊終於到了強弩之末的地步，其第1大隊的步槍兵總共不足100人，其第2、第3大隊也是如此，由進攻前的3000人到眼下僅剩250人。116師團將218聯隊第3大隊調歸133聯隊，這個大隊投入戰鬥後同樣遭到重大傷亡，大隊長平岡卓大尉被打死，由渡邊直喜大尉代理指揮。133聯隊在得到這個大隊生力軍的增援後於17日下午攻佔蕭家山、市民醫院等據點。

預10師30團修機廠一線，日軍從11日夜攻至12日晝間，屢未得逞。12日夜日軍200餘人鑽隙滲入陣地，分向兩側席捲。3營營長周國相沉著指揮，官兵以火力截斷敵後繼部隊，然後組織敢死隊奮力反擊，歷3小時奮戰，卒將滲入之敵消滅。13日黃昏，激戰再起，日軍以50人為一波次，一波接一波向我陣地猛攻，修械所與右翼張家山陣地同時陷入苦戰。周營長深知本團防禦重點在張家山，修機廠獲得增援的希望甚少，乃激勵官兵獨立苦戰，誓與陣地共存亡。在幾進幾退的反覆拉距爭奪後，日軍攻入修機廠，佔據一處堅固家屋，將機槍架於屋頂向四周掃射，守軍失卻地利，陣地幾乎為日軍這個機槍火力點所壓制，傷亡很大，9連連長王雲卿、機槍連連長何洪振相繼陣亡。周營長自知日軍既然已經佔住腳跟，要想在沒有增援的情況下將日軍逐出，是根本不可能的，只有死戰到底以盡軍人的職責。14日深夜，周營長交代副營長蔣鴻熙：「這次我帶隊衝鋒，如不成功，你便率餘部退守打線坪，如

果上峰怪罪，就說是我的命令，你只是奉命行事。你不必多言，你的責任也大，要把活著的弟兄帶回去！」說罷召集全營倖存官兵訓話：「弟兄們，我們再衝一次，成功是不可能了，死卻是很難避免的，所以這次不勉強大家，願上的跟我衝，不願上的就在後面掩護，等衝鋒結束，再隨蔣副營長撤退。」言畢，端起機槍就往上衝，全營官兵除了跑不動的傷兵外，全體在後一起衝鋒，周營長不幸飲彈殉國，副營長蔣鴻熙身中三彈仍堅持指揮，奮戰不退，至天明後才奉命撤至打線坪，檢點傷亡，3營倖存者僅61人，而且全部帶傷！

預10師28團五桂嶺、江西會館一線，經11日徹夜激戰，堅守江西會館的9連1排全部壯烈犧牲；外新街9連主力及五桂嶺8連均陷於苦戰。15日拂曉，敵百餘人突入外新街南端，8連長王菊泉率部與敵作逐屋巷戰。近午時分王連長陣亡，8連官兵僅餘1位班長率兵2名守據西北角1個碉堡，仍在作殊死抵抗。翟玉岡營長即以剛趕來的軍部搜索營1連從五桂嶺東側向外新街之敵反擊。該連乃第10軍最強悍的連隊，連長臧肖俠有勇有謀，利用夜暗先派出突擊小組繞至外新街南側，於敵後縱火襲擾，主力再由正面衝鋒，日軍陣腳大亂，至16日拂曉卒將突入之敵全部殲滅。該連據守外新街，屢挫敵鋒，殺敵甚眾，而且不但只注重防禦，見日軍砲火兇猛，還派出突擊小組於16日夜泅過湘江，潛入日軍砲兵陣地，以手榴彈炸毀敵砲2門，此一行動不僅消滅2門敵砲，更重要的是給予日軍士氣以極大震憾。

1連上士班長姜九水獨自帶1挺機槍據守新街北側碉堡，這個碉堡依山而建，伏地而築，又扼路口又是湘江對岸砲火射擊死角，日軍幾次衝鋒都被他一人打回，除了伙夫和民夫爬進碉堡送飯送子彈外，就是他孤身堅守，直到18日，日軍想盡辦法將山砲推到碉堡正面，連發三砲將碉堡完全轟毀！

15日午後，日軍向五桂嶺南端陣地猛烈砲擊，並施放毒氣。黃昏前日軍一波一波向守軍陣地猛撲。激戰至午夜，8連連長林可賢陣亡，官兵傷亡慘重。副營長李昌本前往指揮，旋即負傷，守軍失去指揮加之傷亡奇重，情勢危在旦夕。幸第3師8團4連前來增援，戰至天明，卒將敵擊退。

鑒於五桂嶺一線情況非常危急，而且一旦五桂嶺有失，將使整個防線動搖，因此方先覺命190師副師長潘質率569團前來增援。潘質將反擊的第一個目標定為五桂嶺上的制高點中正堂。先以迫擊砲壓制日軍火力點，步兵則先投一排手榴彈，利用硝煙突進，再投手榴彈再突進，手榴彈徐進掩護戰術相當成功，很快569團就攻入中正堂。隨後熟悉中正堂地形的潘質故意從正面逐步壓縮，迫敵退入堂後側廳——日軍起初退入側廳還很得意，厚磚高牆非常堅固，只有一扇大門可以出入，但隨即就意識到這是一個活棺材——569團組織2挺機槍和4名狙擊手封鎖住大門，就把這些日軍關在了裏面，活活將其餓死渴死。潘質隨後再以部隊控制住制高點的樓臺——樓臺上有搭簷，除非砲彈直接命中，基本上是不大容易遭到敵火力殺傷的，在樓臺上佈置上1個機槍排和幾名狙擊手，底下江西會館裏的日軍就被徹底壓制住，一露頭就會被機槍或狙擊手幹掉。潘質

的指揮實在高明，直到衡陽城破，中正堂依然還在國軍手裡。

五桂嶺附近的141高地自11日夜起至12日連遭日軍3次猛攻，皆為我守軍28團1營擊退。15日夜，日軍再度猛攻，戰況殊為激烈，戰至天明，1營傷亡慘重，趙國民營長親至一線投擲手榴彈，負傷不退，但所部傷亡太大，已萬難堅守，日軍百餘人突入陣地，戰局萬分緊急，幸軍部搜索營2連及時趕到，奮力反擊，將突入之敵擊退，轉危為安。

楓樹山前崖盡削成絕壁，又得團迫擊砲連的密切支援，日軍屢攻屢挫，於陣前陳屍累累，但在張家山棄守後失卻側翼掩護而告失守。至15日夜，日軍133聯隊百餘人由141高地西側滲入楓樹山左側農民銀行地下倉庫的28團團指揮所，2營營長余龍力戰重傷，4連連長李浚陣亡，守軍防線動搖。葛先才師長親率最後的預備隊師特務連及軍部搜索營3連前來增援，曾京團長指揮團部人員乘勢合力反擊，至天明，始將突入之敵盡行殲滅，但楓樹山卻因側背遭襲而告失守。

小西門外日軍第58旅團連續猛攻，但均被守軍火力壓制，急調砲火支援，壓制住守軍火力。在縱深砲火支援下，日軍才得已迫近守軍陣地，但守軍隨即以手榴彈迎擊，手榴彈戰幾乎整整持續了一個小時！接近陣地的日軍幾乎全被炸死，而守軍自己傷亡慘重。由於手榴彈戰雙方距離不過二、三十公尺，日軍砲火無法支援，只能眼睜睜在後觀戰！中國軍隊英勇無畏的手榴彈戰連受「武士道」薰陶的日軍也倍感膽寒！戰至7月18日，才進至距小西門400公尺處。

第3師7團以2營據守杜仙廟、楊林廟陣地，1營據守易賴廟前街，3營據守青山街、縣立中學，連日遭受日軍飛機轟炸、砲火轟擊及毒氣，傷亡很大，易賴廟前街及杜仙街都被日軍多次突破，但均為守軍拼死反擊所奪回。14日夜，2營長謝英於杜仙街指揮反擊時中彈殉國，由團附侯樹德接任營長。

190師568團演武坪、杜家港一線陣地，連日雖遭敵步、砲、空不斷襲擊，但火力相對其他地區要弱，因此守軍傷亡並不大，工事被毀則隨即修復加強，日軍迄未能越過一步。

湘江方面守軍日夜監視江面，日軍僅在火車東站附近部署火砲數門，不時向守軍開火，加之敵機經常低飛掃射投彈，而未有大規模的渡江行動。

守軍方面預10師不要說是3個步兵團和師直屬部隊，就連勤雜人員都已傷亡殆盡，此時繼續堅守在第一線陣地上，雖然還是預10師的番號，但實際上已經多是從其他陣地上抽出的第3師以及軍直屬部隊的官兵。方先覺也根據戰局，於16日夜調整部署，集中兵力退守二線陣地，具體部署如下：第3師8團附軍搜索營1連，共約300人佔領外新街、五桂嶺北半部陣地；

預10師28團附軍搜索營2連，共約350人佔領接龍山、花藥山、岳屏山陣地；

軍工兵營附新編成的29團2營（由29團和30團殘部組成，由預10師參謀長古今任營長）及砲兵營，共約350人佔領五顯廟、蘇仙井中間高地陣地，由預10師副師長張越群指揮；

第3師9團共約350人，佔領天馬山、杏花村141高地、西禪寺陣地；

190師570團共約90人，佔領西龍山、西側家屋、雁峰寺、中正堂、電燈公司二線陣地；

所有在第一線各部隊統歸預10師師長葛先才指揮；

軍輜重團與軍直屬部隊非戰鬥單位人員編成2個戰鬥營，每營約300人，為軍預備隊，分別控制於清泉路與月亮塘附近。

第3師師長周慶祥認為這樣從第3師裏抽調部隊添油式增援，名義上還是預10師，實際卻是第3師，血是第3師在流，功勞卻全是預10師，尤其是在預10師師長葛先才獲得青天白日勳章後，這個念頭更為強烈，便向方先覺提出以9團整團和預10師29團換防。方先覺立即識破了周慶祥的心思，厲聲道：「大敵當前，大難當頭，第10軍要想在此戰中求生存，任何人就不能有私心！也不能懷疑別人有私心！預10師傷亡太大了，營連長幾乎都傷亡了，但是團長還在，一些官兵還在，他們熟悉地形、工事，派部隊前去配屬作戰，免了熟悉地形的過程，有利於整個全局。再說整團換防，兩頭都得費事費時，而且還容易為敵所乘。」周慶祥這才無語，以後抽兵增援再無二話。

我軍調整部署後所放棄陣地，日軍仍有餘悸，不敢輕易冒進，經過威力搜索，才敢進佔。戰後日軍戰史稱：「我軍再度發起總攻之後，除和上次一樣，僅奪取極小部陣地外，依然無所進展，而傷亡卻更慘重。2個師團之原任中隊長已所剩無幾；大部分步兵中隊已由士官代理中隊長，勉強支撐戰鬥之慘局。第二總攻，又有聯隊長1名、大隊長6名相繼陣亡；而攻擊之前途卻仍不見樂觀，於是攻擊再度停止。」

由於衡陽久攻不下，致使日本中國派遣軍極其不安，大本營的不滿也逐漸爆發。7月16日，中國派遣軍總參謀長松井太久郎中將來到長沙第11軍司令部，傳達大本營要求盡快攻佔衡陽的命令，並要求橫山勇將軍主力投入衡陽以求盡快攻下衡陽。衡陽之戰也進一步加劇了日本內閣的危機。當時日本國內對身兼任首相、陸相和參謀總長的東條英機極為不滿，陸軍出身的東條自然希望陸軍能在中國戰場有所表現，以維持他的統治地位。在太平洋上塞班島的失守以及進攻衡陽接連受挫的雙重打擊下，7月18日東條終於被迫辭職。正如當時中國報紙所稱：「衡陽駐軍及人民，乃以英勇姿態，展開抗戰史中最光榮之一頁，相持48日（實際為47日）不徒予後方以從容佈置之時間，且使太平洋美國毫不顧慮而取塞班島，東條內閣窮於應付而急遽崩潰。」

7月19日，衡陽戰場日軍再次組織全面進攻，這也是日軍拼盡最後一點力量的攻勢，除了在小西門方向再推進100公尺的進展外，其他方向均無任何進展。中國派遣軍總司令  俊六大將打電話給橫山勇，嚴加申斥，並責令其迅速攻下衡陽。但在長沙第11軍前進指揮所裏的橫山勇放下電話，既羞愧又無奈。指揮所裏，11軍的高級幕僚和參謀人員已經吵成一團，有的人搖頭歎息，認為無法攻下衡陽；有的人乾脆絕望，建議應痛下決心，放棄攻城，以免徒添傷亡；有的人則據理力爭，說投入數萬大軍，打了幾十天，死傷那麼重如果放棄，士氣將因此崩潰，大日本皇軍的赫赫威名將完全掃地；還

有的人對116師團和68師團大為不滿，認為這兩個師團實在無能，將皇軍顏面都丟盡了。橫山勇也對這兩個師團也非常不滿，認為兩個精銳師團，四五萬兵力，還配有那麼強大的砲兵和空軍，竟然攻不下不到兩萬疲憊之軍守備的孤城衡陽。

同日，軍委會電示方先覺：「無論兵員如何缺乏，必須編足數營，向增援友軍方向出擊；否則，敵必以守城部隊無力而不退矣！」次日午後，衡陽城內遙聞西南郊外隱約槍砲聲，經與62軍電臺聯絡，約定內外對進互為策應，以期早日會師。方先覺命最後的預備隊軍特務營精選官兵150餘人由曹華亭營長率領，利用夜暗突出重圍接應援軍。天明以前，出擊部隊抵達西南五里亭，不意友軍蹤影渺然，歷盡險阻，竟未能如期相會，遂於21日夜失望而回。儘管明知返回衡陽，必定凶多吉少，但曹營長依然率部重新殺入衡陽重圍！歸途中經敵軍阻擊，傷亡過半，曹營長也受了傷，但仍率殘部回到衡陽！以150餘人之突擊部隊，竟能在敵重圍之中殺進突出，來往如意，第10軍官兵戰力之強鬥志之旺可見一斑。

連續九個晝夜的鏖戰，日軍以約8000人的傷亡，只攻佔了張家山、虎形巢為核心的一線陣地，不得不頓挫於堅城之下。7月20日17時，橫山勇不得不接受無情的現實，再次下令停止攻城，命第116和68師團原地休整，再次補充兵員和補給，準備再戰。同時調58師團至衡陽城西北、調13師團至衡陽湘江東岸，作第三次總攻衡陽的準備。另外以第3師團、第27和第34師團繼續對外線國軍實施牽制性攻擊，策應衡陽作戰。

日軍進攻衡陽的2個師團，從5月27日開始湖南作戰以來，傷亡數字按日軍戰史所載為：

68師團：亡752人（內軍官35人）；傷1415人（內軍官86人）；疾病878人（內軍官10人），合計3045人，減員人數佔全師團編制的25.9%。

116師團：亡833人（內軍官63人）；傷1665人（內軍官94人）；疾病914人（內軍官9人），合計3412人，減員人數佔全師團編制的18.6%。——戰時縮小自己部隊的傷亡，是司空見慣的事情，所以實際上日軍這兩個師團的減員情況，要遠遠大於其自己戰史所記載的資料。

21日，我軍觀察所發現，日軍原在西南近郊的砲兵已撤至湘江東岸；在西北郊外的砲兵撤過蒸水。傍晚，日軍輜重驛馬及大批部隊高舉火炬，分兩路過耒水、蒸水，並在湘江東岸及歐家町、望城坳等地縱火焚燒民屋。未幾，即聞望城坳一帶槍聲大作，似乎與我週邊援軍接觸，但至次日清晨，卻又寂然無聲，似乎已然退卻的模樣。實際此為日軍偽裝退卻，希能誘我守軍出擊而乘虛襲佔衡陽的詭計，但為方先覺識破，不為所惑！日軍誘我出擊之詭計未遂，便開始大力加強心理攻勢。每日敵機轟炸時，均空投香煙及大批傳單與「歸來證」。傳單上印著：「能戰善守的第10軍諸將士：任務已達成。這是湖南人固有的頑強性格。可惜你們命運不好，援軍不能前進，諸君命在旦夕！但能加入和平軍，決不以敵對行為對待；皇軍志在消滅美空軍。」以期利用週邊友軍無力來援的事實，煽動、引誘、離間、渙散守軍軍心，但在第10軍面前還是毫無收穫。

## 困苦孤城

日軍對衡陽第二次總攻失敗後，即著手第三次總攻。但其間大小戰鬥並未停止，21日後一面對衡陽守軍陣地不斷進行猛烈砲擊，一面組織小股部隊實施襲擾，這期間雖無大規模戰鬥，但傷亡依然很大。116師團133聯隊經補充後戰至7月30日，又有很大損失，各中隊僅剩20人左右，實際僅相當於小隊的戰鬥力，因而被迫將3個步兵大隊縮編為3個突擊隊，每個突擊隊多者為80多人，少則76人。全聯隊只剩下了5名軍官，這在以往作戰中是極其罕見的情況。68師團58旅團也將人員所剩不多的4個獨立步兵大隊第60、115、116、117大隊依次改編為第1、2、3、4突擊隊。

22日晚起，迄26日，日軍每日黃昏前拂曉後，必向守軍陣地進行猛烈砲擊。由於我軍砲兵彈藥用盡，對日軍砲火無法還擊，以致陣地上官兵傷亡很大。日軍步兵先後向易賴廟前街、西禪寺、五桂嶺北半部、外新街猛攻，但在守軍奮勇抗擊下，均未得逞。27日，我軍飛機投下蔣介石手令：「守城官兵艱苦與犧牲情形，余已深知。余對督促增援部隊之急進，比弟在城中望之心更為迫切。余必為弟及全體官兵負責，全力增援與接濟，勿念。」

27日，日軍攻勢再起高潮，敵機竟日對我陣地猛烈轟炸掃射，午後15時日軍更向西南陣地轟擊達2小時之久，黃昏時分，日軍對易賴廟前街、西禪寺、杏花村之141高地、蘇仙井高地、花藥山等陣地發起攻擊。易賴廟前街日軍先以平射砲推進至我軍陣地

500公尺處抵近射擊，將守軍地堡及堅固工事大都轟毀，入夜後，日軍步兵連續發起五次衝鋒，均在障礙物之線前被粉碎，外壕內填滿敵屍。拂曉前，日軍再次猛攻，幾乎是踏著屍體衝入守軍陣地，與守軍在陣地上展開激戰，迄28日午，前街東北角為日軍百餘人佔領。穆鴻才營長率部奮力反擊，與敵逐屋爭奪，戰況殊為慘烈，官兵傷亡尤重，戰至日暮，才將突入之敵肅清，恢復陣地。但穆營長及3連長王守先先後殉國，只得調8團附鄒亞東和3連排長吳俊彥中尉分別繼任營長、連長。

西禪寺原為二線陣地，自一線陣地棄守後，隨即成為衡陽西南陣地右翼最重要的據點及全線陣地的突出部，由第3師9團3營殘部約130人據守。自然成為日軍攻擊的重點，也是多日以來，日軍砲火集中轟擊的目標，廟中原有的兩進高大廟宇被夷為平地，院內80餘株大樹亦被盡行炸折，甚至連根拔起。陣地前障礙重重，鐵絲網雖多為敵砲火破壞，但木柵高豎，外壕寬深，日軍仍難以逾越，屢攻屢挫。27日夜，日軍發射毒氣彈之後遂行猛攻，但依然被阻於外壕。28日拂曉以後，日軍飛機轟炸及砲火轟擊更為肆虐，9時許，大隊步兵分由西、南兩面開始衝鋒，不惜傷亡疊成人梯攀登，一部約100餘人由公路南側突入，3營營長趙壽山立即率部反擊，將之全殲。但守軍官兵已傷亡過半，工事也大部分損毀。蕭圭田團長深知情況危急，急調團直屬部隊120人前來增援，這才穩定戰局。

五顯廟與蘇仙井中間高地，為西南陣地核心，也是日軍攻擊重點。軍工兵營營長陸

伯臬發揮工兵特長，在陣地前構成寬15至20公尺、深12至15公尺的尖底外壕，再以有刺鐵絲網平鋪於壕內兩壁之間，如張羅網以待。27日夜，日軍連續攻擊，只要跳入壕內就如飛蛾撲網，上下不得，進退不能。天明後守軍便以機槍掃射，如打靶一般，敵屍不下600餘。天氣酷熱，屍體又無法處理，密佈壕內，臭氣薰天，蒼蠅亂飛，蛆蟲逞兇，宛如人間地獄。

141高地為第3師9團5連據守，此處北有天馬山屏障，東西兩翼有蘇仙井高地及西禪寺掩護，深坑絕壁，工事堅固，故日軍多次突進，均被擊退。

花藥山由28團1營殘部據守，經27日夜日軍三次衝擊，官兵傷亡殆盡，陣地大部陷入敵手，28日拂曉，由搜索營餘部約80人投入反擊，與敵拉距爭奪，戰至9時搜索營長何映甫負傷，官兵由副營長曾廣衡指揮，只剩20餘人，後援不繼，只得退守嶽屏山。

29日，日軍繼續對西禪寺、141高地、五顯廟、嶽屏山全線猛攻，守軍陣地工事大部被毀，官兵傷亡枕籍，但均抱退後一步即無死所之決心，拼死拒敵，傷者不下火線裏創再戰，終於保住陣地。30日夜，日軍再以2個中隊，向五桂嶺北半部進犯，徹夜激戰，亦未能得逞。

8月1日，日軍集中兵力火力猛攻141高地與西禪寺，戰至2日拂曉，141高地守軍9團5連全部犧牲，陣地遂落入敵手。蕭團長隨即抽調6連逆襲，力戰之後也僅恢復一半陣地，與敵呈膠著狀態。西禪寺一線，日軍三次突入陣地，3營長趙壽山負傷，官兵傷亡殆盡。蕭團長命1營增援，連續三次逆襲，雙方均傷亡慘重，至2日拂曉，方才將突入之敵殲滅，1營也剩下官兵百餘人，鑒於第3師9團已經消耗殆盡，方先覺調軍輜重團1個營歸9團指揮。

當日方先覺向蔣介石電陳第10軍目前的艱辛、痛苦和困境：「本軍固守衡陽，將近月餘，幸官兵忠勇用命，前仆後繼，得以保全；但其中可歌可泣之事實，與悲慘壯烈之犧牲，令人不敢回憶！自開始構工，迄今兩月有餘，我官兵披星戴月，寢食俱廢，終日於烈日烘炙雨侵中，與敵奮戰，均能視死如歸，克盡天職；然其各個本身之痛苦，與目前一般慘狀，職不忍詳述，但又不能不與鈞座略呈之：

一、衡陽房舍，被焚被炸，物質盡毀；幸米鹽均早埋藏，尚無若大損失。但現在官兵飲食，除米及鹽外，別無若何副食；因之官兵營養不足，晝夜不能睡眠，日處於風吹日曬下，以致腹瀉腹痛，轉為痢疾者，日見增加，既無醫藥，更無部隊接換，只有激其容忍，堅守待援。

二、官兵傷亡慘重，東抽西調，捉襟見肘；彈藥缺乏，飛補有限。自午辰起，敵人猛攻不已，其慘烈之戰鬥，又在重演，危機隱伏。可想而知！非我怕敵，非我叫苦，我決不出衡陽！但事實如此，未敢隱瞞，免誤大局。」

8月2日，我軍飛機投下蔣介石覆電：「我守衡陽之官兵犧牲與艱難，以及如何迅速增援，早日解圍之策勵，無不心力交瘁，雖夢寐之間不敢或忽。惟非常事業之成功，必須經非常之鍛鍊，而且之所關，決非普通之成功敗可比，自必經歷不能想像之危險與犧

牲。此等存亡大事，自有天命；惟必須吾人以不成功便成仁以一死報國之決心赴之，乃可有不怕一切，戰勝魔力，打破危險，完成最後勝利之大業。上帝必能保佑我衡陽守軍最後之勝利與光榮。第二次各路增援部隊，今晨已如期到達二塘、賈里渡、水口山、張家嶺與七里山預定之線。余必令空軍掩護，嚴督猛攻也。」

自7月20日日軍停止總攻，但仍每夜對我軍陣地進行重點攻擊，至月底的十日內，日軍毫無進展，雙方互有傷亡。8月初守軍傷亡已是相當慘重，預10師3個團及直屬部隊傷亡達90%以上，第3師3個團傷亡也達70%以上，190師傷亡也在60%，但總算還有能戰之兵約400人，軍直屬部隊只有輜重團存有約500人外，其餘搜索營、特務營、工兵營、通信營、砲兵營所剩兵力均不到三分之一，營連幹部傷亡殆盡，幾乎每次戰鬥都要晉升營長連長以替補傷亡，最高紀錄為第3師8團五桂嶺爭奪戰，半日之中連續晉升5個營長，均先後壯烈殉職。8000傷患無藥治療，輕傷者均自動重返一線參戰，甚至傷雖不輕但尚能勉強行動者，也自願留在陣地中。真正的重傷者傷口潰爛營養不良，且風餐露宿，日曬雨淋，多有死亡。創口生蛆的，更是比比皆是，因傷痛而自盡者，日有所聞。生者只能相看而不能救，惟有唏噓。就官兵心理而言：在滿目積屍、滿耳呻吟、滿城惡臭、群蠅亂飛之中，除了望眼欲穿，切盼援軍早日解圍外，惟一的想法就是多殺日軍為死傷的戰友索回血債。

原來蔣介石只要方先覺守衡陽10天到兩週，現在守城已歷月餘，重武器大部損毀，

砲彈耗盡，萬不得已需要砲火支援均須由軍部批准，除留少數火砲外，其餘火砲悉數埋入地下。軍屬各步兵團之迫擊砲口徑不一，有81公釐，也有82公釐。至7月下旬，81公釐彈已顆粒無存，而82公釐彈尚有數百發。軍參謀長孫鳴玉特發動軍部人員，打磨半數82公釐彈的「彈帶」部位，以使其能適合81公釐迫擊砲發射，許多人都磨得雙手起泡甚至流血，方先覺見狀有感而言：「部隊官兵每一秒鐘都在流血，每一分鐘都有死亡；諸君為國效命，此其時也。」步槍子彈手榴彈消耗已達85%，步槍機槍損耗也是非常大，守軍已開始從日軍屍體上搜尋槍支彈藥，對於防禦戰最有效的手榴彈，已經日顯不繼，不得已將江防部隊的手榴彈，補充一線。

補給方面，事先儲藏的糧食很多都在砲火下成為焦米，又無副食，長時間以鹽開水佐食焦米粒糊飯，官兵無不面有菜色。方先覺8月1日電報裏稱「幸米鹽均早埋藏，尚無若大損失」已經大為保守。衡陽城內池塘裏的魚蝦甚至浮萍，早已捕食用一空。少數士兵為求一飽，竟冒著砲火，跳入敵我之間的池塘捉魚捕蝦。衡陽之戰正值酷暑，雙方午間均是停止戰鬥，甚至有以手勢或哨音相互示意不要射擊，然後在戰線交錯的池塘裏洗澡、捉魚。在慘烈異常的戰役中，居然還有此休戰默契，實屬罕見。17日午後，190師568團3連發現蒸水南岸沙灘上，有3條水牛，儘管對岸日軍火力嚴陣以待，但1個班長終於按捺不下，黃昏時分衝出陣地，不顧敵軍射擊牽回1條，這才使190師上下開了一頓牛肉大餐，190師容有略師長特意送一

衡陽第三次總攻戰鬥示意圖（8月4日~8月8日）

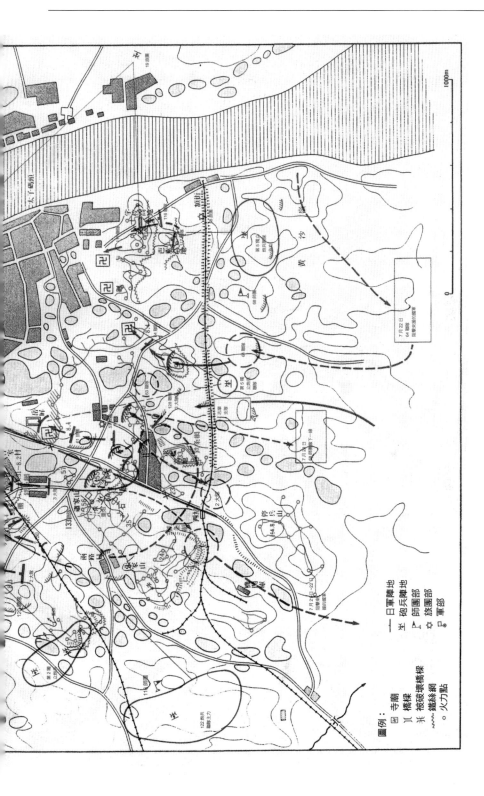

條牛腿給軍部，軍部上下均得到一份，戰後倖存者對此「佳餚美味」記憶深刻。——守軍補給之艱辛，由此可見。

守軍官兵經過月餘鏖戰，自然深知防禦工事的重要性，都力求充分利用地形，發揮障礙物的作用，都能主動利用戰鬥間歇，修復並加固工事。軍工兵營在外壕中鋪設帶刺鐵絲網，殲敵效果極佳的消息傳開後，全軍競相仿效，無鐵絲網者，將外壕儘量加寬加深。在缺乏兵力防守地段，特別加豎木柵，並於其間密置集束手榴彈，每一戰鬥後隨毀隨修。

日軍為儘快拿下衡陽，第11軍全面調整部署，命在耒陽、安仁、茶陵一線的第13師團向衡陽以南推進，在長沙、易俗河一線的第58師團向衡陽以北集結，在衡陽西南阻擊周邊國軍的第40師團抽出部分兵力加入攻城作戰，同時對68師團和116師團補充兵員。至7月底，第13、58、40師團均到達衡陽戰場，第11軍軍長橫山勇也於8月2日攜「天照皇大神宮」神符抵達衡陽，親臨督戰。橫山勇和11軍參謀長中山貞武率領少數指揮參謀人員分乘3架飛機於8月2日5時30分到達衡陽機場。衡陽守軍發現有敵機相繼著陸，覺察到必然是重要目標，立即以迫擊砲進行射擊，第一架飛機的飛行員在著陸時見有砲彈在其周圍爆炸，極為緊張而剎車過猛，飛機突然制動而因慣性猛然倒立，螺旋槳槳葉也被打彎。橫山勇與中山貞武等人在飛機還沒有完全停穩時就趕緊下飛機，但同機的人員中還是有一名軍官被炸傷，兩名士兵被炸死。隨後橫山勇由第13師團長赤鹿理陪同到達機場附近防空壕，攻城部隊4個師團的參

謀長已在那裏等候，先由中山貞武作簡短訓示，接著各師團參謀長匯報本部隊進攻計劃，中山貞武即根據各師團的計劃與軍命令對照，在防空壕內進行圖上推演，發現第13師團如以2個大隊的兵力強渡湘江困難較多，便決定該到底是強渡還是佯動到時再根據戰場情況確定。結束參謀長圖上推演後，橫山一行於當晚趕到了衡陽城以北的11軍前進指揮所。

## 三攻衡陽

日軍第三次總攻衡陽，計劃投入4個師團，比前兩次總攻增加了一倍的兵力。7月29日第11軍向所屬部隊下達了第3次總攻衡陽的命令：

全軍於8月4日以主力對嶽屏山一帶之高地開始進攻，翌日以有力兵團對衡陽北部進行急襲一舉攻佔衡陽；

(1)第5航空軍在8月3日、4日主要支援68師團，8月5日、6日主要支援58師團作戰；

(2)第68師團從8月4日17時開始進攻，主力向嶽屏山方向以有力一部攻佔城南廟宇高地然後繼續向銀爐門碼頭一帶擴張戰果；

(3)第116師團於4日17時開始進攻，主力攻佔嶽屏山西北之高地後繼續向中國銀行方向擴張戰果；

(4)第58師團應隱蔽企圖秘密進入出發陣地，8月5日以主力向衡陽西北，另以有力一部從衡陽城北側地區開始攻擊，並向湘江岸邊永埠門碼頭一帶攻擊前進；

(5)第13師團於8月4日在湘江東岸協同

68師團進攻，5日開始對瀟湘碼頭附近地區進行砲擊，同日夜間以2個大隊從該地附近強渡湘江配合由西面進攻的58師團作戰。

11軍這一命令將58師團的進攻時間比其他3個師團推遲1天，主要就是考慮給這個生力軍更便於取得戰果的機會。對衡陽的總攻由橫山勇親自指揮，而對湖南東部山區醴陵、茶陵、安仁地區作戰由竹下義晴中將指揮。

8月3日，日軍完成了對衡陽第三次總攻攻部署：

在衡陽週邊，東部、南部：34師團位於蓮花及其周圍附近，27師團位於茶陵、攸縣以北地區，一部仍駐於醴陵，第3師團主力位於耒陽及其以西地區，步兵第6聯隊位於茶陵，騎兵第3聯隊位於安仁，第13師團116聯隊位於耒陽，配合第3師團阻擊南線中國軍隊援軍；西部：第40師團在衡陽西南七里山、雨母山、二塘、城口墟、板橋、狹山衝一線，構成衡陽西部南北長約20公里的阻擊線，掩護攻城部隊側後，原在白鶴鋪的109聯隊第1大隊返回116師團原建制；在平江、瀏陽、長沙、株洲等地由野戰補充隊及臨時組成的警備隊擔任守備，確保後方安全。

進攻衡陽的部隊，68師團位於衡陽南郊回雁寺及五桂嶺、嶽屏山地區，57旅團在左(西側)進攻嶽屏山，58旅團在右(東側)沿湘江西岸進攻回雁寺；116師團位於衡陽西南蕭家山、天馬山、西禪寺至大西門以北孔子坪一帶地區，133聯隊位於蕭家山，120聯隊位於天馬山以東，配屬該師團的第218聯隊位於天馬山以西直至孔子坪一帶，109聯隊第1大隊位於133聯隊和120聯隊之間；58師團位於衡陽以西、西北、以北之孔子坪、小西門、體育場及蒸水公路大橋地區，51旅團從體育場以南向小西門地區進攻，52旅團從體育場以南向小西門以北至蒸水南岸之市區進攻；13師團位於湘江東岸，65聯隊位於瀟湘碼頭附近，隨時準備強渡湘江，山砲第19聯隊位於湘江東岸南部沿江地帶掩護65聯隊強渡湘江和支援西岸攻城部隊，11軍砲兵位於衡陽城北約3公里之楊家衝；11軍前進指揮所位於楊家衝砲兵陣地以北約500公尺高地。

8月4日日軍按照預定計劃開始第三次總攻。3日夜晚第5航空軍第16戰隊6架轟炸機就開始轟炸衡陽城區，拂曉第6戰隊對68師團正面的嶽屏山陣地進行了轟炸，飛行直協第44戰隊對衡陽西北、西南守軍陣地進行了轟炸。第5航空軍在這一天可以說是竭盡全力為地面部隊提供了空中支援。當日清晨，日軍向衡陽城的砲擊就達4000發之多。

出於熟悉攻擊路線和守軍戰術的考慮，橫山勇仍以68師團和116師團為第三次總攻的先頭部隊，116師團當天進攻的目標是大西門外高地、天馬山和西禪寺。對西門外高地的進攻由133聯隊擔任，進攻天馬山為120聯隊，進攻西禪寺是配屬116師團的218聯隊。

133聯隊長黑瀨平一並列展開2個大隊，左為配屬的109聯隊第1大隊，右為自己聯隊第2大隊（加強第1大隊殘部）。左翼首先開始攻擊，直取78高地，有20多人衝過守軍的交叉火力衝上了高地並佔據了一幢民房，但後續部隊被守軍的強大火力隔斷，無法接應。隨即守軍小隊官兵奮勇衝殺，以密

集手榴彈投向民房,將其全部炸死。右翼大隊的攻擊,儘管有砲火直接支援,還使用了新式武器——火焰噴射器,仍未能突破。9時許,黑瀨只得下令暫停進攻。雖然133聯隊並未取得預期的戰果,但鑑於該聯隊在第二次總攻時的表現,尤其是聯隊長黑瀨的攻擊精神,深為岩永旺、橫山勇所賞識,因而在8月1日就晉升他為少將。剛剛晉升少將的黑瀨平一自然希望能有個首戰勝利來充門面,因此強攻不成,便另想他法。下午黑瀨見刮起西南風,就想到施放煙幕來干擾守軍視線。當晚22時在作好攻擊準備之後,黑瀨即令以發煙筒施放煙幕,砲兵隨後開始射擊。此時濃密的黑煙頓時籠罩了整個陣地,步兵再以2個大隊並列展開攻擊,結果同樣被守軍擊退,而且傷亡並不比白天小。其主要原因在於基層軍官尤其是小隊長傷亡太多,此時基本都是由伍長、軍曹、曹長擔任小隊長,而他們都缺乏夜間再加上煙霧條件下指揮作戰的經驗,使部隊進入煙幕區後無法保持攻擊隊形,有的甚至失去聯繫而產生混亂。而守軍則並未受煙幕的太大影響,因為早就對地形和武器射擊的左右水準和上下高低俯仰角度預先作過測量和標定,再加上使用曳光子彈校正彈道。133聯隊這次夜間進攻失敗後,遂停止了進攻。

120聯隊與218聯隊進攻時間比133聯隊晚了兩小時,從10時由東西兩側進攻大西門外的天馬山和西禪寺。此時120聯隊每個中隊人數多者約四、五十人,少的僅有二、三十人,實力已經大不如前,經兩小時激戰僅攻佔天馬山外緣陣地一部。而218聯隊的進攻受到正面和兩側火力夾擊,被迫暫停。

五桂嶺陣地,迭經數整日苦戰,守軍第3師8團3營傷亡極大。戰至下午16時,陣地大部陷入敵手,蔣國柱營長負傷。黃昏,張金祥團長命2營長蘇琢率領僅有的預備隊60餘人發起反擊,與敵反覆衝殺。迄至午夜,始將侵入陣內之敵全部肅清,蘇營長不幸犧牲,由師特務連連長趙培孚繼任。

預10師第28團接龍山、嶽屏山陣地,連日在密集火力轟擊下,陣地工事全毀,至4日黃昏,接龍山陣地守軍因傷亡過大而不支,第3師師長周慶祥知道一旦接龍山有失,師部就將受敵直接威脅,乃命師工兵連反擊,經過激戰鞏固住陣地,工兵連隨即轉入防禦。嶽屏山工事極為堅強,障礙物層層疊疊,發揮很大作用,日軍屢攻屢挫。曾京團長指揮部隊對突入陣地之敵發起逆襲,與敵十蕩十決,全賴手榴彈與刺刀將敵擊退。28團自身亦傷亡累累,減員達三分之一。3營長翟玉岡右足重傷,2營長余龍右股為敵彈貫穿,皆堅持不下火線。

出工兵營、砲兵營及29團、30團餘部合編的新29團2營據守五顯廟、蘇仙井中間高地,經敵連日砲火轟擊,工事及外壕大部被毀,但設在外壕旁邊的木柵卻發揮了很大作用,日軍多次衝鋒均受阻於木柵前,隨即就遭到守軍手榴彈的招呼,幾乎是一群群被炸倒,最甚處屍體幾乎將外壕填滿!

第3師9團據守的天馬山、西禪寺及141高地,受日軍轟炸砲擊最甚,僅日軍放列於陣地前百公尺以內的直瞄射擊火砲就不下30餘門,密如雨下的炸彈砲彈,把外壕、木柵、鐵絲網、碉堡盡數摧毀,工事內的守軍自然也蒙受了巨大傷亡。日軍步兵在彈幕射

擊掩護下吶喊衝鋒時，滿以為可以輕易地佔領陣地，不料藏身於彈坑內的守軍官兵卻一躍而起，還以如雨點般的手榴彈，直將衝鋒日軍炸得屍體橫陳。竟日激戰，141高地9團6連官兵全部犧牲，西禪寺、天馬山兩陣地仍在我軍固守之下。黃昏後，第3師以師搜索連殘存官兵30餘人增援西禪寺，另以師最後的總預備隊軍輜重團1營增援天馬山。

第3師7團據守的楊林廟、易賴廟前街陣地，遍佈池塘泥澤，只有幾條狹窄隘路可供通行，守軍以密集火力封鎖，日軍白天進攻傷亡太大，只得改為夜間攻擊。但此次卻一反常態，在猛烈砲火掩護下，不惜傷亡地白晝攻擊。我軍地堡大部被砲火摧毀，仍拼死抵抗，4日午後，日軍40餘人衝入楊林廟陣地，侯樹德營長立即組織力量乘其立足未穩一舉殲滅之。但在易賴廟前街，日軍如潮水湧至，至黃昏時，100餘日軍侵入前街，與守軍短兵相接，逐屋逐碉爭奪。鞠震寰團長命3營長王金鼎率其殘部100餘人連同師戰防砲連40餘人，作決死反擊，苦戰至午夜前

■ 攻佔衡陽的日軍。

才將敵盡殲轉危為安。

同日68師團57旅團對嶽屏山和58旅團對芭蕉林的攻擊，也因守軍英勇頑抗進展不大，一天下來才平均前進了約100公尺而已。

8月5日，116師團所屬3個聯隊繼續攻擊昨天的目標。不過此時配屬給133聯隊的109聯隊第1大隊已返回歸建。133聯隊在砲兵、重機槍火力掩護下的進攻，依然遭到守軍頑強抵抗，傷亡很大，第2大隊長東條公夫亦被擊斃，代理第1中隊長鈴木齋少尉、代理第2中隊長澤田耕介少尉均被打傷。133聯隊從6月28日至8月5日僅大隊長被擊斃者即達6人之多，不得不由中尉軍官來代理大隊長。即第1大隊由原第1機槍中隊長藤田貞明中尉代理，第2大隊長由井靖男中尉代理，第3大隊長由西口克已中尉代理，出現了1個少將聯隊長指揮3個中尉大隊長的奇特局面。下午黑瀨要求軍屬重砲兵予以火力支援，準備再發起進攻。結果重砲兵的砲彈險些落到自己佇列中，趕緊通知重砲停止射擊。失去砲火支援，133聯隊的晝間進攻依然是傷亡慘重而毫無收穫，代理第1大隊長藤田貞明中尉被擊斃，代理第2大隊長井靖男中尉被打傷。由於久攻不克，黑瀨集合起全聯隊殘兵200餘人準備自己親自率領做最後一次自殺性決死衝鋒。消息傳開，師團長岩永旺認為這樣的攻擊除了顯示忠誠和勇氣，絲毫不能突破守軍陣地，只能是徒增傷亡，於是他指示133聯隊6日清晨在航空兵配合

下發起進攻，取消了這次決死進攻。

116師團在進攻天馬山與西禪寺時，都遇到人工斷崖，攀登已被削成絕壁的人工斷崖時還要遭受守軍猛烈火力的洗禮，不少日軍在梯子上被擊中墜地，以致在斷崖下一片混亂，好不容易一些日軍攀上斷崖，守軍立即派出小部隊衝上前，猛投手榴彈，剛登上斷崖的日軍根本無處躲避，完全被手榴彈的煙雲籠罩，幾乎全被炸死。按120聯隊長兒玉忠雄大佐的說法就是：「西禪寺作戰中出現了現代晝間作戰中少有的悲慘壯烈場面。」

218聯隊5日夜間又對天馬山進行攻擊，以島田開大尉第1大隊為先導，攻到半山腰鞍部時守軍從三面向其反擊，手榴彈如雨點般落下，第1大隊完全被淹沒在密集手榴彈爆炸的「勝景」之中，無一生還。聯隊長針谷逸郎感到以這樣的進攻只會帶來更多的

在衡陽城南的日軍68師團迭遭第10軍190師的猛烈反擊，也在5日這天中毫無進展。

日軍8月5日進攻的重頭戲是58師團在體育場及衡陽城北一帶的攻勢，其進攻線路主要是平地且多水塘，守軍早已將部分房屋推倒，填平了一些溝塘，改造了地形，還築有縱橫相連的交通壕和暗堡，在平地上設置了多層高低不同的鐵絲網與人工障礙。日軍58師團長毛利末廣中將見地形如此不利，非常謹慎，決定先進行迫近作業，挖掘交通溝與射擊掩體，使部隊向前運動時減少傷亡。進攻時部隊必須按計劃進行前後部署，以保持縱深作戰能力，2個旅團在一線進攻的4個步兵大隊正面基本一致，左右兩翼能相互直接支援。其部署是52旅團在左（北側），51旅團在右（南側），攻擊重點為52旅團正面。5日傍晚58師團的部隊進入出發陣地，按劃定的經始線向前進行土木作業，守軍警戒部隊很快就發現了日軍的動靜，當日軍開始進攻時立即遭到守軍迫擊砲、輕重機槍、步槍等火力的集中射擊，經徹夜激戰，52旅團才攻佔了體育場和大池塘邊的部分警戒陣地。

■ 日軍逼近桂林，圖為正準備乘火車離開家鄉的難民。

在衡陽湘江東岸的第13師團65聯隊做好了夜間強渡湘江的準備，卻在行動開始前發現湘江上漂浮有石油，這一情況報告給11軍，橫山勇立即想起1943年進攻常德時在強渡沅江時，國軍正是向江中注放石油再點火燃燒的教訓。橫山勇馬上下令停止強渡計劃，65聯隊只在西岸進行火力支援。

日軍第5航空軍在5日出動3個飛行戰隊支援地面作戰，第6飛行戰隊在中美空軍基本掌握了衡陽地區制空權的情況下還是兩次飛抵衡陽，以低空偷襲的方式轟炸了守軍陣地。但飛行員在對地攻擊顧慮空中情況，心情緊張故投彈多不準確，還有1架被中美戰鬥機擊傷後在衡陽機場迫降，著陸後就起火燒毀。

日軍58師團51旅團獨立步兵第93大隊於8月5日22時突破了小西門守軍陣地攻入衡陽城內，在其左側的52旅團獨立步兵第96大隊也猛攻，至6日5時58師團已突破守軍在體育場一帶的的防線，進抵市區邊沿。守軍退入城區後利用早已構築好的各道口、屋頂、暗堡等工事進行巷戰。

116師團133聯隊對78高地的攻擊仍無進展，倒是120聯隊經數次猛攻於6日晨佔領了西禪寺。

8月5日，日軍續在優勢砲火支援之下，全線猛攻，激戰終日不停。我軍陣地工事全毀，官兵不眠不休不飲不食，抵死奮戰。青山街、西禪寺、天馬山、五顯廟、嶽屏山、接龍山、五桂嶺、外新街，每一處陣地均反覆爭奪。雖由第3師直屬部隊及軍輜重團僅有的1個營作為機動應援力量，分別向各危急陣地馳援，往往要經過極為艱苦慘烈的反擊，才勉強奪回陣地，而官兵自然傷亡慘重！第7團團長鞠震寰、第9團團長蕭圭田均受傷，鞠團長仍坐擔架督戰不已。午後15時，方先覺在中央銀行指揮所召集軍參謀長和4位師長舉行緊急會議，研究目前嚴峻戰局。大家一致認為，日軍攻勢如此猛烈，我軍已再無可抽之兵，同時手榴彈、步機槍子彈也即將告罄，如果援軍再不能到，拼盡全力最多不過再撐3天。周慶祥師長主張突圍，但衡陽城內傷患超過8000，根本無法隨隊突圍，方先覺說：「突圍力量是有，可以突出去，要是我們走了，剩下這麼多傷兵怎麼辦呢？敵人見了傷兵就殺，守常德的余程萬可以不問傷兵，我方先覺不能，你們忍心丟下傷兵讓敵人去殺，以後活著的哪個再願意做你們的部下？」因此最後方先覺決定：「決不突圍，一定死守，只剩一兵一彈，也不准再說突圍的話。我方先覺決不私自逃走，必要時大家都到軍部來，我們死在一起，如要自殺，我先動手。」

入夜，日軍繼續徹夜猛攻，其砲火的濃密彈幕，籠罩著衡陽全城。五桂嶺北半部兩度被日軍突入，二線190師570團90餘人在第8團團長張金祥指揮下，奮勇反擊，苦戰2小時殲敵300餘人，乃穩住危局。

嶽屏山、接龍山陣地，戰至午夜，被日軍佔領三分之一，另有一部日軍衝向28團指揮所，葛先才師長親率衛兵1個班及師部勤雜官兵30餘人增援，曾京團長率余龍、翟玉岡兩營長見師長親自來援，均裹創親上一線，或持槍射擊或投手榴彈，士氣為之大振，終將突入之敵200餘人全部殲滅。但是官兵傷亡慘重，僅存70餘人。

■ 為保衛衡陽而遭日軍殺害的國軍將士遺骨。

發現後，向飛臨衡陽的中美空軍通報，6日中美空軍出動戰鬥機、轟炸機集中攻擊日軍重砲陣地，但戰果不明。

8月6日凌晨3時，190師568團5連據守的演武坪陣地被日軍突破，連長羅夫及官兵20餘人全部犧牲，日軍進佔演武坪之後轉而圍攻左翼3營陣地。鹿精忠營長率營部30餘人奮力衝殺，也難挽危局，568團副團長李適率團部官兵20餘人前往增援，合力奮戰，李副團長不幸中彈犧牲，日軍殘敵約30餘人退守天主堂頑抗。容有略師長急向軍部求援，方先覺派特務營曹華亭營長率百餘人前往增援，行至縣政府轉角時，遭到天主堂內之敵發射擲彈筒所阻，官兵以血肉之軀，仰攻憑險固守之敵，傷亡過半，2連連長井啟第不幸陣亡，反攻遂告受挫。但日軍後援也為我軍火力封鎖，被阻於外壕，雙方相持。5連陣地原本以舊護城河為外壕，寬約10公尺，深約2公尺，水深泥厚，本來難以徒涉。之所以會被日軍突破，是因為陣地後方師野戰醫院數百名勉強可以行動的傷兵到處覓食，晝間曾用門板搭成便橋，向敵岸尋取蔬菜，歸來時未予撤除，為敵偵悉，乃乘夜暗匍匐接近，從便橋上偷過河來，造成不可收拾之突破口。

軍工兵營陸伯桌營長指揮由步、砲、工兵混合編成的守軍死守蘇仙井高地，與敵殊死拼殺，終於得保陣地無恙。

天馬山陣地被日軍佔據了前半部，第9團蕭圭田團長、29團朱光基團長、30團陳德垩團長，均在天馬山陣地後半部率部與敵奮戰。此時3個團餘部加在一起不足百人，仍死戰不退，至天明，與敵相距約50公尺呈對峙狀態。

西禪寺南部，天明前盡陷於敵，第3師搜索連僅存10餘人，堅守西禪寺北端高地，奮戰不退。

8月6日，68師團的進攻仍無起色，57旅團屢攻嶽屏山不克。8時20分旅團長志摩源吉少將在前線督戰時被擊中頭部當即斃命（亦有說是被守軍迫擊砲擊斃的），暫由獨立步兵第64大隊大隊長松山圭助代理指揮。15日調133聯隊長黑瀨平一少將繼任旅團長。

日軍11軍砲兵在蒸水北岸的陣地被守軍

9時日軍全面攻勢更盛，尤其是抵近射擊的砲火，將守軍陣地工事幾乎夷為平地，守軍全靠手榴彈與刺刀與衝擊之敵肉搏。全日到處都在鏖戰，方先覺採取了兩項緊急措施：第一將軍部各單位參謀和勤雜官兵整編之後分配至市區各巷戰工事中準備巷戰；第二抽出鐵爐門以南任江防的暫編54師1團3營，分別控制於接龍山北側、蘇仙井、司前街附近，準備應對最壞的戰局，而該營防務則由暫54師師部參謀及勤雜官兵接替。15時後，五桂嶺北半部、嶽屏山先後被敵突破，接龍山北側暫編54師的1個步兵連歸第8團團長張金祥指揮；蘇仙井暫編54師的1個步兵連歸28團團長曾京指揮，黃昏時分同時發起反擊，

■ 1977年方先覺在一次坐談會上講述衡陽作戰。

以阻止日軍進一步的突破。入夜後，西禪寺、外新街陣地因守軍全部犧牲而均告陷落，其餘各陣地上的官兵抵死拼殺，寸土必爭！

8月7日日軍的攻勢更是達到了高潮，拂曉後日軍砲兵向守軍各陣地進行了約兩個小時的砲擊，隨後第5航空軍以戰鬥機掩護轟炸機轟炸守軍陣地，尤其是支援已攻入衡陽城的58師團進攻。58師團從西北方向突入衡陽城之後即盡全力向前推進，而守軍亦以全力反擊，巷戰非常激烈。中午11時30分日軍51旅團獨立步兵第93大隊佔領了小西門地區，接著沿小西門向東經蒸陽路攻向中央銀行，經過反覆拉距苦戰之後，該敵於傍晚到達了湘江岸邊。而58師團的其他部隊也在當日晚間亦攻佔了衡陽城北面城區。

同日拂曉，500餘日軍突入青山街，第7團3營王金鼎營長力戰陣亡，鞠震寰團長帶傷指揮暫編54師的1個步兵連向敵反擊，戰至9時，鞠團長亦不幸中彈殉國，反擊失去指揮而失利。中午各師師長齊集中央銀行指揮所，此時軍指揮所僅有副官處長張廣寬、輜重團長李綏光、副官王洪澤及數名衛士而已。方先覺軍長與各師師長研究戰況之後，以悲痛欲絕的心情，向軍委會發出「最後一電」：「敵人今晨由城北突入以後，即在城內展開巷戰。我官兵傷亡殆盡，再已無兵可資堵擊。職等誓以一死報黨國，勉盡軍人

天職，決不負鈞座平生作育之至意。此電恐為最後一電，來生再見！職方先覺率參謀長孫鳴玉、師長周慶祥、葛先才、容有略、饒少偉同叩。」蔣介石接到這封電報，在當天的日記中寫道：「悲痛之切，實為前所未有也。」

傍晚，日軍向五顯廟、天馬山陣地發起全面總攻。我軍官兵與敵反覆拉距，輪番肉搏，雖勉強穩住危局，但亦無力將突入之敵逐退。15時許，第3師師長周慶祥命令第9團在天馬山陣地上掛起了白旗。入夜以後，日軍更是集中砲火向城區不斷轟擊，日機也瘋狂轟炸掃射，市區通信全部中斷。

116師團城南的部隊在湘江東岸砲兵的直接支援下於11時佔領了芭蕉林高地。

8月8日凌晨3時，從城北演武坪及城西北青山街突破之日軍獲得增援，乃利用夜暗，分向市中心突進。守軍已無預備隊可以阻敵，至4時軍指揮所中央銀行附近槍聲已在逐次逼近。方先覺認為戰事已至絕望，乃舉手槍自戕，輜重團長李綬光、副官王洪澤早知其存有此心，急忙將手槍擊落於地。槍雖

■ 1983年7月18日，日軍第11軍戰友訪問團祭拜方先覺墓。

打響，但彈未擊中。方先覺隨後對身邊的曹華亭和衛士說：「你們各自想辦法找生路吧。」周慶祥走進來，高聲說：「軍長，我已傳你命令天馬山掛白旗了！」方先覺大聲喝到：「周師長，你要害我成千古罪人啊！」轉身命曹華亭綁周慶祥，但周慶祥卻說：「軍長，死算啥，但是這樣死不明不白，就是要打日本也要先活下來，委座也會體諒我們曲線救國的，萬一日後上峰追究，我來擔待！我就不信，他們全能怪我們，難道他們就沒有責任？」一席話，眾人再也無言。方先覺一拍桌子，「那就這樣，不是我們對不起國家，是國家對不起我們！不是我們不要國家，是國家不要我們！遂命參謀長孫鳴玉早擬投降條件：一、保證官兵生命安全；二、收容醫治傷兵，鄭重埋葬陣亡官兵；三、第10軍不出衡陽，保留建制，駐防衡陽。然後讓周慶祥和張廣寬帶上日語翻譯與日軍談判，日軍第116師團隨即派竹內參謀為軍使代表日軍來到中央銀行，竹內表示第10軍勇敢作戰的情況，不僅在此地的日軍，就連日本天皇和日本大本營都有所聞，特意向第10軍表示敬意，同時代表日軍答覆完全同意有關條件。

當晚，方先覺與日軍第68師團長堤三樹男在城南天主教堂進行正式談判——儘管第10軍最先是與日軍第116師團接洽，但堤三的資歷比116師團長岩永旺要深（雖然堤三任師團長的時間不長，但他是陸軍士官學校第22期畢業，比岩永

旺要早兩期），所以最後是由堤三來出面。就這樣國軍遂停止戰鬥，在南門外馬路集中並放下武器。而此時城南陣地尚稱完整，官兵仍與敵苦戰，其他各地，則指揮通信全部中斷，官兵只能各自為戰。儘管已經宣佈停止作戰，仍有不願放下武器的官兵還在繼續抵抗，直至日落時分，槍聲始逐漸沉寂。

日軍戰史記載，在衡陽繳獲的武器計有：重砲、高砲各1門、山砲6門、迫擊砲62門、戰防砲12門、機關砲12門、重機槍91挺、輕機槍429挺、自動砲7門、步槍3393支、中型坦克1輛(已毀壞)、馬61匹。

第10軍共有13306人放下武器，其中約9000傷患（也有資料稱放下武器者不足1萬，但各方資料均稱在放下武器官兵中傷患佔絕大部分），據說方先覺聽到城內還有如此之多官兵時，不禁捶胸頓足：「早知還有這許多人，我肯定還要打下去！」

日軍為攻下衡陽，初期投入68師團和116師團，後期增兵至4個師團，在守軍頑強抗擊下，死傷慘重，據日軍戰史資料記載，從6月23日至7月20日傷亡軍官798人，士兵19286名。7月20日以後，資料上只載有約計傷亡9100餘人字樣，且無確切數目。即便根據上述數位，日軍傷亡就在29000人以上，而日軍當時為了不影響士氣，刻意縮小傷亡數字更是常見，因此日軍傷亡肯定要比其宣稱的更多，但卻苦於無確鑿證據支持。

抗戰中，除少數精銳王牌部隊外，一般情況下中國軍隊一個師才能勉強對抗日軍一個聯隊（相當於團），而衡陽之戰中，第10軍在孤立無援的情況下，抗擊了兵力火力均數倍於己的日軍整整47天，予日軍的傷亡甚至超過了自己的整個部隊，綜觀整個抗戰史，具有如此英勇善戰與堅韌頑強的中國軍隊，絕對是鳳毛麟角，因此筆者以為，儘管衡陽最後還是以陷落告終，但方先覺和第10軍絕對是將中英才軍中翹楚，幾乎再沒有哪支中國軍隊能在第10軍這樣的劣勢下取得這樣的戰果。

## 爭議不休

衡陽之戰硝煙散盡塵埃落定，但是在戰史界相關的爭議卻歷久不衰，爭議的焦點有二，一是第10軍最後到底是投降還是終戰。日軍戰史自然是稱第10軍最後投降，大陸幾十年來的主流史書也是認為第10軍最後是投降的，臺灣一些史書則持迴避態度不置可否，而方先覺本人始終堅決否認投降一說，堅稱終戰，因為沒有簽署過任何正式的投降書。

但是不管怎麼說，第10軍最後放棄抵抗，在日軍指定地點集合交出武器，儘管沒有簽署正式的投降書，儘管日軍也基本做到了不殺俘虜等約定的承諾，但確實與投降的實質無異，筆者以為確切地可以說是體面或者用西方人的話來說是「光榮的投降」。

爭議的第二個焦點就是如何評價方先覺。有些史書將方先覺最後的投降看作是「貪生怕死」、「叛國投敵」，甚至因此全盤否定第10軍堅守孤城47天的輝煌事蹟，那是不客觀也不公正的。

首先，方先覺無論是在衡陽保衛戰中，還是在此前的長沙、常德歷次作戰中，均是表現相當出色，堪稱軍人楷模，連日軍也稱其為「英勇善戰的虎將」。即便是在衡陽之

而且糧盡彈絕，外援又杳無音信，即使繼續抵抗，也不過再支撐一兩天而已，對於衡陽最後的陷落已經沒有多大的意義了。

第四，戰前軍委會給第10軍的任務是堅守衡陽10天，第10軍早已完成了任務，無論是對戰局的影響，還是直接殺傷敵軍的戰果，第10軍都已經盡了自己最大的努力。

第五，最先提出投降的是第3師師長周慶祥，最先掛出白旗的也是第3師，而方先覺在此前多次有過戰敗自殺的表示，因此投降絕不是方先覺的本意。

那麼導致方先覺最終放棄抵抗的關鍵因素是什麼呢？筆者以為是方先覺頭腦裏的人本主義，滿城近萬的傷兵，如果抵抗到底，依然無法改變城破的最終結局，而這些傷兵必然難逃日軍的屠刀，這點同時也是方先覺斷然拒絕突圍的原因。所以不殺俘虜醫治傷兵就成了第10軍放棄抵抗的交換條件，日軍也同意了這些條件，而且最後都兌現了。當然，這不是日軍的守諾與仁慈，而是感佩第10軍的忠勇，正是第10軍47天的英勇抵抗，才使自己贏得了對手的敬重。但從方先覺個人來說，就有人稱他是「惟欠一死」，意思就是如果他自殺成仁，絕對就是流芳百世的抗日大英雄，但他不惜以軍人最屈辱的放下武器來換取部屬的生存，從這點來看，筆者更是覺得方先覺軍長此舉的良苦用心，不由說句「第10軍有此軍長，實在幸哉！」

衡陽戰事結束後，日軍果然信守約定，

■ 蔣介石、宋美齡和中國戰區參謀長史迪威。

戰的後期，方先覺如要突圍，還是有機會的，甚至有部下找到了日軍戰線的間隙，保證可以將其安全護送出城時，都被他堅決拒絕了。在最後時刻還有拔槍自戕之舉，因此如果真是「貪生怕死」的話，也不會出現最後的局面，這四個字的評價絕對是不實之辭。

其次，請注意第10軍能夠以疲憊之師堅守孤城47天，創造抗戰史上守城時間最長的戰例，作為軍長的方先覺自然是功不可沒。

第三，方先覺是在衡陽之戰失敗已成定局的最後時刻才投降的，當時守軍指揮通信系統全部中斷，官兵死傷慘重，在不到1.8萬的守軍中陣亡約4000，傷約9000，傷亡比例已超過全軍總數的70%，按照這一比率，可以說一線的戰鬥兵早已全部拼光了。

沒有像其他地方那樣大肆屠殺停止抵抗的官兵，而是將第10軍官兵集中起來，充作苦役。對被俘的高級將領則是優待有加，尤其是對方先覺。不久南京汪偽政權的日本顧問吉丸來到衡陽，請方先覺參加汪偽的「和平運動」，並將第10軍被俘官兵組成「先和軍」，取方先覺的「先」與「和平運動」的「和」（也有資料稱是取日本昭和紀年的「和」），仍以方先覺為軍長，孫鳴玉為參謀長，周慶祥、葛先才、容有略和饒少偉分別為第1、2、3、4師師長，甚至還給部分第10軍官兵發放了武器，挑選身體強壯人員組成第一批3個連，擔負衡陽東南湘江東陽渡口的守備。

隨著日軍的看管逐漸放鬆，周慶祥和孫鳴玉首先尋機逃脫。蔣介石在瞭解方先覺情況後，立即指派軍統全力營救。軍統老闆戴笠命令湖南站站長金遠詢不惜一切代價，盡一切努力，營救方先覺。金遠詢轉令衡陽站站長黃榮傑具體辦理，黃榮傑立即邀集衡陽地區所有有能量的人，從地方紳士到黑幫老大，掌握了日軍看管或者說軟禁方先覺的基本情況，還與方先覺直接取得了聯繫。

11月18日，在軍統的精心安排下，方先覺順利離開了羈押他的歐家町天主教堂（有資料稱是日軍將方先覺禮送出境，但筆者以為這不大可能，但是日軍故意睜一眼閉一眼倒是很有可能），經洪羅廟離開衡陽，隨後先至芷江，受到空軍第三路軍司令張廷孟的熱烈歡迎，再乘飛機經昆明於12月11日到達陪都重慶。12月14日，蔣介石在重慶官邸召見方先覺，並以家宴款待（次子蔣緯國作陪）。重慶的各家報紙均以前所未有的一致態度，發表社論、社評、消息、文章，對方先覺歸來極盡讚頌歡迎。當時重慶數十家報紙沒有一家對第10軍與方先覺有微詞，只有一家僅是沒作報導，立即被指摘為「別有用心」——可見，民眾心中還是有一桿秤的！面對如此盛讚，方先覺曾表示愧對「各界的歡迎」，稱自己「既未成功，又未成仁」。

方先覺歸來後，葛先才、容有略和饒少偉也陸續逃脫歸來，至此衡陽五虎將得以重新聚首。經過一段時間的休養，方先覺被任命為第37集團軍副司令兼青年軍第207師（青年軍的師相當於普通部隊的軍）師長，孫鳴玉為36師師長，周慶祥為第10軍副軍長兼第3師師長，葛先才、容有略和饒少偉則為軍委會少將高參。此外，還授予方先覺、周慶祥、容有略青天白日勳章（葛先才在戰役期間就已獲得）。

而第10軍的下級軍官和士兵也有不少人陸續逃出，繼續與日軍作戰，此後活躍在湘南地區的抗日游擊隊裏，有些幾乎全是第10軍官兵組成，有些則是以第10軍官兵為骨幹的，如由第3師參謀長張定國和預10師28團3營長李若棟率領的「衡南行署抗日指揮部」、第3師7團2營長侯樹德率領的「抗日游擊大隊」、由第10軍排長鄒國斌任隊長的衡陽自衛軍第7大隊等。

要看到方先覺最後的投降，是在衡陽城破無可挽回的情況下，又有保全部下官兵生命的考慮。從人道主義立場說，無可厚非。更何況他投降之後，仍然尋機逃脫這與「貪生怕死」、「叛國投敵」顯然是有天壤之

別的。當然，投降是與尊崇以死殉難的中華民族傳統文化倫理道德是不相容的，也與抗戰中舉國宣導的寧死不屈的民族氣節也不相容的。這也說明，歷史背後的複雜，後人在評價歷史人物時，絕不能簡單化片面化。

對於那些抨擊第10軍及方先覺的言辭，筆者倒有一言應之：在溽熱酷暑時節，在方圓僅數平方公里的彈丸之地，對抗兵力火力均數倍於己的優勢之敵，僅有零星空投接濟的情況下，你能堅守47天嗎？所以筆者一直認為儘管衡陽最後的結局不那麼光彩，但絕不能因此而掩蓋甚至抹殺第10軍喋血孤城的英勇與頑強，那是真正盡了一個軍人的職守，真正體現了一個中國人的不屈精神，真正要批評的是週邊解圍不力的援軍。

## 解圍之戰

毫無疑問，如果要站在歷史的審判台前，肯定不是第10軍，而是週邊的援軍，整整47天，居然還不能突破日軍阻擊，實在沒有任何理由。雖然解圍之戰有這樣那樣的原因，但真正解圍失利的根本原因是——所有奉命來援的部隊，都不願以自己部隊的犧牲來成就方先覺的英名，尤其是在戰役後期，第10軍已經堅守40多天的時候。

軍委會為解衡陽之圍早在7月12日就命令以李玉堂督率62軍，由衡陽西南猛攻，79軍協同62軍向衡陽西北猛攻，湘江右岸各部亦向當面之敵猛攻。根據這一命令，62軍151師於7月13日攻佔白鶴鋪火車站，軍主力則於14日經南鄉鋪向衡陽急進，左翼的

157師於當日進抵譚子山地區，向阻擊的日軍發起猛攻。79軍以98師進攻金蘭寺，194師直接突向衡陽，至14日已進至新橋。日軍40師團從台源市以南向194師實施猛烈側擊，迫使194師退往西渡以西。

7月16日衡陽戰局告急，軍委會再令62軍猛攻，中途如遇日軍，必須儘快突破前進；79軍則以小部隊牽制正面之敵，主力繼續向衡陽攻擊前進。62軍決定以一部掩護側背，主力奮力攻擊前進，151師以一部佔領洞頭廟、雨母山，主力直出洪山廟，157師以1個連在譚子山監視日軍動向，主力經火山橋出靈官庵，直取衡陽火車西站。

17日，151師佔領雨母山之後，向黃茶嶺、迴雁峰鑽隙猛攻，157師以1個團接替151師雨母山陣地，主力控制於洪山廟，策應各方作戰。79軍則挑選精幹部隊組成6個突擊大隊，向衡陽鑽隙突進，主力則向先橋、西渡猛攻。永豐的100軍68師進抵崇山鋪，以一部前出洪羅廟。

18日，62軍、79軍均全力投入攻擊，151師在東陽鋪、石橋一線與日軍展開激戰，194師的突擊大隊攻佔西渡、大橋鋪，98師的突擊大隊正向望城坡猛攻，而79軍主力則在蒸水右岸展開攻勢。

19日，151師佔領黃茶嶺、歐家町，79軍佔領銅錢渡，日軍在援軍猛烈攻擊下向蒸水右岸退卻，62軍、79軍乘勢向衡陽推進，至20日，151師已抵達衡陽郊外，但遭到日軍阻擊，再難推進。當晚，151師組織力量發起猛攻，一舉攻佔衡陽火車西站，眼見就可與衡陽守軍會師，不料日軍此時剛好停止了對衡陽的總攻，轉而全力來阻擊外線援

軍。21日，日軍向迫近衡陽的62軍發起反擊，62軍頂不住日軍的攻勢，從火車西站一路退到靈官廟，連雨母山要地都丟了。22日，日軍繼續向62軍猛攻，62軍傷亡很大，只得退守盤古嶺。同時79軍也遭到日軍反擊，推進受挫。

軍委會23日嚴令62軍、79軍速解衡陽之圍。兩軍稍加整頓，再次發起攻擊，但在日軍頑強阻擊下，連日苦戰均無進展。28日，62軍在鐵關鋪遭到日軍反擊，激戰整日，不支後退。由於62軍後退，日軍得已轉兵反撲79軍，失去策應的79軍獨力難支，退守英陂、蔡家鋪一線。特別要說明的是，23日軍委會的電報被日軍破譯，橫山勇幾乎與薛岳同時看到這份電報，所以日軍能迅速作出極有針對性的部署，此後中國軍隊多份重要電報均被日軍破譯，這也是解圍失利的原因之一。

鑒於62軍、79軍攻勢受阻，軍委會乃增調第六戰區74軍和第四戰區46軍，該兩軍於29日到達衡陽地區。得到生力軍增援後，30日第24集團軍下令62軍向衡陽火車西站攻擊，79軍全力攻擊望城坳，100軍沿衡（陽）永（豐）公路向衡陽推進，74軍以1個團攻擊永豐以南日軍，主力為二線兵團，視戰況投入有利方向擴張戰果。

8月1日，各部按照新的部署全線開始進攻，100軍攻佔新橋、洪山廟，向雨母山、二塘猛攻；62軍在七里山以南遭到日軍阻擊，難以推進，便轉兵洪山廟，配合100軍攻擊雨母山；79軍在杉橋、楊柳橋一帶與日軍展開激戰。戰至5日，62軍攻佔七里山，開始向衡陽火車西站突進。79軍攻佔雞窩

山，也向衡陽突進。但隨即都遭到日軍瘋狂反擊，攻勢受挫，再難推進一步。

8月7日，第24集團軍調整部署，以62軍、79軍掩護兩翼，以生力軍46軍主攻。8日各部完成調整後開始攻擊，46軍突破雨母山，58師攻佔雞窩山附近高地，79軍攻佔杉橋，與衡陽已是近在咫尺，但就在此時，衡陽卻已陷落，解圍遂告失利。

儘管解圍戰打得是轟轟烈烈，但實際情況卻實在讓人無法接受：其一各部之間毫無協同，當62軍突至火車西站時，79軍卻止步於金蘭寺；當79軍好不容易殺至衡陽西北時，62軍卻已退至鐵關鋪；當79軍、62軍在軍委會嚴令下奮力攻擊時，74軍卻躊躇於常德而不前其二各部心有異志，只圖自保實力，如7月解圍戰中62軍主力集結於譚子山，僅用2個團向衡陽突進，就是這2個團的兵力也曾於7月20日一度攻佔衡陽火車西站，只要再衝一步就可與守軍會合，但卻再未前進，而隨著日軍的反擊，23日便撤回了。——如果62軍投入的是2個師而非2個團，如果到達火車西站後再奮力一戰，情況就大不同了！衡陽之圍始終未解，79軍少校參謀歐陽潤的看法一針見血：「其主要原因，是由於參戰各軍保存實力，以求鞏固其地位，不願與敵寇力戰故也。」中共的《新華日報》在盛讚第10軍英勇的同時就憤慨於「他們的努力沒有得到應有的支援！」而日軍戰史也同樣反映：「敵人之援軍（3個師）已於其間到達衡陽附近，但經我第40師團迎擊後，已棄衡陽而調頭南下。」——一個棄字就非常生動地點明了真正的原因。

## 深遠影響

衡陽失守後，日軍經過短暫休整補充，於9月1日開始重新進攻，連克祁陽、零陵、道縣，14日國軍放棄堅固防禦工事的全州，至此長衡會戰結束。緊接著，日軍又發起了一號作戰的第三階段——桂柳會戰，11月10日攻佔桂林、柳州，11月24日進佔南寧，12月2日攻佔獨山，12月10日，由南寧南下的日軍第22師團與駐越南的日軍第21師團在綏淥會師，完全打通了由華北縱貫中國至印度支那的大陸交通線，實現了一號作戰的戰役企圖。

日軍投入50餘萬，歷時10個月的一號作戰終於達到了戰役目的，中國軍隊在整個會戰中除了第10軍在衡陽堅守孤城47天外，幾乎是一觸即潰，一潰千里，在當時全世界各地同盟國都已轉入全面反攻時，出現這樣一場大敗仗，實在令人不解。誠然，中國堅持抗戰已歷七年，人力物力均已付出了極大代價是客觀原因，但主觀原因，主要是抗戰意志的頹廢，從軍委會最高決策者，到戰區司令、集團軍司令乃至軍長、師長，幾乎再難見到抗戰初期決死一戰的雄心，上上下下都清楚日本的最後失敗已不可避免，那麼保存實力，坐等勝利自然就是上上之策，何必再去與日軍死拼？這一點的典型表現就是第一戰區在邙山頭，日軍在這個背黃河為陣的孤立據點，只部署了2個步兵大隊和1個砲兵大隊，作為南進時的橋頭堡。對於這樣一個態勢極其孤立惡劣的突出據點，擁兵數十萬的第一戰區居然毫無進取之心，聽任其長期存在，而未有主動進攻的任何企圖。軍紀廢弛也是原因之一，許多部隊平時擾民甚重，戰時不戰而退望風披靡，令百姓極度失望。如河南百姓就將湯恩伯的駐軍與水災、旱災、蝗災並稱為河南四大災，因此當湯部撤退時，百姓逃避一空，不要說壺漿以迎，連水都喝不到一口，甚至向部隊開槍也不在少數。

豫湘桂會戰的慘敗，不僅喪師失地，損失了大量兵力，大片土地淪陷，更重要的是在國際上所造成的負面影響。美國看到在日軍已成強弩之末，而制空權又逐漸為中美空軍掌握的情況下，還發生如此慘重的大潰敗，因此對中國的抗戰能力產生了懷疑，認為中國已經不能為最後打敗日本出什麼力，甚至還有可能使日本在太平洋乃至本土失敗後仍盤踞中國與同盟國繼續作戰。鑒於這樣的擔憂，美國參謀長聯席會議於1945年1月建議羅斯福總統儘量要求蘇聯儘早對日參戰，以減輕美國的負擔。於是在1945年2月的雅爾達會議上，中國領導人沒有出席，這是一個非常明顯的信號，表示中國此前在抗戰中頑強苦戰而贏得的同盟國之尊重徹底化為泡影，甚至已經被排擠出了所謂的四強之列。更使所有中國人錐心泣血的是，在雅爾達會議上，美國為了促使蘇聯早日對日出兵，與蘇聯簽定了秘密協定：允許外蒙古獨立、恢復沙俄時代在中國東北的特權（如租借旅順、中蘇共有東北鐵路等）。這一秘密協定不僅直接損害了中國的主權與利益，更使蘇聯得以染指中國東北，對戰後東北亞的政治格局，甚至對1950年爆發的朝鮮戰爭都有著直接的關聯。

儘管有人說，雅爾達會議是美國的一大

■①②數以千計的難民攀在駛離戰區的火車上，每一處可以容身的地方都擠滿了人。

戰略失策，甚至還有人說羅斯福是在當時重病纏身神志不清的情況下才讓蘇聯人得了如此大的便宜。這些話自然都是事後諸葛，在1945年2月，美國對日本作戰的兩大致勝法寶——以「李梅火攻」為代表的戰略轟炸和對日本本土海空封鎖還未全面實施的時候，誰能預見到冥頑不化的日本軍國主義會在半年後宣佈投降？只要能把蘇聯早日拖下

與日本作戰的渾水，犧牲中國的一些主權那是再自然不過的了。而讓美國如此強烈地希望蘇聯早日參戰的根源就在於豫湘桂會戰的大潰敗，完全可以這麼說，這場大敗，丟掉的不只是幾十萬軍隊，也不只是河南、湖南、廣西的大片國土，而是同盟國對中國的尊重與信心。

這場失敗的代價如此之慘痛，恐怕誰也未曾想到，筆者不由想到，要是多幾個方先覺，多幾個第10軍，多幾個衡陽，多幾個喋血苦戰的47天，一號作戰將會是怎樣？雅爾達會議又會是怎樣？戰後的東北亞又將是怎樣？

## 雅爾達會議

　　1945年2月4至11日，在蘇聯克里米亞半島雅爾達（Yalta）舉行的美蘇英三國首腦會議，參加會議的有蘇聯人民委員會主席史達林、美國總統羅斯福和英國首相邱吉爾以及三國的外交部長、三軍總參謀長和顧問。

　　會議討論的主要問題為：一、處置德國問題。三國製訂了最後擊敗德國迫使其無條件投降的計劃，並商定在德國投降後，三國將對德國實行分區佔領，設立盟國中央管制委員會進行協調管理。三國同意從英、美兩國佔領區劃出一個地區，交由法國佔領，並邀請法國參加盟國對德管制委員會。會議決定德國必須解除武裝、解散總參謀部、拆除軍事設施和軍事工業、懲辦戰犯，並在全國的政治、經濟和文化生活中消除一切納粹主義和軍國主義的勢力與影響。會議同意蘇聯提出的賠償總額為200億美元，其中50%應歸蘇聯所有的建議作為討論的基礎，決定設置賠償委員會處理德國賠償問題。二、波蘭問題。波蘭東部邊界當依照寇松線，在若干區域應作出對波蘭有利的5～8公里的逸出。波蘭必須在北方和西方獲得廣大的領土上的讓予，即波蘭將從德國獲得領土的補償，補償範圍應徵詢新的波蘭臨時民族統一政府的意見。波蘭西部的最後疆域定界，待後解決。關於波蘭政府的組成問題，會議達成原則協議：現今在波蘭行使職權的臨時政府，應該在更廣泛的基礎上實行改組，以容納國內外民主領袖。三、遠東問題。12月11日，蘇、美、英秘密簽訂《三國關於遠東問題的協定》，即《雅爾達協定》。蘇聯同意在歐洲戰爭結束後兩、三個月內參加對日本作戰。為此，美、英兩國答應蘇聯提出的下列條件：維持外蒙古(蒙古人民共和國)現狀；蘇聯重新取得1904～1905年日俄戰爭中喪失的俄國以前的權益。即：甲、庫頁島南部及鄰近一切島嶼交還蘇聯；乙、大連港國際化，蘇聯租用旅順港為海軍基地；丙、設立一個蘇中合辦的公司以共同經營中東鐵路和南滿鐵路；丁、千島群島交予蘇聯。上述規定由美國總統採取步驟，以取得中國之同意。蘇聯還表示同意與中國國民政府簽訂友好同盟條約。四、聯合國問題，就安全理事會的投票問題的折衷方案達成了協定。蘇聯撤回16個加盟共和國都成為聯合大會成員國的要求。決定於1945年4月25日在美國舊金山召開聯合國國際組織會議，以便成立聯合國。

# 拂曉出擊導讀

　　民國26(1937)年8月13日，上海淞滬保衛戰爆發，日軍海陸空三軍投入戰場，叫囂「三月亡華」。當時日軍軍艦密集黃浦江上，日夜砲轟中國軍隊陣地。8月16日夜，電雷學校兩艘魚雷快艇由江陰經內河潛駛到黃浦江，夜襲日軍旗艦「出雲」號。

　　「史可法102艇」與「文天祥171艇」，在淞滬保衛戰爆發後第二天離開江陰要塞。兩艇經過偽裝，14日夜從江陰沿內河日隱夜航，「文天祥171艇」因故障遲一天才到上海。「史可法102艇」於15日晚到達上海龍華。16日日間，胡敬端、劉功棣兩艇長隨歐陽格登岸偵察地形和日艦「出雲」號位置，並決定由「史可法102艇」擔任攻擊，「文天祥171艇」負責接應。

　　當晚8時，「史可法102」艇高速衝出董家渡封鎖線，直撲停泊於黃浦江外灘日本郵船碼頭的「出雲」號，當距旗艦300公尺時，連續發射兩枚魚雷，擊中「出雲」號艦尾，轟然兩聲巨響，敵艦受到重創。「出雲號是日本侵華第三艦隊司令艦，也就是日本白川大將的旗艦。」發射魚雷命中目標後，「史可法102」艇急速原路返航，但由於遭「出雲」號砲擊，擱淺於英租界九江路外灘碼頭外。安其邦等官兵立刻將艇內武器卸棄江中，然後汋渡至浦西上岸，安然無羔，不過歷時月餘，才

返回江陰駐地。

　　「出雲」號雖未沈沒，但日軍囂張氣焰受到沈重打擊。「經此一役，日軍很痛恨中國海軍，派飛機四處尋找中國海軍，當時，中國海軍基本上都聚集在江陰。」接下來的江陰保衛戰，見證了中國海軍史上最為慘烈的一幕。阻止日軍建立江陰堵塞線。

中國海軍在抗戰爆發前向德國訂購了5艘潛艇、1艘潛艇供應艦、11艘魚雷艇和1艘魚雷艇供應艦，以及大批魚雷。

　　1937年，中國海軍部長陳紹寬曾向德國以9,900萬馬克，訂購了1艘「VII」級，和4艘「IIB」級潛艇，其中兩艘已開工建造，當時以雷電學校畢業軍官為主力的中國海軍潛艇部隊，派有80名海軍軍士官在德國受訓，並協商自德國海軍艦隊現有潛艇中先抽調一艘提供我國使用，卻因德義日三國於1940年9月27日簽定「軸心協訂」，這些已付過款的裝備全都未能交貨。

　　抗戰時期，跟日軍相比，中國海軍非常弱小。當時中國海軍艦船噸位不足6萬噸，噸位最大者不過3000噸，最小者僅三、五百噸，速度慢，不少艦船還是清朝留下來的，而日本海軍當時總噸位達115.3萬餘噸，排在世界第三，實力已接近英美海軍。

# 拂曉出擊！
## —— 抗戰中中國海軍的魚雷艇作戰

☆劉怡

## 魚雷艇與近代中國海軍

　　1866年那個平靜的下午，當英國海軍上尉羅伯特・懷特黑德（Robert Whitehead）在奧地利的飛雄門河畔第一次試行他那具以蒸汽瓦斯為動力的新製機械模型時，恐怕絲毫沒有意識到此舉將開闢一個時代。短短6年之內，這種以他的姓氏命名為「白頭」的新銳兵器風靡了遍佈幾大洋的列國，人們把這一形狀奇怪的東西叫做——「魚雷」。

　　中國洋務運動的領導者李鴻章在19世紀80年代正值盛年，權力和地位都堪稱一時之極。幾乎自魚雷一誕生起，他就對這種價格低廉、殺傷力大而使用方便的兵器產生了不可抑制的癡迷。1882年，2艘魚雷艇的零件由商船運回中國，在大沽船塢由洋員指導裝配成型。當這兩艘被稱為「乾一」、「乾二」的魚雷艇在白河上飄蕩起蒸汽主機的濃濃黑煙時，中國海軍發展的一個新高潮也由此掀開。此後，李鴻章為建設中的北洋海軍購置了4艘單雷艇，在德國購置的「定遠」、「鎮遠」號2艘鐵甲艦也各攜帶2艘小型魚雷艇。

　　在李鴻章為北洋採購第一批魚雷艇的同時，南方那位熱心洋務的兩廣總督張之洞也

■中國的第一艘大型出海魚雷艇「福龍」，這是甲午戰爭後被日軍俘虜的情景。

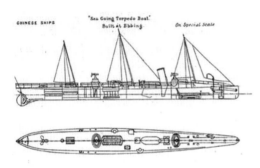

■「福龍」號魚雷艇的結構圖。

在自己的轄區內籌款購置了3艘魚雷艇。兩年後，這個數目增加到11艘。主持福建水師軍務的清流幹將張佩綸則在德國訂購了中國第一艘大型出海魚雷艇「福龍」。魚雷技術的發展把更耐腐蝕和保養更方便的德製史瓦茨考甫（Schwartzkopf）「黑頭」磷銅魚雷帶入了中國，北洋海軍隨即向英、德兩國訂購了以此為主要武器的大型魚雷艇6艘。1888年，當這支中國歷史上首屈一指的正規海軍成軍時，已經擁有了由17艘組成、亞洲一流的魚雷艇部隊，劉公島（位於山東威海衛）上一時一片興盛。

怎奈好景不長。1894年，當這支一度號稱「亞洲第一、世界第四」的北洋艦隊與來自東瀛異國的對手在黃海之中交手時，

「老大帝國」的驕傲卻是那樣的不堪一擊。北洋的魚雷艇隊也多次置身戰鬥前沿，黃海戰中「福龍」甚至得以在極近距離對日本海軍軍令部長樺山資紀的座艦「西京丸」連發兩雷，卻鬼使神差地脫靶，令中方痛失一個可能扭轉戰局的關鍵勝利。戰爭後期，面對日本魚雷小艇一次次乘夜突入威海衛、擊沉擊傷北洋艦隊的大型艦艇，北洋的魚雷艇卻株守母港，坐以待斃。當日軍圍攻威海衛時，更出現了「左一」魚雷艇管帶王平率全體小艇出逃的恥辱性事件，結果北洋的全部魚雷艇幾乎被消滅殆盡。中國的第一次「魚雷革命」以這樣一場突如其來的失敗而告終。

甲午之戰後重建的中國海軍也一度相當重視魚雷兵器的作用，被稱為「魚雷砲艦」的多艘早期驅逐艦和來自德國的4艘星字號魚雷艇構成了朝廷外購軍艦的主力。1907年，已經調任兩江總督的張之洞繼續

■北洋水師的「左隊一號」魚雷艇。

■剛出廠的「左隊一號」魚雷艇，其艦首標有YARROW字樣。

發揮他對內河防禦的極大熱忱，向日本購置了4艘蒸汽魚雷艇——然而這也是中國最後的蒸汽魚雷艦隊。它們被編入長江艦隊，在長江內河巡弋。

1911年底，大清帝國的主力艦連同魚雷艇隊在武昌江面降下了黃龍旗，也揭開了中華民國海軍的歷史。然而，缺乏建設費用的海軍甚至連正常的開支都無法承擔，以至包括魚雷艇在內的海軍各艦隻能為了軍餉而一次次加入軍閥混戰，一次次發生兵變……

1928年底，蔣介石在南京建立了國民政府，中國得到了再次統一，海軍也得到了再生的希望。在有限的經費支持下，海軍購買和自建了一批小型艦艇，艱難地朝著現代化的方向前行。但蔣介石對掌控中央海軍大權、跋扈不遜的閩系人員極為忌憚，寧願維持全國海軍派系林立的狀況而不願完成海軍軍令的「統一」；相反地，他還在江陰籌建一支嫡系海軍。閩系的「叛逆者」歐陽格中將頗有眼光地將這支新軍的建設定位於小型而高速的摩托魚雷艇（Motor Torpedo Boat，簡稱MTB），來自英國和德國的數十艘魚雷快艇在短期內加入到這支特殊的艦隊中。

站在今日歷史的高度看，蔣介石是個深思熟慮的智慧者，也是個能忍辱負重的堅韌者。如果中國海軍在小步快走的狀況下再爭取到5年的發展時間，就可以初步建成一支由火力強大、航速較快的小艦為主的近海艦隊，足以初步抵擋日本海軍的進攻。然而日本的迅速進逼沒有給中國方面任何機會，1937年7月7日抗戰即已開始。當時日本海軍艦艇總噸位110多萬噸，居世界第三；而中國海軍全部艦艇不過6萬8千多噸，且質量極其低劣。無論從艦艇的數量、質量還是官兵的人數和訓練水平看，日方都可以將中國的弱小海軍忽略不計。

然而弱小並不等於屈服。在強大的日本海軍面前，中國的「小」海軍仍表現出了異乎尋常的勇氣。東北海軍沉塞艦艇，組織海軍砲隊參與陸戰；閩系的中央海軍在江陰構築封鎖線，遲滯日軍上溯長江的步伐。江陰戰役中，海軍第一艦隊的主力巡洋艦大戰日軍航空兵，上演了一齣壯烈的「九‧二三」之戰。然而在主力艦艇相繼被炸沉後，中國海軍徹底失去了與日軍正面交手的能力，殘餘的艦艇東躲西藏，無處容身。海軍的抗爭，只剩下了對日本艦隊進行突然襲擊這種非常手段。而實施襲擊的主力，就是這短小精悍的魚雷艇。

抗戰全面爆發時，中國海軍編成內轄有第一、第二、第三艦隊（東北海軍）、廣東省江防司令部（即第四艦隊）和練習艦隊。除練習艦隊和第三艦隊外（東北海軍惟一的

■1911年的「湖鷹」號魚雷艇。

■中央海軍的「宿」字蒸汽魚雷艇。

一艘魚雷艇「飛鵬」於1927年退役），其他都編有魚雷艇。值此抗戰勝利60週年之際，筆者特撰文介紹海軍魚雷艇在抗戰中的作戰情況，以表達對支撐起我中華民族精神的勇士們的懷念。但因相關資料搜集較為困難，故疏漏錯誤在所難免，敬請指正。

## 消逝的背影：
### 中央海軍魚雷艇部隊

南京中央政府海軍部在1928年成立之初，尚未有大的建軍計劃和打算。勵精圖治、以復興海軍自居的陳紹寬部長上任後，提出一個在有限經費下依照所謂「小艦戰略」進行軍備建設的計劃，「暫置主力艦不建，取小艦主義而側重於潛水艦與水上飛機以彌補無主力艦之缺陷以日本駐華艦隊為對象」，即大量建造適用於保護內河和沿海港口的小型艦艇和購買潛艇，以期建成一支可以保衛沿海各口、抗衡日本駐華海軍的近海艦隊。1934年，海軍提出了一個五年造艦計劃案。

從理論上推斷，輕便靈活、適宜在內河航行使用的魚雷快艇應該在此計劃中佔有一席之地。但整個「小艦戰略」的核心在「守」而不在「攻」，魚雷快艇雖然好用，卻不是一種適合防守用途的艦種，因而在造艦案中受到忽視。陳紹寬的主要著眼點是內河砲艇，以及自他1918年寫出《飛機、潛艇報告書》以來一直念念不忘的潛艇。況且從陳紹寬及其他閩系海軍高層的經歷看，他們大多是巡洋艦艦長出身，骨子裏擺脫不了「大艦巨砲」和「艦隊決戰」的思想，沒有

也不可能把有限的資金投入到魚雷艇的購買上。

到抗戰爆發時，中央海軍的魚雷艇共有8艘，均隸屬於第二艦隊。4艘星字號魚雷艇還是甲午戰爭期間清廷緊急訂購的產品，只是因為各國中立問題而未能及時回國參戰，因此稱它們是北洋海軍的遺影也不為過。因為它們以《千字文》中的「日月盈昃，辰宿列張」命名，故又稱為「星」字號。其中「辰」字、「宿」字兩艇是1894年兩江總督劉坤一通過駐德公使許景澄向伏爾鏗（Vulcan）船廠訂購的，1895年冬建成來華，單艇造價28500德國馬克。艇身全鋼質，長43.92公尺（144英呎），寬5.19公尺（17英呎），艙深2.75公尺（9英呎），吃水2.14公尺（7英呎），排水量90噸；動力採用1座3汽缸往覆式蒸氣機、2座燃煤鍋爐，功率1250匹馬力，單軸推進，標準航速10節、最大航速18節，編制31人；載煤量20噸、載淡水量3噸。裝備2門法製37mm哈乞開斯（Hotchkiss）機砲，3具18英吋單裝魚雷發射管（艦首兩側水下各一具，後甲板一具迴轉式），使用黑頭魚雷。整個民國前期，這兩艘魚雷艇都在第二艦隊編成內參與長江戰事，充當內河巡邏艇的角色，歷經幾番兵變與戰損，已屬不堪重負。南京國民政府成立後，它們最初隸屬於獨立的魚雷游擊隊，該隊撤消後又回歸第二艦隊。1933年4月，兩艇因老舊停用。到抗戰爆發，它們不過是掛名在第二艦隊編制下，艦體留於南京下關碼頭，但動力全無，魚雷發射管失去作用，處於完全報廢狀態；所使用的黑頭魚雷也幾近全部失靈。

另兩艘「列」字、「張」字艇為德國碩效船廠1895年建造，艇身長39.65公尺（130英呎），寬4.58公尺（15英呎），吃水1.53公尺（5英呎），排水量62噸；動力為1座3汽缸往覆式蒸氣機，1座燃煤鍋爐，功率600馬力，航速16節，編制31人；載煤量18噸、載淡水量3噸。裝備2門37mm哈乞開斯機砲，3具18英吋魚雷發射管（艦首兩側水下各1具，後甲板1具迴轉式）。1934年12月後兩艦也已停用，只是還有部分動力，艦況稍微好過它們的兩位「同齡人」。但要使用這兩艘古董艦來與日軍作戰，只怕也是勉為其難。

4艘「湖」字號稍微「年輕」一些，是1900年代由那位熱心內河防禦和海軍建設的湖廣總督張之洞以湖北善後局名義，通過日本駐漢口領事永瀧久吉向神戶川崎造船所訂造的。「湖鵬」、「湖鶚」於1907年5月31日下水，1907年10月19日建成移交；「湖鷹」、「湖隼」於1907年11月17日下水，1908年3月16日建成移交；每艘造價38萬日元(合白銀328436兩)。本級艇為日本水雷艇「67號」改型設計，鋼質船身，排水量97噸，艇身長41.18公尺（135英呎），寬4.73公尺（15.5英呎），艙深2.75公尺（9英呎），吃水2.29公尺（7.5英呎）；動力為1座3汽缸往覆式蒸汽主機，2座燃煤鍋爐，功率1200馬力，雙軸推進，標準航速14節、最大23節，編制34人；載煤量28噸，載淡水量4.5噸。前、後甲板各安裝1門3磅47mm

■中央海軍的蒸汽魚雷艇「湖鵬」號。

■「列」字艇1929年的照片，與「宿」字艇相比外形有很大不同，最突出的特徵是只有一個煙囪。

| 民國二十三年提出海軍五年造艦計劃案： | | | |
|---|---|---|---|
| 艦種 | 排水量 | 艘(架)數 | 備註 |
| 嚮導艦（巡洋艦） | 2400噸 | 1 | 擔任旗艦 |
| 驅逐艦 | 800噸 | 16 | 擬分為兩隊，以「寧海」、「平海」兩艦分任旗艦 |
| 潛水艇 | 600噸 | 21 | |
| 佈雷艦 | 800噸 | 4 | |
| 掃雷艦 | 600噸 | 8 | |
| 水上/轟炸機 | | 150架 | 分為三隊 |

速射砲，還裝有3具18英吋魚雷發射管(艇首水中固定一，後甲板安裝雙管可旋轉式一座)。1909年清廷「統一海軍」時，4艘「湖」字艇被編入長江艦隊，民國後則在第二艦隊序列中使用，陳紹寬在民初還擔任過「湖鵬」的艇長。從北洋軍閥到南京國民政府時代，各艦在十多年的混戰中都是長江上征戰討殺的好手，也因為如此，艦體多有損傷，主機年久失修，航速下降；作為主要攻擊武器的黑頭魚雷因為缺乏保養和補充，戰雷頭相繼失靈，基本失去作用。此時這4艘魚雷艇，充其量還能起一點巡邏艇的作用。

中央（閩系）海軍在抗戰爆發時的魚雷艇狀況就是如此。與當時在列強海軍中嶄露頭角的MTB相比，這幾艘蒸汽魚雷艇都是前清遺留的舊貨，屬於現代驅逐艦的雛形，技術上已經落後了整整一個時代；而且因為保養不善，缺乏維修，或已經報廢，或無法使用魚雷。但中國海軍的艦艇數量實在有限，即使是這種艦況下的魚雷艇，也不能逃避抗戰禦侮的職責。它們此時既然已無法用自己的利器殺傷敵人，只能以自己的身軀悲壯地迎向倭寇的利刃。

按照1937年2月參謀本部制定的《民國廿六年度國防計劃》，「中國海軍就質而言，不能於遠海殲敵；就量而言，也不足以防衛各海口。所以海軍應避免與敵海軍在沿海各地決戰，保持我之實力，全力集中長江，協力陸空軍之作戰」。抗戰甫一爆發，海軍第一、第二艦隊的49艘艦艇就集中到南京以下的長江航道中，「拱衛京畿」。7月28日，最高國防會議決定在日軍尚未進攻長江流域之前制敵機先、封斷長江航路，截斷

■已屬於偽「維新政府」水巡部的「海靖」號（即原「湖鶚」號）魚雷艇，前景則為「海綏」號（即原「建康」號驅逐艦），艦尾飄揚的是偽「維新政府」的五色旗。

■「湖鷹」號魚雷艇的官兵正在轉動發射管準備發射魚雷。

長江中上游九江、武漢、宜昌、重慶一帶的日軍第11戰隊13艘艦船和大批日僑的歸路，並防止日軍溯江而上進攻南京。8月12日，海軍在江防樞紐江陰構築沉船堵塞線，已經報廢的「辰」字、「宿」字兩艘星字號魚雷艇與「通濟」練習艦、「大同」、「自強」巡洋艦、「德勝」、「威勝」水機母艦、「武勝」測量艇以及海軍徵用的20艘商輪一起被拖到主航道中心，下沉封江，成為海軍首批為抗戰而犧牲的艦艇。

江陰封鎖線雖然構築完成，日軍第11戰隊卻因提前得到情報，得以在封江進行之前就逃出長江口。中國海軍隨後就以江陰封鎖線為前沿，主力第一艦隊的巡洋艦在封鎖線後靜候日軍進犯的到來，第二艦隊的諸多中

小艦艇則在長江中巡弋警戒。在封鎖線構成後，4艘「湖」字號魚雷艇顯然不可能到吳淞口去襲擊日軍的「支那派遣艦隊」，加上它們本來就艇齡過長，航速又低，遠遠無法與航速多在30節以上、火力強大的日艦相抗，只能執行巡邏、佈雷等任務。

1937年9月22日和23日，日軍出動海軍航空兵主力，一舉摧毀了在江陰封鎖線後列陣的中國海軍第一艦隊主力巡洋艦「寧海」、「平海」。但中國海軍在疏散部分艦艇後，仍保留一部分力量繼續在封鎖線附近巡邏，激烈的防空戰鬥繼續進行著。10月2日，巡邏於江面的「湖鵬」遭日本海軍航空隊飛機轟炸。儘管火力貧弱，艇長梁序昭還是指揮艇員們進行了英勇還擊，以步槍和機槍對空猛烈射擊，日機回以俯衝掃射，魚雷艇有數人傷亡。最終軍艦被多枚近失彈所傷，因為艦體單薄且歷年來修補不斷，此時多處開口，進水無法控制，沉沒於江陰附近之目魚沙。10月8日，堅持在封鎖線上巡邏的另一艘魚雷艇「湖鶚」亦遭日機攻擊，也是在近失彈和機槍子彈損傷下造成艦體鬆動損壞，多處進水。幸好該艦當時是在水淺的鱘魚港一帶，艇長指揮軍艦擱淺在淺灘上。艇員們將機槍、火砲等能拆卸的武器裝備全部拆下帶走，破壞了主機和魚雷發射管，上岸加入海軍砲隊繼續抗戰。

次年，溯江節節而上的日軍開始清理長江航道，打撈江陰封鎖線一帶的沉船。「湖鶚」也被日軍拖船從淺灘拖出，送到被佔領的上海江南造船廠進行整修和改裝。日軍重新為該艇安裝了主機，徹底拆除了已經損壞的後甲板魚雷發射管，裝上1門40mm砲和

2挺7.7mm機槍，艇艏固定式的一具魚雷發射管雖因結構原因無法拆除而保留，但實際已無作用了；針對該艦艦體質量不佳的狀況，日方技術人員還在艦體外側裝上多塊裝甲板以加強防護。1938年6月15日，整修一新的「湖鶚」號被命名為「翡」，做為日軍的雜役艇使用。時值1938年秋，日軍扶植的梁鴻志偽「維新政府」搬到了南京，日本「支那派遣艦隊」司令部希望擴大偽軍，擔任「維新政府」綏靖部長的大漢奸任援道也通過其顧問寺田予以促成，於是在1939年春成立了「維新政府綏靖部水巡隊」，任援道自封為水巡總司令。水巡隊下設南京、江陰、閔行3個基地，其中最早設立也是力量最強的南京基地有1個水巡大隊計200餘人，步槍200多支，輕機槍7、8挺，重機槍2挺，但最初並沒有艦艇。1940年3月汪精衛偽南京政府成立後，「維新政府」與北平的「臨時政府」合併，「維新政府綏靖部水巡隊」統歸汪偽海軍部指揮，出於製造「親善」氣氛以拉攏偽政權，也為加強其力量以協助維持後方，日軍於1940年12月21日在南京江面舉行了一個「贈艦儀式」，將兩艘

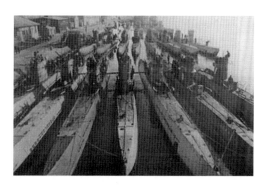

■大批德國II級潛艇停泊於港內，第一排左數第三艘即為原中國訂造的「U─121」號。

軍艦移交給「綏靖部水巡隊」並掛起了「維新政府」的五色旗。這兩艘軍艦一是在江陰封鎖線上戰沉的原國軍驅逐艦「建康」，後被日軍打撈整修後成為雜役船「翠」，此時重新命名為「海綏」；另一艘就是「翡」，改名為「海靖」。兩艦均由南京水巡隊基地指揮，常年在南京附近江面巡視。抗戰勝利後，該艦被中國海軍收回，本應恢復原名，但在接收登記時出現差錯，誤寫作同型艦「湖鷹」。這艘新「湖鷹」依記載是繼續在中國海軍中使用的，但不久就下落不明。據筆者推斷應該是隨著大批美援和日偽戰利艦的到來，報廢除役了。

1938年8月9日，真正的「湖鷹」艇在長江中游湖口、馬當一線承擔佈雷任務，支援武漢戰場外圍。但該艇卻在蘭溪與一艘商船碰撞，艦體出現一個大口，進水不止，被迫衝上淺灘擱淺。巡邏的日機數架發現該艇後，前來輪番投彈，在猛烈爆炸中該艦滑入水中沉沒。

中央海軍的最後一艘「湖」字艇「湖隼」參加了抗戰初期海軍幾乎所有戰鬥，因運氣頗佳，始終倖免於難，並隨同中國海軍最後殘存的十幾艘內河小艦撤到上游的重慶。1940年9月4日的重慶大轟炸中，「湖隼」在川江上中彈受傷，但經過修理得以繼續服役，並一直堅持到了1945年。

1945年8月15日，抗戰勝利了。這一天，在中國的領水裏遊弋巡邏的，只有包括「湖隼」在內的17艘中國海軍艦艇。

「湖隼」在光復後繼續服役於第二艦隊。不過該艇已太老舊，其任務很快被繳獲的大量日軍內河艦艇所取代，該艇也在不久

■ 陳紹寬上將（1889－1969），福建閩侯人，江南水師學堂駕駛六期畢業，歷任中華民國海軍部長（1932）、海軍總司令（1938）等職。

後報廢除役。

值得一提的是，國共內戰爆發後的1949年淮海戰役中，國軍在撤退時曾於安徽裕溪口下沉報廢軍艦2艘，試圖以此舉阻塞巢湖至長江的運河聯絡以阻絕共軍攻勢。按照國方的記載，這兩艘軍艦一為前驅逐艦「建康」（即前述汪偽的「海綏」），一為魚雷艇「辰」字。但鑑於「辰」字早在1937年就自沉於江陰封鎖線，筆者懷疑這就是那艘下落不明的新「湖鷹」（即前述的「湖鶚」，原汪偽的「海靖」），因為兩艘軍艦接收時間、地點一致，從國軍序列中消失也在同一時間。1950年7月24日，長江打撈公司開始打撈兩艦，此時泥沙已完全淹沒了兩艦艦體，僅煙囪、駕駛台露於泥外。打撈人員以炸藥炸沙及炸船體的方式逐步拆解艦體，至8月16日終告完成；除解除河道淤塞外，還獲得銅鐵物資計41.3噸。

筆者還要在此稍加贅述的是，陳紹寬部長20年來一直對潛艇這種新銳兵器抱有極高的熱情，希望借助潛艇實現守衛海口要港和護衛海岸線的功效。在他製訂的海軍建設計劃中，潛艇就是一個重要組成部分。德國顧問對中國政府的影響力更進一步促進了中央海軍的現代化計劃，潛艇、魚雷武器甚至還

包括一艘輕巡洋艦都出現在雙方的規劃內，德國還在1935年成立合步樓公司（Handelsgesellschaft fur Industrielle Produckte 工業產品貿易公司，簡稱Hapro）專門辦理對華軍售。

抗戰爆發之際的4月，陳紹寬本人正作為中國祝賀英王喬治六式加冕代表團副使在歐洲考察，遂通過法爾肯豪森總顧問的關係，以9900萬馬克的價格向德國訂購了5艘潛艇(1艘五百噸遠洋潛艇VII型，4艘250噸級潛艇II型)和1艘潛艇母艦（submarine tender）。第一批撥款1000萬馬克到位後，其中2艘IIB型即在呂貝克（Lubeck）的Flender Werft廠開工建造，第一艘定於1938年底完工。

IIB艇水面排水量279噸，水下排水量329噸，全長42.7公尺（140英呎），寬4.08公尺（13.5英呎），深12.75英呎，柴油電動主機功率700馬力，水面航速13節，水下7節，續航力1800海哩/12節（水上），35－43海哩/4節（水下），最大潛深150公尺，乘員25人；主要裝備為3具21英吋魚雷發射管(全在艇首，備射5枚)，1門20mm機砲（備彈1200發），造價每艘1000萬馬克。根據馬幼垣先生的考證，德國方面利用軍售中國的這個機會去做試驗，大肆更改II型潛艇指揮塔的設計，以致該型艇適航性極差。

陳紹寬7月回國時派王致光赴德監造潛艇，中國海軍還派出80名官兵在德受訓，並協商自德國海軍現有潛艇中先抽調1艘提供中國使用。然而隨即抗戰爆發，德國對中國的態度也逐漸發生變化，廠方為這二艘潛艇

準備的原料器材不斷被德國政府徵用。在中國方面，則自第一次付款後再無經費到位，後續艦隻均未開工，已開工的兩艘也進度緩慢。1939年9月1日，兩艘潛艇尚在建造中時，德國政府即聲明將不會將之移交給中國海軍，並同意退還貨款1000萬馬克。1940年9月27日，德、意、日三國簽訂軸心協定，中德關係由此完全破裂。兩艘已經開工的IIB型潛艇原定移交給南斯拉夫海軍，但在1940年4月及5月分別完工後由德國海軍接收，成為其訓練潛艇「U-120」與「U-121」，1945年5月2日在不萊梅自沉。1949年10月，德國政府加以打撈，歷時約一年終於成功，然後出售解體。至於原定計劃中的潛艇母艦（submarine tender）一艘，則因經費不到位而根本未開工。

## 神秘勁旅
### ——電雷學校快艇大隊

所謂戰鬥快艇，指的是速/長比[V/√L，其中V指航速（節），L指船長（英呎）]在4以上的快速艇，包括長20公尺、航速18節左右的滑行艇到航速30節以上、排水量500噸以下的艦艇，在本文中則專指MTB。

1900年代初，歐洲還是一片風平浪靜，航海、賽艇等體育運動盛行，木製外殼、以汽油機驅動、高速破浪的賽艇為軍用快艇的開發提供了優秀的母型，催生了這種短小精悍的利器。第一次世界大戰期間，出於反潛需要，義大利海軍在威尼斯的萬斯船廠開發出一種16公尺長、採用2台225馬力汽油機

動力、木製艇體的反潛摩托艇（MAS），航速達到23節。這種小艇在1916年2月誕生時是作為砲艇設計的，但隨後就在兩舷各加掛上一條魚雷，用於執行突襲任務。戰爭期間義大利先後建造了約300艘這樣的MAS小艇，採用偷襲戰術一舉擊沉了奧匈帝國最新的主力艦「聖伊斯特萬」（Szent Istvan）號，一時令各國側目。

英國在同一時期也開始了這種輕型魚雷艇的開發。一貫擅長輕型艦艇建造的桑尼克羅夫特（Thornycroft）公司在1910年的「米蘭達」型競速艇設計基礎上開發出了多個型號的沿岸摩托艇（Coast Motor Boat，簡稱CMB，顯然是為了保密），最大的CMB 55型排水量12.4噸，可以攜帶2條18英吋魚雷。一次大戰期間英國一共建造了400艘CMB，廣泛使用於北海和波羅的海。

德國MTB的建造則始於1916年夏拆除佛蘭德海灣反潛網後，當時建造了一批航速31—32節、裝備若干火砲和一具18英吋魚雷發射管（在艦首）的排網艇。在使用中德國人認為較小的滑行艇在風浪中航速會急劇降低，於是決定採用圓舭（船底和船側之間的彎曲部分）排水型，動力上採用齊柏林（Zeppelin）飛艇的240馬力梅巴赫

■廣東海軍向英國桑尼克羅夫特公司訂造的魚雷快艇「1號」。

（Maybach）六缸汽油發動機。1917年初在呂爾森公司訂造了第一批，排水量19噸、航速30節，稱為飛船快艇（Luftschiffmoterenboote，簡稱LM），大概是因為採用了飛艇發動機的緣故。大戰期間建造了20艘，大多在北海和波羅的海服役。

一次大戰雖然是MTB發展的高速期，但此時各國對這種武器的技術改進和戰術使用尚在摸索中，因而大戰期間各國MTB總共只取得擊沉艦艇18艘的戰果。

戰爭的結束並未降低MTB發展的熱度，相反，列強一方面削減陳舊快艇，一方面積極開發新艇型和建設配套維修、補給設施。在快艇的外形設計上也日益分為兩派：義大利和英國採用高速的尖滑行艇型，艇底肥短而扁平，航行時迎面水流對艇底的壓力能將艇體抬到水面滑行，航速能達到40—50節，缺點是航海性比較差、經不起風浪，續航力也比較小；德國則繼續堅持一戰時LM艇的圓舭排水型，艇身細長，艇體橫剖面近似半圓形，航速雖然不如滑行艇但適航性卻遠遠過之。

凡爾賽和約禁止德國海軍建造和裝備魚雷快艇，但呂爾森等公司採取虛與委蛇的一貫方法，通過為國外商家生產商業摩托遊艇來維持技術儲備。1928年，呂爾森船廠完成了一種22.5噸、使用3台550馬力汽油機的合金、木合構商用快艇，其航速（34節）打破了當時的世界紀錄，引起了德國海軍的興趣。1930年，受海軍委託，呂爾森廠在聯絡艇（Unterseeboote Zerstrrer，簡稱UZ）名義下完成了德國戰後第一艘魚雷快

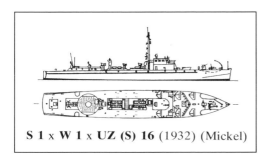

**S 1 x W 1 x UZ (S) 16** (1932) (Mickel)

■德國在一戰後製造的第一艘S艇S 1。

艇（Schnellboot，簡稱S-boot）S 1，排水量39.8噸，裝備2具21英吋魚雷發射管，3台戴姆勒-奔馳（Daimler-Benz）BFZV-12汽油機驅動下航速達34.2節；同型艇又建造了4艘，即S 2~5。1934年完成8艘改進型S 6型，換裝了新型M.A.N.柴油機，排水量升至75噸，其中3艘出口到中國。到1936—39年期間生產的12艘S 38型艇時，排水量已經達到92.5噸，3台戴姆勒—奔馳MB511汽油主機提供6150馬力，航速達到39.8節。1935年，德國在基爾港組建了第一個S艇縱隊，1938年組建了第二個。

英國在一戰後一直致力於改進其CMB的抗浪性，其中設計師科特·佩因設計的一種新艇型被作為主流艇型。這是一種底部滑行面與艇體舷側呈角棱型的無斷階艇型，因其底部橫斷面為V型，所以又稱V型艇。1935年義大利入侵阿比西尼亞（衣索匹亞）後，英軍緊急由BPB公司建造了8艘22噸的MTB，航速33節，裝備2條18英吋魚雷。為對抗德軍裝備21英吋魚雷的S艇，英國在1937年進行的MTB工程競賽上要求設計能攜帶21英吋魚雷、航速40節，最後沃斯帕公司的MTB102中選被投入批量生產。排水量37噸，3台汽油機功率3600馬力，航

速42節，代表了那個時代英國MTB的研製和建造水平。當時英國在這一領域無疑走在世界前列，多個型號的英製MTB裝備了歐洲和世界各國海軍，其中就包括中國。

義大利從一戰結束到二戰爆發，一直在建造的主力仍是基於一戰設計的20噸MAS艇，只是換裝了先進的英達·弗拉西尼發動機。1937年，帕利埃特公司生產出10艘帶兩個斷階的木製滑行艇MAS 501型，排水量21噸帶兩條18英吋魚雷，主力功率1100馬力，航速高達50節！1939年，又生產出10艘更大的MAS 526型。

要瞭解抗戰前中國海軍摩托魚雷艇MTB的裝備情況是一件不甚容易的事，只因原始資料極為匱乏；加之中國海軍處於分裂狀態，地方海軍購買、裝備艦艇的情況很難在各國公開出版的資料中查閱到。所幸通過對蛛絲馬跡的分析，還是可以推斷出在1921—1938年間至少有27艘摩托魚雷艇曾被出售到中國。而其中最大的客戶，就是那支神秘的海軍勁旅、蔣委員長的「嫡系」電雷學校。

## 電雷學校

1928年底南京國民政府成立時，就設有海軍部；年底，東北海軍也在名義上接受中央政府統轄並領取了第三艦隊的番號，中國海軍實現了形式上的統一。但在實質上，海軍依附於各地方、四分五裂的現實並沒有因國家的形式統一而有所改變。控制中央海軍的閩系擁有第一、第二和練習艦隊，第三和第四艦隊分別是東北與廣東的地方海軍，

幾個派系之間不僅互相對立，而且派系內部也內鬥不斷。1932年，閩系海軍因「海軍大學」事件引發的紛爭一度使陳紹寬本人恢心下野，東北與東北海軍則各有兩次嚴重兵變，但陳紹寬並沒有改變「統一海軍」的初衷。

與之截然不同的是，國民政府軍事委員會委員長蔣介石則並不十分關心全國海軍對中央的服從，而是有別樣的想法。在他看來，控制中央海軍的閩系與舊北洋軍閥關係極為深厚，在20年代即頻頻因為軍餉等事由發生兵變，暮氣深重；北伐之時，閩系海軍因為及時倒戈而維持了其自前清以來就作為中央海軍的地位，但也正因為如此，內部沒有經過絲毫實質的改革，官僚作風和排資論輩依舊，跋扈難制和門戶之見依舊，實在不值得信任。假使全國海軍力量統一於這樣一個海軍部之下，也未見得會有什麼好處。因

而他對閩系只是籠絡利用，內心的真實想法，則是建立一支完全處於現存體制外的嶄新力量，類似當初在黃埔建立陸軍軍官學校以培養陸軍人才，培養一支絕對服從領導、小型精幹的「新海軍」。

1932年「一‧二八」淞滬事變，在上海的閩系海軍第一艦隊艦艇消極避戰、觀望不前，致使日本海軍艦艇入侵長江，一度威脅南京，京畿震動，朝野上下對閩系海軍一片抨擊。蔣介石認為國是緊急，同時建立一支嫡系海軍的時機已經成熟，遂跳過海軍

■電雷學校鎮江校區校門。

■歐陽格中將（1895—1940），煙台海校駕駛十期畢業，電雷學校的創立者和首任校長。1940年在閩系壓力下被軍委會判死刑。

部，委派從閩系中脫離出來、曾隨孫中山在廣東參加護法的歐陽格中將到鎮江北固山的甘露寺創立電雷學校，中國現代海軍史又一個大名鼎鼎的系統——電雷系，就此誕生。

電雷學校直轄於參謀本部，不接受閩系中央海軍的命令，但一切制度、課程、服裝均為海軍式。學校第一任校長為歐陽格，教務主任馮濤，下設教務組和事務組，學生隊和學兵隊帶隊軍官由桂永清自中央軍校教導總隊調來，教職員主要來自廣東的黃埔海校、東北的青島海校以及中央海軍中一部分不滿閩系的人員，此外還聘請了德籍顧問勞威等。招生時注重籍貫，嚴格杜絕福建人氏的進入，以實現其「純潔性」。比較特殊的是，因為電雷設校的初衷是建設一支以水雷和快艇為主的江防力量來阻止日軍溯江進犯，所以它不但是軍校，也是戰鬥部隊，先後編成了一個魚雷快艇大隊和一批練習艦艇，儼然是一支獨立的小型海軍。

電雷學校成立之初，參謀本部將其直屬的江陰電雷大隊撥給電雷學校，該大隊有視發水雷數具，可以做為學員的實習之用。歐陽格還利用自己在浙江外海警察局的關係，調來了「海靜」號巡邏艇、「鎮海」號駁船和「01」號汽艇供學員和學兵們練習佈雷用。

電雷學校既然意在培養非閩系的海軍幹部，當然倍受舊海軍的排擠。陳紹寬與整個閩系對電雷都懷有極大的敵意，以「非我族類，其心必異」的心理頻頻給電雷學校穿小鞋。電雷校長歐陽格中將被海軍部敘階為少校，電雷學員和學兵被禁止穿海軍制服，後經歐陽格再三爭取才獲得了海軍制服的穿著權，但帽沿上不得繡有「中華民國海軍」字樣。電雷學校學生畢業後海軍部不承認其具有海軍軍籍，而電雷學生第一次上艦參觀必須在德國海軍的「科隆」號巡洋艦上進行，因為海軍部拒絕撥出軍艦供學生實習或參觀。好在電雷堪稱「海軍的黃埔軍校」，自然受到蔣委員長的特別照顧，才不至於早早被閩系海軍所消滅。

1934年12月，電雷學校第一期航海班

■電雷學校江陰校區。

學生50人和學兵300人經2年學習畢業，在「同心」、「同德」兩艦上實習9個月後，挑選出楊維智、劉功棣赴英國，齊鴻章、崔之道、黎玉璽、汪濟、姜瑜、王恩華、李敦謙、傅洪讓等赴德國學習魚雷快艇技術。同年，該校向英、德兩國訂購了10多艘魚雷快艇，於1936年底—1937年初回國，中國第一支魚雷快艇艦隊由此編成。

　　1936年，電雷學校在招收了兩期學生後遷往江陰黃山港，改隸軍政部，正式定名為軍政部電雷學校。蔣中正親自兼任校長，歐陽格任教育長負責實際事務。此時德國顧問已經回國，歐陽格遂覓得對快艇使用更為熟悉的意大利顧問來校授課並充當工程師和技術員。學校此時的編制也大為擴充，設立

了辦公廳及教務、訓練、軍務、財政、經理5個組，下轄學生大隊、學兵總隊、快艇大隊、魚雷大隊、工廠、醫院和直屬艦船。

　　抗戰爆發時，電雷學校的快艇已有11艘編入快艇大隊的戰鬥序列，歐陽格親自兼任大隊長，安其邦任隊副。其中1936年接收了8艘英制艇，分別編組為「文天祥」和「史可法」兩個中隊。各艇艇長皆為電雷一期畢業生，編階上尉：「史34」薑翔翱，「史102」胡敬端，「史181」楊維智，「史223」陳溥星，「文42」黃震白，「文88」謝宴池，「文93」吳士榮，「文171」劉功棣。1937年又接收了3艘德制艇，編為「嶽飛」中隊，「嶽22」艇長齊鴻章，「岳253」崔之道，「岳371」黎玉璽。此時的

電雷學校已是中國中擁有魚雷快艇最多的作戰單位。為對快艇進行防空隱蔽，學校在黃山下開挖了洞庫；還分別在德國及香港訂購了魚雷快艇母艦各一艘。1937年1月，又用商輪改裝成1080噸的練習艦的「自由中國」號，以教官陳立芬為艦長，供學員赴外洋做遠航訓練用。可歎的，電雷初建時是計劃同時建立快艇與水雷兩支部隊的，但歐陽格為避免閩系掣肘，完全採用外購的英國和德國「S」式、「H」式兩型水雷，成本過於高昂，以至規模太小。從初建到1938年中，電雷共招收學員和學兵4期，共計畢業學生108人，學兵500餘人。

抗戰爆發之時，電雷二期航海科學生兵248名正隨「自由中國」艦在南洋做遠航訓練，歸航時戰爭已經爆發，海岸皆已被封鎖，於是在香港靠岸，人員循陸路返校。日軍進逼南京之時，電雷學校先遷江西星子，後又退湖南嶽陽。1938年6月28日，電雷學校教育長歐陽格中將因作戰不利罪被扣押，電雷學校也被海軍總司令部接管。閩系不打

■「史102」快艇出擊「出雲」前進行的偽裝。

算接受尚未畢業的第3、4期學員，學員們也拒絕進入閩系的海軍學校，最後後將這批學生轉入遷移到四川萬縣的原青島海校繼續學習；所屬12艘魚雷快艇及其它可用裝備交予海軍總司令部成立快艇大隊參加作戰。電雷學校的歷史至此結束。

電雷學校的創始人歐陽格被捕後，遭遇閩系聲勢驚人的指控，被認定犯有貪汙和不戰而退之罪狀，於1940年8月在重慶被槍決，真正原因則至今眾說紛紜。至於電雷的畢業生，在抗戰後蔣介石解決閩系、建設

■黎玉璽將軍系電雷一期，歷任「太康」艦長、臺灣海軍總司令、臺灣國防部參謀總長，海軍一級上將。

■德軍的S艇戰爭獎章。回想中國海軍的S艇未能全功卻悲壯犧牲的經歷，我們惟有把無聲的敬意與永恆的悼念獻給這些無名的勇士。

「新海軍」的運動中成為中堅力量，到臺灣後不少官居海軍要津。最著名的黎玉璽曾擔任過臺灣海軍總司令和參謀總長。

## 拂曉出擊！

1937年8月14日，也就是「八·一三」淞滬抗戰開始後一天，國民革命軍事委員會下令以黃山港的電雷學校為基礎成立江陰區江防司令部，電雷學校教育長歐陽格中將兼任司令，參謀長徐師丹上校。但當時停泊在江陰江面的閩系海軍第一艦隊因為派系鬥爭並不與之聯絡配合，電雷學校在作戰規劃上只能自行其是。歐陽格深知魚雷快艇乃是一種攻擊性武器，必須在攻擊戰術下才能發揮效用，所以迫不及待地派快艇大隊長安其邦中校率「史102」艇與「文171」兩艇前往上海奇襲日本第三艦隊司令長官長谷川清的旗艦——「出雲」號裝甲巡洋艦。

「出雲」（Izumo）艦是日本1898年向英國訂造、日俄戰爭期間使用過的裝甲巡洋艦，退出第一線後改為海防艦，中日戰爭爆發後派遣來華。標準排水量9750噸，長121.92公尺，寬20.93公尺，吃水7.37公尺，主機功率14500馬力，航速20.75節，編制672人。裝備203mm砲4門，150mm砲14門，12磅速射砲12門，2.5磅速射砲8門，450mm魚雷發射管4具。

擔負此次任務的「史102」艇與「文171」兩艇同屬電雷學校向英國桑尼克羅夫特公司訂購的CMB，是在一戰時期的CMB55型基礎上設計的。與中央海軍的「湖」字號等大型蒸汽魚雷艇不同，CMB是木質艇

殼，排水量只有12.4噸，艇身長16.78公尺（55英呎），寬3.36公尺（11英呎），吃水0.99公尺（3.25英呎），可以用火車裝運；主機為2部汽油機，功率950馬力，雙軸推進，最高航速40.3節。主要武器是2具18英吋的白頭魚雷發射管和2挺7.9mm機槍，另帶4枚水雷，乘員5人。它們的魚雷發射方式也很特別，沒有發射管，兩枚魚雷平時安放在艇尾的滑槽中，發射時由魚雷手鬆開固定夾讓魚雷滑入艇尾的水中自行前進，然後快艇加速轉向由魚雷前方避開離去。

胡敬端、劉功棣兩艇長受命後，對艇進行了偽裝，於當夜啟航。2艇只開動副機從江陰內河入江，晝隱夜行。途中，「文171」艇發生故障，停機搶修，遲一天到達。「史102」艇按計劃於15日晚到達龍華，胡艇長在水泥廠與先期到達的歐陽格司令等人進行了簡短的研究，決定仍按原方案單艇出擊。第二天，在與友軍取得聯繫後，安其邦、胡敬端等在英租界外灘一帶偵察「出雲」艦及附近情況，發現十六鋪封鎖線外有敵砲艦巡防，外灘江面停泊多艘各國軍艦和商船，環境比較複雜。這時，「文171」艇也趕到，歐陽格為慎重起見，決定仍派「史102」艇單艇出擊。

16日晚8點正，「史102」艇從上海新龍華開動副機，悄悄駛出十六鋪附近的三道沉船封鎖線和各國艦船後，開動兩部主機，全速向下游衝去。但江面觀察困難，駛至陸家嘴附近仍看不清「出雲」號停泊的位置，再推遲發射魚雷就有可能喪失戰機。此時敵哨兵已發現魚雷艇並拉響警報，敵艦上的機槍和火砲一齊開火，江面上騰起一個個水

■正在發射魚雷的S艇。

柱。於是，該艇在距離300公尺處以50度角向預定的位置發射了2枚魚雷，隨即轉舵回航。但由於「出雲」號周圍已經用幾艘駁船佈設了防雷網，一枚魚雷擊中防雷網引起了爆炸，炸毀了敷網的駁船；一枚則擊中岸壁，未能直接命中敵艦。然而，爆炸產生的巨大震動仍使「出雲」號遭到一定創傷。

這時，「史102」艇也被「出雲」號砲彈擊中油櫃、機件及艇底，只好衝灘擱淺在英租界九江路外灘稅關棧橋碼頭外檔。艇員將艇上機槍拆卸拋入江中，人員泅水隱蔽在碼頭下面，等到夜深人靜才游泳上岸；艇員有一人負傷。這時，事先安排好的接應人員將他們接到租界內的惠中飯店，歷時月餘才返回江陰。

8月20日，何應欽致電歐陽格，謂：「南京路外灘一役，我快艇官兵壯烈殉國，深為欽佩。雖未獲成功，但已減敵艦驕橫之氣焰。尚望再接再厲，整飭部署，以竟全功。」日本方面事後也不得不承認：「這是中國海軍第一次主動的攻擊。」

「史102」艇長胡敬端此役後成為中國海軍的英雄人物，並在抗戰勝利後出任海防第一艦隊旗艦「長治」號上校艦長。1949年9月20日，艦上士兵在南京江面叛變投共，胡敬端因不願服從而被打死。

抗戰中「出雲」號作為日軍旗艦屢遭到中國海軍攻擊，但大難不死，1944年得以全身回到日本，1945年7月24日在吳港被美機炸沉。

70年代，臺灣中國電影製片廠把「史102」艇襲擊「出雲」號艦的經過拍成了電影《海軍突擊隊》。但因劇情過於誇張荒誕，海軍總部十分不滿，最後連拷貝都被燒

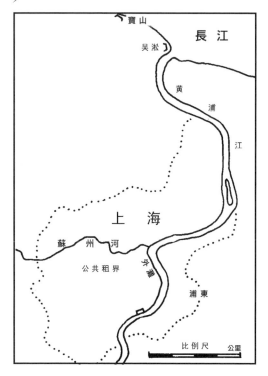

■上海附近水文狀況圖。想當年「史102」艇就是沿著內河下駛到浦東一帶，上演奇襲「出雲」號的壯舉。

掉。中國海軍的一段盪氣迴腸的傳奇，從此消逝在歷史的長河裏。

## 馬步祥與英中隊的奮戰

馬步祥，名烈忠，號履和，浙江省東陽縣千祥下甘棠村人，1896年生，1923年畢業於煙台海軍學校第十五屆，後入吳淞魚雷槍砲學校深造。歷任「鎮海」軍艦中尉候補副，「海琛」軍艦上尉砲正。他為人熱情和藹，帶兵恩威並施，使人敬畏，時與姜西園、冉鴻翮並稱為「東北海軍三傑」。1931年東北淪陷後任青島海軍青年教導隊少校副總隊長，1933年調升「海圻」艦中校副長，薛家島事件中隨「海圻」、「海琛」、「肇

和」三大艦南下廣東，調任黃埔海校副校長，但在「海圻」、「海琛」離開廣東後被陳濟棠解職。1935年夏，應歐陽格之聘赴江陰出任電雷學校中校總教官，負責訓練學員的軍事技術，其中以快艇一項最有成績。其工作出色甚至得到了閩系中人的尊敬，並獲贈刻有「履和教官・甄陶多士・海軍司令部贈」的銀盃兩隻。

「八・一三」後，電雷學校被改編成戰鬥序列，馬步祥為快艇部隊總指揮。目睹日趨嚴峻的戰事，他決心為民族生存而赴湯蹈火，在日記中寫道：「生而辱不如死而榮。人，有生有死，有官有兵，有富有窮，然死後空空歸去也！與眾不同者，有功於國，有益於民，歷史烙印以傳世也！」

「史102」艇襲擊「出雲」號後，馬步祥督率快艇部隊繼續在江陰巡防，保衛封鎖線。每日清晨之時操演，魚雷艇隊就在閩系的主力艦隊旁進行各種操演與編隊航行一個多小時。日軍此時認定「對中高速魚雷艇用機雷奇擊，更要嚴密警戒，希速考慮擊滅上海方向之海軍為要」，自8月24日即開始轟炸江陰的中國軍隊艦艇。「九・二三」戰鬥結束之時，中國海軍第一艦隊的主力「寧海」、「平海」兩艘巡洋艦被盡數擊毀，歐陽格司令以黃山軍港多次遭日軍空襲，設備損害嚴重，決定將各魚雷艇分散到江陰上下各港汊隱蔽。9月29日，「史34」艇在駛往四墩子港警戒途中被封鎖線附近的敵機察覺，4架日機對「史34」艇進行了追擊，「史34」艇的雙聯裝機槍顯得火力不足，所以很快被日機的機槍子彈擊穿油櫃，燃起大火，最後沉於夏港江面。艇長姜翔翱上尉、

■1933年向英國增訂的CMB「2號」正在進行海試。

副艇長葉君略中尉、輪機長江平光中尉與6位艇員堅守崗位，全部壯烈犧牲。

上海開戰後，日軍軍艦由吳淞溯江上馳。11月12日，為了支援淞滬作戰，歐陽格令馬步祥帶領「史108」艇冒著空襲危險越過下游封鎖線，夜襲吳淞口的敵艦。行前，馬步祥心知任務危險性較大，恐難以生還，留下遺書如是：

「母親、大哥、二哥：

筆未提，心破碎，忠此奉命征戰，生死難定，念我悠悠中華，決決華夏，豈容倭寇踐踏？更況忠為軍人。父親常囑：'食其祿而保其主，居其地而守其土。'忠記憶猶新，忠不願也不會辱凌祖先，當為國盡忠。唯念倚閭老母，美雲及邁兒，還有美雲肚內之骨肉，此去如遭不測，望母親、哥哥節哀，請大哥、二哥代為盡孝。

烈忠絕筆。」

天黑難辨，「史108」艇一直到13日凌晨4時半才在金雞港（一說毛竹港）附近發現一艘敵艦正在進行對岸轟擊。但敵艦被一處淺灘所隔，快艇無法用魚雷攻擊。於是，馬步祥命令快艇沿南岸繞敵艦側翼。正在前進時，突然遭遇2艘上駛的敵艦。敵艦密集開火，快艇也立即加速，冒著彈雨向3艘敵艦衝去。時3架敵機也臨空趕來參戰，彈下如雨。敵艦慌忙逃遁，兩艘互撞受傷，另一艘擱淺。遺憾的是，快艇即將進至有效發射距離時被敵彈擊中，爆炸沉沒。隨艦督戰的馬步祥年紀較大，與輪機兵葉永祥在落水之

**馬步祥**

1896年出生，字履和。浙江東陽下甘棠人。1923年於煙台海軍學校第十五屆畢業，後又入南京魚雷槍砲學校深造。歷任鎮海號中尉候補副、海琛上尉槍砲正、青島青年教導隊副總隊長、海圻號中校副艦長、黃埔海軍學校副校長、魚雷學校教官、電雷學校總教官等職。

1937年抗日戰爭爆發後，日軍軍艦由吳淞溯江上馳。10月12日，奉命率1艘魚雷快艇，赴江陰下游出擊敵艦，傍晚與3艘日軍驅逐艦在毛竹港附近交火，因地形所限，魚雷艇未能充分發揮效能，而敵艦密集射擊，致使魚雷艇受傷，仍繼續帶傷向前衝，迫使敵艦兩艘互撞受傷，另一艘擱淺。時3架敵機臨空參戰，彈下如雨，中彈壯烈犧牲。追晉海軍上校，為中國海軍抗戰中犧牲的最高軍銜軍官。

■1938年中國向英國桑尼克羅夫特廠訂製的魚雷快艇出廠試車時的照片,選自《簡氏艦船年鑒·1939》。

後犧牲,其餘艇員獲救。

馬步祥殉國後,國府感其忠烈,追晉他為海軍上校。他也是抗戰時期海軍在國內戰場犧牲的最高階軍官。

轟轟烈烈的江陰保衛戰隨著中國海軍基本損失和日軍的節節進逼而接近尾聲。電雷在江陰之役中積極參與防空戰鬥並從事佈雷活動,戰功卓著。1937年12月1日,日軍進抵江陰縣城,下午6時,江防司令劉興決定撤防。海軍砲隊以猛烈火力掩護部隊突圍,一直堅持到3日晚10時。5日,要塞陷落。電雷學校的器材則已經撤到岳陽的後方學校,歐陽格、徐師丹等人已自江陰黃田港突圍過江,離開了經營已五年的校區,步行到達南京,在下關中央銀行重新設立了司令部。快艇大隊則奉命後撤到馬當、湖口的第二道封鎖線集結。

12月上旬,日軍兵分三路向南京進發,

南京保衛戰開始,歐陽格奉命率文天祥中隊協助唐生智守城。4艘快艇的魚雷都壓氣調試,處於待發狀態。整個中隊停泊在草鞋峽三台洞附近江邊,並用樹枝、蘆葦偽裝隱蔽以防日機空襲。歐陽格司令本人坐鎮下關,通過電臺與中隊保持聯繫,並派參謀楊維智送去手令「如遇日艦立即攻擊」。當時風聞江陰封鎖線已經被掘開,因而南京保衛戰期間每個晚上,快艇中隊都會派2艘艇在江面上巡弋,捕捉戰機。無奈日軍海軍並未投入攻擊,雖則歐陽格頻頻指示「必須擊沉敵艦一兩艘,否則必遭輿論斥責」,但並未取得有效戰果。

12月12日,南京已經危在旦夕,守軍開始潰散,日機在江面瘋狂掃射。當日晚10時,歐陽格與楊維智同乘一艘機帆船趕到快艇中隊,令各艇橫排成一字縱列,以最快速度衝過敵人火網到大通鐵板洲待命。13日凌

晨1時左右，整個中隊4艘快艇冒著敵人砲火衝過江面，向上游駛去。此時，南京城內的火光正陣陣沖天。歐陽將軍發電後方學校，稱觸目所及，「一寸河山一寸傷心淚」。

## 武穆遺風

與電雷學校快艇大隊的主力、英製CMB不同，「岳飛中隊」由3艘德製快艇組成。這種快艇是1936年向位於德國呂爾森（Lurssen）的Vegesack船廠訂購的大型魚雷快艇S艇，1937年5月交貨，同時交貨的還有240枚魚雷。

其實1936年中國最初向德國訂購的乃是4艘現貨的魚雷快艇，即建成於1932年4月~7月的S2~5。它們的標準排水量46.5公噸，滿載排水量58噸，長27.95公尺，寬4.46公尺，吃水1.45公尺，主機功率3000馬力，最高航速33.8節，續航力582海哩/22節，裝備21英吋魚雷發射管2具，20mm機槍1挺。但令人疑惑的是，德國卻在訂約不久後的1936年12月10日把這4艘快艇連同更早建成的S1賣給了正在打內戰的西班牙政府軍（當時德國已經承認並支持佛朗哥的國民軍，為什麼還會出售武器給政府軍，實在費解）。

1937年2月1日，5艘售予西班牙的快艇在西班牙西南岸加特斯（Cadiz）港卸運，不料發生事故，導致S3重傷報廢。S2後易名「長槍會」（Falange），1937年6月18日在南瀕地中海的馬拉加（Malaga）港毀於火災。S4易名「勤王兵」號（Requete），1939年改編號為LT11。

S5易名為「奧維亞多」號（Oviedo），1939年改編號為LT12。第二次世界大戰結束時，LT11和LT12尚存，分別在1946年3月和6月報廢。

照顧了在西班牙的利益後，德國也不願放棄中國的市場。因此3艘更大的快艇隨即開始建造，作為出售給中國的替代品。

中國的這3艘新型S型艇屬於德國一戰後的第3代S艇S 6的改進型，也有稱為S 7型的。它們比英國或義大利的MTB都要大得多，鋼質艇殼，艇首有棱緣以增加浮力，使得船首不易上浪。標準排水量59噸，滿載75噸，艇長32.4公尺（92英呎），寬4.9公尺（14英呎），吃水1.2公尺（5英呎）；動力為3部1320馬力M.A.N.柴油主機，馬力3960匹，最大航速34.5節。與CMB的拋擲式發射方式不同，該型快艇在艇艙裝備有2具21英吋魚雷發射管，命中率更高；此外還有1門20 mm高平兩用機砲，乘員14~21人。儘管該型艇作為新型M.A.N.柴油機的測試平臺足堪勝任，但德國海軍方面認為其航速不能達到設計要求，所以並未採用；倒是出口的數量實在不少，其中保加利亞5艘，南斯拉夫8艘。中國的3艘歸國後即編入電雷的快艇大隊組成岳飛中隊，三艇艇長俱為電雷一期畢業生，編階為上尉：「岳22」齊鴻章，「岳253」崔之道，「岳371」黎玉璽。抗戰後國民黨重建「新海軍」，此三公皆官至高位。

岳飛中隊各艇的裝備較英製CMB更為精良、適航性也更好。事實上理應獲得更大的戰果；但該型艇因艇身過大，無法通過鐵路運輸到相應地區，隨著日軍的進逼只能在

■S 2—5原定出售給中國，卻戲劇性地被交付給了西班牙政府軍。

長江中且戰且退，到後期更是喪失了主動出擊的意識，只能被動挨打。1938年8月1日，「岳22」在湖北蘄春遭日機轟炸而沉沒。9月，「岳371」與「岳253」撤入上游川江，在重慶附近的萬縣、三斗坪等地駐防直到抗戰勝利。光復後，兩艇沿長江駛回南京江面停泊，重新編入第二砲艇隊，「岳253」改名為「快101」，「岳371」則下落不明，可能因維護不善而早早報廢。有意思的是，「快101」號於1949年4月23日隨海防第二艦隊在笆斗山江面投共，之後竟然成了中共海軍的第一艘魚雷快艇——「海鯨」號。但由於該艇原配之魚雷已消耗殆盡，當時中國又沒有自製魚雷的能力，該艇一直被作為巡邏艇使用，一直到1963年才報廢。

需要交代的是，中國當初向德方簽定S2~5的合同時，還在羅斯托克（Rostock）的Naptun Werft船廠訂購了一艘魚雷快艇母艦。該艦於1937年12月下水，1938年完工成軍，中國方面計劃將之命名為「戚繼光」號。

「戚繼光」號完工之時，改售中國的3艘S艇已經悉數回國，該艦面臨不攜帶任何快艇、空艦來華的局面。故此，抗戰爆發後的1939年，電雷學校又與德國簽約添購8艘新快艇，預定成立「陸秀夫」和「許遠」兩個中隊，由母艦攜載回國。這就是兩批S 30型，S30~37。新艇長32.76公尺，寬4.9公尺，吃水1.2公尺，排水量77噸，動力採用2000馬力的戴姆勒—奔馳MB502發動機，最大航速36節，續航力800海哩，裝備2具21英吋魚雷發射管，2門20mm機砲，帶水雷4枚。與之前中國購買的S7型快艇在外形上有所不同的是，S30型艇的魚雷發射管嵌入前甲板，艦橋前向上傾斜的邊緣還可以有效防止高速行駛造成的噴霧妨礙作戰。且以前訂購的魚雷快艇受體積之限，每具發射管僅備1枚魚雷。兩枚魚雷發射完後，假如附近沒有母艦提供再裝填魚雷的服務，便只好返回基地了。而S30型艇雖仍僅裝備21英吋魚雷管兩個，但每艘備雷4枚，這樣就大大增加了作戰範圍和滯留戰場時間。

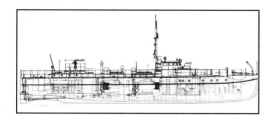

■S7的線圖。S7是中國惟一裝備的一型德製魚雷。

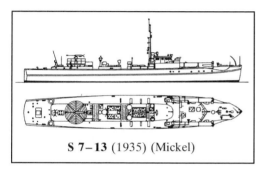

**S 7–13** (1935) (Mickel)

■S7的另一線圖。

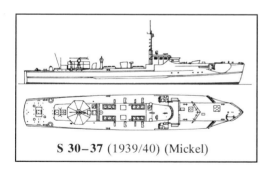

**S 30–37** (1939/40) (Mickel)

■「陸秀夫」和「許遠」中隊原計劃裝備S30型德製快艇，卻因中德關係破裂而作罷。

■1959年的「戚繼光」號已經是丹麥海軍的「Aegir」號了，選自《簡氏艦船年鑑·1960》。

但在中德關係破裂後，1939年9月，德方決定中斷對華軍售。此8艇在1939年11月23日~1940年7月11日間次第完工後，全數轉入納粹海軍服役，編號「S30」~「S37」。1941年10月起，德國海軍利用它們艇體較小、能夠通過法國運河水道的特點，將這些快艇部署到地中海以支援非洲戰場，其中「S30」與「S36」1945年5月3日在意大利東海岸安科納港（Ancona）向盟軍投降。

至於「戚繼光」號，在1937年4月13日安放了龍骨，待其1937年12月14日下水時，南京已淪陷兩日了。1939年1月底，此艦建成，是月21日開始在德國海軍服役。此時中德關係漸趨破裂，德方顯無交付中國之意，到9月初正式宣佈該艦由德國海軍接收，按照德軍潛艇補給艦以殖民地及殖民官員命名的慣例定名為「湯加（Tanga）」號，作為訓練用途。德國戰敗後，該艦於1947年12月3日由美軍接收，並於1948年6月20日轉交丹麥海軍，改名為「愛吉甫（Aegir）」號，編號「A-560」。1957年又改建為供應修理艦。

「戚繼光」艦標準排水量為2190噸，滿載2620噸，艦身長91.1公尺（299英呎），寬13.5公尺（44.5英呎），吃水4.14公尺（13.1英呎）；主機為M.A.M.柴油發動機，功率4100馬力，航速17.5節。武器裝備為4門4英吋/33口徑主砲，2座37mm/30雙聯裝高砲，4門20mm機砲，可儲存魚雷24枚，深水炸彈72個；乘員200人。通常可以負責3支S艇支隊的補給工作。丹麥接收該艦後，將防空武器改為6門40mm砲，一

直服役到1967年1月。

　　行文及此，就不得不提到電雷學校向外訂購的另一艘魚雷快艇母艦「譚綸」號。它的情形異常複雜，且資料極度匱乏，僅知其為香港黃埔船塢建造，電雷學校結束後（1938年6、7月間）中央海軍曾派周應聰到港處理該艦移交事宜。按說以黃埔船塢的規模和造艦經驗，要建造規格特殊的魚雷快艇母艦絕非易事；放眼當時世界，也只有德國具有此等技術。那麼電雷學校此舉又是出於何種動機？

　　該艦的下落也是一個謎。該艦其後既然沒有歸入中國海軍的記錄，那麼合理的去處只有兩個：（一）建成後由英國海軍接收；（二）轉售他國海軍。況且自1938年夏至1941年日本攻佔香港長達三年有餘，時間足夠完成剩餘的工程。可是所有的紀錄中都無「譚綸」號的絲毫蹤影，這艘艦竟似人間蒸發了。可能的情形是，至1938年7月為止該艦僅完成小部分工程，交易既無法繼續進行，船塢就把它拆毀了。

## 快艇大隊的結束

　　1937年10月，鑒於快艇頻頻出擊，多有損傷，尤其是史可法中隊已經損失了3艘，電雷學校又向桑尼克羅夫特公司添購了8艘魚雷快艇。這8艘CMB屬於改進型，主機功率達到1060馬力，航速可以達到43~44節，廠家編號2389~2392，2395~2396。但當1938年春快艇完工、即將交付時，上海已被日軍封鎖，快艇難以進入長江。至1938年7、8月間，諸艇相繼運抵香港，等

待事態發展。港英當局先將它們扣留，後由港府買下了最後到達的2艘，前4艘則經粵漢鐵路內運到廣東，此即為電雷新編「顏杲卿中隊」的「顏53」、「顏92」、「顏161」、「顏164」四艇。奇怪的是這批快艇數量共計8艘，但除去香港購買的2艘外，只有4艘交付到電雷校方手中。據日本方面資料稱，「消失」的那兩艘快艇原本已於5月5日移交給了中國，但3天後就在試車時相撞沉沒，但此說缺乏足夠證據支持。根據英文資料的記載，這兩艘是移交給了廣東海軍，編號為「新1號」、「新2號」。

　　1938年春，電雷學校奉令抽調2批（每批2艘）英製快艇用火車運輸到廣東，支援廣東的海防作戰。6月，電雷學校正式被海軍司令部接管。7月，南下援粵的4艇用火車運回長江，與湖口一帶剩餘的8艘快艇一起移交給海軍總司令部。海軍總司令部成立了快艇大隊予以轄制，下設3個中隊：第一中隊包括「文42」、「文88」、「文93」、「文171」，第二中隊包括「岳22」、「岳253」、「岳371」，第三中隊包括「顏53」、「顏161」、「顏92」、「顏164」，另有「史223」直屬大隊隊部。

　　江陰之戰後，閩系的中央海軍總司令部並未改我行我素的作風，繼續進行無聯絡、無統籌的作戰。當時湖口江面集結大量敵艦，海軍部認為實乃「殲敵良機」，於是將各艇經過整修後迅速投入作戰，試圖一舉消滅湖口敵艦。1938年7月14日深夜，「文93」艇效法「史102」突襲「出雲」之戰法，單艇突入湖口江面，以魚雷攻擊日本軍艦，命中目標後被日本淺水砲艦「鳥羽」與

■幾名日本海軍軍官正在檢視於廣東三水俘獲的「顏92」，注意艇尾兩枚魚雷的裝置位置。電雷學校的英製快艇裝備這種18英吋的「白頭」魚雷。

「勢多」(即戰後移交中國的「郝穴」與「常德」二艦)火砲擊傷，艇長吳士榮也負傷。所幸將士用命，小艇安然回航。此戰後海軍部對「文93」艇傳令嘉獎。日軍戰史中稱「鳥羽」與「勢多」號7月10日為陸軍運糧船隊護航時曾「發現如魚雷艇般的船隻多艘，施予砲擊並使之擱淺」。至於為何雙方對此戰的日期記載相差達4天之多則不得而知。

海軍部經此一戰，自覺「大受鼓舞」，因而在7月17日夜又派「史223」、「岳253」兩艇出擊湖口。不料此次缺乏聯絡、孤軍作戰的行動非但未能僥倖取勝，反而竟釀成一場慘劇。時鄱陽湖區與長江江面的航標、燈柱等導航設施均已被拆除，航速達30多節的快艇在黑暗中疾行可謂相當危險。更糟的是，因為事先沒有接到海軍的通知，陸軍補助工程處已經在前往湖口的江段敷設了阻塞網。兩艘快艇雙雙以30多節的高速衝入網中，立即被纏住螺旋槳。噸位較小的「史223」當場沉沒，較大的「岳253」螺旋槳葉受創，被迫返航。

17日事故後，中國海軍部暫時中止了快艇襲擊行動。但此時日本海軍已經注意到中國快艇部隊的威脅，乃竟日出動第3航空戰隊飛機搜索轟炸，中國海軍方面卻始終沒有要求空中支援的打算。1938年7月21日，日機襲擊湖北蘄春的快艇停泊基地，炸彈紛紛落下，引起洞庫震動，「文42」、「文88」兩艇被震動波掀起又落入水中，水線下艇體受損。8月1日，「岳22」與「顏161」編隊出擊時被正在搜索目標的敵機發現，「岳22」被炸沉，「顏161」受傷。海軍總司令部命令把各傷艇拖往漢口修理，準備再戰。

9月，海軍總司令部認為因長江中下游大部淪陷，魚雷游擊戰術已經失去實施空間，故除岳飛中隊3艘德製艇因體積大、無法以火車運輸外，乃將殘餘的8艘較小英製魚雷艇以火車運輸撤入廣東第四戰區，與廣東海軍殘存艦艇及新運到廣東的「新1號」、「新2號」會合，合組為粵桂江防司令部，下轄魚雷快艇共10艘。這些快艇到達後還未整修完，廣州、虎門等處已失守，被迫移駐廣西梧州，擔任西江江防。10月下旬，江防司令部派「顏92」去三水執行一項

■（右）陳策中將（1894—1949），海南文昌人，黃埔水師學堂駕駛班五期畢業，曾任廣東海軍司令，系英皇冊封K.B.E.，中國近代史上的傳奇人物。

普通任務。該艇人員缺乏警惕，在途中靠岸時，被駛來的3艘日軍砲艇圍住、俘獲，後被裝船運往日本研究。這成為快艇大隊在抗戰中最大的恥辱。12月16日，粵桂江防司令部改編為艦務處，隸屬廣東綏靖主任行署，仍以黃文田為處長。所部水雷隊保持原編制，另將在作戰中沉沒艦艇的官兵和武器組成機砲隊。

1939年1月，廣東行署結束，艦務處暫時保留編制。4月，由軍事委員會桂林行營接收，改編為江防處，以徐祖善為處長。下設梧州、桂林兩個辦事處，水雷總隊、艦艇隊、特務隊、補充隊、雷械修造所、軍械庫、醫務所等單位。水雷總隊（駐肇慶）下分兩隊，共轄16個分隊。艦艇隊轄「永福」（駐香港附近）、「平西」二艦，巡邏艇2艘，魚雷快艇大隊（共有快艇9艘），電船4艘。11月，以鄧兆祥少校為水雷總隊總隊長。

1939年4月1日，桂林行營江防處成立，對快艇大隊進行了整編。大隊部撤銷，所剩9艘快艇編為2個分隊，直接受江防處指揮，並重新命名為：「成功」、「天祥」、「壯繆」、「武穆」、「繼光」、「廷弼」、「可法」、「世昌」、「杲卿」等。江防處鑒於在西江的主要任務是對付溯江的敵軍艦艇和防空，魚雷一般用不上，於是領了18挺機槍，卸下魚雷改做巡防艇運用，以增強各艇的作戰能力。第一分隊駐梧州，第二分隊駐肇慶，為保衛西江作出了貢獻。8月，江防處改為粵桂江防司令部，隸軍事委員會桂林行營。1941年5月，由黃文田任司令。

1944年4月，粵桂江防司令部由梧州遷肇慶。9月肇慶淪陷，司令部逐步西遷，至12月3日方在百色安定下來。快艇第一分隊及「天祥」等5艘艦艇轉移至桂平，後到石龍。原擬去柳州，但得到情報說柳州已被包圍。此時各艇油料也將盡，配件缺乏，5艘艇只得奉令在石龍自沉。第二分隊的另外4艘艇當時已經轉移到了柳州。敵軍大兵壓境，柳州以上各河水淺，快艇難以上行，加上各艇均有破損，只得自沉於柳州。至此，

原電雷學校快艇大隊南下10艇全部損失。

至於前述港府購入的那兩艘魚雷艇,則是在1939年9月由英國駐港海軍接收,命名為「MBT-26」、「MBT-27」,編為香港第二魚雷艇隊。1941年12月8日,太平洋戰爭爆發,日本進攻香港,「MBT-26」於19日被日艦擊毀。「MBT-27」則由中國海軍的傳奇人物陳策中將率領,運載大批港府高級軍政人員成功撤回到大陸。任務完成後,於25日在大鵬灣平州登岸處自行鑿沉。為了感謝陳策將軍在這次突圍中的功績和無畏精神,以及他在香港戰役中的貢獻,英國議會通過決定,授予陳策將軍大英帝國爵士爵位(Knight of the British Empire)。

## 廣東海軍的魚雷艇部隊

作為中國近代最早建立的幾支海軍之一,廣東海軍一直沿著一條特殊的軌跡在發展:因為經濟發達,財源充裕,因此並不依靠中央撥款,而是由地方自行投資建設海防;因為處於中國南海大門的位置,「對外開放」較早,獨立性也十分濃重,往往不受中央統轄而自成一枝;也因為本位意識較強,購、造艦艇時多從守護本省內河的需要出發,因而廣東海軍多年來艦艇一直呈現「小、多、雜」的狀況。

廣東海防建設的第一位有力推動者是那位好標新立異也頗有主見的洋務大老張之洞。他面對廣東有海而無防的窘困狀況,靈活地決定開辦「闈姓」博彩業為海防建設籌集資金。在黃埔船塢為廣東海軍建造了4艘

「廣」字號淺水砲艦後,他的目光又盯上了魚雷這種短小精悍卻能斃敵於轉瞬的利器。當時另一位洋務大老李鴻章已經在北方建立起小有規模的北洋海軍魚雷艇隊,這位有「好大喜功」之名的張大人自然也不甘落後。在他的全力推動下,廣東海軍在德國伏爾鏗廠訂造了3艘魚雷艇。翌年(1883年),這3艘艇的零件被運回黃埔船塢組裝完成,命名為「雷龍」、「雷虎」、「雷中」。張對這種艇型相當滿意,次年更不惜巨資(相對於廣東籌款的力度和難度而言)自埃爾賓(Elbing)的碩效(Schichau)廠購買了8艘同型艇,並以八卦中的八個卦象「乾」、「坤」、「離」、「坎」、「震」、「巽」、「艮」、「兌」予以命名。南海和珠江上自此出現了當時中國最龐大的魚雷艇隊,威風凜凜地巡視著中國的南天門戶。

然而正如《清史稿》對張之洞毫不客氣的褒貶一樣,他在購置魚雷艇隊的時候也更多地是出於一種「好大喜功」的孩子氣攀比,對於如何運用這種新型兵器並沒有一個完整的規劃。廣東的魚雷艇從第一天起就只是承擔巡邏、緝私等任務。一直在碌碌中使用到1925年,已經垂垂老矣,不堪重負。根據記載,此時僅有3、4條還在作為水警船使用,司令塔被改成了駕駛台,兩舷側改建了舷牆;所有黑頭魚雷的戰雷頭則無一存在,此後就悉數報廢了。

小巧玲瓏的MTB登上世界海軍的舞臺之時,立刻引起了廣東高層的關注。1921年,廣東從義大利購買了2艘「MAS 218」型MTB,即原義大利海軍的MAS 226和227。這兩艘MAS艇是1916~1919年間建

■義大利在二戰中使用的MS 36型魚雷快艇即是由與廣東海軍所購同型的MAS艇發展而來,不過外形上已有顯著不同,魚雷發射管出現在甲板上。

造的44艘同型艇之一,排水量12.5噸,長16公尺(52.5英呎),寬2.6公尺,2台輸出功率225馬力的汽油主機令它們可以具有22~26.5節的航速。但因為艦齡較長,保養、維護措施也不很得力,這兩艘使用僅十年就已經停航,大約在1933年間報廢。它們的替代者是1931年購入的另外兩艘義大利MAS艇,這是兩艘同年在Baglietto新建的,排水量18噸,長度52.5英呎,主機輸出功率1500馬力,航速高達40節。主要武器是2具18英吋的白頭魚雷發射管和2挺機槍。這兩艘艇當時被命名為「快艇1號」、「快艇2號」。

1932年,廣東的第一集團軍艦隊(即江防艦隊)司令張之英通過變賣廢艦和走私等累計得款100餘萬元,再次向英國的Thornycroft公司訂購了8艘55噸的CMB(當時稱驅逐潛艇),但後來因為財政原因改為2艘。1933年11月,2號艇在泰晤士河中進行了試航。這兩艘艇排水量14噸,艇身長16.78公尺(55英呎),寬3.36公尺(11英呎),吃水0.99公尺(3.25英呎),可以用火車裝運;主機為2部汽油機,功率950馬力,雙軸推進,最高航速40.3節。主要武器是2具18英吋的白頭魚雷發射管和2挺7.9mm機槍,另帶4枚水雷,乘員5人,與電雷學校的快艇是同一級別的,每艘造價50萬港幣。次年1月,這兩艘建造編號為2269、

## 海軍電雷學校校歌

海水兮淵淵，蛟龍魚繁億萬千，長袖乃能舞翩千。
男兒大器，肝膽報國要圖全；紀律嚴，意志堅。
海風兮泱泱！海風兮泱泱！
長空惟有天低昂，誰能摧我正氣剛！
男兒碧血，洗盡恥辱萬國光！建國防，更縱橫！

、2270的CMB加入了廣東海軍的序列，並命名為「快艇1號」、「快艇2號」後，舊的義製快艇1號、2號同時報廢除籍。首任艇長「1號」為鄧文光上尉，「2號」為麥士堯上尉；同時還成立了「雷艦隊」專門統轄魚雷快艇，隊長為梁康年中校。

1933年，當時中國海軍最大的「海圻」、「海琛」、「肇和」三艘巡洋艦脫離東北海軍，南下投奔廣東，被編為粵海艦隊。粵海艦隊頗受陳濟棠「禮遇」，高級軍官均居住在廣州東山崗西路的高級住宅區中，官兵待遇也比一般部隊高出一籌，軍餉發的是大洋。而第一集團軍艦隊（即廣東省江防艦隊）多年來軍務廢弛，缺乏訓練，軍餉發的是廣東毫銀（小洋），相形之下江防艦隊官兵自然嫉妒不已，對粵海官兵十分不滿。第一集團軍艦隊司令張之英是廣東黃埔海校系統出身，深恐臥榻之側為他人所據，對這批南來的東北人很不抱好感。為抗衡粵海艦隊的力量，1934年底，老粵系的廣州市長劉紹文通過變賣得款80餘萬元，另向義大利Baglietto廠購魚雷快艇兩艘捐獻給江防艦隊，暗示以小敵大、以速度對抗火力。這就是廣東海軍的3號和4號快艇。

1927年，義大利研製出大功率的英達·弗拉西尼汽油機，把MAS艇的航速提高到40節，1931年更達到45節。此時的3號、4號快艇均屬「MAS 431」型，排水量15.9

噸，艇身長18.3公尺（60英呎），寬3.95公尺，吃水1.30公尺，兩部汽油主機，馬力1500匹，最大航速45節。裝備兩枚18英吋白頭魚雷，兩挺6.5mm機槍，5枚水雷，乘員7人。首任艇長「3號」為陳宇鋼上尉，「4號」為鄧華功上尉。1935年3月，另有2艘在香港裝配完成的同型艇加入。

「雷艦隊」的數量擴充到6艘以後，張之英、陳濟棠的底氣足了許多，對粵海艦隊的態度也日趨強硬。1935年6月，陳濟棠最終下令合併粵海艦隊，粵海艦隊的「海圻」、「海琛」兩艦出走香港，其餘東北籍人員全部被清洗出廣東海軍。

1936年春夏之交，陳濟棠聯合李宗仁、胡漢民等發動「兩廣事變」，試圖取南京政府而代之。不料其內部的矛盾早為南京方面偵知，當年7月，廣東海軍出身、時任南京政府海軍部軍令處長的陳策中將策動「快艇1號」和「快艇4號」一同叛離陳濟棠，抵達香港。兩艇被港英政府解除武裝，直到陳濟棠下臺、「兩廣事變」解決才返回廣州。

抗戰開始後，廣東海軍集中兵力嚴防日本海軍侵犯珠江口一帶水域。4艘快艇奉命駐防橫門口，待機突擊。9月14日，日軍「夕張」號輕巡洋艦率驅逐艦2艘闖入虎門，與在此駐守的「肇和」號巡洋艦、「海周」號砲艦發生激戰，中國兩艦均受重傷，但日艦也被海岸砲臺阻擋。當時日軍試圖以運輸艦「甘丸」號運載部隊在砲臺側背登陸，卻遭到伏擊，「甘丸」號被海岸砲臺擊傷。此時，多日來一直在尋覓殲敵良機的廣東海軍4艘魚雷快艇在隊長梁康年中校率領下前來助戰，向「甘丸」號發射了4枚18英

吋魚雷。其中一條魚雷命中「甘丸」號，將其擊傷。日軍登陸部隊幾乎全被殲滅在海中，沒有一個登上灘頭。

「九·一四」虎門海戰後，日本海軍因軍艦被廣東海軍所阻，惱羞成怒，改派第一航空戰隊的艦載機和第一聯合航空隊的岸基飛機頻繁轟炸廣州、虎門的中國軍事目標。廣東海軍許多大艦都被炸沉，但4艘快艇卻安然無恙。後來，4艘快艇轉移到虎門沙角砲臺水域，伺機出擊。

1938年10月，日本海陸軍聯合在廣東大亞灣登陸後，進佔廣州。隨後，又從廣州和珠江口外兩面夾擊駐虎門口一帶的中國軍隊，以圖打通珠江航道。10月底，日本以航空母艦「加賀」號、「蒼龍」號、「龍驤」號和水上飛機母艦「千歲」號、「聖川丸」號上的飛機分批出動，對中國軍隊的虎門要塞和附近的艦艇進行狂轟濫炸。10月21日和22日兩天中，我快艇用僅有的8挺機槍火力數次擊退了敵機。10月23日，2號艇在虎門砲臺附近江上巡邏時，遭到敵機攻擊，油箱中彈起火被焚毀。次日，1號和4號艇亦在同敵機激戰中彈藥耗盡，被敵機炸中機艙沉沒。只剩下3號艇孤軍作戰。10月25日，3號快艇在獅子洋水域航行時被日本海軍航空隊3架中島95式水偵輪番掃射、投彈。3號艇且戰且退，但最後還是中彈焚毀。至此，廣東海軍所購的4艘魚雷快艇全部殉國。

## 尾聲

抗戰期間中國海軍的鬥爭，往往顯得悲壯而無奈。裝備上的差距固然是一個原因，但一些主觀或者說人為的原因無疑更值得我們重視。我們的海軍實力已不如人，再遭遇這些錯綜複雜的主觀原因，致使其弱小的軍力還無法運用到極致，徒然地犧牲，令人扼腕不已。

海軍的魚雷艇作戰也是如此。抗戰開始時，整個中國海軍（指中央海軍）的戰術思想嚴重僵化，採用沉船封鎖長江的消極戰略，更不重視協同作戰。沉船封鎖線構成後，電雷學校的魚雷快艇竟因此受阻而無法主動出擊吳淞口的敵艦；中央海軍對大小、快慢艦隻的的配合也極不重視，主力第一艦隊孤軍作戰，電雷也只好自己擬定作戰計劃。到電雷廢校、魚雷快艇轉歸海軍調用時

■一個人身上的兩面性，有時實在有如硬幣的兩面。陳紹寬將軍對中國海軍發展作出的貢獻有目共睹，但他狹隘的派系觀念卻在抗戰期間對大局造成了不良的影響。

仍是如此,出擊時缺乏其他軍艦砲火有力的掩護,不重視與其他軍種的協同作戰而是孤軍作戰,致使快艇這種短小精悍的武器沒有發揮出應有的作用。

另一層則是人事上,因派系傾軋而嚴重影響了作戰配合。早在電雷學校籌建之初,閩系就千方百計予以阻撓;至於電雷學校成立後,更是千方百計打擊和排擠電雷系,如拒絕以海軍的製雷力量供給電雷學校的水雷作戰,致使電雷學校的水雷戰在抗戰之初難以收得應有成果,學校最終被裁撤,歐陽格甚至最終被致於死地。而海軍日後在水雷戰之中的表現,證明只要全力投入,他們並非缺乏水雷製造和敷設能力!如果一個國家的海軍被理解成某一個或者某一些人的,那是多麼的可怕!在這種內耗下,原本實力就弱小的中國海軍更無法發揮出最大作戰效能,只得一次次承受犧牲和失利。

抗戰中,魚雷艇部隊因使用不當、指揮不力,未能取得預期戰果,這是事實。但沒人能否認廣大官兵英勇拼搏的戰鬥精神。我知道,在抗戰勝利遊行的隊伍中,他們沒有艦名分列,沒有番號,甚至沒有統一的著裝,但是每一個人,都把手中的海軍旗舉得很高、很高⋯⋯

## 主要參考書目:

國民革命軍海軍總司令部(後為國民政府海軍部)編《海軍大事記(1912—1941)》,民國三十年10月國民政府海軍總司令部編《海軍戰史》,民國三十年10月

國民政府海軍總司令部編譯處《海軍抗戰事蹟彙編》,民國三十年12月政協廣東省委員會文史資料研究委員會編《廣東文史資料》第七輯,1962年12月

楊志本主編《中華民國海軍史料》,1987年海洋出版社

高曉星、時平《民國海軍的興衰》,1989年中國文史出版社

吳傑章、蘇小東、程志發主編《近代中國海軍史》,1989年解放軍出版社

陳書麟、陳貞壽《中華民國海軍通史》,1993年海潮出版社

方明《中國抗戰大寫真系列 仇天恨海——海空抗戰紀實》,1995團結出版社

陳貞壽編《圖說中國海軍史,古代~1955》,2002年福州教育出版社劉傳標《中國近代海軍職官表》,2004年福建人民出版社

馬幼垣《抗戰期間未能來華的外購艦》,臺北中央研究院《近代史研究所集刊》第二十六集,1996年12月胡其道《兩次大戰中的魚雷快艇(上)》,《艦船知識》No.1,2004唐思《德意志海上閃電——第二次世界大戰中的德國快艇》,《較量》No.11,2005

瀨名堯彥《揚子江上的戰鬥》,《世界之艦船》No.2,1982

Richard. N. J. Wright,《The Chinese Steam Navy,1862—1945》,Chatham Publishing,London,2000

「中國軍艦博物館」網站

「征程憶事」網站

# 建國百年精選戰役系列

中國抗日戰爭
血肉長城

中國抗日戰爭
氣壯山河

中國抗日戰爭
盧溝曉月

喋血孤城
中日衡陽攻防戰

滇緬戰役
（1942～1945）

1937
中日淞滬戰役

國共內戰
護國與解放

徐蚌會戰
（淮海戰役）

國軍軍史（一）
軍級單位戰史系列

國軍軍史（二）
軍級單位戰史系列

國民革命軍（一）
師史總攬
陸軍第1師—第20師

徐州會戰
台兒莊大捷作戰始末

遼西會戰
（遼瀋戰役）

杜立德
B-25轟炸東京的故事

國軍王牌部隊
天下第一軍

青天白日勳章

國軍王牌部隊
第五軍戰史

陳誠與蔣介石

知兵堂叢書
突擊精選系列　**中國抗日戰爭─血肉長城**

作者：光亭、林楊、王沛然、張揚、劉怡 等

責任編輯：林　達

封面設計：王詠堯

出版：知兵堂出版社

　　　10679 台北市大安區樂利路86巷4號1樓

電話：(02) 8732-5265

傳真：(02) 8732-5295

劃撥帳號：50043784

劃撥戶名：知兵堂出版社

網址：http://www.warmg.com

發行所：通寶文化事業有限公司

零售經銷：楨彥有限公司

地址：23150 新北市新店區復興路45號3樓

電話：(02) 2219-2839

傳真：(02) 8667-2510

E-mail：jen.der@msa.hinet.net

網址：www.jen-der.com.tw

初　　版：2006年10月

四　　版：2011年12月

新台幣售價：280 元　（缺頁或破損的書，請寄回更換）